교회법 개론

The Church
Law System of
Korean Protestant

| 홍완식 감수 | 신동만 지음 |

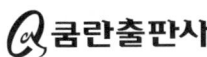

| 감사의 글 |

    우리에게 있어서 종교란 무엇인가를 생각하며 종교를 가지거나 신앙을 찾아가는 경우는 드물다고 하겠지만 종교와 신앙이라는 이름으로 우리의 삶을 무의식적으로 압박하는 것을 부인하기는 어렵다.
    종교인의 한 사람으로서 이러한 거대한 흐름을 이해하고 삶을 가치 있게 가꾸고자 노력하지만 현실적인 제약으로 인해 이 또한 힘없이 무너지곤 하는 것이, 마치 밀려오는 파도에 힘들게 쌓았던 모래성이 무너지는 것과 같다고 한다면 억지일까?
    현대인은 유례가 없을 정도로 문명의 혜택을 받고 있으며, 이성의 극대화를 경험하면서 새로운 세기의 역사를 만들어가고 있다. 제4차 과학혁명이라는 주제가 자주 언급되면서 상대적으로 인간의 개인적인 모습은 날로 개체화되고 왜소해지는 느낌도 함께한다.
    이에 따라 개개인은 자신의 존재에 대한 몸부림을 어떤 형태로 표현할 것인지 고민하게 되고, 그 대안으로서 가장 손쉽게 접할 수 있는 종교를 선택하며, 개인의 총합을 이루는 집단적인 모습을 형성하여 '집단 속의 나'를 가짐으로 나름의 위로를 받게 된다.
    이러한 삶의 다양성을 홀로 감당하기가 어려운 고단한 현실을 표현하는 말로 '군중 속의 고독'이란 말이 있다. 이렇게 파편화된 모습이 현대인의 삶을 대변하지만 그 안에서 무엇인가를 희망하면서 새 삶을 향한 열망도 함께 움트게 되는데, 그 방법적 선택이 종교를 통한 '자유함'이라 말할 수 있다. 선택한 종교 안에서 신앙이라는 이름으로 자신의 삶을 가장 극대화하는 방향으로 목표를 정하고, 그 안에서 '기능하는 인간'으로 새롭게 태어나기를 갈망하는 것이다.
    이 책은 이런 이해를 전제로 기획되었다. 즉 사람들이 자유를 찾아 종교 안에 모여들 때 그 안에 새로운 규범이 만들어지고 자생적으로

합리성을 가지고 구성원들의 삶을 전반적으로 규율하게 되는 법규가 성문법 내지는 관습법으로 나타나게 되는데, 이를 보편적으로 교회(단)헌법이라 칭한다.

이 책은 교회(단)헌법을 통해 나타나는 법적인 이해를 체계적으로 분석하고, 합리적이면서 새로운 시대 정서에 맞는 법으로서의 역할을 해야 하는 당위성을 강조하면서, 향후 교회법이 어떤 방향으로 나아가야 할 것인지에 대한 방향성을 제시하고자 하는 것이다.

이 책이 나오기까지 도움을 주신 몇 분의 교수님을 언급하지 않을 수 없다.

이 책의 제1장 서론과 제5장 결론을 정리하고 방향성을 제시해 주신 한상희 교수님께 깊은 감사의 표현을 전한다. 법학대학원 공부의 은사이시면서 헌법의 이해와 비교를 폭넓게 사사해 주셨으며, 특히 현실 속의 헌법적인 이해를 강조하시면서 응용해야 하는 분야의 방향성을 정확하게 마치 손가락으로 지시하시듯 인도해 주셨다.

다음으로 이 책의 제2장에서 교회법의 개괄적 범위와 그에 따른 용어의 적합성에 관한 세심함을 보여주신 장교식 교수님께도 깊은 감사의 마음을 전한다. 늘 깊은 사색 속에서 교회법이 과연 법학의 분야로 표현될 수 있을 것인가를 고심하시면서 좋은 범위를 정해 주셨고, 특히 교회법과 정치적인 분야 간의 간격을 지적해 주시고 대안을 제시해 주셨다.

다음으로 제3장 교회(단)헌법-노회규칙-교회정관의 상관관계와 응용에 관한 다양한 해석과 의미를 이론적으로 제공해 주신 음선필 교수님의 가르침에 깊은 감사의 마음을 전한다. 교회법이 일반인들에게 어떤 모습으로 각인될 것인가에 대한 깊은 혜안을 제공해 주셨고, 직접 전체적인 틀을 제시해 주심으로 이 책의 골격을 분명하게 만들어 주셨다.

또한 이 책의 제4장으로 교회정관의 현실적인 응용과 함께 교회법 판례의 방향성을 가진 대법원 판례를 소개해 주시고 제시해 주심으로 내용의 완성도를 높이고 누구나 공감할 수 있는 내용으로 보완해 주신 전학선 교수님께 깊은 감사의 마음을 전한다. 크게 말씀은 안 하셨지만 지적하신 내용만으로도 이미 더 나은 모습으로 거듭나게 해 주신 부분은 늘 마음에 여운으로 남는다.

사람은 살아가면서 세 명의 친구를 만나면 성공한다는 말이 있고, 특히 인생 후반기에 만나는 친구나 멘토는 누구보다도 귀하다고 할 수 있다.

대학원에서 사회복지학을 전공하면서 이끌어 주신 인생의 세 번째 멘토이시자 지도교수이신 홍완식 교수님께 깊은 감사의 마음을 전한다. 언제나 미소 속에서 바라보시며 이 책의 처음부터 마무리까지 세심하게 살펴 주시고, 특히 교회법이 가지는 추상성에서 이제는 새로운 시대의 법으로 거듭나기를 바라는 마음으로 법적인 체계와 그에 따르는 당위성을 가르쳐 주셨다. 늘 만남 가운데 신앙의 실천적인 면과 생각의 차이 속에 나타나는 간극을 좁히는 방안을 제시해 주셨고, 이 책의 처음부터 마지막 마침표까지 애틋한 마음으로 지켜 주셨다. 그런 연유로 이 책이 요람에서 나오게 된 것이다.

앞으로 이런 귀한 다섯 분의 멘토 교수님은 필자의 마음에 늘 남을 것이고, 어떤 어려움이 오더라도 이분들의 가르침 속에서 극복될 것이라는 즐거운 상상을 하게 되면서 저절로 미소가 생긴다.

오늘도 목회현장에서 받는 질문은 '목사가 왜 법학을 공부하는가?'

에 대한 것이다. 같은 교역자 사이에서도 이런 질문을 만날 때마다 받는다. 그에 대한 답은 못하고 그냥 미소로만 조용히 답한다.

정말 법이 필요 없는 교회가 존재할지에 대한 의문과 하나님이 왜 내게 법을 공부하게 하셨는가에 대한 의문은 늘 있어 왔다. 지금도 이 질문에 대한 답을 만들지 못했다. 교회법은 사회법(국가법)을 포함한다는 이론적 이해만 있을 뿐이다.

그럼에도 불구하고 이 책을 통해 무엇을 얘기할 것인가에 대해서 늘 고민 속에 있다. 모든 것은 하늘의 뜻이라고 여기고 나아가면 마음의 위로는 받을 듯하지만 뭔가 2% 부족한 느낌이다.

추상성 속에서 구체성을 찾아가는 간극에서(어떤 이는 하늘의 법과 세상법이라고 표현해 주었다) 나는 어떤 모습으로 존재의 가치를 찾으며 사라질 것인가를 고민한다. 이러한 고심 속에 교회법이 미래를 바라보고 사회공동체의 일원으로서 새로움을 찾는 지혜와 통찰을 얻고 싶다.

늘 감사와 고마움 속에 빚진 자로서 일생을 살아가며 시대를 보는 담지자로서의 소명을 상기하며 오늘도 일상의 소소함을 채운다.

언제나 옆에서 따스하게 사랑으로 감싸 주고 위로를 아끼지 아니하며 원고의 탈고와 타이핑을 해준 이하은 전도사에게 감사의 마음을 전한다. 그리고 이 책의 교정과 형태를 꾸며 주신 쿰란출판사 오완, 김유미 님과 이형규 사장님께 고마운 마음을 전하면서 이 책을 통해 더 나은 미래의 채움이 있기를 고대한다.

| 서문 |

 현대는 불확실성과 탈(脫)진실의 시대라고 말할 수 있을 정도로 혼탁함이 주류를 이루고 있다. 이러한 혼돈의 시기를 잘 이기고 그 안에서 참 진리를 가지고 살아가면서 방향성을 제시해 주는 통찰력 있는 지도자를 이 시대는 요구하고 있다.
 인간은 모두가 늘 같은 시간을 채우고 살아가지만 그 안에서 새로운 가치를 통해 무엇인가를 남기고 싶어 하는 것은 누구나 가지는 욕망이라 할 수 있다.
 지난 2017년은 종교개혁 500주년이라고 해서 서유럽에서는 10년 전부터 종교개혁 500주년 기념행사를 기획하고 짜임새 있게 행사를 정리하면서 다음 500년을 기획하는 것을 각종 지면과 학술지를 통해 접하였다. 그것을 우리나라의 현실과 직·간접적으로 비교하면서 우리는 지금 무엇을 하고 있는지 고민하게 되었고, 그러면서 2016년부터 이 책을 기획하게 되었다. 거창하게 '종교개혁 500주년 기념행사'를 개신교단에서 전혀 하지 않은 것은 아니지만 서유럽의 준비에 비해 우리가 그만한 의식을 가지지 못한 여러 가지 이유를 들 수 있겠다.
 예컨대 우리는 종교개혁의 수동적 입장이지 직접적인 당사자는 아니라는 생각과 종교개혁의 의미만 알면 그것으로 만족하지 꼭 가시적인 무엇을 해야 하느냐는 자조적인 변명이 있음을 안다.
 하지만 그러한 행사를 기획할 만한 안목과 그에 따르는 진중함의 결여라는 현실적 인식을 덮으려 하는 일부 개신교 지도자들의 신앙적 삶에 문제가 있다고 볼 수 있다.
 교회의 세습 문제와 목사의 적격성 문제에 대한 대법원의 판결과 교회재정의 불투명성에서 오는 교회의 분란과 일부 종교지도자들의 교회 내 독재와 월권적 행위에서 나타나는 불신적 요소 및 성적인 문

제가 계속 일어나는 시기에 이러한 제 문제에 대한 성찰의 시간을 가질 여유가 부족했다는 고백이 앞서기를 기대한다.

　이러한 문제들을 목전에 두고 새로운 변화에 대한 시대적 요구는 꼭 촛불집회라는 것을 빌리지 않더라도 누구나 공감하고 있다. 진보와 보수라는 이념적 갈등이 아니라 '개혁교회는 항상 개혁되어야 한다'는 명제 안에서 새로움이 창출되기를 기대하면서 이 책[1]의 서문을 시작한다.

　우리는 세상을 바라보는 관점과 가치관에 있어서 성숙해지도록 전진해 가야 할 것이며, 그러한 노력 속에 자신과 가족과 우리가 속해 있는 공동체의 선을 위해 변화의 흐름에 적절하게 적응하는 모습을 가져야 한다는 것에 누구나 동의할 것이라고 생각한다.

　최근에 일어나는 다양한 사건을[2] 통한 변화의 소용돌이에 휩쓸리면서 개체로서 존재하는 개인은 어떤 현실적 곤경으로 인하여 삶이 억압받고 있는지 다시금 성찰하면서 내적인 생각의 근육을 다듬는 모습이 되기를 간절한 마음으로 소망한다.

　우리 스스로가 우리 삶의 주체자로 남아야 한다면 그것을 통해 개인의 가치를 새롭게 정립하는 것이 필요하다. 이러한 투쟁의 연속성이 단절되었다가 어느 날 우리에게 다가온 것이 아니라 늘 우리는 이러한 삶의 격랑 속에 있었음을 간과해서는 안 된다. 우리가 새로운 삶의 주

---

[1] 이 책의 원본은 필자의 2018년 건국대학교 법학박사학위 논문 "한국 개신교의 교회법 체계에 관한 연구"를 중심으로 서문과 내용을 다듬고 보완한 것임을 부기한다.

[2] 2018년 9월 기준으로 교회 내 가장 큰 쟁점은 교회세습 문제와 교회 내 재정의 불투명성이라 할 것이다. 아울러 사회적 신뢰를 저하시키는 교회지도자의 개인적 일탈행위를 중심으로 한 개교회의 모습에 대한 비판적 의견을 말한다. 여기에 불교계와 천주교에서도 몇 가지 문제가 사회적 문제로 표출되었기에 종교계 전반의 폐쇄성과 독재적인 운영에 관한 것을 아울러 부기하는 것이 균형 잡힌 시각이라 할 수 있다.

체자로 거듭난다면 역사가 주는 교훈을 통해 더 나은 개인의 삶과 공동체의 미래를 통찰력 있게 설계할 가능성이 높아진다.

지난 기독교 역사의 130여 년을 반추한다면 한 가지로 정리하거나 몇 가지로 요약할 가능성은 있지만 각 개인이 가지는 신앙의 가치관에 따라 모든 것이 새롭게 보일 수 있으므로, 그 안에서 무엇인가를 새롭게 발견하면서 한정된 삶의 기간을 가장 창발적으로 채우기를 바라는 마음이 가득하다.

우리는 늘 주변을 둘러보면서 대사회적 관계망을 형성한다. 이제는 전 세계적인 흐름으로 지구촌 혹은 글로벌이란 이름으로 시간의 제약과 공간적 제약이 허물어졌음을 카카오 톡이나 이메일, 페이스북 혹은 트위터를 통해서 알 수 있다.

세상이 급변하면서 삶은 더욱 분주해졌다. 그런데 많은 사람들의 가치관이 그러한 변화의 흐름에 그만큼 따라가지 못했다는 느낌은 필자만의 것일까? 많은 사람들이 여전히 낡은 관습과 관점에서[3] 벗어나지 못하고 있으며, 변화 속에서 나타나는 사건들의 본질을 꿰뚫지 못하는 것은 왜일까?

이 책을 통해서 생각의 틀이 갖추어지고 상식('법은 상식이다'라는 명제에 따라)이 통하는 모습으로, 더 나은 관점을 찾아가기를 기대한다. 모두가 새로운 시대에 적응하려고 애쓰는 가운데 개인의 삶이 더욱 혁신적으로 변모되면서 새로운 삶의 모습으로 대체되는 것을 보고 싶다.

---

[3] 여기에 대한 비판적 견해로 패러다임(paradigm)의 변화라는 말을 보편적으로 많이 쓴다. 한 시대의 사람들의 견해나 사고를 근본적으로 규정하고 있는 인식의 체계, 또는 다양한 사물에 대한 이론적인 틀이나 구조를 말한다. 미국의 과학자 토머스 쿤(Kuhn, T. S.)이 그의 책 『과학혁명의 구조(1962)』에서 처음으로 제시한 개념이다.

    결국은 개인의 삶이 파편화되었다고 하지만 궁극적으로 그 삶 자체도 거대한 역사의 일부임을 깨닫고 새로운 리더십을 가지는 모습으로, 위기를 기회로 바꾸는 모습이 서로가 공존하는 삶의 가치로 자리 잡기를 갈망한다.

    지금처럼 세상이 빠르게 바뀌면서 선택을 강요한 시기는 이제껏 없었다. 이와 같은 강력한 변화의 물결 속에 개인이 어떤 모습으로 실존하는가는 또 다른 문제이지만 적어도 그 변화의 소용돌이에서 성찰하는 삶을 사는 것은 미래에 좀 더 긍정적이고 희망적으로 삶의 가치를 누릴 가능성을 높이는 하나의 방법이 될 수 있다고 생각한다.

2018년 11월
신동만

| 책머리에 |

1. 이 책의 방향성

한국 개신교의 교회법 체계에 관한 연구서를 저술하는 것은 한 개인이 감당하기에는 참으로 막중한 작업이다. 이에 필자는 두렵고 떨리는 마음을 표하지 않을 수 없다.

한편으로는 이러한 소명을 주신 하나님께 먼저 감사를 올려야 하는 당위성 앞에 직면하면서 말로 표현하기 어려운 침묵이 앞선다.

또 다른 한편으로는 그 일에 여러 가지의 복잡성과 관습적인 문제와 뒤따르는 여러 가지 신앙적이면서도 다양한 관점으로 볼 경우 나타나는 제 문제를 생각하면 더욱 마음의 착잡함을 느끼게 된다. 종교와 신앙이라는 본질적인 면에 있어서 어떤 일정한 합리적이면서 구체적인 사유를 중심으로 이루어져야 하기에 더욱 그렇다.

현재 우리나라 교회법의 체계성에 관해서는 이미 많은 사람들이 고민하여 이에 대한 대책과 탁견이 부분적으로 나와 있지만 체계적으로 정리하거나 법적인 가치관에 의거하여 정리된 것은 보기가 어렵다. 일부 학자들이나 전문가들이 교회법의 지류에 관한 의견을 글로 개진하여 나온 파편적 의견을 가지고는 급변하는 현대사회에 적응하기란 어려운 일이다.

물론 이 책이 이 모든 것을 대변하여 정리한다는 얘기는 더더욱 아니지만 헌법적인 가치 위에 우리의 인식이 조금이라도 변화하는 계기가 되었으면 좋겠다는 의견을 제시하고 싶다.

이제는 "하나님의 것은 하나님에게, 가이사의 것은 가이사에게"라는 명제를 인용하지 않더라도 이미 우리는 '신이 된 시장'[4]의 달콤함

---

4) 하비 콕스의 2016년 저서 『신이 된 시장』에서 인용.

에 젖어서 어느덧 '따스한 주전자 속의 개구리'(Boiling Frog, The Frog in a kettle)[5]가 되어서 자신이 죽어 가는지도 모른 채 죽게 된다는 일침이 있듯이, 지금 우리는 급변하는 시대 흐름에 어떤 가치관을 가지고 대응하는가에 대하여 지대한 관심과 함께 우려를 동시에 가지고 살게 되었다.

  이러한 여러 사람들의 글을 인용하기에는 지면이 부족하지만 여기서는 범위를 한정하여 교회법의 체계적 연결성을 중심으로 살펴보았다.

  보통 교회(단)헌법-노회규칙-교회정관으로 연결되는 교회 내부의 법적 체계를 통해 교회 내의 의사결정 과정과 그에 따른 활동을 면밀하게 살펴보고, 특히 법적 체계정당성의 원리를 원용하여 교회헌법이 만들어졌는가에 대한 분석을 통해 교회헌법(교회법)이 나아가야 할 방향성을 제시했다.

  다음으로 노회규칙이 교회 내 중요한 법적 위치에도 불구하고 실질적인 기능을 못하는 원인을 지적했다. 보통 노회는 교회헌법과 지교회 정관 사이의 중간 역할로 매우 중요한 기능을 담당해야 하지만 현실은 이러한 기대에 많이 못 미친다.

  오히려 교회헌법의 방향성과 지교회 정관의 구체성 사이에서 기능을 상실한 채 들러리 서는 역할 혹은 방관자의 역할로 인식되고 있다. 그런 이유로 노회규칙도 엉성하고, 법적인 기능을 제대로 연결시키는 면에서는 미흡하며, 교회의 분란이나 제반 문제에 대해 능동적인 대처 기능이 제한적이면서 한계성을 노출한다.

  교회세습이나 교회분쟁·교회분열·교단탈퇴·교회재산권다툼 시의

---

5) 조지 바나의 책 이름에서 인용.

민사적 문제와 목사와 장로의 월권적 행위 혹은 독재적 행위에 대한 제재 수단도 없다. 노회 중심의 교회운영이 회복되어야 할 필요가 있고, 교단헌법의 조문을 인용하지 않더라도 노회 내에는 지교회에 나타나는 웬만한 문제는 해결할 수 있는 권위와 그에 걸맞은 책임이 있어야 한다. 많은 노회원들은 이러한 모습이 가장 바람직한 형태의 교단 운영이라고 동의할 수 있을 것이다.

즉 교단은 교단의 방향성과 미래지향적인 비전을 제시하고, 지교회는 그러한 이념적 가치관을 공유해야 한다. 지역에서 구체적인 활동을 하는 교회는 그에 따르는 역동적인 활동을 하여야 할 것이다. 예상치 못한 문제점에 대해 능동적으로 대처하면서 종합적으로 견해를 조정하고 통합하는 기능이 노회에 있다면-현재 이런 방향성은 있다고 강변하지만 좀 더 솔직하게 들여다보면 문구는 있어도 실질적인 운영은 문구에 못 미치는 모습을 발견하기란 어렵지 않다-지금과 같은 교회의 사회적 신뢰 저하는 상당 부분 막을 수 있을 것이라 생각한다.

이런 여러 가지 이유를 감안하여 이 책의 주요 내용은 교회헌법의 실질적인 역할과 기능, 그리고 교회 내 사법심사의 대상으로 주목받는 지교회 정관의 실효성에 대해 법원의 판결과 비교·분석하고 법적인 관점에서의 대안을 제시하였다.

교회 내부의 자율적 구속관계로 교회헌법-노회규칙-교회정관을 법적인 관점에서 규명하고 교회헌법의 역사적 변천과정을 살펴봄으로써 21세기를 살아가는 교회헌법 조문으로 새롭게 나타나기를 갈망한다.

교회헌법이 노회규칙과 교회정관을 구속하는 실적적인 상위법이지만 오히려 지교회 정관이 상위법을 압도하는 사법적 판례의 경향은

매우 우려스러운 일이라 할 수 있다. 이런 이유로 교회헌법이 가지는 상징성과 법적 위치를 정확히 규명하고, 교회 내부의 법적인 질서와 현실에 부합하는 법률로서의 위상을 가져야 함을 역설했다.

시류에 따라 민주적이고 독립적 운영이라는 명분으로 행해지는 교회정관의 제·개정에서 나타난 불합리성을 지적하고, 교회 개혁과 교회의 공공성 관점에서 시작된 정관 개정의 움직임을 살피고, 명문화된 교회정관을 통해 교회 내 구성원들 간의 권한과 책임을 분명히 하면서 불필요한 갈등을 미연에 방지하며 교회공동체 운영의 합리화를 통해 교회의 본질에 다가가는 것을 기대하게 된다.

따라서 이 책은 개신교 교회의 내부적 법률관계를 명확하게 규명하는 것과 교회생활에 부합하는 생활 속의 법으로 신앙과 현실 속의 간극을 합리적으로 줄이는 실질적인 지침이 될 것이라 확신한다.

아울러 교회헌법-노회규칙-교회정관과 법원의 사법적 판례를 비교 분석하여 나타난 쟁점을 통해 교회법이 나아가야 할 방향성을 모색한다.

2. 이 책의 내용 구성

법적인 관점에서의 교회법을 다루는 문제에 있어서 책머리와 그에 따르는 내용의 전체적인 틀을 잡고 이를 일반인들이 읽고 쉽게 이해할 수 있는 평이한 문장으로 전환시키는 문제가 가장 어려웠다고 말할 수 있다.

서문에서는 이 책이 나아갈 방향성을 제시하고 이 책이 좀 더 많은 사람에게 읽힐 수 있도록 쉽게 소개하고자 했으나 쉽지 않았다. 먼저 법적인 용어의 정확한 이해와 해설을 위해서 보다 쉽고 부드러운 문장을 선택했지만 법적인 용어의 경직성과 가장 자유로워야 할 신앙의 언어 사이의 간극은 어쩔 수 없는 한계로 보인다.

다른 한편으로는 2017~2018년은 '종교개혁 500주년'을 맞이하고 '새로운 500년'을 시작하는 원년으로서의 의미를 강조하면서, 현재 우리 사회에서 종교가 가지는 의미를 재조명하고 개개인의 삶이 물질(맘몬)[6]에 종속되는 것이 아니라 물질(맘몬)을 이용한 가치의 극대화라는 명제를 실현하는 모습으로 표현되기를 갈망하였다.

제1장에서는 '자유에 대한 단상'을 두서없이 짧은 문장으로 몇 단락으로 정리했다. 다소 생뚱맞은 느낌도 있겠지만 자유와 종교의 자유에 대한 이해를 돕고자 정리한 소품이다. 다소 어렵고 딱딱한 법의 이론적 관점과 이해를 위한 생각의 근육을 부드럽게 하기 위한 도구라 생각하면 좋겠다.

특별히 자유라는 관점은 개인마다 이해에 차이가 있음을 염두에 두었지만 늘 '현재-여기서'라는 명제 속에 살아야 하는 개인의 내면적 변화와 현실적 적응을 고민하면서 '진정한 나의 삶은 어떤 모습이어야 할까?'[7]라는 의문 속에 던져진 나를 또 바라보는 관점을 제공하고자 노력했다.

어느덧 우리 삶 속에 다가온 종교의 묵직함에서 벗어나려는 노력과 함께 그 안에 안주하려는 양가감정이 교차하면서 종교의 자유로

---

[6] 재물을 인격화하여 표현한 존재. 예수 그리스도의 '산상수훈'에서 재물을 의인화하여 사용하면서 쓰인 이후, 재물·탐욕·부유·부정직 등을 상징하는 말로 쓰인다.
[7] 이 문장 속에 함의된 것 중의 하나는 '절대자 앞에 선 단독자'의 모습을 생각한다. 또 다른 의미는 '절대자 앞에 있는 자신'(불교철학에서는 '참진'과 '아진'이라고 표현한다)을 표현하기도 한다.

운 맛을 느끼는 방법적인 단상을 적었다. 이어서 종교의 자유에 대한 학문적인 연구방법을 소개하고, 이 책에서는 주로 법적 관점을 제시하고 또한 판례를 중심으로 한 법의 해석적인 방향성을 제시하는 데 노력했다.

제2장에서는 교회법의 이해를 개괄적으로 정리하고, 교회법의 연혁과 함께 신학적인 면을 함께 살펴본다.

교회법이란 무엇인가에 대한 근원적인 질문과 교회법만이 가지는 구성과 특색과 역사에 대해 개괄하고, 우리나라에서 기독교가 비교적 짧은 시기에 급속한 성장을 한 배경을 정리하고, 종교의 자유와 함께 교회성장의 요인에 대한 시대적 흐름을 동태적으로 살폈다.

교회법을 왜 공부해야 하는가에 대한 당위성을 가지고 접근하는 자세는 기초적인 질문이지만 교회법을 통해서 인간 내면의 욕구를 채우고, 더 중요한 것은 죽음 이후의 세계에 대한 안목을 가질 수 있는 가능성을 열어 두는 데 있다고 할 수 있다.[8] 이러한 전향적인 자세는 교회법(병행하여 사회법)을 이해하는 매우 좋은 공부방법이라 할 수 있으며, 교회법과 국가법의 관계에 있어서 서로의 장단점을 수평 비교하는 방법도 생각해 볼 수 있다. 특히 교회법의 발전과정에 있어서 외국의 예를 반면교사로 삼아야 할 역사를 간추렸다.

영국의 경우 장로교의 원형적인 근간을 만든 존 녹스의 스코틀랜드 장로교회의 역사성을 반추하고, 프랑스의 경우 위그노들의 신앙순례를 따라가 보면서 종교의 자유에 대한 깊은 생각을 다시금 되새김

---

8) 저출산·고령화시대를 맞이하면서 지금 우리 사회에서 화두가 되고 있는 웰빙(well being)과 웰다잉(well dying)이 동전의 양면과 같다는 것과 맥을 같이한다. 즉 '잘 사는 것이 잘 죽는 것이다'라는 의미와 상통한다.

으로써 오늘 우리가 누리고 있는 종교의 자유에 대한 생각을 해볼 수 있었다.

독일의 경우는 종교개혁의 발생지라는 상징성 외에 독일에서 발달된 인쇄술과 종교개혁의 연관성을 살피고, 급속도로 발전되는 인간이성의 깨달음이 지금의 문명을 건설하는 기초적인 토양을 다지는 역할을 한 순기능적인 모습을 중심으로[9] 정리했다. 독일의 지리학적인 위치 속에 북유럽과 중부유럽에서의 종교의 자유에 대한 용광로적인 면을 추적할 수 있다. 미국의 경우를 예로 든 것은 당시 신대륙으로의 종교이식이 성공적이었는가에 대한 평가는 뒤로하고, 종교와 신앙의 자유를 찾는 여정과 정착하면서 새롭게 분화되는 모습을 보고, 특히 미국의 경우는 우리나라에 장로교를 이식하는 과정에서의 연원을 살피는 것으로 대신했다. 영국과 프랑스의 경우보다 독일과 미국의 경우는 지면을 두 배 이상 할애한 이유가 여기에 있다.

이어서 한국기독교의 발전과 비교적 단시간 내에 한국기독교가 성장하게 된 배경과 그에 따른 명암의 관계를 기술하였다.

종교사학적인 관점으로는 더욱 많은 고증과 기술이 필요하겠지만, 이 책의 목적은 이런 세세한 것을 다루기보다는 교회헌법과 노회규칙과 지교회 정관의 법적 체계성을 규명하고 향후 한국교회의 발전적 모습을 바라보게 하는 것으로 한정했다.

제3장에서는 본 연구의 중심의제로 교회헌법의 이해와 교회 내 법적인 체계를 살펴보았다. 법적 체계정당성의 원칙에 입각한 교회법의

---

[9] 당시의 시대는 1490~1590년의 100년간을 지칭하는데, 이때는 신대륙의 발견으로 인해 유럽 문명이 발전하는 시기이며, 새로운 항로의 발견으로 인해 세계관이 종교 중심에서 인간이성 중심으로 전환되는 시기를 말한다. 역기능으로는 유럽인들에 의해 잉카 문명과 마야문명이 멸망하고 신대륙의 원주민들이 대규모로 살육당한 것도 아울러 보는 관점을 강조했다.

제정을 비교하고 교회헌법-노회규칙-교회정관에 나타난 불일치의 모순을 분석하고 비판하고 법적인 체계정당성 원칙의 중요성을 강조했다. 이어서 주요 교단헌법의 변천사를 통해 교회헌법과 노회규칙의 상관관계를 기술하고, 특히 지교회 중심의 현실에서 노회규칙의 역할이 비중이 있음에도 소홀히 여겨지는 원인을 강조했다.

각 주요 교단의 헌법적 특성을 통해 교회 내 정치구조를 함께 조명하며, 또한 한국 개신교 주요 교단의 헌법과 교단헌법의 운용 실태와 이를 토대로 각 지교회에 영향력을 가지는 교회정관에 대해서도 심도 있게 분석했다. 특히 교회정관에 대한 분석에서는 지교회와 그 지교회의 구성원인 개개인의 의식의 흐름과 함께 법적인 사고체계를 규명하는 데 주안점을 두었다.

특히 다원화된 사회적 현상에 교회의 고유한 정체성을 가지되 실정법적인 문제와의 갈등관계를 정확하게 정리해 줄 근거법으로 교회헌법은 매우 중요하다. 교회헌법은 선언적이지만 교회 내부의 법적인 위치를 공고히 하고 노회규칙을 통해 나타난 교회정관은 이를 구체화하는 실정법적인 기능과 역할을 한다고 볼 수 있다.

제4장은 교회정관에 관한 다양한 판례를 통해 나타난 제 문제와 효력을 중심으로 살펴봄으로써 교회법 내부의 전반적인 구성의 흐름을 살펴보았다. 교회정관은 교회구성원의 삶과 신앙의 형태를 직접적으로 간섭한다는 당면의 과제에 비추어 매우 중요한 의미를 가진다고 할 수 있다.

특히 이 장에서 역점을 두고 있는 5개의 대법원 판결은 우리에게 매우 중요하기 때문에 매우 세심하게 살펴보았다. 대법원의 1993년 부산영락교회 판결부터 2006년 신서교회 판결과 2010년 광성교회 판결을 다룬 것과 2014년 강북교회 판결로 이어지며, 2018년 사랑의교회에 대한 대법원 판결은 변화하는 시대의 흐름과 교회 내부의 관습(법)과의 차이를 통해 교회헌법을 새롭게 정리하라는 무언의 암시를 주는 듯하다.

먼저 1993년과 2006년의 대법원 판결을 세밀하게 살핀 이유는, 이 2개의 판결에서 나타난 교회법의 개괄적인 흐름을 이해할 수 있고 교회분쟁에 관한 법적인 관점을 제공했기 때문이다. 이러한 판결의 흐름 속에 좀 더 세세한 부분을 정밀하게 판결하여 교회법의 전체적인 윤곽을 법적인 관점에서 조망하게 해준 다음의 3개 판결은 판결문을 중심으로 쟁점과 판결 요지를 분석하고 검토하여 판결이 주는 통합적 의미와 부분적 함의를 살펴보았다.

급변하는 사회의 흐름 속에 교회에 대한 국가법의 방향성과 국가와 사회가 교회법을 보는 인식의 가늠자로 제시될 수 있는 1993년부터 2018년까지 25년간까지의 대법원 판결 5개는 매우 중요하기 때문에 판결을 전체적으로 소개하면서 교회법이 가져야 하는 방향성을 바라보도록 정리했다.

앞으로 우리의 교회헌법이 어떤 위치에서 교회의 미래상을 제시하느냐에 따라 교회의 사회적 위상이 자리매김될 것이라 예상된다.

제5장은 교회법의 보편적 이해와 함께 교단헌법-노회규칙-교회정관의 갈등과 긴장관계를 정리하고, 향후 교회법의 방향성과 문제점의 개선방향을 제시하는 것으로 마무리를 지었다.

| 목차 |

감사의 글 / 2
서문 / 6
책머리에 / 10
    1. 이 책의 방향성 / 10
    2. 이 책의 내용 구성 / 13

제1장 '자유'에 대한 단상 몇 편 / 27

    1. 종교권력과 국가권력에 대하여 / 28
    2. 신앙의 자유에 대하여 / 31
    3. 존 스튜어트 밀의 '자유론' 요지 / 35
    4. 시대를 안고 가는 담지자(擔持者) / 37
    5. 관점을 바꾸어 / 43
        1) 생각의 차이 / 43
        2) 우선순위 / 44
        3) 이 책의 소개 / 45
    6. 종교의 자유에 대한 보편적 인식 / 49
        1) 우리 삶에 다가온 종교 / 49
        2) 연구방법 / 54
        3) 이 책에서 쓰이는 주요 용어와 범례 / 58

제2장 교회법의 이해 / 61

    제1절 교회법이란 무엇인가? / 62

1. 왜 교회법을 공부해야 하는가? / 62
　　2. 교회법의 이해에 대한 관점 / 65

제2절 교회법의 보편성 / 69
　　1. 교회법의 개념 / 69
　　2. 하나님의 법과 교회법 / 72
　　3. 교회법의 목적 / 73
　　4. 교회에서의 교회법 / 74
　　5. 교회의 구조와 교회법 / 76
　　6. 교회법의 특징 / 79
　　　　1) 실체적 특징 / 79
　　　　2) 구원을 위한 법의 실현 / 80
　　　　3) 교회법 내용의 특색 / 81
　　　　4) 사랑으로서의 교회법 / 83
　　　　5) 교회법에 대한 양심적인 의무들 / 83

제3절 교회법의 발전과정 / 86
　　1. 교회법의 성장과정 / 86
　　　　1) 외국의 예 / 89
　　　　2) 한국의 예 / 112
　　2. 한국 개신교 발전의 명암 / 116
　　　　1) 개신교의 발전 / 116
　　　　2) 개신교 성장의 명암 / 120

제4절 종교와 정치의 관계 / 129
　　1. 종교의 자유의 연혁 / 130
　　2. 국가권력과 종교권력의 이해 / 138

   1) 국가권력의 이론적 이해 / 138
   2) 국가권력 분립 원리 / 141
   3) 국가권력 분립의 내용 / 142
 3. 우리 헌법에 있어서의 권력분립제도 / 144
 4. 정교분리론에 근거하는 견해 / 146
 5. 종교의 자유와 정치의 관계 / 148
 6. 종교와 정치의 새로운 위상 / 149
   1) 종교시설물 파괴행위에 대한 인식 / 149
   2) 정교관계의 제 원칙 / 150

제3장 교단헌법과 노회규칙 / 151

제1절 교단(회)헌법 / 152
 1. 교단헌법의 개념과 의의 / 152
   1) 개념 / 152
   2) 의의 / 154
 2. 교회헌법의 역사적 발전 / 156
 3. 교회헌법의 법적 지위 / 161
   1) 교단의 의미 및 종류 / 162
   2) 교단헌법의 효력 / 164
 4. 교회헌법의 내용 / 166
 5. 교회헌법의 특징 / 168
   1) 교회헌법의 개념적 이해와 범위 / 168
   2) 교회헌법의 구성과 특색 / 172

제2절 교회헌법의 입법론적 문제점과 과제 / 175

   1. 입법상 기본원리 / 175

   2. 체계정당성의 관점에서 본 문제점 / 176

   3. 헌법적 근거에서 본 교회헌법 / 179

   4. 형성의 자유 / 181

   5. 규범으로서의 체계정당성 / 182

   6. 명확성의 원칙에서 본 문제점 / 185

   7. 보충성의 원칙에서 본 문제점 / 189

   8. 평등의 원칙에서 본 문제점 / 191

   9. 신뢰보호의 원칙에서 본 문제점 / 194

   10. 교회헌법의 입법론적 과제 / 198

제3절 교회헌법의 구성과 규범체계 / 201

   1. 교회헌법의 구성 / 201

      1) 도리적(道理的) 헌법 / 203

      2) 관리적(管理的) 헌법 / 204

      3) 도리적 헌법과 관리적 헌법의 내용 분석 / 206

   2. 주요 교단의 헌법과 규범체계 / 209

      1) 장로교헌법 / 213

      2) 감리교헌법 / 217

      3) 침례교헌법 / 219

      4) 성결교헌법 / 222

      5) 하나님의성회헌법 / 225

      6) 소결 / 227

제4절 노회규칙 / 235

   1. 노회의 의의 / 235

　　2. 노회규칙의 제정과 내용 / 237
　　3. 노회규칙의 법적 지위 / 240

제5절 교회에서의 정치구조 / 243
　　1. 권력분립원리와 통치권 행사 / 244
　　　1) 삼권분립과 권력의 견제와 균형 / 244
　　　2) 통치권 행사의 절차적 정당성 / 245
　　　3) 국민의 지위와 대의제도 / 246
　　2. 교회의 집행체제 / 248
　　　1) 교회 권력분립원리의 배경 / 248
　　　2) 교회의 삼권분립에 따른 상호작용 / 249
　　　3) 목사와 장로의 협력과 견제와 균형 / 251
　　　4) 소결 / 269

제4장 지교회 정관 / 271

제1절 지교회의 정체성 / 272
　　1. 교회의 자기이해와 법률관계 / 272
　　2. 교회에서의 자기이해 / 273
　　　1) 교회법에서의 교회 이해 / 274
　　　2) 교회의 정체 / 275
　　　3) 국가관계에서의 교회 이해 / 279
　　3. 교단헌법의 내용 비교 / 282

제2절 교회정관의 자치법적 구속력 / 289
　　1. 교회정관의 필요성 / 289

2. 교회정관의 교회법적 의미 / 292

      1) 정관의 의미 / 293

      2) 학설과 판례 / 296

   3. 교회분쟁 해결과 예방을 위한 교회정관 / 300

      1) 정관의 권력구조 규정 / 300

      2) 교인의 권리의무 규정 / 303

      3) 교회의 재산 규정 / 304

      4) 결의절차에 관한 규정 / 305

   4. 교회정관 제정과 법적 효력 / 306

      1) 정관상 명칭과 목적 / 307

      2) 정관 제정의 주체 / 312

제3절 교회정관의 효력 / 324

   1. 교회정관과 교단헌법의 관계 / 324

      1) 교단과 총회의 개념 / 324

      2) 교단헌법과 교회정관의 관계 / 326

      3) 정관상 담임목사 임기제와 시무투표제 규정문제 / 329

   2. 교회정관이 교회에 적용되는 범위와 한계 / 331

      1) 지교회의 자유로운 법률관계 / 331

      2) 지교회 재산에 대한 자기결정권의 효력 / 332

      3) 지교회 운영에 대한 교단 헌법의 구속력 / 332

제4절 교회정관과 사법심사 / 334

   1. 교회분쟁 시 정관의 자치법상 구속력과 적용의 한계 / 334

      1) 교회정관과 신학적 범위 / 335

      2) 부제소 위반의 징계규정의 효력문제 / 338

   2. 불법행위에 대한 정관 적용과 한계 / 338

3. 권징재판에 대한 사법심사의 적용범위와 정관 / 341

    1) 권징재판에 있어서 정관의 효력 / 341

    2) 권징재판에 대한 사법심사의 정관 적용 범위 / 342

4. 재산 분쟁에 대한 사법심사의 범위와 정관 / 346

    1) 재산 분쟁에 있어서의 정관의 효력 / 346

    2) 재산 분쟁에 대한 사법심사의 정관 적용범위 / 348

5. 교회의 교단탈퇴와 정관 변경 / 350

    1) 교단탈퇴와 정관 변경의 법률관계 / 355

    2) 정관 변경과 교단변경의 요건 / 358

    3) 교단변경 결의에 대한 내재적 한계 / 360

    4) 정관 변경을 위한 절차문제 / 370

6. 소결 / 377

제5절 교회법의 흐름을 바꾼 대법원 판결 / 385

1. 대법원 2006.4.20. 선고 2004다37775 전원합의체 판결 / 386

   (신서교회, 소유권말소등기)

    1) 사건개요 / 386

    2) 판시사항 / 387

    3) 쟁점 / 387

    4) 검토 / 390

    5) 맺는말 / 391

2. 대법원 2010.5.27. 선고 2009다67665·67672(병합) 판결 / 392

   (광성교회, 명도청구·건물명도)

    1) 사건개요 / 392

    2) 판시사항 / 394

    3) 쟁점 / 395

    4) 검토 / 397

5) 맺는말 / 399

    3. 대법원 2014.12.11. 선고 2013다78990 판결 / 401
       (강북제일교회, 총회재판국 판결 무효 확인)

       1) 사실관계 / 401

       2) 쟁점 / 404

       3) 검토 / 408

       4) 맺는말 / 414

    4. 대법원 2018.4.12. 선고2017다232013 / 415
       (사랑의교회, 담임목사 위임 결의 무효 확인)

       1) 사건의 개요 / 415

       2) 쟁점 / 417

       3) 판결요지 / 418

       4) 검토 / 424

       5) 맺는말 / 432

    5. 소결 / 433

제5장 결론 / 443

  부록-교회정관 예시(A, B, C형) / 448

  참고문헌 / 462

교회법개론
the Church Law
System of Korean
Protestant

제1장
'자유'에 대한 단상 몇 편

1. 종교권력과 국가권력에 대하여

　종교가 우리의 삶 속으로 스며들기까지는 많은 시간과 함께 인간의 내면적 인식작용이 끊임없이 작동한 결과라고 할 수 있다.
　인간의 삶에 대한 가치가 어떻게 채워져야만 보람이 있고 만족함이 있는가 하는 것과는 차원을 달리하지만 살아가는 순간마다 선택하는 기쁨과 함께 누리는 즐거움도 같이한다. 물질이 모든 만족을 주는 것이라고 말하는 현대의 문명사회에서 이제는 비가시적인 영역까지 형상을 구체화하려는 탐구정신이 더 소중하게 여겨지는 상황임은 누구나 인정하고 있다.
　인간 속에서 작동하는 이성의 능력을 과대평가하다가 죽음에 이르러서야 회한의 시간[10]을 가지는 것은 그만큼 내면의 삶에 대한 이중적 태도라고 할 수 있다. 이러한 삶의 유형적인 구속으로 볼 수 있는 권력의(국가 혹은 조직 속의) 거대함으로부터 벗어나려는 시도 중 하

---

10) 이 부분은 저자가 현재 요양병원 원목으로 9년간 재직하면서 치매 및 중풍 등 각종 노인성 질환에 시달리는 환자를 임상적으로 상담하고 경험한 느낌을 적었고, 실제 노령화시대에 노후에 대한 대비책을 걱정하는 모습이 지금도 많은 이들에게 부담으로 다가오고 있다.

나가 내심적 자유에 대한 갈망이라고 할 수 있다.

그 대표적인 것이 사상과 양심의 자유이며, 그 안에서 새로운 세계를 찾아가려는 욕구의 하나로 가장 근원적인 영역인 종교의 자유가 있다. 왜냐하면 인간은 언젠가는 죽음을 마주하게 될 것이며 살아 있는 동안에만 자신의 존재에 대해 의식하는 한계를 가지고 있는 필연성이 대기하고 있기 때문이다.

인산 내면의 무한한 발산을 통해 더 나은 세계의 접근을 꿈꾸며 물질문명이 채워 줄 수 없는 것을 내면의 욕망에서 채우려는 것은 당연한 시도이자 지극히 현실적이라고 할 수 있다.

종교의 자유에 대한 열망은 인간 이성이 발달함으로 상당 부분 가려져 있지만 궁극적인 자아와의 만남에서 늘 절망하고 방황하면서 집단적인 힘에 의존하거나 그 속의 하나로서 자신을 숨기고 싶어 하는 이중성을 가지고 있다. 이러한 집단적인 힘의 거대함이 사회조직과 국가권력으로 표현되어 우리의 삶 전반을 구속하려 하지만, 다른 한편으로는 여기에서 벗어나려는 양가감정의 종착역으로서 개인적 시도가 마지막으로 의지해야 하는 종교로의 귀의가 새로운 조직을 형성하면서 또 하나의 권력적 작용을 가지는 것으로 나타나는데 이를 종교권력[11]이라 말한다.

이 두 작용은 대화와 긴장 속의 타협을 통해 유토피아를 약속하지만 현실은 늘 기울어진 균형으로 나아가며, 이 속에서 서로의 이익을 향해 매진하게 된다. 종교도 국가권력의 속성을 복사하여 교회권력으

---

11) 사실 이 용어를 쓰는 것이 매우 조심스럽다. 권력을 가진다는 것은 타인을 자신의 뜻에 굴복시키면서 무엇인가를 성취하는 부정적 용어이지만, 개인의 나약함을 집단의 힘을 통해 해소하려는 욕망을 일부 충족시킨다는 의미로 사용했다. 보편적으로 국가권력과 종교권력이란 용어는 기독교가 로마의 국교로 인정되면서 상대적으로 만들어진 것으로, 종교권력은 제사장직을 중심으로 한 서임권을 가지고 국가권력은 종교적 간섭을 배제하고 통치의 집행권과 입법권을 나눠 가지는 것으로 유래했고, 자세한 것은 종교의 자유 부분에서 상술했다.

로의 분립적 요소를 차용하여 종교권력만의 특성을 가지고 내면적 자유를 내세워 삶의 가치를 최대로 끌어올리려는 노력을 하게 된다.

바로 교회 내적인 규범을 새로 만들고 그에 따른 시행규칙을 만들어 하나의 규범 속에 종교를 가두는 것이다. 그런 반면에 그러한 권력의 속성을 제한하고 구성원 공동체의 안녕을 위한 수단으로 정관을 제정하여 헌법적 가치 안에 공존하면서 모든 것을 규율하는 가운데 개인의 이상적인 욕구를 최대한 만족하게 하면서 현실적으로 국가권력과의 상호이해를 바라게 된다.

국가권력과 종교권력의 만남은 결국 인간의 삶에 대한 가치를 담보로 하고 있기 때문에 이 둘의 조화가 무엇보다도 중요하다. 문제는 조화를 이루기 위한 수단적 요소가 무엇인가에 귀착되면서 서로 간의 이해충돌이 발생하게 되는데, 이것을 해소하기 위한 방법으로 고안한 것이 분립적 균형이다. 서로가 고유의 영역을 가지고 운영하면서 전체적인 흐름을 이어가려는 시도가 바로 그러한 것을 만드는 최상의 방법으로 지금까지는 인식되어 왔다.

앞으로 인간의 이성(여기서는 사상과 양심 등 내면적 작용의 총체적인 의미임)이 발달함에 따라 더 나은 방법이 개발될 것으로 예상되지만 이미 있는 종교의 근원적 목적을 뒤집기는 어려울 듯하다.

이러한 맥락에 따라 국가권력과 종교권력 간의 갈등과 타협을 긍정적으로 인정하고, 이를 인지하는 이성의 능력과 지혜에 대한 한계를 통해 내면의 무한한 능력을 지속적으로 탐구하는 호기심이 필요하다. 또 다른 한편으로는 현실적인 삶을 규율하는 종교적 규범인 정관의 필요와 중요성에 따라 인간의 내면을 자유롭게 발산하고 그러한 공동체가 더 많이 나타나 궁극적으로 삶의 가치와 행복을 누구나 누리는 모습이 되기를 꿈꾸면서 현실적인 문제인 교회정관에 대한 새로운 해석을 시도한 것이 이 책이다.

2. 신앙의 자유에 대하여

태초에 자유가 있었다. 자유는 어떤 의미에서 신의 본질적 속성이라 할 수 있다.

하나님께서는 이 세상을 창조하실 때 누구의 지시에 의하거나 상의하지 않고 자의적인 행위를 함으로써 자유란 단어에 새로움을 넣어 준 것 같다. 그래서 자유는 늘 우리의 이상적 행위를 표현하는 단어로 자리매김하였다. 이를 뒷받침할 근거로서 신의 성품을 닮은 모습으로 만들고[12] 그 안에 생기를 넣어 주심으로 인간이 생겼다는 태생적 근거를 말할 때 역시 신의 자의적 성품 즉 신학적 용어로 '주권적', '행위' 또는 '행사'라고 하는 본성이 그대로 인간에게 전가되었다고 보는 관점에서 그렇다.

그래서 인간은 늘 '그' 자유를 그리워하게 되고 '그' 자유를 향해 자신에게 주어진 삶의 모든 것을 투신하는 것이 아닌가 싶다. 그만큼 지금까지 자유는 우리의 내면적 분출을 표현하는 가장 멋진 단어로 우리의 일상을 지배하고, 그 안에서 새로운 '자유함'을 얻고자 하는 욕망이 태동하게 된다.

일반적으로 자유라 하면 내 마음이 가는 대로 구속되지 않고 행하고 생각하는 일체의 것을 함의한다면 그 자유는 지극히 개인적이고 독창적일 것이다. 그리고 자유는 '~로부터의 자유'라는 소극적 자유와 '~의 자유'라는 적극적 자유로 구분하는 경우도 있음을 생각하면, 자유는 늘 우리의 이상을 완전히 충족시켜 주는 만능의 언어라고 말할 수도 있을 것이다.

---

12) 창세기 1장 26~27절 "하나님이 이르시되 우리의 형상을 따라 우리의 모양대로 우리가 사람을 만들고…하나님이 자기 형상 곧 하나님의 형상대로 사람을 창조하시되 남자와 여자를 창조하시고."

문제는 인간은 홀로 사는 것이 아니라 나 아닌 다른 사람과의 관계성을 요구하고 있기 때문에 일정 부분 자유가 제한된다는 것이다. 즉 내 자유의 극대화는 타인의 영역을 침범하지 않는 곳까지라 할 수 있다.

여기서 말하는 타인의 영역에 대해서는 여러 가지 의견이 나올 수 있지만 가장 기본적인 것은 신체와 정신의 영역에 대한 간섭 내지는 강요라 할 수 있다.

우리가 특별하다고 생각하는 계층이나 그러한 사람들의 행태를 우리의 일상에서 자주 볼 수가 있다. 즉 사회적 명망이 높은 사람이나 초월적 권력과 금권을 지배하는 계층을 예로 들 수가 있다. 이들의 처음은 모두와 마찬가지로 주어진 조건이 같았다고 할 수 있지만 세대가 이어지면서 점차로 특권계층 혹은 특수계층으로 지칭되기 시작하면서, 경우에 따라서는 세습으로 변하기도 하면서 그들만의 독특함으로 발전하기 시작했다.

특히 가진 자의 우월적 횡포와 그에 상응하는 행위는 많은 사람들의 분노를 자아내기에 충분하지만 또 다른 한편으로는 그러한 것을 내가 누리지 못함으로 인한 좌절감과 분노의 표출로 보는 이중적이면서 다의적인 견해도 상존한다.

이와 같이 한 가지 사안을 놓고 다양한 해석과 견해가 나타날 수 있는 것이 매우 건강한 현상이라 말하지만 그것을 논하는 자들의 지위와 소유에 따라 이 또한 다르게 표현된다. 특히 우리는 개인적 자유에 대한 갈망이 증대되는 현실에서 다각적으로 누리고자 하는 자유에의 향유를 갈망하고 있지만 어떤 면에서는 진실된 자유를 누리기보다는 상대적 자유를 조금 맛볼 수 있을 뿐이라고 단언한다면 이 또한 단견일까 하는 의구심을 가지게 한다.

사회생활 전반에 대한 자유의 향유에 있어서도 그렇지만 특별히 신앙의 자유 부분은 어떨까? 특히 어떤 분야에서나 사람들의 공동체적 모임에서 가장 내면적이고 궁극적인 분야는 종교적 신앙 영역이라고 말할 수 있다.

이 분야를 심도 있게 볼 수 있는 것은 다른 분야와 비교함에 있어서 수평적 비교를 한다면 상대적으로 용이하기 때문이다.

흔히 윤리적이거나 도덕적이란 말로 포장하고 있지만 윤리적 면의 심층적인 부분은 바로 개인의 내면에 있는 판단 근거를 가지고 선악과 호오를 구분하는 것이다. 즉 개인의 양심에 따른 자유로운 판단이 내재적 이성에 의해 조율된다고 한다면, 도덕은 사회구성원의 공동체적 목적에 따른 지향성을 가진다는 점이 다르다. 즉 도덕은 외재적 판단의 기준을 의식하면서 자신을 살펴보는 것이 된다.

이러한 관점에 따르면 도덕과 윤리는 확연히 다른 것을 알 수 있지만 이 두 가지 심적인 요소를 포괄적으로 함의하는 것이 종교적 신앙의 영역이라 말할 수 있다.

종교적 신앙의 영역은 개인이 가지고 있는 도덕과 윤리적 판단에 어긋나게 되면 걷잡을 수 없는 증오의 영역으로 변하기 쉽다. 초기 그리스도교의 전형이라 할 수 있는 로마 가톨릭교회는 '보편성'을 강조하여 권력자와 유산자 계급 및 대중의 호응을 전폭적으로 얻었지만 시간의 흐름에 따라 많이 변질되었고 그 이후 이에 반발하는 사람들이 생기게 되었다.

흔히 종교개혁으로 불리는 이 운동으로 새로운 종교적 신앙의 틀을 세웠지만 이들 역시 양심(내심)과 종교의 자유를 지향하였으면서도 자기들과 뜻을 달리하는 사람들에 대한 혹독한 차별과 박해를 서슴없이 행했던 오염된 역사[13]를 가지고 있다.

그런 다음 지금은 어떤가? 어떤 종교가 완벽한 승리를 가지지 못하

---

13) 여기에 관해서는 본서 제2장 3절 교회법의 발전과정 참조.

고 처음의 종교적 투쟁의 열기가 진정되자 확장되었거나 가지고 있던 영역의 조직과 정비에 심혈을 기울이고 여기에 안주하거나 나름의 만족감을 가지게 된다.

거대한 조직에 도전했던 일련의 소수파는 자신들이 주류가 될 기회를 잃어버리거나 가능성이 사라지게 되자 신앙의 차이를 주장하며 이를 수용해야 한다고 주장하게 된다. 즉 사회에 반대하는 개인의 권리가 보편적 원리라는 광의의 주장을 보장받기 위해서 다른 의견을 가진 자들과의 공존을 모색하게 된 것이다.

특별히 종교적 신앙의 영역에서 이와 같은 주장이 격렬하게 나타나는 것은 그만큼 개인의 사상적 자유에 대한 갈급함 혹은 갈망이라 진단할 수 있다.

이들은 양심의 자유를 불가침의 권리로 보았고 종교적 신앙의 차이를 인정해야 한다고 강조하지만 현실은 이와는 다르게 나타났고, 신앙의 색[14]이 다른 사람에게는 무자비한 박해와 차별을 일상화하였다.

현대 세계는 신학적 논쟁 때문에 평화가 깨지는 일을 원치 않았던 종교적 무관심이 영향을 끼친 일부 지역을 제외하고는 종교적 관용의 실현은 매우 요원하다고 할 수 있다. 신앙적 양심의 판단을 자유롭게 인정하는 것이 그만큼 어렵다는 의미이다. 개인은 그 자신에 대해 육체와 정신에 대한 주권자이기 때문이다.

---

14) 현재 아랍에서 무함마드 시대를 구현하려는 정치적 시도와 신정국가로의 회귀와 IS로 지칭되는 범무슬림 국가 재건을 말한다. 여기에 터키의 정치체제는 종교와의 분리를 헌법적으로 명시했지만 최근에는 이를 합병하려는 움직임이 있고, 특히 시아파와 수니파의 주도권 갈등은 보편적으로 중동 국가가 가지는 문제로 현재진행형이다.

3. 존 스튜어트 밀[15]의 '자유론' 요지

밀의 '자유론'을 여기서 따로 언급하고 싶은 이유는 개인의 자유에 대한 다양한 관점을 우리에게 제공해 주기 때문이다. 밀이 주장하는 자유 개념에서 중요한 의미를 지니는 것은 모든 개인에 관해 강제로 간섭하는 사회의 권리를 엄격하게 제한하는 것으로, 이는 자유에 관한 두 가지 견해 즉 '소극적 자유'와 '적극적 자유'에 대한 이해이다.

밀은 개인의 자유 영역을 최대한으로 확대하고 철저히 옹호할 것을 주장했으며, '자기 자신에게만 관련되는 결점'은 너그럽게 봐주어야만 한다고 주장했다. 밀의 이러한 주장의 이면에는 인간은 선택을 할 수 있다는 점과 스스로의 선택(선택의 호오-好惡-를 떠나)을 통해서만 인간다울 수 있다는 확신이 있다.

자유의 영역에 관해 각 개인의 폭넓은 관용을 주장한 밀의 신념은 인간의 지식에 관한 경험주의적 견해와 맥을 같이한다. 곧 선택의 자유란 선택해야만 하는 많은 상대적 진리와 다양한 가치의 존재를 전제로 하기에 밀은 진리의 완전성과 가치의 절대성을 믿지 않았으며, 나아가 자유로운 토론을 통한 비판이 허용되지 않으면 그것은 절대 무오류성을 가정하게 되는 잘못을 저지르는 것이라고 주장한다.

인간의 지식은 불완전하기 때문에 이제까지 단 한 번도 전체적인 진리가 발견된 적이 없는 이상 우리가 지닌 모든 지식은 시험적이며 잠정적인 것일 수밖에 없다고 보았다. 이러한 밀의 주장은 18세기의 공리주의가 딛고 서 있는 견해와 배치된다. 밀은 그와 같은 인식을 바탕으로 자유로운 토론의 필요성을 주장하고, 인간은 잘못을 저지르지 않는 존재는 아니지만 자신의 잘못을 수정할 수 있는 정신적 능력을 가진 존재이며, 그러한 능력은 경험과 토론을 통해 이루어진다고 생각

---

15) 존 스튜어트 밀, 『자유론』, 동서문화사, 2016.

한다. 여기서 우리는 밀의 새로운 인간관과 마주치게 된다. 수많은 상대적 진리와 다양하게 대립하는 가치의 존재를 인정하는 인식은 인간성에 관해서도 역시 타당하게 적용되는 것이다.

밀 자신은 이를 의도적으로 거론하지는 않았지만 밀의 인간관은 18세기의 계몽주의적 인간관, 즉 곧 인간성은 항상 동일하며 그 욕구와 감정 그리고 동기는 불변하는 것으로 환경에 의해 결정된다고 하는 것과는 전혀 다른 내용이다.

밀에게 인간이란 스스로의 선택을 통해 자기 자신의 성격을 만들어 나가는 자발적 존재이며, 인간의 생활이란 본래 같은 패턴을 반복하는 것이 아니라 항상 새로운 사태가 출현하는, 말하자면 끝도 없고 완성도 없는 미완성의 상태로 본다. 그리고 그와 같은 무한한 신선함과 신기함 그리고 변화무쌍한 상태에서만 비로소 인간에게 가치 있는 것들이 생겨난다고 믿고 있다. 이러한 관점에서 밀은 '관용의 원리'에 대한 통찰을 통해 현대 자유주의의 기초를 제공해 주었고, 이러한 관용의 원리는 오늘날의 상황에서도 여전히 가장 중요한 사회의 원리 가운데 하나이다.

우리는 밀이 주장하는 '소극적 자유'의 원리에만 의존할 수는 없을 것이다. 현대는 '소극적 자유'는 물론 '적극적 자유'(모든 개인이 사회적 권력에 참여하는 자유)를 이해해야 하며, 더 나아가 다양한 가치와 각양각색의 이론으로부터 인류의 참된 행복을 실현할 수 있는 구체적 공동의 행동을 가져올 정치적 원리와 기술이 발견되어야 한다. '소극적 자유' 속에 나타난 개인의 자유에 대한 가치의 발견이 곧 '적극적 자유'로 완성된다고 생각한다.

4. 시대를 안고 가는 담지자(擔持者)[16]

"그 시대마다 고유한 질병이 있다"[17]는 말에 많은 사람들이 공감하고 동의를 하고 고개를 끄덕인다. 우리는 참으로 급격한 변화의 시대에 살고 있음을 실감하면서 한편으로는 둔감하게 살아가는 양면성을 지니고 있음을 부인하기 어렵다.

변화의 다양성·다변화·다학문적 등 '다(多) 무엇무엇'으로 표현되는 현대사회의 급격함에 대해서 혹자는 기민함·유연함·민감성으로 포장하지만 결국은 가벼움에 대한 처신으로 귀결되기 쉽다.

또한 이러한 변화의 물결에 오히려 뒤처지는 삶의 행보로 표현하는 둔감성[18]도 보인다. 느리게 살기 혹은 느리게 살아 보기와 현대문명의 총아로 지칭되는 컴퓨터와 휴대전화 등의 혜택에서 벗어나고자 애쓰는 면도 주변에서 볼 수 있다.

이처럼 우리는 어떤 절대적 기준에 의해 살아가는 것보다 환경에 적절하고 기민한 대응을 하면서 살아가는 현명함도 보이고 있다. 그런 면에서 생각하면서 살아가는 것에 대해서는 매우 멋지고 낭만적이고 또한 지적인 환영을 받지만 현실과의 괴리로 인해 오히려 소수자의 아집으로 분류되기도 한다.

이처럼 현대사회는 삶에 대한 기대와 욕망 사이에서 알차게 살아야 한다는 강박에 눌린 모습을 보인다. 이제 이런 강박과 정신적이고 육체적인 스트레스 속에 현대인은 갇혀 버렸다 해도 과언이 아니다.

---

16) 담지자(擔持者)의 사전적 해석은 생명이나 이념 따위를 맡아 지키는 사람이나 사물을 말하지만, 신학적 의미는 시대의 흐름에 대한 하나님의 역사하심을 선포하는 사람이나 그 일을 감당하는 사람을 의미한다.
17) 한병철, 『피로사회』, 문학과지성사, 2012.
18) 와타나베 준이치, 『둔감력』, 형설라이프, 2009. 느리게 살아 보기 운동이나 휴대전화나 컴퓨터 없이 지내 보기 등이 여기에 속한다. 좀 더 확장하면 귀농운동이나 대중교통 이용하지 않기 등이 있다.

이러한 삶의 행태는 우리의 정신구조에까지 큰 영향을 미치게 된다. 주지하는 바와 같이 '축의 시대'[19]를 들지 않더라도 우리의 이성과 정신세계는 놀라울 만큼 발전하고 그 한계가 어디인지 모를 정도로 수직상승하였지만 이면에는 그만큼 깊어지는 정신적 웅덩이도 피하기 어렵게 되었다. 흔히 산이 높으면 높을수록 계곡이 깊다는 말이 있듯이 우리의 삶이 높은 것, 좋은 것, 멋진 것을 추구하는 만큼 정신적 공황도 내재한다고 할 수 있다.

따라서 현대는 아날로그적 사고에서 디지털 사고로 전환되면서 적절한 공존의 모습도 함께하고 있다. 하이퍼(hyper-) 시대로 진입하면서 이를 적절하게 수용하는 부류와 거부하는 부류 혹은 중간지대에 있지만 시간이 갈수록 이러한 결정을 해야 하는 외적인 강박도 어쩔 수 없다.

이제 이러한 삶의 환경과 경계는 어디인가 고민하게 된다. 그만큼 우리 사회는 대사회적 관계와 개인의 일상에서 사상(내면)의 세계와 사물(일상)의 세계 사이에 대한 담론이 새롭게 조명되는 시대에 와 있다.

제4차 혁명과 뇌과학이란 영역이 새로운 삶의 영역으로 친근(?)하게 다가오면서 한편으로는 환영을 하고 한편으로는 불안을 함께 가진다.

현대사회는 빠름·가벼움·소형화·비물질화로 지칭되면서 부지중에 싸구려로 상징되는 저속함으로서의 가치에 대한 재평가가 은연중에 나타나게 되었다. 이에 반해 기존의 여유와 무거움과 대형화는 물질적 영속성의 진중하면서도 장엄함으로 이미지화되며 가치가 새롭게 평가되는 이중성을 함의하게 된다. 이제 이러한 이중적인 가치의 기준이 새롭게 나타나고 존재감이 묵직해지면서 거대한 변화의 물결이 밀

---

19) '축의 시대'는 동서양을 막론하고 인류역사를 기원전 800년에서 기원전 200년까지 시대에 발생한 획기적인 정신의 유산을 말한다고 야스퍼스가 말했다.

려온다.

　고령화와 저출산으로 인한 의식구조의 변화와 인구 유형의 변화는 곧 사회 전반의 제도와 관습을 일거에 바꾸는 힘을 가지게 됨을 깨달으면서, 그 대처방안에 대한 회의와 두려움으로 방황하고 있다.

　이러한 변화의 물결이 어느 지역에만 한정적으로 나타나는 것이 아니라 이제는 전 세계적인[20] 현상으로 전이되는 것을 보게 된다.

　이러한 가치의 변화는 현 시대를 사는 우리에게 어떤 관점을 가지게 하는가? 제4차 혁명의 본질적 의미는 인권과 환경 등 가치의 변화를 중심으로 하면서 개인의 삶에 대한 최선의 행복을 향한 극대화된 이미지를 자극하게 된다.

　이제 이러한 변화가 앞으로 우리의 삶을 어떤 모습으로 변모시킬 것인지 예상하고 그 대안을 고민해야 할 시기가 이미 와 있는 것이 아닌가 하는 생각은 새로운 두려움과 기대를 동시에 던져 주고 있다.

　정신적인 가치와 실존적인 가치의 치열한 경쟁과 공존이 합리적으로 모색되고 있으며, 이미 그러한 시도는 다양한 분야에서 나타난다.

　현대 대학에서는 지성인으로서 갖추어야 할 지식의 분야가 효율성과 효과성을 중심으로 재평가되면서 물질문명에 큰 보탬이 되지 않으면 오히려 도태되는 현실이다.

　인문학적 소양은 이미 골동품으로 취급되어 문학과 철학과 역사학 분야는 퇴출 대상으로 거론되고 있으며, 이미 일부에서는 통폐합으로 과소평가되고 대신 이공계나 경상계 분야는 이윤과 이득의 최대한 창출을 목적으로 그 방향성이 수정되었다.

　결국 이러한 인문학적 분야의 위축은 인간의 삶에 대한 근본적 의

---

[20] 중국·일본·유럽의 경우이지만 한편으로 아프리카나 남미는 이와 반대적인 현상이 나타나고 있으며, 여기는 기아와 유아 사망률이 평균적으로 높고 기대수명이 짧다. 이언 골딘, 『발견의 시대』, 180~186쪽 참고.

미를 잃게 만들고, 인간 존재에 대한 가치를 간과함으로써 나타나는 많은 사회적 비용을 치러야 할 조짐을 보이고 있다. 예컨대 사회적 인격살인과 함께 인간의 삶을 물질로 계량하는 모습을 보게 된다.

시간도 어느덧 화폐단위로 측정되고 인생도 연봉에 따라 감정평가됨으로 삶에 회의를 느끼며 인간의 존재에 대한 근원적 질문이 늘 따라다니게 된다. 그리고 이런 문명의 극대화된 발달은 결국 인간 이해의 늪을 더 깊게 침묵시키는 현상이 보이고, 비물질적인 것은 퇴출 목록 상위에 랭크되기도 한다. 이러한 영역이 우리 삶의 긴급한 분야인 의식주에 우선 적용됨으로써 정신적 영역의 가치는 어디까지 저하될 것인지 알 수가 없을 정도이다.

이에 반해 정신의 가치와 이성의 가치를 극단으로 신봉하는 부류도 공존하게 되면서 몸과 정신의 이분법적 주장[21]도 나타나는데, 이 같은 사조는 1세기에 이미 주장된 바 있다.

그 후 이러한 몸과 정신의 나누어짐과 합일적 주장이 대립되면서 공존하다가 지금은 이러한 주장이 종교적·신앙적 영역으로 남게 되었고, 이후에는 물질만능적 사고로 표현되는 물신주의가 팽배하게 된다. 결국 이러한 물신주의적 사고와 인간의 삶을 극대화하려는 이성주의적 사조가 팽배하면서 현대사회는 쾌락적·향락적 문화를 추구하게 된다.

새로운 문화와 문명에 대한 유행이나 사조가 과연 우리의 모든 것을 지배하도록 수수방관해야 하는가에 대한 강력한 반론이 있다면, 신앙과 종교의 자유로 지칭되는 사상에 대한 새로운 흐름이 고유한 영역으로 나타난다.

이는 어떤 영역이든지 간섭받지 않으려는 갈급함이라 할 수 있다.

---

[21] 이를 '영지주의'라고 한다. 영은 거룩하고 몸은 타락하였다는 극단적인 주장을 하는 분파로, 당시에 일시적 호응이 있었지만 이단으로 정죄되면서 점차 세력이 약화되었다.

즉 모든 영역에서 귀속되지 아니하는 자유에의 갈망이 그러하다. 자유에 대한 개념적 이해나 정의 혹은 그에 따른 의미를 찾는 것은 현대 문명에 대한 새로운 저항이라 할 만하다.

자유는 늘 우리 속에 있지만 정작 그 자유를 누린다고 말할 수 있을까 반문한다. 소비중심적인 사회에서 쾌락과 가벼움의 내용을 신속하게 전파함으로 이윤을 극대화하려는 속성 속에 이용되는 매스미디어는, 이를 즐기고자 하는 유혹과 그 반대적인 선택의 기로에서 더욱 속박감을 느끼게 한다.

즉 서로 다른 아비투스(habitus)[22]를 통해 나타나는 속박이 그렇다고 할 수 있다. 사회를 구성하는 공동체는 서로 다름을 통해 자신의 존재를 확인하게 된다는 전제 아래 우리가 획일적인 그 무엇을 갈급해하는 것은 왜일까?

즉 현대인을 특정 짓는 것은 불안정성이라 할 수 있고, 쉼 없는 변화와 일시적인 것에 주안점을 두고 있으며, 그것에 따라가거나 흡입되지 못하면 뒤처진다는 의식이 팽배하고 있다.

이러한 유동성을 우리는 사회적 동력이라 지칭하면서 극단적으로 개인주의화되어 가고, 이러한 개인적 이기주의가 이제는 가족이라는 굴레를 벗어나고자 애쓰고 있으며, 전통적인 가족의 인적 구성이 무너지고 있다. 특히 가족과 종교와 집단으로부터의 벗어남이 당연시되면서 개인화되고 원자화된 사회가 멋진 것으로 여겨져 그 길로 가지만, 오히려 물질주의의 굴레로부터 벗어나려는 안내서가 쏟아져 나오는 역설은 무엇을 뜻하는가?

사회적 동력으로서 새로운 영역을 확장하고 있는 모습은 또 다른 희망과 불안을 동시에 주고 있다. 이러한 우리의 일상이 기술적·경제적·기능적·심리적·미학적 실존적 가치를 가진 하나의 거대한 흐름으

---

[22] 사회화를 통해 무의식적으로 획득되는 지각·발상·행위 따위의 특정적 양태를 말한다.

로서 총체적인 사회적 현실로 나타나면서 다차원적인 영역을 창출해 내고 있다.

제4차 혁명의 총아로 여겨지는 다양한 기술의 극대화적인 발전은[23] 개인의 삶을 온전 도구화시키고 더욱 분자화되는 시대로 진입하는 듯하다. 그리하여 우리가 결정하기도 전에 이미 이러한 흐름 속에 우리는 살고 있다. 이러한 삶의 변화에 우리는 생각하는 삶이나 사색적인 관조의 흐름을 가져야 한다는 강박을 느끼게 되는데 이것은 어디에서 유래할까?

모든 것을 '자유' 또는 '자유함'이라는 명제에 가두어 두면 해결책이 나올까? 그리고 그것은 과연 정답이라고 말할 수 있을까?

왜 우리는 이러한 문명의 굴레에서 벗어나 새로운 사색의 영역인 신앙이라는 분야에 관심을 가질까? 그리고 내심의 자유 속에 나타난 사상적 흐름과 그 정신 작용의 극대화된 합일점으로 종교를 가지는 것을 당연시할까? 왜 많은 이들이 자신이 소유한 힘으로 살다가 죽음이 다가옴을 느낄 때에야 비로소 지나온 삶을 반추하면서 절대자에게 새로운 구원의 희망을 걸고 그 세계에 들어가기를 갈망할까?

바로 이러한 삶의 양면성[24]을 통시적으로 보면서 귀의해야 하는 영역이 무엇인지 다시금 통찰하는 일환으로 종교 선택의 자유·신앙의 자유를 제시하고 있다.

---

23) 나노기술(NT), 생명공학(BT), 사물인터넷(IoT), 환경공학(ET), 로봇공학(RT)을 비롯하여 3D 프린터, 드론, 인공지능(AI) 등을 총칭한다.
24) '카르페디엠'(Carpe diem)과 '메멘토모리'(Memento mori): '오늘을 즐겨라'와 '죽음을 기억하라'의 의미.

5. 관점을 바꾸어

1) 생각의 차이

사람들이 일반적으로 인식하는 자유와 그 범주에 넣는 여러 가지 항목과 표현은 달라도, 한 가지를 향해서 나아가고 있음을 느낄 수 있다. 자유의 범위가 어디서부터 어디까지라는 것은 개인의 환경과 상황에 따라 달라진다.

도스토예프스키의 말처럼 행복한 가정은 다 비슷비슷해 보이지만 불행한 가정은 다 제각각 이유가 있다는 것과 비슷한 맥락으로, 자유도 함께 누리고 삶을 긍정적이고 가치 있게 누릴 경우에는 보편화되는 양상을 보이지만 자유의 억압이 시작될 경우에는 다 개인적인 사정이 있고 또한 억압된 자유의 느낌도 다르다고 할 수 있다.

보편적으로 한 시대를 살아가면서 그 시대에 따르는 아픔은 다 공존한다고 『피로사회』에서 강조한 것을 떠올리지 않더라도, 우리는 시대적 아픔 속에 자신의 삶을 묻어 두거나 그냥 그렇게 흐르는 물처럼 흘려버리는 경우가 다반사다.

특별히 인간의 삶에 있어서 영원한 질문으로 남을 수 있는 명제는 무엇인가 자문한다. '나는 누구인가?'라는 철학적·실존적 질문 속에 나 자신의 가치와 가치관을 어떻게 정립해야 하는가는 매우 중요한 화두로 떠올랐다.

그리고 그러한 보편적 인식 속에 느끼는 긍정과 부정을 공유하며 더 나은 방향으로 가야 한다는 강박이 더욱 개인의 삶을 속박하고 있다. 현대적인 문명의 발달이 오히려 인간의 고립을 더 가속화하고, 가벼운 것이 좋다는 인식 아래 더 무거운 짐을 지고 가는 듯한 느낌은 왜일까?

2) 우선순위

　종교적·신앙적 신념을 통해 현대사회에서의 익명성과 이동성을 극복하고자 하는 노력으로 신념과 이념을 같이하는 사람들이 하나의 공동체를 형성하여 이 땅에서의 자유를 최대한 누리고자 갈급해하는 욕구가 팽배해지고, 그 안에서 개인의 존재를 느끼는 것을 늘 희구하면서 오늘까지 왔다.
　이러한 사회적 변화에 따라 나는 어떤 모습으로 살아 있음을 증명하거나 존재감을 나타내야 하는가에 대해서 고민하게 된다. 신앙을 가진다는 것이 정말 좋을까 하는 관념이 우리에게 언제 주입되었는가를 따지면서, 자신만은 이러한 논조에서 벗어나기를 갈망하지만 다시 그 안에서 있어야 한다는 양가감정도 숨기기 어렵다.
　행복과 건강을 통해 사랑과 이 땅에서의 안녕을 누리기 위한 치열한 투쟁이 태어나면서부터 죽을 때까지 계속되는 척박한 현실을 마주하면서 개인의 자유를 말한다는 것은 사치스러운 면이 있을 수 있다.
　개인의 자유와 삶에 대한 지극한 인식이 사회 전반에 퍼져 있지만 그에 대응하여 개인의 삶을 어떤 문명의 산물로 극심하게 구속하는 것도 어쩔 수 없다. 예컨대 휴대전화 속에 자신을 묻거나 인터넷에 자신의 24시를 투자하면서 먹먹해지는 하루를 그렇게 소비하는 경우가 그렇다.
　그 몰입이 생산적이든 소비적이든 구분하기에 앞서 개인의 존재에 대한 이해가 선행된다면 과연 이렇게까지 몰입할 수 있을까 하는 의문이 생긴다.
　오늘날 우리는 물질적 향유와 함께 정신적 향유가 균형을 이루어야 한다는 인식은 분명히 있지만 실생활에서 균형과 조화를 이루어 나가는 것이 어려운 것은, 개인의 가치관에 따른 우선순위에 그 원인이 있다고 할 수 있다.

3) 이 책의 소개

이 책에서는 자유에 대한 보편적 인식에 대한 이론과 그에 따르는 소소한 담론을 소개하고, 현실에 나타난 여러 가지 문제를 살펴봄으로 시작한다.

자유에 대한 개략적 이해도 중요하고, 한편으로는 그러한 자유를 어떤 형태로 누리는가 하는 것은 또 다른 관점의 문제이다.

그래서 이 책에서 주장하는 것은 자유에 대한 갈망으로 모든 것을 함의하는 것이 좋지만 그곳까지 다루기에는 저자의 역량이 부족함을 먼저 고백한다.

다만 그 자유 속에 나타난 추상적·포괄적 이해를 전제로 두고, 가장 시급하게 여겨지는 종교와 신앙의 자유에 대한 구체적인 모습으로서 실생활에 나타나는 분야로 한정했다. 그리고 그 한정된 분야에서, 특히 개신교의 교회법적 의미와 연혁을 다루고, 그다음은 한국 개신교의 역사적 변천과 교회(교단)법의 제정 역사와 흐름을 짚어 본다.

다음으로 구체화된 법으로서 교회헌법의 이해에 대해서 전체적으로 살피는데, 현재까지 가장 체계적이고 짜임새를 가진 장로교(통합·합동) 헌법을 통해서 성결교와 감리교(교리와 장전)와 침례교와 오순절성회의 성문법적 헌법으로 한정해서 비교해 보는 것으로 정리했다.

그리고 이러한 교회(교단)헌법과 현재의 실정법적 이해 충돌에 대해서는 대법원 판례를 중심으로 살펴보았다.

본래 교회법 내에서 파생된 다양한 법적 체계와 원리는 국가의 통치법과 권력구조로 세분되면서 공존·보완하는 관계로 이해되어 왔고,

그런 방향으로 정리되었다.[25]

특별히 현대 교회(교단)헌법에는 재산권에 대한 명문 규정이 없다. 즉 민법에 따른 재산권에 대한 규정이 부재한 관계로 교회재산이나 분쟁에 관한 대부분의 논점은 민사소송을 통한 소유권의 유·무 및 사회의 정서에 지나치게 반하는 교회헌법 조문의 남용과 오해의 소지로 인한 정리가 대부분이고, 이는 교회법이 갖추어야 하고 교회 내부적으로 정리해 두어야 할 시급한 요소라 여겨진다.

이러한 흐름으로 보아 지난 다섯 번의 대법원 판례(1993년, 2006년, 2010년, 2014년, 2018년)를 중심으로 논점과 분쟁의 핵심요소를 교회법적으로 비교 분석하고, 실정법에서 보는 견해와 교회 내부적인 판례와 교회법에서 준용되는 부분에서 상충되는 관점을 조명했다.

특히 오늘날 교회는 지교회 중심으로 만들어지고 자치법적 요소가 강한 지교회 정관을 통해서 교회의 존립 근거에 대한 구성원의 의식의 변화를 중요하게 여기고 있기에 이에 따른 다양한 관점을 짚어 보았다.

또한 교회(교단)헌법-노회규칙-지교회 정관으로 나타나는 수직적 구조의 허실을 통해서 보완해야 하는 부분을 지적하고, 앞으로 교회가 나아가야 하는 방향성의 문제도 제시했다.

특히 현대적인 화두로 떠오르는 양성(성)평등, 동성애 문제와 종교·신앙 선택의 자유가 사회적 공익(군복무 포함)이나 사회 구성원 개인의 삶에 해악을 끼치는 문제에 대한 실정법의 범위 등에 대한 입법론적 문제도 언급했다.

현대에 와서 '법이란 상식이다'라는 의식이 이제는 보편화되는 가운

---

25) 국가의 헌법 구조가 국민의 기본권과 삼권분리의 통치와 권력 작용으로 세분되어 구성되고 그 아래에 법률과 기타 위임입법으로 구성된 것과 같이, 교회헌법도 교인의 권리의무관계와 당회와 제직회와 공동의회로 세분되면서 교회의 관리에 고유한 영역을 부여한 것과 같은 맥락이다.

데 시민의식의 방향성이 향후 어떤 모습으로 변화될 것인가에 대해서도 주시하면서, 종교와 신앙의 자유가 과연 우리의 삶에 어떤 영향력을 가지고 나타날 것인가는 중요한 시대적 통찰을 요구하고 있다고 하겠다.

특히 우리의 경우 저출산·고령화로 인한 사회구조의 변동과 함께 제4차 산업혁명과 특히 AI로 상징되는 뇌과학의 급격한 변화에 대해서도 더욱 주의를 기울이되, 인간 내면의 무한한 상상력과 창의력을 통해 이러한 변화에 현명하게 대응해야 한다. 다른 한편으로는 인간의 한계성에 도전하고 사후세계에 대한 통찰을 통해 오늘의 실존을 가장 개인적이면서 가치 있게 채워 나가는 것이 중요한 화두로 떠오름을 전제로 교회 내에서 다양한 구성원과 의견을 가지고 그 한계를 극복하려는 노력은 지속될 것이다.

그런 면에서 이 책은 오늘을 가치 있게 채우고 이루는 방향으로서의 활동과 이해에 대한 고민을 담았다고 할 수 있다.

현대사회의 다양한 구성원과 현실적 흐름을 볼 때 교회가 가져야 하는 본원적 가치와 이상을 함께 이루려는 요구의 총합체가 사회적 흐름에 매몰되는 것을 우려한다. 즉 교회 내부의 수직적 구조에 벗어나는 지교회 정관을 제정하면서 독립적인 교회로 존재하는 것이 시대적 사명이나 종교와 신앙의 자유를 보장하는 최선의 방법으로 오해되는 부분이 있음을 간과해서는 안 될 것임을 부언해 둔다.

그리고 마지막 부분은 우리 사회가 가지는 제 문제에 대한 넛지적[26] 반응을 통해 참 자아를 찾아가는 모습으로서 자신을 가꾸는 데 큰 이해를 도울 수 있을 것이고, 부록으로서 지교회 정관의 예를 제시했다. 정관은 일반적인 인식으로서 A형·B형·C형의 세 가지로 분류하고

---

26) Nudge(넛지): 여기서는 리처드 탈러 등이 쓴 책의 표현대로 팔꿈치로 슬쩍 찌른다는 의미를 가지며, 타인의 좋은 선택을 유도하는 부드러운 개입을 의미.

목차를 명기하면서 유형에 맞도록 원용하는 것으로 유도했다. 결국 이 세 가지 구조는 거의 비슷하지만 150명 이하의 소규모 교회와 150명 이상 500명 이하의 중소형 교회와 500명 이상 2,000명까지와 그 이상 대형, 초대형 교회의 정관을 예시했다.[27]

개인의 관점에 따라 반론이 있을 수 있지만 인원수에 따른 분류는 각주에서 세세하게 구분해 놓았다.

〈참고〉

개인이나 조직체의 시간을 채우는 삶의 종합적인 평가는 일정한 시간이 가야 그 진위가 표면화되는데 그것도 불확실한 것은 누구나 인지하고 있다. 시대마다 아픔을 가지고 감내하면서 더 나은 모습을 갈급해하는 현대인의 삶을 통해 오늘 나는 무엇을 바라보고자 하는 일상의 채움인가 고심하게 된다.

대학원에서 "빈곤정책의 개선방안에 관한 연구"(A study on the Improvement of the poverty policy)라는 논문을 통해 2천 년대 이후 나날이 격차를 체감하는 소시민들의 애환을 절감하고 사

---

27) 여기서 소형교회의 교인 수 기준을 150명으로 정한 것은 보편적으로 교회의 자립도를 감안하여 자의적으로 정한 것이다. 자립교회의 기준 중 하나가 헌법 제2장 교회 제9조 지교회에 의거한 대로 당회원 3인 이상을 자립교회로 정했을 경우 세례교인 30명당 장로 1명의 선거권을 가진다면 장로 2인이면 60명, 그리고 부부의 경우 120명이 된다. 그리고 교회구성원의 가족을 최저 반으로 계산하면 30명을 더해 150명이 된다. 물론 여기에 동의하지 않을 수도 있고, 지역적 교회의 사정에 따라 다를 수 있다. 모든 것은 정형화된 것이 아니라 일반적인 인식의 흐름에 따라 저자가 추산한 것이고, 교회를 어려서부터 출석한 경험이 이와 같은 생각에 영향을 미쳤다. 보통 150명 내외의 교인이면 목회자 1명의 사례비와 그에 따르는 제반 경비를 충당하고 남을 만큼의 재정적 여력과 교회 활동의 자율성이 가장 활발하게 일어나는 규모라 해도 큰 무리는 없다. 또한 목회자 1인이 가장 합리적인 사고를 가지고 관리할 수 있는 인원을 보통 이 인원으로 본다. 현실적으로 2,000명 이상의 대형교회는 이런 정관의 예보다는 상황에 맞는 정관을 개발하여 교회구성원의 욕구를 최대로 충족시키는 경향이 두드러진 것을 인정하고, 하나의 예를 제시한 것으로 참고하면 좋을 것 같다.

회적 약자와 저소득자를 중심으로 빈곤의 문제를 고찰했고, 다시 이런 빈곤의 구조적 문제해결을 위한 방법의 하나로 법적 체계를 세우는 필요성을 절감하고 이에 관한 공부를 계속했다.

그리고 그런 빈곤의 사각지대를 종교적 관점에서 대안을 찾으려는 염원 속에 "한국 개신교의 교회법 체계에 관한 연구"(A study on the Church Law System of Korean Protestant)로 법학 박사학위를 받았다. 이 논문에서 교회가 가져야 하는 시대적 함의와 통찰을 통해 이 땅에 사는 동안의 삶이 더욱 세련되고 가치를 찾는 갈망을 법적인 체계 속에 기능하는 이중적 지위를 고찰했다.

하나님의 법과 국가법 사이에 나타나는 모순을 다소 채우면서 최선의 길이 무엇인가 찾아가는 여정 속에 각 개인의 존재적 의미를 고증하고, 그 안에서 더 나은 삶의 가치를 누리는 순례자로서의 본분을 강조했다. 지금도 그러한 가치가 실존적으로 누리기를 간절히 기대하는 모습을 갈망하고 현장에 서 있다고 고백한다.

6. 종교의 자유에 대한 보편적 인식

1) 우리 삶에 다가온 종교

우리나라에 있어서 종교의 자유 및 정치와 종교에 관한 의식은 18세기 천주교가 본격적으로 포교를 하던 시기부터 근원을 찾을 수 있고, 그 후 일본 제국주의의 식민지 통치로 국가 기능이 정지되었을 때 개인이 삶의 도피처로서 다양한 종교를 선택함으로써 비로소 종교가 우리 곁에 다가왔다고 말할 수 있다.

그리고 해방 후 일본의 법률제도가 무비판적으로 원용되던 시기와 함께 미 군정 시기를 통해 헌법에 의한 통치와 여기에 포함된 종교의 자유에 대한 인식이 세심하게 검토되면서 비로소 종교의 문제가 인간의 기본적 자유와 권리라는 의식이 확장되었다.

인간의 기본적 자유나 권리를 올바로 인식하게 되면서 정치와 종교 사이에 긴장이 존재한다는 사실을 자각하게 되었다. 우리의 경우 미국의 영향을 받아 종교의 자유와 정교분리가 헌법에 명문화되었지만, 헌법에 대한 우리의 인식이 비교적 짧은 관계로 종교의 자유가 기본권으로 헌법에 보장되고 명문화되었다 하더라도 그것은 종이 위의 법에 불과하였고, 헌법상의 보장이 곧 삶 속에 녹아드는 실질적인 자유를 뜻하는 것은 아니었다.

오히려 현실적인 면에서 종교의 자유의 보장은 종교적 제 문제에 대하여 법원에서 내리는 판결의 경향과 유형을 분석하는 것이 더욱 설득력이 있어 보인다.

보편적으로 인식되어 온 국가와 종교의 관계는 그 고유 영역에 있어서 상호 독립적이며 자율적이라고 말할 수 있다. 각 개인은 임의의 공동체 일원이면서 동시에 국가공동체의 일원이고, 현대국가의 특성상 다수의 국민은 어떤 종교에 소속된 구성원이라는 점이다.

이러한 맥락으로 볼 때 종교의 자유에 대한 귀중한 역사를 가진 서구 각국에서도 종교의 자유에 관한 문제만큼은 소송과 판례를 통하여 해결해 왔다. 그 결과 종교에 관한 많은 판례가 축적되면서 종교의 자유는 기본권의 핵심적 사항으로 민주주의 자체의 존립을 위한 전제로서 널리 인정되고 종교의 자유가 실질적으로 실현될 수 있도록 노력하고 있다. 실로 종교의 자유는 인간의 존엄성과 누구도 침해할 수 없는 고유의 영역으로 자리하고 있기 때문이다.

이처럼 중요한 기본권으로서 종교의 자유는 다른 기본권의 쟁취와 함께 아픈 역사를 가지고 있다.

새로운 시대를 갈망하는 사람들의 열망이 창조적인 삶을 향해 가는 총합체로서 나타나는 것이 종교적 삶을 통한 내적 채움이라면, 먼저 무시당하고 반대와 탄압에 직면하고 심지어는 목숨을 내놓고 가지만 피안의 세계를 향한 통찰의 의지를 가지고 더욱 나은 삶을 위한 발전의 길이기에 감내하는 듯하다. 오늘날의 사회도 그런 면에서 똑같이 적용된다.

문명이 고도화되고 발달의 한계를 모르고 지속성장하는 현대국가는 과학의 발달로 인한 편리함과 의학의 발달로 인한 인간의 수명 연장의 가능성을 가지고 많은 사람들이 서로의 다양한 개성을 표현하는 시기에 국가는 강력하고 집중된 권력을 이용하고 싶어 하고, 심지어는 인간 내면의 영역까지 통제하려는 시도를 이미 우리의 역사 속에 경험한 바 있다.

이러한 국가의 본질적 기능의 오용과 남용에 대비하고 이러한 예측 가능한 변화에 대응하여, 종교도 개인적 영적인 관점을 확대하여 정치적이면서 세속적인 차원까지 선교와 신앙의 자유의 영역까지 확장하고 있다.

이러한 동태적 시대 흐름에 따라 국가와 종교의 고유 영역이 교차됨으로써 나타나는 긴장관계를 어떻게 조정할 것인가와 인간의 기본적 권리를 보호하는 헌법상의 보장성 문제가 실효적인가에 대한 면밀한 검토와 고찰이 필요한 제 문제로 대두된다.

전통적으로 종교의 자유를 보장하는 제도는 정교분리를 헌법에 명문화하고, 여기에 더 이상의 어떠한 제한도 불허하는 미국·일본·프랑스의 경우와 종교적 관용을 중시하면서 포용하는 영국·독일·스위스

등과 같은 경우가 있다.

우리나라는 현행 헌법에 제20조 제1항 "모든 국민은 종교의 자유를 가진다"와 제2항 "국교는 인정되지 않으며 종교와 정치는 분리된다"라고 명문화하여 미국과 일본의 전례를 따르고 있다. 이러한 제도는 역사·관습·법률에 의해 각 국가마다 적용하는 사례가 다르지만 종교의 자유를 명문화하는 근본정신은 어디서나 같은 방향성을 가진다고 할 수 있다.

이러한 맥락으로 본다면, 종교의 자유에 속하는 분야의 제 연구는 법 분야 중 가장 첨예하게 의견이 나뉠 수 있고 세심한 기술적 요구와 신중한 배려가 요구되는 분야라고 할 수 있다.

현실적으로 우리나라의 경우도 종교의 자유와 관련된 문제가 사회적으로 많이 표출되고 있는 실정이다. 예컨대 중·고등학교 무시험 입학으로 나타난 원치 않는 학교 배정과 편향적이면서 학교 설립 이념에 따른 종교교육의 문제·실정법과 교회법의 긴장관계·집총 거부 및 양심적 병역 거부·국기에 대한 경례·종교인 과세·종교법인 제정 문제, 수혈 거부와 종교적 차별로 나타나는 동성애문제와 이단과 사이비종교의 규정 등 많은 문제가 있다. 이런 문제 상황을 바르게 인식하고 대책을 강구하는 전제로서 다른 나라의 종교의 자유를 보장하기 위한 제도적 장치와 법리적 명문을 이해하는 것이 우선시된다.

전통적으로 우리 사회는 불교·천주교·기독교 등 다수의 종교가 상호갈등과 조화를 이루며 나아가는 종교적 다원사회라고 말할 수 있다. 이들 종교는 각각 대내외적으로 독특한 조직을 가지고 있으며, 이러한 종교적 특성으로 인하여 생기는 갈등도 간단하게 정의하기는 어렵고 상황에 따른 해결책을 모색해야만 하는 특수한 관계임을 이해하는 것이 필요하다.

이러한 상황에서 개인이 신봉하는 종교의 제 문제와 이와 상충되는 경우가 더 많이 존재하는 국가와의 관계를 어떤 관점으로 해결하고 조정해 나갈 것인가의 대안이 요구된다. 특히 우리나라의 경우에는 종교적 동질성을 가지고 출발하는 미국이나 유럽과는 상황이 다르므로 그에 따른 해결책이 필요하다고 할 수 있다. 이론적으로나 개념적으로는 정치와 종교는 기능적 분리가 가능하나 현실적인 문제에 들어가 보면 정교통합의 경우가 의외로 많음을 알 수 있다.

이와 같은 현실적 상황을 고려하여 종교의 자유를 쟁취하는 역사적 배경과 정교분리의 원칙으로 가는 중간단계의 제도적 과정을 살피면서 영국·프랑스·독일·미국의 헌법적 조항과 역사적 맥락을 살펴보고, 이러한 명문을 통해 한국에서의 종교의 자유에 대한 역사적 이해를 바탕으로 나타난 한국교회의 현실적 문제점을 헌법에 비추어서 서술하였다.

특히 한국의 주류 교단으로서 장로교·감리교·침례교·성결교·하나님의성회(순복음) 등 주요 교단의 헌법적 연원과 이해를 바탕으로 하여 실질적으로 운용되고 있는 교회법적 의미 속에 종교적 자유가 투영되어 있는가를 살핀다. 그리고 이의 실행을 위한 교회정관으로서의 문제까지 고찰함으로써 명실상부하게 국가의 헌법에 명시된 종교의 자유와 교단헌법에 명시된 종교의 자유 간의 관계성과 교회 운영과 실생활을 규율하는 교회정관에 이르기까지의 연결성을 세심하게 살핀다. 이를 통해 명목상의 종교의 자유가 아니라 현실성 있고 보편적인 종교의 자유를 누리며 그 안에서 개인의 자유가 어떻게 기속되는가를 파악한다. 그리고 교회법과 실정법 사이의 갈등을 사법과정을 통해 어떤 해결책이 현실적으로 적용되고 있는가를 검토하는데, 이것은 종교의 자유에 관한 미래의 재판을 예측하는 데 참고가 된다고 확신한다.

2) 연구방법

이 책에서 다루어야 하는 보편적인 법의 정신과 이념에 관하여서는 일단 법적 판례를 중심으로 선택했으며, 그에 따르는 제반사항을 다루는 주제와 그 방법에 있어서도 다른 학문과 마찬가지로 각 영역마다 연구방법의 독특성을 가지고 있다.

여기서 소개하고 싶은 연구방법은 역사적 방법·신학적 방법·법학적 방법·정치학적 방법·사회학적 방법 등 크게 다섯 가지로, 개념만 가볍게 설명하고 이 책의 방향성에 따라 법학적 방법에 주안점을 두었다.

우리의 법적 연구는 전통적으로 성문법적인 판례를 중심으로 하지만 최근에 들어서는 관습법적인 견해도 중요한 판례의 한 방법으로 채택되는 경향을 보이기도 한다.[28]

다양한 사람들의 욕구에 따라 법원의 결정도 판례연구를 통한 법적인 변화와 사회적 흐름을 이해하는 비중이 늘어가고 있다.

국가를 통치하는 법체계가 정착되고 국가통치와 삶의 모든 영역에서 만들어지는 판례가 축적됨으로 인하여 이제는 살아 있는 실정법과 판례에 대한 신뢰가 응축되어 이에 대한 관심과 인식의 폭이 확장되는 것을 자연스럽게 받아들인다.

일반적으로 영·미의 법학교육은 사례별 판례연구가 중심이지만 우리나라의 경우는 대륙법계의 영향을 받은 관계로 이론을 중심으로 발전되어 왔다. 이제는 대륙법계에서도 다양한 사람들의 사례가 일률적으로 통제하기에는 많은 보완이 있어야 함을 인정하면서 판례연구

---

28) 헌법재판소 전원재판부는 '신행정수도의 건설을 위한 특별조치법'에 대한 헌법소원 사건 (2004헌마554·566)에서 "우리나라의 수도가 서울이라는 것은 관습헌법으로 확립된 사항이며 헌법개정절차를 따르지 않은 수도 이전은 위헌"이라며 재판관 8:1의 의견으로 위헌 결정을 내렸다.

가 활발히 연구되고 있다.

라렌츠(K. Larenz)는 "법은 의미 현실이며 이념의 실현으로서 효력 있는 것이다"라고 하면서 현행법의 충분한 이해와 지식과 함께 실제 판결에서 나타난 이해를 부가함으로써 법정신에 부합하며 법의 제정 취지에 알맞은 법의 실행을 가능하게 할 것이다. 같은 판례연구라 하더라도 관점에 따라 차이가 있음은 당연하다고 하겠다.

판례연구의 가장 큰 유용성은 장래의 재판 예측에 있다고 할 수 있다. 판례 자체를 법으로 인정하는 문제는 차치하고, 개개의 판결도 구체적 사건을 재판하는 국가의사로서 실정법 체계의 한 부분을 이루고 있음을 부인하기 어렵다. 특히 그 법원성에 대해서는 여러 가지 의견이 분분하지만 최고 법원의 판례는 현실적인 구속력을 가지고 장래의 재판을 예견하기 때문에 그 비중은 매우 크다고 할 수 있다.

판례연구의 중요성이 증대되는 이유는 실천적 소송에 관계하는 당사자뿐만 아니라 평석을 통한 비판과 재판에서 생길 수 있는 판단의 실수나 왜곡 등을 반추해 봄으로써 향후 재판에서 나올 수 있는 오류 가능성을 줄이는 데 있다고 하겠다.

법관이 적용법규를 잘못 인용하는 중대한 하자를 가지고 판결하는 경우가 드물게 보이기도 하지만 그럼에도 불구하고 그러한 실수나 결점을 고치기 위해 다른 권력이 개입하는 것은 사법권의 독립의 원칙에서 어긋나는 일이고, 이를 미연에 방지하기 위한 방법의 하나로서 판례의 학문적 검토가 가장 유용한 수단으로서 합리적이다. 그리고 이성적인 과학적 비평은 법관에 대해서도, 품격 있는 재판을 위해서도 중요하다고 말할 수 있다.

판례연구를 보는 또 다른 시각과 방법을 생각할 수가 있다. 전술한 것이 실용법학적인 연구라면 이것은 사회과학·경험과학적인 연구라 할 수 있다. 이 연구의 목적은 판례를 경험과학적인 방법에 의해 분석

정리하여 그 형성과정이나 사회적 기능 등을 규명하여 일정한 면에서 성과를 얻으려고 한다면, 이 연구방법은 법사회학적 연구·심리학적 분석방법·정치학적 연구방법으로 분류할 수 있다.

첫째, 법사회학적 연구는 개개의 판례의 이론이나 법해석의 내용이 아니라 그것들에 의해서 이루어진 법관의 사회에 대한 다양한 인식의 방법과 다양한 신념체계 혹은 인식체계와 가치관계를 분석하기도 하고, 그것들을 낳는 사회적 배경이나 판례가 어떤 영향을 미치는가를 분명히 하는 것이다.

둘째, 심리학적 분석방법은 판례를 종합하고 분석하고 법관의 심리학적 행태를 살펴보는 것으로 최근에 새롭게 고안된 방법을 말한다. 사회심리학의 기술을 이용하여 판례에 나타난 재판관의 사상 태도를 척도표에 정리하여 분석하여 봄으로써 사법과정의 예측을 행하는 작업이다.

행동이론 등의 심리학적 이론을 원용하여 재판관의 심리나 행동을 과학적이고도 합리적으로 분석하는 것은 법사회학적 방법과 밀접하기 때문에 인간 내면의 심리적 변화를 응용심리학의 방법을 도입하여 새롭게 개척하는 분야는 더욱 확장되는 추세에 있다.

셋째, 정치학적 연구방법은 판례 자체를 정치과정의 순환되는 일부로 간주하여 권력구조나 지배관계의 상관성을 살펴보는 것도 의미가 있다고 보는 것이다. 최근 우리의 판례태도를 보면 특히 정치적으로 민감한 사항이나 선거사범의 경우 최대한 신속하게 위법사항을 판결하는 대신에 적당한 태도로 법정시한을 최대한 지연하다가 무효사항까지 선고하는 것보다는 어느 정도 선에서 타협하는(?) 인상을 주는 판례가 많이 나온다.

한 예로 선거사범의 경우 당선무효형인 100만 원 이상의 선고가 아니라 50~90만 원 등의 선고를 하는 경우가 그렇다. 소위 정치나 통치적 문제에 있어서 법원은 적극성을 가지는 대신 재판을 연기하거나 기한에 겨우 맞추는 등 소극적인 태도를 보이기 때문에 연구의 대상으로 삼는 것은 당연한 일이 될 것이다.

일정 권력관계와의 상호관계에 있어서 법원(사법부)이 행정부와 입법부와의 상호관계를 조율하는 과정에서 정권의 부침에 따르거나 사안의 특수성에 매몰되는 등 현실적인 정치적 상황이 다양성과 당사자(이해관계자) 간의 복잡한 역학관계를 생각해야 하는 등 정치학적 관점에서 검토되어야 할 문제는 많아 보인다. 이러한 예외적이거나 돌발현상이 자주 발생되어서는 안 되겠지만 발생되는 제 문제에 관한 정치학적 관점에 따라 나타나는 현상은 매우 이례적 의미를 함의한다고 할 수 있다.

이상의 사회과학적 연구는 서로 간의 긴밀한 연결 속에 헌법학의 발전에 일정 부분 역할을 가능하게 하지만 이는 실용법학적인 접근과는 다른 의미에서 새로운 의미를 던져 주고 있다고 할 수 있다.

3) 이 책에서 쓰이는 주요 용어와 범례

〈용어와 범례〉

용어	해설
국가법	보편적으로 헌법, 행정법, 형법, 형사소송법, 민법, 민사소송법, 국제법 등 공법과 사법을 지칭한다.
교회법	보편적으로 교회에서 쓰이는 모든 법의 총칭이며 본서에서는 교회 내부의 관계를 규율하는 의미로 쓴다.
교회헌법	교회법보다는 이론적으로 쓰이며 범위가 좁은 의미이다. 교회법과 큰 차이는 없다. 전문가나 학자에 따라 또는 글의 내용에 따라 표현만 다르다. 신앙의 원리와 가치를 규정한 도리적(실체적) 헌법과 이를 지탱해 주는 기능으로서의 절차적(관리적) 헌법으로 구분한다.
교단헌법	총회가 인준한 교회법을 교단헌법이라 한다. 장로교 총회가 인준한 교회법은 장로교 교단헌법, 성결교 총회가 인준한 교회법은 성결교 헌법이라 불리는 것과 같다. 감리교에서는 교회헌법이나 교단헌법이란 용어 대신 '교리와 장정'이라는 용어로 쓴다.
교회	교회는 예수 그리스도를 구세주로 고백하는 사람들이 모인 공동체로, 지상의 교회는 유형적·가시적·가견적 교회와 무형적·비가시적·비가견적 교회로 구분한다.
(지)교회 정관	지교회 혹은 개교회가 개별적으로 가지는 신앙적 지침과 규율을 총체적으로 성문화한 법규를 의미한다.
노회	일정한 구역 안에 있는 지교회의 모임을 의미한다. 규모와 인원은 교단별로 약간씩 다르지만 교회의 활동을 지원하고 효율적인 선교와 운영을 위해서 만든 취지는 같다.
노회규칙	노회의 원활한 운영을 위해 만든 내규를 의미한다. 지금은 노회의 중요성을 인식하는 경향을 보이지만 여기에 비해 노회규칙이나 내규는 실질적인 활동을 지원하기에는 많은 부족함을 보인다.
권징	교회(단)헌법과 교회(단)헌법이 위임한 제 규정을 위반한 교인과 직원들을 권고하고 징계하는 일체의 규정을 의미한다.

용어	해설
기독교	보통 가톨릭과 구별하여 쓰는 용어이지만 지금은 예수 그리스도를 믿는 모든 구성원들을 뜻한다. 때로는 이단과 유사종교를 신봉하는 이들도 기독교란 이름을 쓰지만 이는 예외로 한다.
개신교	보편적으로 가톨릭과 구분하여 가톨릭을 구교라 하고 종교개혁 이후 일반기독교를 신교 혹은 개신교라 지칭한다.
기타	일반적 용어는 교회의 전통과 관례적인 해석에 따른다.

교회법개론
the Church Law
System of Korean
Protestant

제2장
교회법의 이해

제1절
교회법이란 무엇인가?

1. 왜 교회법을 공부해야 하는가?

오늘날 우리는 삶의 현장에서 무엇을 선택하고 집중하며 살아야 하는지에 대한 갈등을 순간순간 경험한다. 이 책의 주요 연구주제로 한국 개신교회의 주요 교단헌법을 선택했을 때 다가오는 묵직한 무게감을 감내하기에는 개인으로서 많은 갈등이 있었다.

한편으로는 이런 주제가 현실에 부합하는가와 꼭 해야만 하는가에 대한 새로운 의문이 생겼지만 누군가 한 번은 주제로 삼을 만한 것이라는 확신으로 도전을 결심하였다.

국가법과 교회법이라는 거대 담론 속에서 어떤 선택을 우선시할 것인가는 개인의 가치관에 따라 다르다. 그러한 각 개인의 기본권적인 삶을 통해서 좀 더 나은 가치 속에 자신을 성찰하는 수단으로 종교를 선택하고, 그 안에서 초월적인 힘을 바라는 것도 불확실한 시대를 지혜롭게 살아가는 하나의 방법이라고 말할 수 있다.

"종교(신앙)의 선택은 개인의 신앙(믿음)을 외적인 표현의 수단으로 많은 사람들이 알고 있다. 반면에 신앙(믿음)을 가진 공동의 구성원들이 협력해야 하는 조직으로 공동체 안에서 새롭게 구현하고자 하는 개인의 가치와 삶에 대한 깊이를 나누면서 각 개인이 욕망하는 만족을 누리려는 수단으로 선택된 것이 교회라고 말할 수 있다."

교회는 본질적으로 개인의 함의된 욕구를 만족하는 것을 목표로 모였고, 현실세계뿐만 아니라 그 이후의 삶까지도 보장받으려는 인간의 한계에 대한 도전이자 새로운 삶의 모형으로 프로그램화 되는 것을 목표로 한다.

그리고 그 교회 안에서도 다양한 구성원들의 요구를 수용하는 함의된 규범이 바로 '교회법' 혹은 '교회헌법'이다.

본서에서 중심의제로 선택한 것은 개신교회의 내부적 규범으로 누구나 인정하는 교회(단)헌법이다. 개인은 누구나 특정 교회에 출석하게 되면 교회 안에서의 규범 속에 자발적으로 귀속되면서 새로운 형태의 신앙(믿음)적인 삶을 형성하는 것이 일반적이다. 그리고 다양한 사람들의 서로 다른 가치관과 신앙의 충돌로 인해 원치 않는 분쟁이나 갈등이 표출될 때에 이를 해결해야 할 필요성이 있다.

인간 내면의 생각이 외형적인 법률로 통제 가능한가에 대한 논쟁은, 이에 대한 사법심사의 판결이 양형기준이란 이름으로 계량화되고 법관의 양심에 따라 그 범위가 정해지는 현실에서 더욱 의구심을 갖게 한다.

오히려 현실적인 관점에서 신앙의 자유의 보장은 종교적 제 문제에 대하여 법원에서 내리는 판결의 경향과 유형을 분석하는 것이 더욱 실효성이 있어 보이고 설득력을 가질 수 있을 것이라 여겨진다. 즉 보편적으로 인식되어 온 국가와 종교의 관계는 그 고유 영역에 있어서 상호독립적이며 자율적이라고 말할 수 있지만 이제는 이러한 경향도 다수의 의견에 따라 변형되는 것을 본다.

특히 교회 내 세습 문제나 재정 운영의 불투명성과 목사와 장로 등 교회의 지도자급 위치에 있는 사람들의 독단적 운영에 어떤 저항도 못 하고 침묵으로 일관하는 경우에 당사자들은 자기들의 동조자로 인식하고 더욱 기세를 올리는 것과 같다.

종교적 활동에 대한 기존의 법적 입장은 종교계 내부의 다양한 활동과 특유의 운영에 관해서도 엄격한 법적 기준을 적용하는 것보다 종교의 내부적 규범에 따라 해결하는 것을 묵인해 왔으며, 부득이한 경우 법적 판결도[29] 종교의 간섭이란 오해를 받지 않도록 최소한의 개입이란 태도를 유지해 왔다.

그 이유로는 여러 가지 견해가 있을 수 있지만 교회 내부의 구성원이 전통적으로 믿음을 고백하는 사람들의 이해관계에 부합되고 또한 그런 목적성을 가지고 공동체를 이루는 독특성에 기인한다고 할 수 있다.

또 다른 한편으로는 교회를 통한 자기만족의 실현을 위한 것과 개인의 욕구를 충족하기 위한 목적의 사회적 친교 중심적 네트워크 조직으로 변모하게 된다. 따라서 전통적인 교회의 설립목적에 또 다른 이해관계가 덧붙여짐으로써 교회 내에서 일정한 규범이 필요하게 되는데 그것이 바로 '교회헌법'이고, 그 하위규범으로 '노회규칙'과 '교회정관'이 만들어지게 된다.

교회헌법은 교회의 최고규범으로서 교회의 모든 구성원이 따라야 할 '법 중의 법'이라 할 수 있고 그 하위에 '노회규칙'이 있는데, 노회규칙은 교회의 지도자들이 모여서 교회의 임무와 역할을 종합적으로 점검하고 집행하는 자발적 조직으로서 교회헌법이 위임해 준 범위 안에서 자율적인 활동이 보장된다. 그리고 '교회정관'은 지교회가 민주

---

[29] 교회법은 민법에 관한 내부적인 법령이 없기 때문에 재산권 다툼이 민법의 일반 원리에 준용된다. 특별한 경우 범죄에 대한 형사상 책임과 배임과 횡령 등에 관해서는 관련법에 따라 엄격하게 법적인 제재를 받지만 이에 대한 종교적 특혜는 없다. 이런 법적 인식이 희박하여 종교적 행위로 나타난 범법행위를 정당화하려는 경향은 매우 우려되고, 종교적으로 합리화하려는 인식과 법적인 인식 사이의 간극에 대해서 이해하는 노력이 요구된다.

적이고 독립적인 운영의 주체로서 기능하는 전제 아래, 현재 실정법의 구속을 받는 자치법적으로 매우 중요한 위치를 가진다.

교회가 지교회로 설립되고 그 안에서 자치적인 규범을 정한 것이 '정관'인데, 그 정관은 교회헌법을 따르고 그 규범의 틀 안에 있어야 한다. 교회정관은 지교회의 독립적이고 민주적인 운영으로 보장받으며 교회 내부관계에서는 교단헌법과 노회규칙 안에서 그 효력을 가진다.

본서에서는 법적인 체계의 범주 안에 있는 교회정관이 사법적인 판단 밖에 있는 교회헌법과 노회규칙이 가지는 긴장관계와 방향성에 대해서 결과정합성의 관계를 고찰한다.

이 책에서는 먼저 우리나라 개신교의 주요 교단헌법을 통해서 실체법적인 문제와 절차법적인 문제를 비교하고, 다음으로는 주요 교단의 헌법과 시행령을 비교분석하고 조명하면서 교회의 내부관계에 나타난 교회헌법-노회규칙-교회정관의 상관성과 사법심사대상으로서의 교회정관에 대한 판례를 통해 교회의 법적 체계(정당성)의 문제를 연구한다. 이는 교회법의 미래와 교회의 미래에 대해서도 매우 중요한 함의를 가질 것으로 여겨진다.

일상적으로 우리의 삶에서 나타난 법에 대한 우리의 일반적 의식은 경직된 법이나 삶을 속박하는 것이라는 인식에서 벗어나 법은 곧 상식으로 삶을 부드럽고 합리적으로 만들어 주는 도구라는 인식으로 바꿀 필요가 있어 보인다.

2. 교회법의 이해에 대한 관점

법에 대한 이해에는 다양한 시각과 해석이 있지만 다른 법과 마찬가지로 교회법이라고 해서 예외를 두는 것은 없다. 법이란 일반적 인식 아래 있듯이 교회법도 이러한 일반적 흐름에 따라 이해하는 것이 자연스럽다고 볼 수 있다.

개신교의 주요 교단헌법에 관한 연구에 있어서 가장 보편적이면서 쉽게 이해될 수 있는 방법은 판례와 판결을 통해 나타난 각 자치법의 기능적 이해라 할 수 있다.

현재 우리 헌법에서는 종교의 자유를 최대한 허용하고 있으며, 종교의 자유 안에 종교 내부의 규범을 만들어 자율적이고 독립적인 운영에 대해서 거의 불간섭의 원칙을 견지하고 있었지만 2006년 대법원 전원합의체[30] 판결로 인해 교회 내부의 법적인 인식이 새로워지는 계기가 되었다.

사법적 심사의 대상으로 교회정관이 표면화된 이상 교회법도 달라져야 한다. 교회 내부의 법적인 부분으로서의 규범은 교회헌법-노회규칙-교회정관의 수직적 관계가 보편적이다. 그러나 한국교회 개신교의 경우 일부 교단에서는 '헌법'이라는 명시적인 조문 대신에 '교리와 장전'이란 용어를 가지고 운영하는 경우와 '신앙고백'을 중심으로 그 하위의 규범으로 '시행규칙'이나 '시행령' 혹은 '사무규칙'을 두어 교단 내부를 관리하고 운영하고 있는 것이 현실이다.

개신교 주요 교단 헌법의 명칭은 조금씩 다르지만 여기서는 헌법적 조문과 시행령이 비교적 잘 정리된 장로교 헌법과 시행세칙을 중심으로 개신교 주요 교단의 헌법적 조문을 분석하는 것이 비교적 이해가 쉬울 것이라 생각한다.

다른 주요 교단의 경우를 보면, 성결교와 오순절성회는 장로교의

---

30) 이 판결은 소유권에 대한 귀속여부인데, 이 판결 이전까지는 교회 탈퇴의 다수가 이전 교회 재산의 소유권을 주장하지 못했지만 이 판결로 인해 소수가 교회의 정통성과 합법성을 가지고 있더라도 다수가 교회를 탈퇴하면 새로운 교회의 설립으로 인정하여 그 소유권이 변동된다는 것으로 종래의 입장을 번복한 사례이다. 이는 한국교회의 재산권 변동에 중요한 의의를 가진다. 이 책의 후반 지교회 정관에서 자세히 상술한다.

규범을 따르는 경향이 강하게 나타나고 있으며, 침례교와 감리교는 교단의 특수성을 감안하여 '신앙고백'을 중심으로 헌법적 가치를 대신하고 그 하위의 규범으로 '시행규칙'과 '시행령' 및 '사무규칙'을 만들어 운영하고 있다.

개신교 주요 교단 헌법의 특징은 제정과 개정이 까다로운 도리적(道理的) 헌법과 제정과 개정이 비교적 쉬운 절차적(節次的) 헌법으로 구성되어 있다. 도리적 헌법은 교회의 신조와 함께 교회의 기본원리와 조직의 근간을 규정했고, 절차적 헌법은 도리적 헌법을 보충하면서 보호하는 기능성을 중심으로 구성된다.

이런 헌법적 구성과 기능은 다른 교단도 명칭만 조금 다를 뿐 원리는 같다. 특별히 감리교와 침례교는 헌법이란 명시적인 용어를 쓰지 않지만 장로교 헌법의 구성 원리와 같은 것을 시행령·시행규칙·사무규정이나 시행세칙으로 만들어 쓰는 것은 공통적이다.

교회법이 체계를 가지고 운영되어야 한다는 것은 누구나 인정하는 생각이지만 교회법이란 개념적 이해와 이에 대한 체계적 교육의 부재로 인해 각자의 신념에 따라 행하는 것을 인정하는 현실에서 법적인 사고의 중요성이 점차로 확대되었다.

우리나라 주요 개신교단은 대체로 장로교단의 헌법을 원용하고 있는데, 그 이유는 우리나라에 최초로 들어온 개신교 교단이 바로 장로교이기 때문이다. 그 이후 각 교단은 조금씩 특색을 달리하여 '교회헌법'을 원용하면서 오늘에 이르고 있으며, 이는 교회헌법의 특색을 살리기보다는 현실에 따른 실생활의 결과를 적용하는 경우가 많다.

특히 교회구성원 간의 내부적 권징재판이나 권징절차의 문제가 자주 다툼의 주제로 나타나는 것은, 그만큼 변화하는 사회적 갈등이 교회 내에서도 동일하게 발생하며 분쟁으로 표면화되는 흐름이라고 볼 수 있다.

한편으로 교회법의 필요성과 중요성에 대해 동감하고 현실의 다양한 요구를 수용하며 체계화된 교회법의 제정과 편찬에 대한 요구가 높아지고 있다. 이렇게 변화된 현실을 감안하여 교회법체계의 구성을 분석하고 사법심사 대상으로서 중요한 위치를 가지고 있는 교회정관의 실효성을 지금까지 나타난 판례를 통해 교회 내부의 법적인 관계에서 어떻게 적용할 것인가를 규명하는 것이 이 책의 접근 방법이다.

교회법을 연구하는 방법도 종전의 소극적인 방법에서 벗어나 이제는 적극적인 방법으로의 전환이 제기되고, 법원의 판결도 실정법을 적용하는 적극적인 방향으로 선회하는 경향이 판례를 통해서 자주 나타난다.

교회분쟁에서 나타난 재산권 다툼과 목사와 교인의 지위에 관한 세밀한 분석이 교회 내부의 법적인 원리를 분석하여 판례에 적용하는 경향이 나타나고 있다.

이와 같은 맥락을 살펴볼 때 실용법학의 입장을 견지하되 의식적으로 경험과학적인 방법론에 의한 분석을 통하여 재판의 예측이라는 직접의 실용 목적과 함께 재판의 기능을 예측하는 효과와 함께 교회헌법 전반의 목적과 노회규칙과 교회정관으로 나타나는 교회 내부의 법률적인 정합관계를 살피는 방법을 택했다.

제2절
교회법의 보편성

1. 교회법의 개념

오늘날 교회법[31]을 논할 때 일반적인 인식으로는 교회 내부의 규율로 생각하는 경향이 있다.[32] 서양의 역사를 고찰할 때 그리스도교를 중심으로 만들어진 시간의 축적이 어느 한 시대를 중심으로 만들어진 것이 아니라 전 시대에 걸쳐 지속적으로 만들어진 것을 전제로 교회법을 연구하는 것이 매우 중요하다.

역사적으로 교회법이란 용어가 사용된 것은 정확하지 않지만 325년 니케아 공의회에서 '규칙·규율'과 '법률'이란 용어의 구분에서 나타났고, 후에 '신앙규범'과 '도덕규범'과 '규율규범'으로 세분되었다고 보편적으로 이해한다.[33]

그 후 교회법이라는 학문이 독립적 학문으로 정착하게 된 계기는

---

31) 한동일, 『법으로 읽는 유럽사』, 글항아리, 2018, 각주 32. '교회법'이란 용어는 8세기부터 사용하기 시작했는데, 325년 니케아 공의회부터 '규칙'과 '법률'로 구분했고, 이는 시민법적인 성격이 강했다. 공회들은 '신앙규범'과 '도덕규범', '규율규범'으로 구분했고, '규율규범'은 강제적이기보다는 권고적 성격이 강했다. 이후 본격적인 의미의 '교회법'은 그라시아노 법령집에서 트리엔트 공의회를 거치면서 독립학문으로 용어를 쓰기 시작했다.
32) 최종고, 『서양법제사』, 박영사, 2009, 459쪽.
33) 한동일, "개신교계 교회법전 편찬을 위한 방향 모색", 교회와 법, 제2권 제1호, 2015, 221쪽.

1140년 '그라시아노 법령집[34]'의 출간 이후로 보는 것이 일반적이다.

교회법학은 이 법령집을 시작으로 트리엔트 공의회를 통해 신학의 굴레에서 독립학문으로 윤곽을 나타내었고, '1917년 교회법전'에 이르러 교회법 제도가 발전하였고, 이를 계기로 교회법전에 대한 주석의 다양한 의견이 개진되고 1983년에서야 비로소 현행 교회법전이 만들어졌다.[35]

교회법에 대해 말할 때 본질[36]과 전체성[37]에 있어서 교회법과 실정법으로 공식화한 교회법에 대해 언급할 수 있다.

본질적인 관점으로서의 교회법은 행위규칙들을 만드는 다양한 은사와 성스러운 일들에 대한 이해 속에 신자 개인 간의 관계 속에 나타나는 법률상 의무가 제시되는 모든 것을 총괄한다.

전체성에 있어서의 교회법 관점은 교회 공동체의 생활에서 상호주체의 관계들을 말하고, 전반적인 교회법규를 제시하는 제도들을 구성하는 합법적인 권위에 의해서 제시된 법률들과 실정법을 의미한다.

이러한 개념의 차이에서 파생되는 긴장은 교회의 본질을 교의적(敎義的) 실체와 부수적(附隨的) 존재로서 역사적 형식 사이의 관계 문제가 생긴다.[38] 예컨대 하나님의 말씀의 법과 교회 실정법 사이의 관계

---

34) 그라시아노는 이탈리아 태생의 교회법학자이다. 1140년 이전의 모든 교회법규와 법령을 체계적으로 정리하고 과학적으로 집대성하여 3,945개조의 법령집을 편찬하였고, 이는 교회의 권위자에 의해 편찬된 것은 아니지만 그럼에도 불구하고 후대 교회법전의 기초가 되었고, 현대국가들의 법전에도 큰 영향을 주었다. 출처: 한동일, 위의 책, 각주 5.
35) 1983년 2월 3일, "교회법의 새 교회법전 공개", 사도좌관보 75/1, 461쪽.
36) '본질'에 대한 논의는 매우 어렵고 주제가 넓고 학자 간 다양한 의견이 개진될 수 있기에 본서에서는 신의 형상에 대한 범위로 한정하여 쓴다.
37) 본서에서 사용되는 '전체성'이란 교회생활 전반을 아우르는 개념으로 썼으며, 공동체 내부의 권고적 규범과 이해관계로 한정한다.
38) 교회의 본질은 항상 역사적인 형식으로 진행되기 때문에 본질과 형식은 분리가 가능하지 않다. 즉 가시적인 것과 비가시적인 것의 나눔인데 이는 우리의 몸과 영혼이 논리적으로는 분리 가능하나 실질적으로 분리 가능하지 못함과 같다. 이와 같은 논리에 따른다면, 교회에 대한 신비를 없다고 말하거나 무조건 존재한다고 말하는 것보다는 이성적 관점으로 보는 것

문제로 인하여 나타난 두 관계는 교회법 연구를 위한 전제로 작용한다. 초기 기독교 시대의 아리우스와 아타나시우스 논쟁, 그리스도의 단일본성(신성) 기독교와 이중본성(신성과 인성) 기독교, 예정론과 비예정론 기독교, 유아세례 기독교와 성인세례 기독교 등 같은 신앙을 고백하는 사람들도 이처럼 다양한 믿음을 소유했다. 교회의 본질은 항상 역사적인 흐름의 형식으로 나타나는 관계로 본질은 형식에서 분리되지 않으며 그 역도 마찬가지이다. 역사적 흐름의 형식은 우리의 눈으로 관찰이 가능하고 시간의 흐름에 따라 측정할 수 있는 것임에도 불구하고 비가시적인 교회라는 관점에서의 본질적 신비와는 또 다른 관계를 형성한다고 볼 수 있다.

그런 관계성에 비추어 볼 때 본질과 형식은 동일시할 수 없고 그 구분은 현실적이라고 말하기 어려운 관계로 이성적으로 행해져야 하는 한계성을 보인다. 그렇지 않으면 교회가 맡고 있는 역사적 흐름의 형식들에 대한 어떠한 객관적이고 합리적인 판단 기준이 없는 관계로 교회의 본질을 완전하고 철저하게 반영하는 역사적 형식이 없다는 점도 지적될 수 있다.

하나님의 법이라는 신적 법은 계시로 우리에게 주어지기 때문에 교회의 본질에 속하고, 교회를 이 땅에 세운 자의 뜻[39]을 표현한다.

또한 교회의 실정법은 교회가 가지고 있는 역사적·제도적 형식에 귀속되며 이를 통해 교회의 본질을 이해할 수 있고, 동시에 부분적이고 제한적이더라도 이 표현을 통해 하나님의 법을 이해하려고 노력하는 가운데 교회실정법을 전체적으로 이해하려고 시도한다.

교회는 하나님의 본질에서 성령의 활동에 의지하면서 믿음을 고백

이 타당하다(저자의 견해). (2) 마커스 보그, 『기독교의 심장』, 한국기독교연구소, 2009, 37쪽. 이후 연구가 필요하면 이 책에서 더욱 풍부한 자료를 얻을 수 있다.

39) 마태복음 16장 18절 "또 내가 네게 이르노니 너는 베드로라 내가 이 반석 위에 내 교회를 세우리니 음부의 권세가 이기지 못하리라" 참고.

하는 사람들로 구성되고, 같은 신앙과 소망과 사랑을 공유하며 교회 안에서 다양한 은사와 사귐을 통해 서로 신앙을 고백하는 구성원들로 결합된 하나님의 백성이다.[40]

이와 같이 교회법은 그 본질상 하나님의 백성에게 귀속되면서 이 땅에서의 현실적 삶과의 존재를 함께 가지는 이중적 지위를 가진다. 즉 교회법은 이러한 이중적 지위를 가지는 구성원들을 규제하면서 교회의 법과 함께 실정법에 대한 연구와 가르침도 함께한다고 할 수 있다.

2. 하나님의 법과 교회법

인간은 사회적 존재로서 구성원 간의 상호관계를 규율하는 법을 필요로 한다. 예수 그리스도로 인해 구원받는다는 믿음을 고백하는 인간은 그 본성에 내면적인 모든 필요성을 채우기 위해 하나님의 백성으로서 귀속되고, 그 은혜로 말미암아 교회 내에서의 모든 활동이 이루어진다.

바로 이러한 활동의 범주 안에서 교회도 교회 밖의 사람들과 같은 실정법의 구속을 받는다. 이런 실정법은 교회 안에서는 하나님의 자연법으로 이해된다.

교회에서는 인간의 모든 기본적인 권리와 의무가 주어지며, 이는 모든 사람에게 동일하다. 믿는 자들의 고백을 종합적으로 정리하면서 규율하는 것이 일차적으로는 교회정관으로 나타나며, 교회구성원 간 법적 경험과 실제적 활동 속의 모든 이해관계는 법철학에서 정리하는 개념적 이해보다 더 광범위하게 이해할 필요가 있다.

---

40) 대한예수교장로회, 『헌법』, 제2편 정치, 제3장 제13조 교인의 정의.

어떤 면에서는 법철학이 제공하는 요소들이 유효하게 존속하더라도 교회법에 대한 고유하고 구체적인 성격은 교회의 성격상 자연법의 이해만으로는 부족하다고 할 것이다.

믿는 자들의 권리와 의무에 관한 일차적인 증표는 세례를[41] 통해 하나님의 법에 귀의한다는 결단과 교회법규를 지킨다는 선서를 통해 그리스도인의 의무와 권리를 가진 신분이 된다.[42]

성경에서 말하는 다양한 은사들과 사역도 교인의 권리와 의무에 해당하며, 교회 안에서 신분의 주체를 언급하는 그런 초자연적인 권리와 의무들의 본질을 기본으로 하여 교회법의 원리 부분을 구성하고 교회 실정법을 세우게 되는 것이 주관적으로 계시된 하나님의 법의 내용이다.

이때 교회의 실정법은 신학적인 토대 위에서 구원받은 이들의 공동체 생활을 규제하고, 이와 자연스럽게 연결되는 자연적·초자연적 권리 행사는 하나님의 말씀에 근거를 둘 수밖에 없다.

따라서 이러한 삶의 원리는 신학과 밀착된 관계 안에서 특히 조직신학의 기본원리가[43] 파생되게 되며, 이와 같은 조직적 기본원리는 성경을 근거의 기초로 한다.

3. 교회법의 목적

공동체 생활에서 같은 신앙을 고백하는 구성원들로 이루어진 교회는 삶의 가치와 현실 사이의 간극을 최대한 줄이며 통합하는 노력이

---

41) 대한예수교장로회,『헌법』, 제1편 교리, 제4부 웨스트민스터 신앙고백 제28장.
42) 대한예수교장로회,『헌법』, 제2편 정치, 제3장 교인, 제15조 교인의 의무, 제16조 교인의 권리.
43) 여기서 말하는 조직신학의 기본적인 틀은 신에 대한 일반적 원리와 하나님, 인간론, 기독론, 성령론, 교회론, 종말론 등 일곱 부분을 말한다.

필요하다. 신자들이 바라는 현실에서의 요구와 이를 이루어지게 하는 소망의 마음과 서로간의 인간관계를 연결해 주는 사랑의 모습으로 온전한 인격적인 삶을 살 수 있게 연결되도록 해야 한다.

바로 이런 현실적 요구와 초자연적인 요구 사이의 괴리감을 최소화하는 가운데 필요한 것이 교회법이다. 이 법의 고유한 역할은 구성원 각자의 개인주의를 극복하는 동시에 공동체적으로 자신들의 소명을 실행하도록 인도하는 목적성을 가지는 면에서 이중적이라 할 수 있다.

즉 초자연적인 하나님의 법과 개인 간의 규율을 현실적으로 기속하는 실정법 사이의 이중적 목적을 함께 가지기 때문이다.

이런 관점에서 교회법은 교회의 친교를 권장하고 구성원 개개인의 권리를 보호하는 가운데 공동선을 증진하고 보호하기 때문에 상호의존적이라 말할 수 있으며, 인간으로서 그리고 믿음을 고백하는 신자로서 항상 더 나은 인격적 가치의 실현을 이루게 한다.

신앙적 측면에서 불완전한 인간은 그리스도 안에서 완전하게 된다. 왜냐하면 인간은 삼위일체 하나님과 사귐을 통해서만 자신의 참된 자유를 체험할 수 있기 때문이다.

4. 교회에서의 교회법

교회는 사회 안에서 활동하는 그리스도의 구원의 실재적 증인이기 때문에 교회 안에서의 공동선(共同善)은 법적 공동선을 이해하고 실행하기 위하여 무엇보다도 신학적 이론과 이에 따르는 합리적 근거가 선행되어야 한다.

교회의 활동에서 나타나는 모든 열매는 예수 그리스도가 믿는 자에게 주는 선물로 인식하기 때문에 모든 사람에게 그 열매에 대한 결과가 공평하게 분배된다는 것이 원칙이고, 이는 그 무엇보다도 우선되는 것이라 할 수 있다.

교회는 공동선을 이루려는 공동의 노력과 함께 법적으로 조직된 공동체로서 교회의 외적 질서뿐만 아니라 교회가 가지는 내적 질서까지를 포함한다.[44] 즉 하나님의 자녀로 인정받고 그에 맞는 삶을 구현하는 모든 그리스도인은 삼위일체 하나님의 삶과 결합한다.

공동선은 그 신학적 본질에서 하나님과 믿음을 고백하는 모든 이들과 함께 공동체를 이루며, 그 공동체 안에서 구원이 이루어진다. 각 개인의 모든 욕구가 만족하게 되면서 신자들의 권리와 의무는 초자연적인 것이면서 동시에 교회의 제도들은 이를 규제하는 실정법으로서 은혜의 도구가 되고, 영원한 구원인 신자들의 궁극적 소망을 이루려는 것을 그 목적으로 한다.

신앙적 측면에서 비가시적이며 동시에 가시적인 교회의 사귐은 각 구성원들과 공동체의 고유한 실현을 허락하는 조건과 제도의 근거로서 외적인 법적 공동선에 대한 정의를 요구한다. 즉 신학적 의미에서 공동선은 인간이 하나님의 사랑에 참여하는 것이고, 법적 공동선은 교회제도와 이를 보조해 주는 교회의 필요에 따른 선교의 수단과 목회적 활동 및 교회법규 등으로 구성된다.

법적인 외적 공동선은 초자연적 측면과 자연적 측면을 동시에 봐야 하며, 구성원들 간의 공동체를 이루는 신학적인 이해로 작용하기 때문에 신학적으로 이해된 내적 공동선과 비교할 때 도구적이라고 말할 수 있다.

여기에 덧붙여 예수 그리스도께서 원하셨던 교회제도로서 새롭게

---

44) 여기서 언급된 외적 질서는 교회의 사회적 활동 즉 가시적 교회로서 가지는 일체의 행위를 말하며, 내적인 질서는 신적 신비로 말할 수 있는 신유, 방언, 예언, 축귀, 영 분별과 통역 등 은사를 말한다(신약성경, 고린도전서 12장).

조명될 필요가 있다.

예수 그리스도에 속해 있는 모든 이들은 하나님의 생명 역사와 하나님의 사랑에 참여하고 개인과 공동체의 이익을 실현하는 데 있다. 이때 개인과 공동체 간에 긴장이 생길 가능성이 존재하는데 이는 외적인 법적 공동선의 영역에서만 이루어진다.

이런 원리로 교회는 모든 구성원들 사이의 사귐과 의사소통이 모두의 이익으로 남을 수 있도록 하는 것이다.

5. 교회의 구조와 교회법

교회를 구성하는 자들에게는 하나님의 법에 따라 생기는 초자연적인 권리와 의무가 세례에서 뿐만 아니라 다른 모든 일체의 성령의 활동에서[45] 보이는 다양한 은사의 활동 영역에서 생기게 된다.

이 땅에 오신 예수의 말씀 속에 나타난 신비와 교회에서 활동하는 신비 사이에서의 유사성으로 볼 때 이는 하나님이 우리에게 주시는 새로운 사귐의 은혜라고 할 수 있다.

교회는 이 땅에 법적으로 조직된 신비적 실존의 증표라고 볼 수 있고, 교회구성원들의 상호 친교와 믿음을 고백하는 사람들의 소명으로 볼 때 하늘과 땅이라는 이중적 지위를 가진 삶을 의미한다고 할 수 있다.

교회의 기본법적 근본구조는 제도적으로 계시된 하나님의 법 안에서 만들어진다. 이는 교회의 근본제도인 원리와 절차적 모든 중요요소는 인간이 임의로 정한 것이 아니라 성경과 사도들의 전승을 토대

---

45) 성부·성자·성령의 활동을 삼위일체라는 교리로 설명한다. 특별히 성령의 활동에 대해 구체적으로 나온 성경의 본문은 신약성경 고린도전서 12장 8~11절까지가 대표적이다.

로 만들어지고 교회의 살아 있는 전통에 표현된 성경의 원리와 하나님의 뜻에 의해 결정된다.

교회의 근본구조와 이를 형성하는 제도는 교회 밖 사람들의 공동체가 만드는 사회처럼 인간들이 헌법으로 규정한 타협의 결실이 아니라 교회의 성경적 원리에 따라서 그 본성상 교회가 예수 그리스도가 이 땅에 다시 오실 때까지 모든 인류를 위한 지속적인 구원이 이루어지고 예수 그리스도의 사랑으로 모든 것이 완전하게 실현되도록 모든 시대와 장소를 구속한다.

이는 모든 실정법적 결정 이전에 내면적인 규범과 구속력을 가지는 교회의 존재론적 실재로서의 교회법적인 법이다. 따라서 이러한 교회법은 모든 실정법의 결정에 법적 구속력을 부여한다.

교회의 근본구조는 세속 질서와 교계 질서의 긴장관계 속에서 사랑의 완성을 실현하려고 노력하는 가운데 복음적 권고들의 효과적인 실천으로 예수를 따르려는 사람들의 질서로 구성된다.

그런 구조를 기초로 여러 가지 은사와 사역들이 있고, 이로부터 의무와 권리의 총체로서 교회를 위한 근본제도들이 만들어진다.

교회헌법의 기본 원리들은 바로 이런 성경적 사실에 근거하여 성령의 활동을 중심으로 은사들과 사역들의 내적 요구를 토대로 한 법률상 실정법으로 규정된다.

교회의 근본제도를 정리하면, ① 교회의 본질과 관련된 것으로서 하나님의 법과 제도이다. ② 교회의 역사적 형식과 관련된 인간제도로서 교회의 실정법을 의미한다. ③ 하나님의 법을 보호하고 표현하는 역할로 주관적으로 계시된 하나님의 법과 제도 사이에 형식적인 것이라도 구성원들의 권리와 의무에 관해서도 중요하다. 이는 교회헌법의 실체적 측면과 절차적 측면을 구분하는 기준이 된다.

이때 교회법 혹은 교회의 실정법은 하나님의 자연법으로서 주관적이고 제도적으로 계시된 하나님의 법으로 만들어진, 신자들의 상호 주관적인 관계를 역사적으로 규제하는 실질적인 규범들이라 할 수 있다.

그런 관계로 교회헌법은 도리적(道理的) 부분은 신적 영역으로서 하나님의 본질과 연결되며, 절차적(節次的) 부분은 도리적 부분을 보완하면서 구성원들의 실존(實存)의 활동을 중심으로 만들어지기 때문에 구성원마다 다양하고 다르게 표현될 수가 있다.

교회제도의 역사적 발전과 함께 교회의 순수한 역사와 전통에서 나온 제도인지 또는 교회의 관행과 유권적인 사도권(司徒權)[46]으로서 나온 것인지 확인하고, 서로가 공동선[47]의 이익을 위해 확인되고 표현된 구성원들의 신앙의 의미로 표현된 것과 계시의 원천으로서 신학적이나 사도적인 의미에서 공통적으로 이해된 전통과 제도인지로 구별해야 할 필요가 있다.

하나님의 법에 속하는 제도는 예수 그리스도의 구원 사역에 그 목적이 있기 때문에 교회의 실정법은 그 실천을 통하여 하나님 말씀을 선포하는 자체적인 역동성이 있다.

즉 교회가 가지는 근본적이고 본질적인 제도들은 하나님의 뜻과 관련하여 구원을 이루기 때문에 법적으로 조직된 가시적 모습은 이 땅에 세워진 교회가 그 표적이라 할 수 있다.

교회의 실정법은 이성적 인간적인 현명함이나 자체적인 역동성을 가지는 것이 아닐 뿐만 아니라 서로 다른 의견들의 타협에서 나타나는 것이 아님을 분명히 한다.

---

[46] 교회에서 사도권이란 용어는 예수의 12제자를 의미하고 그 후에 예수를 따르는 사람들을 통칭하지만 특별히 예수의 복음을 증거하는 일에 헌신하는 제자를 지칭하는 말로 전용되었다.
[47] 여기서 의미하는 공동선은 예수를 믿는 구성원(교인)들의 공통된 요구를 최대 공동으로 향유하는 것을 목적으로 삼는다.

6. 교회법의 특징

1) 실체적(實體的) 특징

교회법의 고유 성격은 자연적으로 계시된 하나님의 법을 비롯하여 인간 상호 간의 관계를 규율하는 실정법으로 이루어진다.

교회는 예수 그리스도의 성육신과 그로 인한 구원의 완성을 말하고 이를 알게 해주는 성령의 역사하심을 통해 이 땅의 모든 것을 본래의 상태로 회복하는 것을 토대로 하고 있다.

교회가 이 땅에서 존재하는 동안 행하는 모든 활동은 실존적인 법에 의해 구속될 수밖에 없고, 교회는 교회법의 원리에 따라야 하고, 교회를 구성하는 각 개인은 하나님의 법에 의한 지배를 받음으로써 구원의 목적을 완성한다.

교회법은 위로는 하나님과 함께하며 옆으로는 이웃과 공동의 삶을 구성하고 안으로는 자신의 내적 삶을 규율하는 가운데 나타나는 모든 생각과 행위에 대한 전체적인 책임을 지며, 그에 따르는 의무를 가지고 있다.

교회와 교회 안에서 살아간다는 것은 앞서 말한 대로 공동선의 목적을 향한 외적 행위와 교회생활의 내적 질서와 평화에 누리는 것뿐만 아니라 성부와 성자와 성령에 이르기까지의 수직적·수평적 관계를 통하여 하늘의 법을 이 땅에 실현하는 것을 목적으로 한다.

교회 내에서 구성원의 욕구를 만족시키기 위해 행하는 외면적인 모든 수단으로 구성되는 법률적 공동선은 교회의 내면적인 공동선을 대신하여 나타난다.

이때 하나님 말씀에 대한 경외와 그에 따른 모든 성스러운 예배 행위가 예수 그리스도를 믿음으로 고백하는 모든 이들에게 적용되고,

그에 따르는 교회법도 역시 인간 이성의 지혜를 차용하여 만들지만 근본은 성령의 역사하심 속에 표현되는 신앙에 의해 조명되면서 이 땅의 명령적 규율로 나타난다.

2) 구원을 위한 법의 실현

현재 만들어지고 시행되는 교회법들은 예외 없이 교회의 행동적 활동규범으로의 실정법으로, 하나님의 은혜와 사랑에 대한 인간의 반응과 그에 따른 구원의 완성을 향한 여정에 따라 인간은 그 명령에 순종할 것을 요구한다.

이는 교회법을 만드는 주체와 그 법을 해석하고 적용하는 관할권자나 삶 속에 나타나는 아주 특별하면서도 예외적인 사건을 맡는 재판관이나 그 법을 준수하는 각 개인의 형편과 상황을 함께 고려한 것으로 볼 수 있다.

모든 법률체계의 단편적이고 선언적인 특징으로 인한 한정적인 조문의 한계로 인하여 실정법은 일반적이면서 철학적이고 추상적인 입안으로 구성된다.

현실적인 교회생활에 대한 실존적인 측면은 증명되고 확인이 가능하지만 인간의 내면적이고 특수한 환경을 모두 규정할 수 없기 때문에 늘 구체화되고 객관적인 구성원들의 총의를 표현하는 것을 고민해야 했다.

그것을 진실에 입각한 '정의'로 규정한다면 진실에 입각한 정의로서 연루된 주체들을 위한 '명령'의 성격을 띠고 그것을 '법'으로 실현한다. 이때 교회법은 희랍 철학과 시민법 판례를 변형한 분배정의와 평등을 토대로 해서 단선적으로 교회공동체들의 구성원들 상호관계에 나타난 부분을 외면적인 관계로 규정하는 것은 충분하지 않다고 할 수 있다.

교회법이 함축하고 있는 목적에 도달하기 위해서는 하나님의 의지와 정의가 반영된 법 안에서 인간의 영원한 구원을 완성하는 데 필요한 실생활 속의 교회법은 원천적으로 하나님의 은혜와 사랑을 인간 상호 간의 이웃사랑의 계명으로 표현되기 때문에 교회의 모든 입법은 그 계명에 합당한 이유 안에서 만들어져야 한다.

대표적으로 하나님이 모세에게 수여한 십계명을 들 수 있는데 이 십계명은 제1계명에서 제4계명까지는 하나님에 관한 것이고, 제5계명부터 제7계명까지는 인간에 관한 내용이며, 제8계명부터 제10계명까지는 사물에 관한 것이다. 후에 예수는 여기에 사랑의 개념으로 십계명을 포괄적으로 설명하며 자신의 성품과 동일시했다.

3) 교회법 내용의 특색

성경 안에서 말하고 있는 다양한 제도와 법의 정신은 다른 일반법에서 찾아보기 어려운 교회법만이 가지는 고유한 특징이라고 말할 수 있으며, 다른 법체계와 비교할 때 어떠한 일치점을 찾아 합의에 도달할 가능성은 희박하다.

개인의 삶에 나타나는 특수한 상황과 예측할 수 없는 구체적 상황 앞에서 법은 각 개인의 자연적인 면에서도 인간 내면을 위한 초자연적 이익을 위하여 그에 맞는 조문을 찾아야 하는 어려움이 있지만 우선적으로 교회법의 내면적 성격을 구성하고 하나님과 인간의 관계를 고려한 교회법적 형편으로 구성되어야 하는 기술적인 면이 있다.

인간은 개인마다 생각하는 바가 다르고 가치관과 철학적 이해 속에 찾아가는 법의 논조도 상이할 가능성이 강하기 때문이다.

보편적으로 교회법은 하나님의 사랑과 인간을 향한 구원의 목적을 따르는 관계로 교회법이 가지는 상징으로서의 기능도 매우 크다.

이런 이유로 교회실정법은 항상 목회적 활동에 근거를 가지게 되면서 어떤 법률의 적용에서 재판권자의 포용과 침묵으로 나타나는 배려 외에도 정당한 사유와 포용에 관한 규정이 항상 선행되어야 하고, 교회법적 형평에 기대하는 것도 이와 같은 교회법적 목적에 따른 원칙을 고려하게 된다.

교회법의 고유한 특징은 개인의 행위에 대한 판단을 내리는 외적 법정과 개인의 생각과 양심에 따른 내적 법정을 통해서 통치권을 행사되는 것이 일반적인 관념이지만, 실제 이 두 부분은 이론적으로는 구분되나 교회 자체의 고유한 존재론적 의미와 교회가 가지는 특수한 성격 때문에 분리가 불가능하다.

마치 교회의 형태를 놓고 가시적인 요소와 비가시적인 요소로 구분을 하지만 현실적으로는 각각을 떼어 놓고서는 생각할 수 없는 것과 같은 이치이다.

하나님의 속성상 사랑의 근본원칙은 특별한 상황에서 나타나는 통치권의 신적 행위는 개인의 영적 이익을 위하여 행위의 처벌과 공과를 판정하는 외적 법정보다는 관용과 배려의 원칙이 강하게 적용되는 내적 법정에서 이루어질 것을 요구한다.

교회법 내에서 적용되는 권징의 목적과 실정법에 의한 재판관의 포괄적 재량권[48]은 교회법의 목회적 특색을 잘 나타내고 있다.

교회에서의 강제성은 법이나 판결 선고를 의지하는 것이 아니라 개인의 양심과 교회의 권징으로 표현된 하나님의 은혜와 사랑에 대한 구원 의지에 우선적으로 나타난다.

---

48) 헌법 제103조 "법관은 헌법과 법률에 의하여 그 양심에 따라 독립하여 심판한다"에서 '그 양심에 따라'는 '직업적 양심'을 의미한다.

4) 사랑으로서의 교회법

교회법이 가지는 독특한 고유 제도를 통해 교회법적 형평과 사랑은 교회에서의 권위 행사와 그에 따르는 목회적 영역과 실생활적 영역을 포함하여 법의 입법 작용과 해석과 적용 단계까지 전체적인 흐름을 중시하는 것이 모든 교회법 체계의 중요한 기본원칙이라고 말할 수 있다.

그 이유는 하나님의 법이 의지와 표현이 가시적 형태로 나타나기 때문이다.

같은 믿음의 대상을 가지고 신앙을 고백한 공동체 안에서 신자들의 관계를 구속하는 외적인 성문법은 성령의 강권적인 역사와 은혜 안에서 구현되는 내적 법의 표현은 언제나 구성적 요소로 사랑을 전제로 할 수밖에 없다.

이는 성령을 통하여 이루어지는 공동체의 친교가 교회 안에 역동적으로 나타나는 것에 기인한다.

즉 교회 구성원들의 관계는 사회적이며 가시적이고 법적 규율에 기속되며, 외적으로 나타나는 교회권위에 규제되는 사회공동체로 표명된다.

5) 교회법에 대한 양심적인 의무들

교회법에 따른 양심적인 의무는 예수 그리스도를 구주로 믿는다는 고백과 그 행위의 실존적인 증거로 교회의 본래적 기능[49]과 성격[50]에

---

[49] 교회는 죄에서 우리를 구원시켜 주신다는 예수 그리스도를 믿는 구성원의 모임을 통칭하며, 교회론에서 교회는 교회의 실체와 교회의 본질을 규정하고 교회의 활동과 교회의 사역에 대한 이해를 돕는 방향으로 그 기능을 말할 수 있다.
[50] 교회론에서 교회의 성격을 말하는 것은 다양하고 의견이 다를 수 있음을 전제하지만 보통

부합하는 전제 아래 교회법의 목적에 종속된다.

법은 하나님 앞에서 책임을 지는 주체로 나타나는 이상 더 충만한 의미에서 주체가 구속력을 지닌 의무를 지키도록 한다는 사실로 인하여, 교회에서의 순종은 단순히 권위에 대한 외적 순종이 아니라 더 나아가 그 순종은 신앙을 고백하는 믿음과 내면적인 만족을 위한 것의 수단적 도구로 기능해야 하고, 이를 통하여 신자는 교회법의 정신에 입각한 권위에 자발적 순종을 요구받는다.

순종은 교회에서 요구하는 가장 큰 미덕으로 간주되며, 하나님을 향한 경외와 그에 부수적으로 따르는 행위에 대한 규범을 전적으로 수용한다. 이러한 순종은 예수 그리스도에 대한 사랑의 정신과 신자들 간의 친교와 정확하게 일치한다.

또한 교회법에 대한 양심적인 의무는 교회에서의 권위 행사라는 사실을 구성원들이 수용하고 이를 따르려는 행위에 근거를 둔다.

교회에서의 권위 행사는 거룩하기 때문에 표현된 목회적 활동과 구성원 상호 간의 봉사적 의미로 이해된다.

하나님의 말씀이 우리의 삶을 구속한다는 것이 유권적으로 해석되고 이해될 수 있도록 권위를 가져야 하고, 그 근거로서 예수 그리스도의 말씀에 의거한 명령을 따를 수밖에 없기 때문에 하나님의 말씀에 대한 선포와 이에 따르는 일체의 예배행위에 거룩함을 포함하는 것이다.

즉 말씀에 대한 선포는[51] 인간의 삶에 대한 구속적인 작용을 한다고 할 수 있다. 또한 교회법의 제정과 판결을 통해서 하나님의 말씀은 영원하면서도 완전한 상태에서 지속적으로 충실하게 선포되고, 하나

교회는 믿음을 고백하는 자들의 공동체적인 삶을 함께하는 것을 목적으로 하고 그것을 규율하는 규범을 자율적으로 만들어 지킨다고 할 수 있다.

51) 말씀에 대한 선포는 보통 '설교'라고 하며, 설교는 진리이신 하나님의 '말씀을 통한 인격의 변화' 혹은 설교자의 '인격을 통한 진리의 전달'이라고 말한다.

님의 제정에 따라 행하는 행위와 예수 그리스도의 가르침을 중심으로 발전되고 교회공동체가 지속적으로 이 땅에서 그 본질을 수행하기 위해서는 목회적 의미를 가질 수밖에 없다.

제3절
교회법의 발전과정

1. 교회법의 성장과정

   기독교가 초기 로마시대의 국교로 선택되고 비약적인 발전과 교세를 확장하면서 약 1,000년 동안 교회법은 인간의 삶 자체를 강하게 억압하고 자유로워지고자 하는 인간 본연의 욕구를 억누르는 시기였다고 할 수 있다.

   암흑시대라고 불리면서 인간의 이성이 그만큼 표현되지 못함을 역설적으로 지칭하는 단어가 되었고, 이에 따라 종교의 선택에 대한 권리도 제한되었다.

   그 이후 1492년 신대륙의 발견으로 상징되는 대항해시대를 통해서와 코페르니쿠스의 선각자적 혜안을 비롯하여 인간 이해에 대한 다양한 통찰을 제공하면서 인간의 이성이 점차 자유로운 권리라는 인식이 퍼져나가게 된다.

   이때 나타난 것이 바로 신과 교회에 대한 권위의 추락과 함께 1517년 종교개혁을 통한 자유로운 종교 선택과 신앙의 자유에 대한 단초를 제공했고, 이어서 발생한 독일의 농민전쟁과 인쇄술의 발달은[52] 많

---

52) 이언 골딘·크리스 쿠타나, 『발견의 시대』, 21세기북스, 2018, 61~67쪽 참조. 당시 구텐베르크

은 사람들의 의식을 새롭게 무장하는 계기가 됨으로써 당시의 중세 세계를 근본부터 흔들어 놓았다.

여기서 인간의 삶에 대한 자각과 인간의 가치에 대한 재발견은 종교의 자유와 신앙의 대상에 대한 선택권의 확장이다. 이러한 시대적 요청으로 인하여 선각자들은 인간 내면의 탐구에 많은 성과를 내게 되었고, 종교의 자유를 주장하는 가운데 교회에 대한 인식이 새롭게 변모하게 된다.

그리고 교회 내부의 구성원들의 효율적인 공동의 요구를 채우기 위한 방편으로 내부적 규율이 필요하게 되었는데 그것이 바로 교회법이라 할 수 있다. 이 교회법은 처음부터 존재한 것이 아니라 국가는 행정권과 집행권을 가지고 교회는 제사장권을 나누어 가짐으로써 국가의 법과 교회법이 양분되는 결과를 가지게 된다.

교회법의 태동과 성장과정을 거쳐 현재 우리가 가지고 있는 교회법의 역사를 종교개혁 이후를 중심으로 살펴보는 것이 필요하다고 생각한다.

특히 프랑스 위그노들의 종교 자유를 위한 처절한 순교의 역사를 통한 종교의 자유와 가톨릭으로부터 독립하여 국교회를 만든 영국의 경우와 종교개혁의 발상지로서의 독일과 신대륙으로 새롭게 이식된 종교와 신앙의 자유를 향한 역사로 건국한 미국의 종교적 흐름을 살펴본다.

당시 가톨릭으로부터의 벗어남을 통해 유럽의 종교가 새롭게 정착하는 과정으로서의 미국 종교 역사를 분석하고, 이어서 우리나라에 기독교가 전래되어 발전되고 현재까지 사회적 위상으로서의 모습을

의 인쇄술의 발달은 문맹자를 획기적으로 줄이는 동시에 지식의 보편적인 전파에 따라 많은 지식계층이 생기면서 시민의 의식을 주도적으로 일깨우면서 르네상스 시대를 여는 역할을 담당했다는 것이 일반적인 인식이다.

통해 향후 우리의 미래의 종교적 위상을 통찰해 보는 것이 중요한 시대적 과제로 떠오른다.

우리나라는 종교 간의 갈등으로 인한 어두운 역사는 비교적 미미하다고 할 수 있다. 국가가 일방적으로 종교를 정해서 믿게 하는 경우는 고대국가 형성에서는 제정일치와 국가의 틀을 갖추기 위한 요소로 이용한 것 이외에는 비교적 종교의 선택은 자유로웠고 다신교적 요소가 강했다.

그 이후 우리는 근대국가가 태동하면서 특히 대한제국이 국권을 빼앗기고 일제의 식민시대를 거쳐 종교의 다양한 선택이 가능하게 된 과도기적인 역사를 역설적으로 보게 된다. 즉 국가가 제 기능을 못하게 될 때 개인은 삶의 탈출구로 종교를 선택하게 된 것이고, 그 이후 광복을 통한 국가 재건이 이루어지고 헌법적 틀을 가지면서 종교에 대한 정확한 이해와 그에 따르는 명문화된 종교의 자유에 대한 조문과 그에 따르는 인식을 가지게 된다.

단지 종교의 자유 쟁취[53]라는 측면만이 아니라 종교를 통해 나타난 사회의 구성과 이로 인하여 새로운 삶을 구가하려는 각 개인의 내면의 욕구를 함께 보면서, 교회 내에서 나타나는 다양성을 통해 인간 상호 간의 관계를 법적인 규율이 어떻게 기능하는지 깊이 보는 것이 중요하다.

이런 맥락적 이해를 전제로 하면서 외국의 경우 영국과 프랑스와 독일의 역사를 개략적으로 살펴보는 것이 필요하고, 후에 신대륙인 미국으로 건너가 종교의 자유가 어떤 과정을 통해 정착되어서 우리나라에까지 오게 되는지 그 과정을 살펴보는 것이어서 매우 중요하다.

종교의 자유에 대한 처절한 투쟁을 통해 얻어진 산물을 우리는 통

---

[53] 본서에서는 광의로 '종교의 자유'를 말하고 있지만 협의의 의미로 '교회의 자유'라는 의미로 써도 큰 차이는 없다.

상 당연한 것으로 여기고 그 안에 안주하면서 자의 반 타의 반으로 종교를 인식하게 된 것이 결국은 자기의 내적인 치열한 갈등과 산고 끝에 얻은 것이 아니기에 종교의 진중함을 깨닫지 못하고, 결국은 자신의 삶까지도 가볍게 여기는 경향이 현대에 들어서 일상화되는 것은 아닌가 하는 의구심이 들 정도이다.

필요하면 누구나 권유하지 않아도 가진다는 인식이 아니라 꼭 가져야만 하는 필연성을 전제로 하는 것이 중요하다고 강요하는 것도 한 방법으로 나타날 수 있을 듯하다.

1) 외국의 예

(1) 영국

영국 왕 헨리 8세(재위 1509~1547)[54]는 1534년도에 로마 교황의 주권을 부인하고 영국 왕을 영국의 정치와 종교 양면의 주권자로 하여 영국 국교회 수장령(Acts of Supremacy)을 제정하였고, 이는 영국 국교회 설립의 기초를 확고하게 만들었다.[55] 즉 교황의 권위를 군주의 권위로 대체한 것이다.

영국의 경우는 구대륙과는 달리 종교적 내부의 개혁세력에 의한 것이 아니고 다른 정치적 요건 외에 헨리 8세의 자의적인 욕망에 의한 바가 크다고 할 수 있다. 그런데 영국 국교회의 성립은 모든 국민은 교회의 구성원일 것을 의무로 하고, 복종하지 아니하는 자는 벌금 또는 체형을 받았다.

이에 대해 영국교회를 정화시키려고(purify) 노력을 했을 뿐만 아니라 영국 국교회의 제식에 대한 반대와 비일치를 비판했고, 그 허점

---

54) 앨리슨 위어, 『헨리 8세와 여인들』, 루비박스출판사, 2007, 제1편 7장 참조.
55) 해롤드 버만, 『법과 혁명(하)』, 김철 역, 리걸플러스, 2016, 48~50쪽 요약.

을 보완하려고 노력했고, 신앙의 형식화보다는 내적인 순수함과 개인의 신앙적 감응을 중시하였다. 여기에 동조하는 이들에는 당시 분리주의자들(Separatist)과 독립파들(Independents) 및 회중주의자들(Congregationalist)이 속했는데 이들은 모두 비순응자들(Nonconformist)로 지칭한다.

이들 외에 비국교도라 할 수 있는 디센터스(Dissenters)[56]라 칭하는 일련의 무리가 있었는데 이들은 스스로 교회를 만들고 각 개인의 내적인 양심에 따라 신앙을 고수하고 권리를 주장했고, 영국의 종교의 자유를 쟁취하는 데 퓨리탄과 디센터스의 역할이 크다고 할 수 있다.

또한 생명·자유·재산에 관한 권리는 실정적인 자유권으로 인정했지만 신앙의 자유를 행사하는 것은 국민협정(1647) 및 크롬웰의 통치문서에서 볼 수 있는 바와 같이 인간에게 선천적으로 부여된 자연권으로 파악되었다.[57]

초기에는 타 교도에 대한 차별을 두었지만 곧 관용정책을 채택하여 1647년 및 1649년의 시민협정(Agreement of the people)[58]에서 언론의 자유와 함께 종교의 자유가 규정되었고, 이어 1689년의 권리장전(Bill of Rights)[59]에서도 이와 같은 취지의 내용이 보인다. 그리고 같은 해 월

---

56) 비국교도(非國敎徒, Nonconformist): 통일령에서는 영국 국교회에서 분리해 나간 사람들(분리주의자들)의 비밀집회에 관해 언급하면서 '비국교도'라는 말을 썼다. '비국교도'는 '국교 반대자'(dissenters)라고도 하는데, 국교반대자라는 용어는 '웨스트민스터 성직자회의(1643~1647)에서 반대표를 던진 5명의 성직자'를 가리키는 것으로 처음 사용되었다.
57) 나종일, "영국혁명에 있어서의 종교와 정치", 역사학보, 제82집, 1980, 121~122쪽 인용.
58) 해롤드 버만, 위의 책, 71쪽. 이 번역은 직역하면 인민협정 같은 것이 될 수도 있으나 근대 헌법학에서 근대국가 주권이론 중 people 주권과 nation 주권의 차이가 있다. 1645년 잉글랜드 혁명 당시를 생각하면 영어의 people을 people 주권과 nation 주권과 같은 것으로 보기는 힘들다는 토론자의 견해가 있었다. 따라서 청교도혁명의 주체가 제한된 숫자라는 것을 감안하여 시민주권이라는 의견도 있다.
59) 권리장전의 주요 권리·특권의 내용은 다음과 같이 일곱 가지로 요약이 가능한데 1) 의회선거는 국왕의 간섭으로부터 자유롭다는 것, 2) 의회에서의 발언은 면책된다는 것, 3) 의회는 자주 열 수 있다는 것, 4) 의회의 동의 없이 국왕이 법률을 개정 및 폐지하거나 법률의 집행

리엄 3세의 종교 자유령(1689)에 의하여 종교의 자유의 제도가 기초를 이루게 되었다.

종교의 자유가 기초를 이루는 형식적인 면은 완성되었지만 내용면에서 각 교파에 따라 차별이 사라지기까지는 긴 시간이 필요했는데, 19세기에 와서야 비로소 점차 완화되어 1813년에는 유리테리언파에, 1829년에는 가톨릭교에, 1858년에는 유대교에 각각 종교의 자유가 허용되었다.[60] 전통적으로 영국 왕실의 전통을 유지하면서 종교의 잔재를 하나 가지고 있다면 공인교 제도로서, 이는 국교제도와 유사하다. 권리장전 제9조 및 왕위계승법(Act of Settlement) 제1조 등의 규정에서 왕위계승의 자격을 신교도(Protestant)로 제한하고, 국왕은 영국교회의 당연한 수장이 되며 국왕 즉위식은 교회의 대주정이 필히 집전하도록 되어 있다.

특히 주목되는 것은 1848년의 교회 징계조례 및 1874년의 사정위원회(Judicial Committee in Privy Council)에 관하여 규정하고 있는 공중예배 조례인데, 여기에는 교회의 처분에 불복하는 것은 추밀원[61]의 사정위원회의 재결을 받도록 되어 있다. 또한 교회의 교칙도 의회의 의결을 거쳐 법률과 같이 공포되며 국왕의 재가를 받게 되어 있다.

이러한 역사의 과정 속에서[62] 종교와 양심의 자유를 향한 시민의

을 정지하는 것은 허용되지 않는다는 것, 5) 과대한 보석금, 과대한 벌금, 잔혹하고 이상한 형벌은 적용되지 않는다는 점, 6) 배심원의 선정은 적절하게 이루어져야 되는 점, 7) 유죄판결이 내려질 때까지 벌금, 재산몰수는 할 수 없다는 점 등이다.

60) J. B. Bury, *A History of Freedom of Thought*, 바오로출판사, 2005, 140, 202~203쪽.
61) 영국 추밀원(英國樞密院, Privy Council)은 영국 여왕의 자문기관이다. 국왕 대권의 행사에 관한 자문을 제공한다. 정식 명칭은 여왕 폐하의 가장 고결한 추밀원(Her Majesty's Most Honourable Privy Council)이다.
62) 여기서 한 가지 주목할 만한 것은, 당시 아프리카에서 조달되어 온 노예에 대한 불평등 인식이 스코틀랜드 장로교의 존 녹스와 우리에게 "Amazing Grace"의 작사자로 알려진 존 뉴턴 목사와 당시 노예해방을 주창한 하원의원인 윌버포스의 노력에 의하여 인간의 존엄에 대한 인식과 종교의 자유에 대한 사회적 공론을 일으키는 데 많은 역할을 하였다는 것이다.

열망과 노력 속에 영국은 완전히 종교의 자유가 허용되어 오늘에 이르고 있다.

(2) 프랑스

프랑스는 전통적으로 가톨릭의 세력이 강했고 타 종교에 대한 배타성이 강했다.[63] 1598년의 낭트 칙령(The dict of Nante)에 의하여 위그노에게도 부분적으로 관용이 베풀어졌으나 1685년 낭트 칙령[64]이 폐지된 후 다시 신교도들을 박해하였다.

이와 같은 종교의 자유를 향한 여정이 축적된 후 자유·평등·박애를 중심으로 한 1789년에 제정된 프랑스 인권선언[65] 제10조에서 "누구도 그 의사에 있어서 종교상의 것일지라도 그 표명이 법에 의하여 규

---

63) 위그노는 칼빈의 주장을 받아들인 프랑스 개신교인을 지칭한다. 종교개혁 시대부터 프랑스혁명에 이르는 시기의 프랑스 내 칼빈파 신도로서 교세를 확장했다. 이후 라로셀에 1558년 최초의 개혁교회를 세우고 1568년부터 위그노의 중심지로 발전하다 제3차 위그노 전쟁을 통해서 다수의 지도자가 처형되었다. 1572년 8월 24일 성 바르톨로메오 축제일에 대규모로 위그노들이 학살당한 아픔을 가지게 된다(위그노 대학살). 이후 1598년 앙리 4세의 낭트칙령으로 불안한 화해 무드가 형성되었지만 위그노들의 종교적 시민적 자유 박탈로 인해 40만 명의 위그노가 국외 탈출을 했다.
64) 낭트칙령(Edict of Nantes)은 앙리 4세가 1598년 4월 13일 선포한 칙령으로, 프랑스 내에서 가톨릭 이외에도 칼빈주의 개신교 교파인 위그노의 종교적 자유를 인정하였다. 이로써 앙리 4세는 위그노 전쟁을 끝내고, 개신교와 가톨릭 교도 사이에서 화합을 도모하였다. 1) 낭트 칙령은 위그노에게 광범위한 종교적 자유를 주었으며, 개인의 종교적 믿음에 대하여 사상의 자유를 인정한 첫 사례로 꼽힌다. 2) 그러나 이 칙령은 1685년 10월 퐁텐블로 칙령으로 폐지되고 개신교는 다시 가톨릭교회의 탄압을 받게 된다.
65) 인간과 시민의 권리 선언이라 할 수 있는 프랑스 인권선언문은 1789년 8월 26일 라파예트가 기초한 것으로 총 17조로 구성되었고, 여기에는 언론·출판의 자유, 인간의 자유와 평등, 국민주권 등 현대 민주주의의 기초법이 잘 드러나 있다. '국민의회로 모인 우리 프랑스 인민의 대표들은 인권에 대한 무지와 경시, 멸시가 공공의 불행과 정부 부패의 원인이라는 점을 잘 알기 때문에, 이 엄숙한 선언을 통해 인간은 태어나면서부터 누구에게도 넘겨줄 수 없는 신성한 권리가 있다'는 점과 전통적으로 구제도에서는 신분 세습과 영주의 각종 특권과 교회의 십일조 등이 농민들을 억압했다. 이 법안으로 인해 새로운 변화의 명확한 점은 십일조 부역 의무가 사라지고 제한적이지만 투표권이 부여됨으로써 새로운 정치 세력이 등장하고 식민지 노예제도가 폐지되었으며, 반혁명분자의 재산을 몰수하여 국고에 귀속시켜 빈민구제의 재정으로 사용하고 서민들의 생활을 안정시키는 정책이 실시되었다는 것이다.

정된 공공질서를 교란하지 않는 한 방해될 수 없다"고 표명하였지만 종교적 의사 표명의 자유로운 개진에는 미흡하였다. 그 후 1801년에는 나폴레옹이 로마 교황과 콩코르다트(Concordat)를 체결하여 가톨릭을 공인교로 인정하고 또한 타 종교에 대해서도 관용을 부여하는 선례를 남겼지만 이 콩코르다트는 1905년에 폐지되었다.[66]

이런 공화정은 당연히 군주정 부활의 방지에 중대한 관심을 표시하여 온 데 반하여 프랑스 군주제는 수세기 동안 가톨릭 곧 바티칸 당국과 친밀히 결탁된 관계로 왕정이 부활된 1814년의 헌법 제5조 및 제7조에서 로마 가톨릭교를 국교로 정하고, 가톨릭교의 성직자는 왕실로부터 봉급을 수령할 것 등을 규정하여 공인교제도를 채택하였지만 그 후 종교로부터의 해방을 주장하는 공화파와 대립하지 않을 수 없었다. 사회당의 반 가톨릭 운동으로 인하여 1905년 정교분리의 실현을 보게 되었는데, 이 정교분리의 법안은 1905년 2월 루이 정부로부터 의회에 제출되어 상하 양원을 통과하여 그해 12월 9일에 공포되었고, 그 후 수정되어 신앙 및 종교 행위의 자유와 정교분리의 원칙이 되었다.[67]

가톨릭과 신교로 대표되는 종교의 자유는 여러 가지 현실적 조건과 얽혀서 갈등이 본격화하였으나 분리 후 가톨릭이 소수자인 프로테스탄트와 우호관계를 실현시키고 가톨릭 교회가 거의 전 국민을 포함한 명목상의 교회에서 소수의 생명력 넘치는 신도 집단으로 거듭나게 된 것은 정교분리의 정당함을 증명하는 한 예로 평가받고 있다.[68]

동법의 시행으로 공인교의 폐지와 특정 종교에 지급되던 보조비를

---

[66] J. B. Bury, 위의 책, 106~107쪽 재인용.
[67] 제3공화정 정부는 1905년에 정교분리법(1905 French law on the Separation of the Churches and the State)을 제정하였다.
[68] 21세기정치학대사전편찬위원회, 『21세기정치학대사전』, 한국사전연구사, 2010, 인권편, 1,890쪽 참조.

삭제하고 종교단체는 공법상의 단체에서 사법상의 단체로 바뀌게 된다. 그 후에는 제4공화국 헌법전문에 "인간을 굴종시키고 타락시키려 해온 제정권에 대하여 자유 인민들이 쟁취한 승리의 날에 프랑스 인민은 인종·종교 신념의 차별 없이 모든 인간은 양도할 수 없는 신성한 권리를 소유하고 있다는 점을 새로이 선언한다"[69]고 분명한 입장을 표명하면서 또한 문벌·인종 또는 종교의 차별 없이 시민에 대하여 법률 앞에서 완전한 평등을 보장하였다.

종교의 자유에 있어서도 역사에서 보여 온 여러 가지 형태의 갈등을 봉합하여 최선의 길이 무엇인가를 찾아 이제는 명실상부한 신앙의 자유를 향해 더욱 정교한 시스템을 구축하고, 역대 정권은 신앙의 자유를 존중하는 가운데 종교의 자유 및 정교분리를 보장하고 있다.

(3) 독일

독일에서의 종교의 자유를 말하기에 앞서 독일의 종교적 역사 배경을 간략하게 살펴보고, 특별히 종교개혁을 통한 종교의 자유와 이로 인하여서 생긴 몇 가지 사회·정치·문화적 배경을 논하는 것이 필요하다. 특히 종교개혁을 통해서 현대까지 종교의 자유가 보편화되기까지의 기원을 보는 것도 큰 의의가 있을 것이다.

독일의 역사적 배경이 종교적 역사의 배경과는 동전의 양면과 같은 모습으로 밀착된 관계이기에 종교의 자유 역사에 대한 세세함과 함께 전체적으로 정치와 경제의 변화 속에 나타난 사회적 배경을 짚어 보면 종교의 자유를 위한 치열한 삶의 밀착을 알 수 있다.

기원전 4세기에서 3세기경에 게르만족이 형성되고 이들은 경제·사회·문화적 발전에 따른 복속과 통합 과정을 반복하게 된다. 게르만족은 처음 부족연맹체로 등장했고 바이에른족·알레마니족·프랑켄족·

---

[69] "세계인권선언", 신동아, 1975년 1월호 별책부록, 56쪽.

튀링겐족·프리젠족·작센족 등 같은 부족에 속한 사람들은 관습·종교·문화·법적 전통을 갖는 공동체를 형성하고 있었고 혈족명으로 다른 부족과 구별하였다.

게르만 민족으로 불리는 독일이 이탈리아 북부지역을 기반으로 하여 멀리는 북해에 이르기까지 광활한 지역을 차지하면서 산개된 모습의 부족으로 발전하던 것이 기원후 498년 클로비스[70]가 기독교로 개종하면서 프랑크족의 귀족들은 초기의 봉건적인 귀족으로 전환하면서 로마 가톨릭으로 개종하여 로마 교회의 지지를 얻고, 또한 이것이 정복지인 갈리아인과 원주민들 및 로마인의 지지와 협력 속에 프랑크 왕국이 오래 살아남고 또한 유럽 역사에서 매우 중요한 역할을 할 수 있었던 요소로 평가된다.

그 후 843년 베르됭 조약 이후[71] 3개로 나뉘게 되고, 919년 하인리히가 왕으로 선출되면서 중앙집권을 꾀하고 그 아들 오토 1세는 독일 국가 권력의 강화를 추구했다. 오토 1세는 교회의 도움이 필요하다는 인식하에 국가교회 제도를 도입하게 된다. 주교와 수도원에 토지를 기증하고 성직자들에게 세속적인 관직을 수여하여 주교령에 대한 왕의 보호를 약속했다. 왕과 성직자의 이러한 결속은 봉건영주들과 정치적 균형을 가져와 왕권이 강화되는 계기로 작용했다. 오토는 곧 북이탈리아를 점령했으며 교황으로부터 신성로마제국의 황제 칭호를 받게 된다. 황제는 로마 교회를 보호하며 그 대신 교황은 황제가 보유한 이탈리아 내의 영토를 인정한다는 약속을 하게 된 것이다.

정치적 지형이 변하면서 교황은 당연히 서임권을 자신이 행사하겠다고 나섰고, 세속 군주로서는 그것을 교황에게 돌려줄 수 없기에 불

---

[70] 클로비스가 토착 귀족들과 로마 교황의 후원을 염두에 두고 당시 기독교적 정통성을 인정받는 아타나시우스파로 개종하였는데 그의 예측은 적중하였다. 결과적으로 그의 개종은 이후 중세 유럽이 기독교로 길을 걷는 데 중요한 첫발이었다고 할 수 있다.
[71] 서프랑크는 프랑스, 중프랑크는 이탈리아, 동프랑크는 독일의 기원이 된다.

거진 갈등이 서임권 분쟁(the Investiture Contest)[72]이다. 이 갈등이 1077년에 발생한 '카노사의 굴욕'[73] 사건이다. 서로 간의 대립이 정리되면서 1095년 교황 우르바누스 2세의 선동으로 십자군전쟁이 일어나는데 이 십자군 원정은 동서양의 교류에 새로운 세계관을 가지게 된다. 이후 독일은 경제적으로 안정되고 발전되면서 도시를 중심으로 한 제3세력으로 도시공동체가 형성된다.

1413년에 브란덴부르크의 호엔촐레른 왕가가 기사 반란을 진압하면서 지역을 통합하고 1437년에는 룩셈부르크 왕가가 합스부르크 왕가로 넘어가고 북부지역을 중심으로 한 한자동맹은[74] 귀족에 저항하면서 도시를 통합하려는 시도를 하였다. 13세기 말 한자동맹은 도시동맹으로 발전했다.

17세기부터 유럽 대륙 전반에 걸쳐 절대 왕정·상비군 제도·관료제·중상주의를 기반으로 하는 절대주의 시대가 도래하는데 바로 훗날 군국주의의 대명사로 19세기 독일사를 주도해 나간 프로이센 왕국이다.

경제 중심 체제가 화폐경제로 이행하면서 부유한 농민층이 등장하고 기사와 하급 귀족들이 몰락·해체되기 시작하였지만 의외로 성직자 수는 계속 증가하는데, 이는 독일이 로마의 영향권을 벗어나지 못했다는 반증이며 종교개혁의 기초가 다져지는 계기가 된다.

종교개혁은 1517년 독일에서 일어난 가톨릭 내의 개혁운동으로 시

---

[72] 서임권 투쟁(敍任權鬪爭)은 11세기 말에서 12세기 초에 교황과 신성로마제국 황제가 기독교 평신도의 성직임명권인 서임권을 놓고 벌인 권력다툼을 말한다. 이 서임권 투쟁으로 독일에서는 약 50년 동안 권력 투쟁이 벌어졌고, 그 결과 귀족이 황제보다 강력한 권력을 가지게 되었다.
[73] 교황 그레고리우스 7세(Gregorius VII)와 신성로마제국의 황제 하인리히 4세(Heinrich IV)가 세속서임(世俗敍任)을 두고 충돌한 사건을 말한다.
[74] 한자동맹은 13~17세기에 독일 북쪽과 발트해 연안에 있는 여러 도시 사이에서 이루어졌던 연맹이다. 주로 해상교통의 안전을 보장하고 공동 방호와 상권 확장 등을 목적으로 했다.

작되었지만 점차 새로운 기독교 운동의 시발점으로 양상이 달라지면서 당시 가톨릭 내의 개혁운동으로 교회의 부정과 부패를 불식시키려는 노력의 일환으로 발전하였다. 후스와 위클리프와 그 후의 마르틴 루터[75]의 개혁도 당시 사회적인 어두움을 새롭게 하려는 사회 변혁의 일환으로 이해된다. 이탈리아에서 시작된 르네상스가 예술과 문화 등 다소 제한된 측면에 국한되었다고 볼 수 있지만 사회 전반을 아우르는 종교개혁은[76] 근대 시민국가의 형성 과정에 크게 기여하였다.

초기 종교개혁은 북·중부 독일과 스칸디나비아 반도 지역에만 국한되다가 농민전쟁 발발을 계기로 농민과 루터의 갈등으로 루터는 정치화[77]한다. 30년 전쟁은 독일 땅으로 외세의 복잡한 갈등을 끌어들인 결과 연방군주들이 외세와 결탁하여 세력다툼을 일삼게 된 것이다.

이 30년 전쟁은 보헤미아와 팔츠(Pfalz) 간의 대립에서 덴마크와 네덜란드의 개입을 거쳐 스웨덴의 개입과 마지막으로 프랑스군 개입이라는 순서로 전개되면서 독일 전체는 황폐화되었고 독일 인구의 3분의 1이 죽었다. 결국 1648년에 베스트팔렌 조약이[78] 맺어졌다. 이 조약

---

75) 루터의 사상은 신앙에 의한 의인화(sola fide), 신앙에 의한 구원으로 집약되며, "성서는 모든 대중이 읽어야 한다"고 주장하기도 했다. 일반 대중이 성직자라는 중개자를 통해서 신과 만나는 것이 아니라 직접 만날 수 있다고 믿음으로써 근대적 개인주의 사상이 자라기 시작했다. 처음에 루터는 수사로서 종교를 개혁하겠다는 의지보다는 면죄부 판매로 인한 가톨릭의 부패에 항의하는 관점으로 시작하였던 것이, 인쇄술의 발달로 인해 루터의 주장이 급격하게 퍼져나가면서 지식인들과 시민들에게 전폭적인 지지를 얻음으로 예기치 않게 종교개혁의 큰 흐름을 형성하게 되었다는 주장도 있다.
76) 교황 레오 10세는 성 베드로 대성전 건축을 위해 푸거가에 엄청난 돈을 빌렸다. 스페인의 카를 5세도 신성로마제국 황제 입후보를 위해 역시 푸거가로부터 돈을 빌렸으나 돈은 곧 떨어졌다. 그들이 이 문제를 해결하기 위해 생각해낸 것이 면죄부 판매였다. 특히 면죄부는 독일에 집중적으로 팔렸는데 성직자가 많았다는 것 외에도 이를 제어할 중앙권력이 없었다는 점도 주요한 요인이었다. 중앙집권이 확립되어 가던 영국이나 프랑스에는 팔지 못했다.
77) 이 당시 루터는 종교개혁의 정당성을 피력하는 가운데 자신의 생명을 지켜 줄 강력한 후원자가 필요했다. 이러한 현실적 이유로 인하여 루터는 영주의 권익을 지지할 수밖에 없었다. 후세의 평가는 루터의 잘못된 선택이라고 하지만 학자에 따라 의견이 갈린다.
78) 1648년 1월 30일, 스페인과 네덜란드 간 조인되었으며, 1648년 10월 24일에 맺어진 조약에는

으로 스위스와 네덜란드의 독립이 확정되었으며, 프랑스는 알자스로렌을 차지하고 프로이센이 확장되었다. 확장된 영토를 배경으로 프로이센은 18세기 초에 왕국이 될 수 있었다. 브레멘과 베르뎅은 스웨덴이 점령했으며, 프랑스와 스웨덴은 독일 제국 의회에 선거권을 가지게 되었다. 이는 이 두 강국이 독일의 내정에 간섭하는 계기를 마련한 것이었다.

프로이센 왕국은 호엔촐레른 왕가가 지배했던 독일 북부지역에 위치한 왕국으로, 1701년 1월 18일부터 1918년 11월 9일까지 존재했다. 이 왕국은 1871년에 성립해 1918년까지 존속했던 독일제국의 중심적 역할을 한 국가였다. 정치적 불안으로 인해 혼란스러웠던 독일은 나폴레옹 보나파르트가 이끄는 프랑스군에 예나 전투와 아우스터리츠 전투 등의 전쟁에서 패한 뒤 1807년 틸지트 조약을 체결하여 영토의 반을 잃고, 그곳에 나폴레옹이 '라인연방'이라는 꼭두각시 정부를 만들어 많은 배상금을 요구하고 대륙 봉쇄령에 따른 대영제국과의 무역금지와 프랑스군 주둔 등의 경제적 압박을 당하여 사실상 프랑스의 지배를 받는 속국으로 전락하고 만다.

이러한 위기를 극복하기 위해 프로이센은 샤른호스트나 클라우제비츠·슈타인·하르덴베르크 등에 의한 근대화를 위해 실시한 개혁에 의해 농노 해방과 행정기구의 쇄신을 실시했다.

프랑스의 지배로 독일인들에게는 민족정신이 부활되어 나타나게 되었고, 프랑스로부터의 독립을 요구하게 된다. 일대 개혁으로 내정을

신성로마제국과 독일 군주들 및 프랑스와 스웨덴이 참가했다. 이 조약으로 네덜란드와 스위스 연방은 독립된 공화국으로 공식 인정을 받는다. 이 조약에 있어서 가장 중요한 요소는 종교 문제가 타결된 것으로, 아우크스부르크 평화협정(1555)을 추인했다. 독일의 경우 베스트팔렌 조약으로 절대권을 지향해 온 신성로마제국 황제들과 연방주의를 갈망하는 제국 내 독일 군주들 사이에 1세기 동안 지속되어 온 투쟁이 마감되었다. 이 조약은 독일의 기본법으로 인정되었으며, 1806년 신성로마제국이 해체될 때까지 모든 조약들의 근간을 이루었다. 또한 서양 최초의 국제조약으로서의 의의가 매우 크다.

다진 프로이센은 1815년 워털루 전투에서[79] 나폴레옹의 프랑스군을 물리치면서 다시 강대국의 반열에 오르게 된다. 1818년 프로이센을 중심으로 관세동맹이 결성됨으로써 독일연방 내의 국가들이 서로 무역할 때 부과되었던 번거로운 관세들이 폐지되었기에 독일 경제는 비약적 성장을 하게 된다.

독일의 정치적 통일은 프로이센을 중심으로 전개되고, 1862년 프로이센의 수상으로 임명된 오토 폰 비스마르크는 의회와 자유주의 세력의 반대를 억누르고 철혈정책[80]을 추진하였고, 이를 바탕으로 1866년 오스트리아 제국을 맞아 쾨니히그레츠 전투에서 크게 이겨 북독일 연방을 성립시켰다.

이어서 1871년 7월 14일에 프랑스와의 전쟁에서 대승하고 프로이센은 베르사유 조약을 통해 알자스 지방과 로렌 지방을 되찾고 베르사유 궁전에서 빌헬름 1세를 황제가 즉위하여 독일제국의 수립을 선포함으로써 독일의 통일을 이루었다.

1914년 사라예보에서의 오스트리아 황태자 암살 사건으로 나타난 제1차 세계대전으로 인해 독일은 베르사유 조약을 통해 독일제국이 가졌던 식민지를 영구히 상실하고 막대한 배상금 지불·군비 축소·알자스-로렌 지방 프랑스에 반환 등 패전국으로서 가혹한 조약을 맺게 된다. 이것은 훗날 제2차 세계대전 발발 원인의 씨앗이 된다. 1925년 12월 로카르노 조약이 체결되어 전승국과의 화해가 이루어지고, 1926년 9월 국제연맹에 가입함으로 정치적 위상이 증대되었지만 1928년 5

---

79) 워털루 전투(Battle of Waterloo)는 1815년 6월 18일, 벨기에 남동부 워털루에서 나폴레옹이 이끄는 프랑스군과 웰링턴, 블뤼허가 이끄는 영국, 네덜란드 및 프로이센 등이 포함된 연합군이 싸워 연합군이 프랑스군을 격파한 전투를 말한다.
80) 철혈정책은 프러시아(옛 독일)의 수상인 비스마르크가 추진한 정책으로, 1806년 프랑스의 나폴레옹에 의해 나라의 절반을 프랑스에 빼앗긴 약소국 상황에서 비스마르크가 수상이 되자 무기와 군대만이 강대국의 조건이라 여기고 힘을 키운 정책을 말한다. 이후 1871년 분열된 독일제국을 처음으로 통일하였다.

월 총선거에서는 독일 사회민주당과 독일 공산당이 세력을 잡으면서 불안정한 내각을 조직하였다.

그 위에 1929년 경제 대공황을 맞아 미국에서 시작된 경제 대공황이 독일에까지 파급됨에 따라 실업자는 급증하고 국고는 거액의 적자로 허덕이게 되면서 1930년 3월에 내각은 무너지고 말았다. 1932년 4월의 대통령 선거에서 중도파인 힌덴부르크가 재당선되었으나 나치 당수였던 아돌프 히틀러도 힌덴부르크 못지않은 지지표를 얻게 되었고, 의회에서도 나치와 공산당이 합친 수가 과반수를 점령했다.

결국 1933년 1월에 힌덴부르크 대통령이 아돌프 히틀러를 총리로 임명하였다. 1933년 2월 27일에는 공산당원에 의한 국회의사당 방화사건을 계기로 나치 정권은 사회주의 계열 정당들에 대한 대대적인 탄압을 행했으며, 이어진 총선거에서 43.9%의 득표율을 차지하여 의석수 288석을 차지했다. 그럼으로써 나치가 제1정당으로 집권하였다. 1934년 힌덴부르크 대통령이 사망하자 총리였던 아돌프 히틀러가 총통으로 집권하면서 바이마르 공화정은 막을 내린다.

1934년 8월 2일, 힌덴부르크 대통령이 사망하면서 총리인 아돌프 히틀러가 국가원수인 대통령직을 겸무하면서 총통으로 독재자가 된다. 나치는 미국의 뉴딜 정책을 모방하여 대규모 공공사업을 계획하여 다임러 크라이슬러나 크루프, 빌리 메서슈미트 등 군수산업의 확대와 아우토반의 부설 등이 행해졌다. 이 정책은 성공하여 흘러넘치던 실업자들이 사라지면서 국민들의 절대적 지지를 받으며 빠르게 경제를 회복시킨 히틀러는 1935년 베르사유 조약 파기 선언과 재무장 선언을 했고, 불과 10만 명으로 제한되었던 병력이 급속히 확장되었다.

나치 독일은 1939년 9월 1일에 폴란드를 침공함으로써 제2차 세계대전이 터졌지만 1941년 미국의 연합군 참전과 1943년의 스탈린그라드 전투를 통해 전세가 역전되고 1944년에 소련의 바그라티온 작전과 6월 6일 연합군의 노르망디 상륙작전 등으로 나치 독일 정권의 붕괴되었다. 1945년 4월 30일에 아돌프 히틀러가 자살하였으며, 5월 1일에 소련 군대가 베를린을 점령, 5월 8일에 독일은 연합국, 소련에 무조건 항복함으로써 제2차 세계대전은 끝났다.

이후 전후 경제 복구에 힘쓴 독일은 라인강의 기적으로 불리며 재기하였고, 그 기반 위에 1970년 서독 수상 빌리 브란트는 긴장 완화를 위해 동독과 협상을 시작하여 1972년 기본협정을 맺은 뒤 이듬해 동서 독일이 유엔에 함께 가입하였다. 1985년 소련의 고르바초프 서기장은 개혁과 개방 정책을 추진하는 노력 속에 1989년 11월 9일 밤 독일인들은 동서 베를린을 가로막고 있던 장벽을 무너뜨렸다. 이후 통일을 위한 분위기가 급속히 조성되어 1990년 10월 3일 서독이 동독을 흡수하는 형태로 독일은 통일되었다. 이로 인하여 제2차 세계대전 때 승전국으로 베를린을 분할 통치하던 미국, 영국, 프랑스, 소련 등 4개국과 유럽연합의 승인을 받아 실질적인 통일의 모습을 갖추어 독일연방공화국으로 오늘에 이르고 있다.

오늘날의 독일은 여러 많은 사회 및 정치적 문제를 가지고 있기도 하나 대규모의 산업 발전과 공업 발전을 바탕으로 G7과 EU의 핵심 주축으로 자리매김하였다. 독일은 언제나 신학적인 갈등 속에 종교의 자유에 대한 치열함은 가지고 있었지만 히틀러 정권하의 어용적 태도와 당시의 국가권력의 남용에 대한 뼈아픈 자성을[81] 지금까지 하면서

---

81) 이처럼 길게 독일의 역사를 살펴본 이유는, 독일에서의 종교가 제1·2차 세계대전의 와중에 개인적 종교 자유보다는 집단적 종교의 획일성에 매몰되었고, 국가에 대한 의무가 종교의 한 본분이라는 왜곡된 의식의 흐름이 있었음을 살펴보고자 한 것이다. 전후 이러한 인식의 참혹상을 깊이 고민한 마르틴 니묄러 목사(1892~1984)의 고백을 소개하면 다음과 같다. "독일에서 나치는 먼저 공산주의자들을 핍박했다. 나는 공산주의자가 아니었기 때문에 용기 있게 항변하지 못했다. 그다음에 나치는 유대인을 핍박했다. 나는 유대인이 아니었기 때문에 역시 나서지 못했다. 그다음에 나치는 노동조합을 핍박했다. 나는 노동조합원이 아니었기

종교의 자유에 대한 폭넓은 이해를 보장하고 있다.

이처럼 독일의 역사적 배경에 비교적 길게 지면을 할애한 것은 종교의 자유와 시민들(일반국민)의 삶의 상관관계를 연관지어 보고 싶었기 때문이다. 정치적 안정과 경제적 안정은 곧 시민들의 삶에 대한 폭넓은 선택을 보장해 줄 수 있는 유일한 끈임을 말하고 싶다.

지금도 정치적 경제적 안정이 부족한 국가나 사회는 종교와 신앙의 자유가 숨 쉬기는 매우 어렵다. 삶의 당면한 문제 즉 생존권이 우선이기 때문에 인간의 가치를 중심으로 하는 존엄성과 내면의 가꿈을 상상하기 힘들기 때문이다.

(4) 미국

가. 초기의 종교적 상황

영국으로부터 종교적 자유를 찾아 신대륙으로 이주하기 시작한 청교도들은 1620년대부터 지속적으로 신대륙을 개척하면서 자신들이 지켜온 고유한 가치인 신앙의 자유를 신대륙에 전파하는 일에 온 힘을 다했다. 미국 동부의 매사추세츠 지방에서 의회를 세우고 새로운 질서와 교회제도를 창설해 나갔다.

미국 대륙의 최초 이주자들은 그들이 1620년 11월 11일 기초한 메

때문에 그저 침묵을 지켰다. 그다음에 나치는 가톨릭교회를 공격했다. 나는 개신교 신자였기 때문에 과감하게 맞서지 못했다. 마침내 그들은 나를 공격했다. 하지만 이제는 나를 위해 나서 줄 사람이 아무도 남지 않았다." 본서의 저자는 이처럼 전후 기독교의 실책을 처절하게 고백한 글을 읽지 못했다. 전후 독일의 신학계에서는 이와 같은 자성 속에 새로운 물결이 일어나게 되었는데 나치 헌법학자인 칼 슈미트의 정치신학적 용어나 에릭 피터슨의 반정치신학적 개념과 독일 정치신학의 3인방으로 불리는 요한 바티스트 메츠와 위르겐 몰트만과 도로테 죌레가 있다. 이후로 남미의 해방신학자 구스타보 구티에레즈와 후쿠야마, 알랭바디우가 주장하는 세속적인 정치 속의 신학적 넓이와 깊이의 지평을 넓혀 놓았다.

이플라워 서약서(Mayflower compact)[82]에서 "신의 영광을 위해·그리스도교의 신앙의 촉진을 위해·조국의 국왕과 조국의 명예를 위해·버지니아 북부지방의 최초의 식민지 창설을 위해"라고 선언한 것을 지키려는 의도와 함께 정치적 단체를 결성할 의도를 분명히 했다.[83] 이들은 조국에서의 종교적 불관용에 반대하여 종교의 자유를 찾아 신천지로 이주했기 때문에 처음에는 예배 이외의 형식을 허용하지 않았다.

신대륙에서의 지도적 실권을 장악한 후 그들은 원하던 종교의 자유를 얻을 수 있었지만 종교의 자유가 동시대의 모든 사람들에게 평등하게 인정된 것은 아니다. 1656년에 이르러 청교도 이외에 침례교도·퀘이커교도 등 다른 종교를 믿거나 신앙을 가진 이들도 함께 이주해 왔는데 이들은 종교의 자유에 대하여 당시로서는 매우 진보적인 사상을 가지고 있었다.[84]

이들이 가진 진보적인 사상은 교회와 국가의 분리를 주장하였는데 이러한 주장이 청교도들이 가지고 있던 신정일치의 사상과는 이질적이었기에 적으로 생각되었고, 자신들만의 종교적 이념에 위해가 될 것이라는 이유로 이들을 박해했다.[85]

그런데 먼저 이주한 청교도들은 매사추세츠 주에서는 구약성서 속의 이스라엘의 신정과 비슷한 정치를 실시하고 있었는데, 이는 교회가

---

82) 메이플라워 서약은 구성원들이 단일의 목적을 가진 통일체로 결속되었으며, 후속조치로 나타난 모든 약속을 위해 합심하여 초심을 유지하기로 한 개인적인 약속이지만 구속력을 가지고 있는 특이한 형태의 문서로 볼 수 있다. 후에 이들의 서약 내용은 플리머스 식민지 정부의 기초로 작용하게 된다.
83) H. S. Commager, *Documents of American History*, N.Y.: Appleton-century-Crofts, Inc., 1948, 15th. ed., p. 15 인용.
84) 이장식, 『기독교와 사상』, 대한기독교서회, 1981, 208쪽.
85) W. W. Sweet, *The Story of Religion in America*, New York: Harper and Brothers, 1930, p. 95 인용.

국가와 같은 신정일치의 사회를 말한다.[86] 이외에 청교도 이외의 종교를 가진 이들의 교리에 대한 관용적인 태도가 처음 청교도들이 생각한 종교의 자유에 위배된다고 생각했다. 이러한 이유로 청교도들은 엄격한 법률을 제정하여 퀘이커교도[87]들을 비롯한 다른 종교를 가진 이들을 처형하는 극단적인 면을 보였다.[88]

이런 맥락으로 볼 때 초기 미국은 진정한 의미의 종교의 자유가 존재했다고 볼 수 없다. 왜냐하면 종교의 자유를 찾아 신대륙으로 이주한 그들이 자기의 종교적 신념과 다르다고 하여 이교도의 이주자들에게는 적대적이었다는 것은, 이주의 동기가 종교적인 것이었다기보다는 오히려 미개척 신천지 개발을 향한 인간 내면의 욕망에 근거한 것이었다고 볼 수 있다.

즉 새로운 사회를 건설한다는 목적에서 생기는 공동체의 연대성의 확보가 더 큰 목적일 수 있고, 한 예로 뉴잉글랜드는 교회를 중심으로 한 공동체의 연대성에 의해 개척되었다고 할 수가 있다. 이처럼 미국의 초기 식민지에 있어서 정치와 종교를 결합시킨 이유는 초기 식민지의 자기 방위의 필요성에서 공동체적 연대성을 강화한 것이었다.

이러한 현실적 필요와 제도적 요구에 따라 안식일법·교회유지조세법·반이단법을 만들면서 자기들만의 부분사회를 만들어 가는 것은 진정한 의미의 종교 자유라고 말하기는 어렵다. 이런 맥락으로 제정하

---

86) 매사추세츠 신정사회는 1) 교회의 구성원만이 투표권, 공직취임권을 가지며(1631), 2) 모든 사람은 교회 출석 의무를 지며(1635), 3) 신교도의 설립에는 조합교회와 정부의 승인이 필요하고(1636), 4) 정부는 교회를 유지해야 한다는 것을 골자로 하고 있다.
87) Quakers: 1647년 조지 폭스에 의한 새로운 종교개혁의 한 분파. 각 개인의 내적 존재 내에 하나님으로부터 직접적인 조명이 있으며, 사제 혹은 목사가 필요 없다. 종교는 인간의 영혼 내에서 시작되는 그 무엇이며, 서책, 신조, 혹은 기관들과는 제1차적인 관련이 없다고 주장하면서 현재에 이르고 있다. 1667년 윌리엄 펜 2세에 의해서 미국에 퀘이커 공화국 펜실베이니아가 건설되었다.
88) 매사추세츠 식민지는 1658년 퀘이커교도들을 사형에 처하는 법률을 제정하여 1660년 보스턴 광장에서 퀘이커 교도의 지도자 Marry Dyer을 처형했다.

게 되었고, 종교의 자유는 교회의 구성을 제외하고는 말하기가 어렵다고 할 수 있다.

나. 초기의 종교적 관용

전술한 바와 같이 종교적인 획일성과 신정을 실시하던 청교도들의 주요 본거지로서의 토대를 가진 뉴잉글랜드에서는 같은 신앙을 가진 시민만으로 공화국을 형성하였으나 생활과 사업관계 및 인간관계를 비롯한 다각적인 관계가 확장되고 교류하면서 자연스럽게 폐쇄적인 뉴잉글랜드의 사회와 정치 및 경제 등에 다양한 변화를 실험하게 된다.

인구에 비해 상대적으로 광활한 개척지에 개개의 교회를 세워야 하는 현실로 인하여 교회는 양적으로 확장되었지만 이들을 통제하거나 관리할 단일체가 생기는 것은 매우 어렵기에 개교회의 자유로운 활동이 보장되어 갔다.

다른 한편으로는 식민지시대에 영국 국교의 지도자와 이를 감독해야 하는 성직자들의 수는 상대적으로 적었기 때문에 산재하여 있던 교회들의 신앙과 제도에 대하여 어쩔 수 없이 관용할 수밖에 없었다.[89]

여기에 신대륙으로 이주한 사람들은 경제적 번영을 꿈꾸어 왔기 때문에 사업과 물질에 대한 욕구가 매우 높았다. 이에 따라 다양한 배경을 가진 이주민들이 혼합되게 된 것은 당연한 일이다. 그런 의미에서 정치적으로 그들의 종교와 신앙과 제도의 일방적 수용을 요구하기에는 많은 무리가 있었고, 현실적으로 소수파와 자유교회에 대한 대교회의 탄압에 대한 일반 국민의 감정은 처음보다는 많이 변했고, 시대적 흐름과 인간의 내면적 이성의 깨달음에 의해서 국민들은 종교

---

89) 이장식, 위의 책, 210쪽.

의 자유와 관용을 강하게 요구하기 시작했다.

그러한 현실적 삶의 연장으로 종교의 확장이 이루어지면서 자연스럽게 원치 않는 갈등의 표현들이 나타나게 되었는데 메릴랜드에 있어서는 가톨릭교회와 신교도 사이의 충돌이 대표적이다.

이는 영국 본토에서의 두 교도 간의 갈등의 표현으로 볼 수 있으며, 인접한 버지니아에 강한 영향을 주었다. 이리하여 1649년 4월 21일 이들의 충돌을 막기 위해서 '종교의 자유에 관한 법률'(An Act Concerning Religion, 1649)을 제정하고[90] 관용정책을 취하였다. 그러나 표면적인 갈등의 봉합과 미봉적으로 만들어진 이 법률은 4년도 채 안 되어 폐지되고 상대적으로 급진적인 신교도에 의한 가톨릭교회에 대한 공격이 격심하게 되었다.

그 후 영국의 명예혁명 후 메릴랜드는 국왕 윌리엄스의 식민지로 편입되었는데 '종교의 자유에 관한 법률'은 후에 메릴랜드 관용법(Maryland Toleration Act)[91]의 모체가 되었다. 이 법에서 형식적으로나마 가톨릭과 신교도는 평등하게 취급하고 있지만 비그리스도교인 유니테리언을 제외하고 있는 점이 비판의 요소로 남아 있게 된다. 그럼에도 불구하고 이 법은 식민지에 있어서 최초의 종교적 관용을 목적으로 한 것이라는 데 큰 의미가 있다.

---

90) Commager,op,ciy,supra note1.at. 93, pp. 32~33.
91) 신앙의 자유를 보장해 줄 목적으로 영국 의회가 제정한 법률(1689. 5. 24). 1688년 잉글랜드에서 일어난 명예혁명을 확고히 하기 위해 취한 조치들 가운데 하나였다.
비국교도들: 침례파·조합교회파·감리파와 같이 영국 국교회를 따르지 않는 프로테스탄트교와 비교해 비국교도들은 일종의 충성서약을 받아들인다는 조건으로 독자적인 예배장소를 비롯해 자체의 교리강론자와 설교자를 가질 수 있었다. 그러나 가톨릭과 유니테리언파는 이 법의 적용을 받지 못했으며, 비국교도들은 공직을 갖지 못하는 것을 포함해 여전히 기존의 사회·정치적 불이익을 받았다.
나종일·송규범, 『영국의 역사』, 한울아카데미, 2005, 13장 자유주의 시대 참고.
Walsh, J. C. Haydon and S. Taylor(eds.), *The Church of England* c.1678-c.1833: From Toleration to Tractarianism, Cambridge University Press, 1993. 2018. 4. 2. 검색.

이 메릴랜드 관용법의 주요 내용을[92] 보면, 종교와 신앙의 자유를 구체화한 것으로 평가된다.

이와 함께 1683년 뉴욕에서 관용법(New York's Grant of Religious Toleration)이 제정되었는데, 이들은 개개의 식민지에 의해 제정된 관용법의 최초의 예라고 할 수 있다. 이 법들이 가지는 의미는 신앙과 종교의 자유는 시대의 흐름과 인간의 내적 욕구를 거역할 수 없는 흐름으로 이어지게 되었다.

다. 종교의 자유의 확립

미국에 있어서 실질적인 종교의 자유는 17세기 후반부터 18세기 후반에 이르는 약 100년에 걸쳐서 확립되었다고 말할 수 있다. 종교의 자유는 많은 사람들에 의해서 추진되었는데, 이들 중 대표적인 종교자유론자인 로저 윌리엄스(Roger Williams)는 청교도와 맞서 교회와 국가의 엄격한 분리를 주장하다가 추방되고 후에 로드아일랜드(Rhode Island) 주를 개척하였다.[93]

---

92) ① 신을 모독하고 또는 구세주 그리스도를 부정하고 또는 성스러운 삼위일체를 부정하고 혹은 삼위일체에 관해 비난하는 언어표현을 행하는 것에는 사형 및 그의 재산을 몰수 또는 벌금에 처한다. ② 성모 마리아, 12사도 및 예언자에 관해 비난하는 언어표현을 하는 것은 5파운드 상당의 벌금을 과한다. 두 번째 이 범죄를 범하면 10파운드의 벌금, 세 번째 범하면 토지 및 전 재산을 몰수하고 이곳에서 추방한다. ③ 모욕과 비난을 목적으로 본 식민지인을 이교도(heretic), 교회분리론자(Schismatic), 우상숭배자(idolater), 가톨릭 사제(popish priest), 예수회(Jesuit), 예수회파 교도(Jesuit papist), 루터파(Lutheran), 칼빈파(Calvinist), 재침례파(Anabaptist), 브라운파조합교회주의자(Brownist), 도덕론 폐기론자(Antinomian), 바로위스트(Barrowist), 의회당파(Roundhead), 분리주의자(Separatist)라고 부르는 것은 10실링을 부과한다. ④ 휴식일 즉 일요일을 모독하는 말, 음주, 평안을 교란하는 향락 또는 불필요한 노동에 의해 모독하는 것은 6실링 6페니의 벌금, 재범하는 경우에는 5실링, 3범에는 10실링의 벌금을 부과한다. ⑤ 영국 국왕에게 불성의하고 또한 본 식민지에 수립된 정부에 대해 방해 내지 반항하지 않는 한 본 식민지에 있어서 예수그리스도를 믿는다는 뜻을 표명할 수 있고, 그들이 믿는 종교를 이유로 그의 종교 또는 자유로운 종교 행위에 관해 그 자신의 뜻에 반해 다른 종교의 신앙 혹은 행위를 강제하는 것과 같은 방법 및 여하한 방법으로도 문제되고 고통을 당하고 반대를 받지 아니하다.
93) 로저 윌리엄스는 로드아일랜드 식민지 창설자이며 종교적 자유의 선구자이다. 그는 비국교

그 후 청교도 식민지 안의 종교적 획일주의 정책을 반대하고 모든 교파의 자유를 쟁취하는 일에 열중하였다. 그는 "하나님은 어떤 사회에서도 종교의 획일이 실시되거나 강요되기를 원하시지 않는다. 강요하는 획일 정책은 조만간 내란을 일으키는 교회가 되게 할 것이고, 양심을 파괴하고 예수의 종들이 박해를 받고 수백만의 영혼이 파괴될 것이다. 하나님의 뜻과 명령에 따르면 이교도, 유대교인, 터키인과 혹은 반기독교적 양심과 예배도 모든 나라와 모든 백성 가운데서 허용되어야 한다.

그리고 이 모든 사람들은 영적인 일에 있어서 정복할 수 있는 칼은 오직 하나님의 영과 말씀의 칼뿐이다. 참된 인간사회와 기독교는 유대인이나 이방인의 아주 다르고 상반된 양심을 허용할지라도 한 국가와 왕국에서 번영할 수 있다"[94]라고 거듭 주장한다.

이러한 종교적 자유의 필요성에 관한 그의 주장과 신념이 진보적이라는 평가는 당시의 사람들에게 호응을 얻지 못하고 오히려 배척을 당하고 추방되었으나 그는 인근 로드아일랜드의 새 식민지의 개척자가 되었다.

1647년에는 그의 주장대로 그곳에서는 교회와 정치가 분리되고 교회의 구성원이 아니라도 참정권 또는 투표권을 가지게 되었고, 그리고 누구든 양심의 차이에도 불구하고 합법적인 권리와 자유를 조용히

도적인 뉴잉글랜드 식민지에 가서 영국 국교회와는 완전히 다른 자신의 종교적 이상을 실현시킬 목적으로 1630년에 자신의 직책을 윌리엄 매섬 경에게 넘겨주었다. 1636년 1월 나라간세트 만으로 출발하여 그해 봄에 도착한 뒤 나라간세트 인디언 부족으로부터 땅을 사들여 프로비던스 읍과 로드아일랜드 식민지를 건설했다. 프로비던스 읍은 재세례파·퀘이커 교도 등과 같이 자신들의 신앙을 공개적으로 나타낼 수 없는 교파의 피난처가 되었다. 윌리엄스는 잠시 동안 재세례파로 있다가 1639년 스스로 구도자(seeker)라고 신앙 고백하고 줄곧 칼빈주의 신학을 확고하게 밀고 나갔다. 뛰어난 작품으로는 『잔혹한 박해 교리』(The Bloody Tenent of Persecution, 1644)가 있다.

94) *The Bloody Tenent of Persecution*, Vol.3, p. 76, in Sweet, *op. cit.*, pp. 70~71.

함유할 수 있도록 보호를 받을 수 있는 정부를 수립하게 되었다. 이러한 활약으로 인해 윌리엄스는 미국의 정교분리제도와 신앙 및 양심의 자유를 보장하는 식민주의 사회 개척의 선구자가 되었다.

비슷한 시기에 유럽에서 싹트기 시작한 계몽주의는 이성의 힘과 인간 내면의 자유를 향한 주장이 크게 나타나는 시기였고, 인간의 생명의 자유와 권리를 강조하는 사상이 신앙 문제에도 적용되었다. 특히 토머스 제퍼슨(Thomas Jefferson)과 제임스 매디슨(James Madison)은 종교의 자유를 강력히 주장하였다.

당시 버지니아의 공인 종교는 성공회(Anglican)[95]였는데 성공회는 영국에서 크게 세력을 얻었을 때 미국에 전래되어 약 100년간 버지니아를 완전히 지배하였으나 그 후 다른 교파의 도전을 받기 시작하였다. 제일 먼저 도전한 교파는 장로교이고 다음이 침례교였다. 침례교는 가장 신랄하게 성공회에 대해서 비판적이었고, 감리교는 성공회의 교리에 비교적 관대하였다.

제퍼슨은 일찍이 일부 성직자들이 타락하고 게으르다는 것을 인식하였고, 성직자와 교직자에 대한 교직자의 특권과 지위를 비판하였다. 그는 자유로운 사회를 꿈꾸어 왔고 특히 국교 반대자들의 인구가 성공회 교도보다 많다는 사실에 주목하였다. 성공회 교도들은 100여 년에 걸친 통치에서 많이 유연해지고 현실적인 흐름에 적응했지만 버지니아의 비국교도에 대한 탄압적인 법은 그대로 남아 있었다.[96]

---

[95] 성공회는 선임 주교이자 명목상의 지도자인 캔터베리 대주교에게 충성하고, 16세기 '성공회 기도서'가 규정하는 교리와 의식에 동의하는 것으로 결속된다. 식민지 교회들은 대체로 모교회의 역사와 신조를 바탕으로 하되 행정상의 자치권을 행사했다. 민족적인 차이 및 그 밖의 다른 요인 때문에 성공회 교회들은 기본구조에서 약간씩 다르지만 여러 요소들이 공통적으로 나타난다. 주교 1명의 감독을 받는 교구는 성공회의 기본 행정단위이다. 교구는 각각 주임사제의 감독을 받는 소교구나 지역교회 공동체들로 구성된다. 20세기 성공회는 에큐메니컬 운동에서 두드러진 역할을 했다.

[96] 이춘란, "'Thomas Jefferson-Notes on the state of Virginia'에 관한 고찰", 역사학보, 제79집,

버지니아 주 헌법 중에서 우리에게 많이 알려진 것이 '권리선언'(Virginia Bill Rights)이다. 1776년 6월 12일 버지니아 의회에서 채택된 권리선언은 비단 미국뿐만 아니라 프랑스에 큰 영향을 끼쳤다.

이 권리선언은 종교의 관용, 즉 어떤 종교든지 허용하는 내용과 어떤 형태의 종교적 억압도 정치권력이 가할 수 없는 것을 내용으로 하고 있다. 버지니아의 여러 지방 대표들이 주 수도인 윌리엄버그에 모여 주정부의 토대와 기초로서 이 권리선언을 제정하였는데, 16개 조항으로 구성된 이 선언의 제 16조는 패트릭 헨리(Patrick Henry)[97]가 기초한 것으로 다음과 같다.

"우리의 창조주가 주신 종교 즉 의무와 이것을 수행하는 방법은 힘이나 폭력에 의하지 않고 다만 이성과 신념에 의하여 실현될 수 있다. 그러므로 모든 사람은 양심의 지시에 따라 자유롭게 종교생활을 할 평등한 권리를 가지며, 사람들이 서로를 위해 그리스도의 관용과 사랑과 자비를 실천할 의무를 가지고 있다."[98]

이 선언은 1776년의 미국 독립선언, 1789년의 미국 권리장전 및 1789년의 프랑스혁명의 인간과 시민의 권리 선언에 많은 영향을 주었지만 이 선언에는 종교의 자유를 천명하는 제16조[99]를 보완하는 조

역사학회, 1978. 9, 150쪽.

97) 1775년에 행했던 "자유가 아니면 죽음을 달라"는 연설로 가장 잘 알려져 있다. 버지니아 주 초대 지사를 지냈다. 가족을 부양하기 위해 법률 공부를 시작했으며, 곧 변호사가 되어 탁월한 능력을 발휘했다. 법조계에 들어온 지 몇 년 뒤인 1760년에 와서는 많은 고객을 확보해 상당한 수입을 얻게 되었다. 그는 날렵한 기지, 인간 본성에 대한 식견, 타고난 웅변술 등을 적절히 이용해 특히 형사소송에서 성공을 거두었다. 그의 탁월한 웅변 재능은 '사제의 소'(1763)로 알려진 소송사건으로 잘 알려져 있다.

98) H. S. Commager. de., *Documents of American History*, New York: Appleton Century-Crofts, 1963, pp. 103~104 재인용.

99) 제16조: That religion, or the duty which we owe to our Creator and the manner of discharging it, can be directed by reason and conviction, not by force or violence; and therefore, all men are equally entitled to the free exercise of religion, according to the dictates of conscience; and that it is the mutu-

문이 없다.

1776년 가을과 겨울 제퍼슨은 버지니아 주 의회에서 언급한 권리장전 제16조를 구체화하고 입법화하기 위해서 노력했다. 그는 일찍이 주 의회에서 종교위원의 한 사람으로 종교의 자유를 위한 유명한 법안을 작성하여 1776년 12월 9일 주 의회는 비국교도들의 부담을 경감시키는 법안을 통과시켰다.[100] 동 법안에서 한편 교회 건물과 토지 그리고 교구서기의 권한 등에 관한 문제들은 30여 년 후에나 해결을 보게 되었다.

그러나 '종교자유령'이 버지니아 주 의회에 제출된 것은 1779년 제퍼슨이 주지사가 된 이후의 일이며, 또 이 법안이 통과된 것은 그 후 7년이 경과한 1786년의 일이다. 따라서 이 법안을 위한 주 의회에서의 투쟁은 10년간 계속된 것이다.

이 헌장의 특징은 종교의 자유에 대한 적극적인 이유가 제시된다고 할 수 있으며, 이는 그전에 있었던 유럽의 어떤 종교 관용의 조문보다도 더 적극적인 표현을 가지고 있다. 즉 종교의 자유를 권리로 규정하였다. 이 헌장(Ⅲ)에서 "우리는 이 헌장에서 주장하는 권리들이 인류의 자연적 권리들이며 또한 금후의 어떤 법령이 이 헌장을 배격하거나 혹은 이 헌장의 효력을 좁힌다면 그것은 자연적 권리의 침해일 것

---

al duty of all to practice Christian forbearance, love, and charity towards each other.
(우리가 창조주에게 빚진 의무, 또는 그것을 버리는 방법은 힘 또는 폭력에 의해서가 아니라 이성과 확신에 의해 지시될 수 있습니다. 그러므로 모든 사람들은 양심에 따라 종교의 자유로운 행사를 받을 자격이 있습니다. 서로에 대한 그리스도인의 인내와 사랑과 자선을 실천하는 것이 모두의 상호의무라는 것을 이해합니다.)

100) 법안의 내용은 첫째, 종교의 자유를 탄압하는 법을 제거하였다. 즉 교회 참석을 요구하고 예배양식을 규제하고 또한 일정한 종교적 의견을 금지시킨 의회법을 폐기하였다. 둘째, 비국교도들로부터 거둔 세금으로 Anglican 교회를 유지하지 못하도록 하였다. 셋째, 교직자에 대한 월급 지불을 중단하였고 이 지급은 1779년 10월을 마지막으로 영구히 폐기되었다.

이다"[101]라고 규정하고 있다. 미국혁명이 거둔 가장 위대한 성과의 하나는 종교상의 관용이다.

제퍼슨은 1786년 버지니아 의회에서 통과된 획기적인 '종교자유헌장'을 필생의 역작으로 여겼다. 종교상의 관용은 그 자체뿐만 아니라 민주사회의 보존을 위하여 필요한 것이라고 생각하였다.

그는 종교상의 불관용은 온갖 잔인성을 반드시 동반할 것이며, 국가가 지배적인 종교와 결합하는 경우의 그 폭정은 무서운 것이라는 것을 잘 알고 있었다.[102] 제퍼슨은 버지니아 교회와 정부를 분리시키는 데 크게 공헌한 지도자였으며, 이 법안이 목표로 하는 완전한 종교의 자유의 상징이었다.

2) 한국의 예

국가와 종교의 관계는 양자 간의 독립 또는 긴장으로 첨예하게 대립되거나 투쟁으로서 쟁취하기에는 역사적인 기간이 매우 짧았고 종교라는 근원적인 사유를 의식하지도 못했다.

종교가 인간의 본질적 자유나 천부적 권리로서 종교의 자유에 대한 개념도 서구의 치열한 역사와 비교하여 보기에는 많은 무리가 있다고 보는 관점도 존재하지만 우리의 내적인 역사를 살피면 꼭 그렇다고 볼 수만은 없다.

우리나라의 종교의 자유 문제는 기독교의 수난 과정에서 제기되었고, 1880년대부터 서양 각국과 맺은 통상조약을 통해 법적으로 보장되기 시작했으나[103] 일제강점기에 종교의 자유는 크게 제한 받았다.[104]

---

101) 이장식, 『기독교와 국가』, 기독교서회, 1981, 213쪽.
102) 이춘란, 위의 책, 151쪽.
103) 이상규, 『해방 전후 한국장로교회의 역사와 신학』, 한국기독교역사연구소, 2015, 9~11쪽.
104) 백중현, 『대통령과 종교』, 인물과 사상사, 2014, 21~22쪽.

8·15 해방 이후 3년여의 군정기간을 거친 후 1948년 5월 10일 자유총선거에 의해 수립된 대한민국 정부에서 종교의 자유가 법적으로 명시된 것은 1948년 7월 17일 선포된 '제헌헌법'이었다.[105]

이 조항에 의해 우리나라에서도 종교의 자유와 정교분리의 원칙이 확립되었다. 이와는 달리 국가로부터 특별히 공인되고 특권이 주어지는 종교를 '국교'라고 하는데, 16세기의 영국의 성공회[106]와 1930년대 일본의 신사[107]가 그 예로 거론될 수 있다.

우리 헌법은 그러한 국교를 인정하고 있지 않다. 또 대다수의 근대 세속국가들의 헌법은 종교의 자유를 확실히 하는 수단으로서 이른바 '정교분리'를[108] 규정하고 있으며 우리 헌법도 그렇게 하고 있다.

우리나라에서 종교의 자유에 대한 주장이나 그것을 제도화하기 위한 요구가 구체화된 것은 17세기 말에 전래된 천주교의 탄압을 시초로 보는 경향이 있다.

1866년 초에 대원군은 천주교를 금하는 정책을 발표하고 그동안 조선 내에 포교활동을 하던 프랑스 신부와 조선인 천주교 신자 수천 명

---

105) 제헌헌법 제12조에 "모든 국민은 신앙과 양심의 자유를 가진다. 국교는 인정하지 아니하며 종교는 정치로부터 분리된다"라고 명시되었다.
106) 16세기 잉글랜드 종교개혁으로 '잉글랜드 교회'(English Church)에서 공식 명칭을 '잉글랜드 성공회'(Church of England)로 불러 왔으며, 19세기 이후 다른 국가에 형성된 성공회를 제도적으로 정비하고 현재의 '세계성공회공동체'(Anglican Communion)로 칭하였다. 흔히 성공회라고 하면 영국 교회를 떠올리지만 '영국 국교회'라는 용어는 성공회 전체를 지칭하는 것이 아니라 잉글랜드 성공회만을 가리킨다.
107) 박규태, 『일본 신사의 역사와 신앙』, 역락출판사, 2017, 제1부 참조.
108) 영국과 스페인은 국교제도를 통해 특정 종교에 우월적 지위를 인정하고 동시에 종교의 자유를 보장하는 경우지만, 종교의 자유를 철저하게 보장하려면 정교분리의 원칙이 시행되어야 하고, 정교분리가 없는 곳에서는 종교의 자유가 자칫 침해되기 쉬운 면도 보인다. 정교분리는 서구사회에서 시민권으로 확립되어 온 원칙이고 여기에는 많은 희생이 따랐다. 보편적으로 정교분리는 종교공동체와 국가가 서로 격리되어 있어야 한다는 것을 뜻하는 것이 아니라 실질적으로 종교의 자유로운 행사와 국가의 유지를 보장해 주는 것을 의미하며, 이런 맥락으로 보면 종교의 자유 보장의 목적은 수단적 도구로 이용된다고 할 수 있다.

을 학살하였다.[109]

　전통적으로 우리나라는 고구려 때 중국에서 처음으로 불교가 전래된 이래[110] 통일신라시대의 불교 친화정책과 고려시대의 호국불교로 융성하다가 조선시대에 와서는 성리학을 중시한 유교의 발전을 이루었다. 그리고 임진왜란을 전후로 조선시대는 새로운 세계관을 경험하게 된다.

　그러나 아직도 봉건적 사고와 전제주의적인 지배에서는 개인의 사상과 삶에 대한 성찰이 부족하였다. 이처럼 인간의 삶에 대한 성찰이 부족하고 발전되지 못한 시기에 새로운 세계관에 대한 욕망이 강하게 나타나는 것과 맞물려 청나라로부터 천주교가 전래된다.[111] 이러한 천주교의 전래가 통치에 방해된다고 여긴 조선의 정부는 심하게 탄압을 하였고 그 결과로 천주교인들을 처형하는 사건이 일어났는데, 이는 우리의 종교 자유 역사에서 새로운 이정표로 기록된다.[112]

---

109) 달레, 『한국천주교회사』, 분도출판사, 1980, 219~224쪽. 병인사옥(丙寅邪獄)이라고도 한다. 이 박해 때 프랑스 선교사는 12명 중 9명이 잡혀 처형되었으며 3명만이 화를 면할 수 있었다. 이 3명 중 리델(Ridel)이 중국으로 탈출해 주중 프랑스 함대사령관 로즈에게 박해 소식을 알리면서 보복 원정을 촉구했다. 이에 로즈가 대함대를 이끌고 내침, 한불 간의 군사적 충돌이 야기되었다.
110) 한국에 불교가 처음으로 전래된 것은 고구려 소수림왕 2년(372년) 6월 전진(前秦)의 왕부 견이 순도(順道) 스님을 통해 불상과 경전을 보내오면서부터다. 불교타임즈, 2011. 12. 11. 출처: http://studybuddha.tistory.com/1899, 불교용어 사전,
111) 실학 발생 당시 사회·경제는 봉건제가 붕괴되면서 근대사회 성립의 역사적 전제가 마련되는 복합적인 성격을 띠고 있으며, 사회·경제를 바탕으로 발생한 실학사상도 1) 조선시대 통치이념인 정통 성리학의 화이론적 세계관의 부정, 2) 양반의 특권 폐지, 3) 지주 전호제의 폐지, 4) 정통적 성리학자들의 사농공상관(士農工商觀)을 부정하고, 상업 활동을 윤리적·가치적으로 정당화 주장을 강조하면서 새로운 국가사회를 열망하고 현실을 개혁해 나가려던 사상이었다. 여기에는 크게 이용후생학파, 중상주의학파, 중농주의학파로 분류한다. 출처: 다음백과사전.
112) 2006년 교황청에 청원한 제1차 시복 심사 대상자는 조선시대 박해 순교자 124인과 김대건 성인에 이어 두 번째로 조선인 사제가 된 최양업 신부다. 103인 성인이 기해(1839)·병오(1846)·병인(1866) 박해 순교자 중심이라면 한국 최초의 순교자 윤지충, 한국 최초의 외국인 신부 주문모, 정약용의 형 정약종 등이 포함됐다. 최양업 신부는 순교하지 않기 때문에 '증거자'(영웅적 덕행을 실천한 이)로 분류된다. 출처: 경향신문, 2013. 8. 28.

아울러 병인양요와 신미양요 및 제물포조약을 빌미로 서구열강과 불평등한 조약이지만 당시로서는 어쩔 수 없는 개국의 길을 걷게 된다. 이 사이 프랑스를 비롯한 미국과 기타 서구열강은 우리와의 통상을 빌미로 여러 가지 종교를 앞세운 민간 교류의 현상도 나타났다.

그 대표적인 예가 아펜젤러를 비롯한 미국 남장로교와 캐나다 장로교회 및 호주 감리교회의 진출이다. 개신교가 유입되면서 함께 들어온 개화의 선봉에 교육과 의료를 중심으로 한 민간 포교는 당시로서는 대단한 성공을 거두게 된다.

그리고 단기간에 급속한 성장을 이루게 되는데, 특히 일본의 주권 침탈로 인한 사회적 희망이 종교의 자유와 종교를 통한 삶의 질을 새롭게 한 가치관이 심어지게 되면서 국가와 종교 간의 일체적 사상에서 분리하되 일정한 간격을 유지하는 것으로 나타난다.

특히 천주교와 기독교의 유입은 조선 말기와 일본식민지 시절에 종교의 근원적인 문제까지 고민하게 되면서 자생적인 종교의 이해가 확장된다. 그리고 해방 후 미 군정에서 적극적으로 유입된 서구와 미국의 종교라 할 수 있는 기독교의 사회적 표면화와 당시 지도자들의 성향이 기독교 신자의 비중이 압도적으로 높았던 것을 생각하면, 우리의 종교 자유는 외적인 강압보다는 내적이면서 사회적인 변혁기에 따라 발전하고 쟁취한 것으로 볼 수 있다.

또한 한국전쟁을 통해서 북한지역의 개신교인들이 남한으로 오면서 상대적으로 북한의 종교는 압살되고 남한에서는 융성하게 되는 역설이 이루어지게 된다.[113] 그리고 종교에 대한 자유의 투쟁의 역사는 상대적으로 큰 희생을 가지지 않고 헌법에 명기되면서 자연스럽게 우

---

113) 이 분야에 관한 개괄적이면서도 맥락적 이해가 필요한 분은 이상규, 『해방 전후 한국장로교회의 역사와 신학』, 한국기독교역사연구소, 2015를 참고하면 좀 더 상세한 지식과 정보를 얻을 수 있다.

리의 삶 속에 스며들게 되었고, 역대 정권의 부침에 따라 종교의 자유는 더욱 강화하는 현상을 보이며 오늘에 이르고 있다.

2. 한국 개신교 발전의 명암

1) 개신교의 발전

종교에 '권력'이라는 용어를 쓴다면 다소 모순되는(거부감 있는) 어감으로 들릴 수 있지만 종교는 그 권위를 이용하여 타인의 권리를 간섭하고 조직화되게 마련이고 권력적 속성을 가지게 되는 것은 어쩔 수 없다.

현대사회에 있어서 교회법 혹은 교회를 규율하는 신앙적 규범 등을 교회 내부의 종교규율로 생각하는 경향이 짙지만[114] 교회법의 전통에서 서양법의 태동과 문화를 함의하고 있으며, 그 영향력은 지금까지 우리의 삶 전반을 기속하고 있다고 말하는 것도 일견 타당성을 가진다.

이처럼 교회법은 그 속성상 권력적 기능을 가지고 지금까지 분화되고 통합하면서 발전되었다고 할 수 있다. 종교적 속성에서 처음에는 내적인 신앙의 문제와 개인적 영혼 구원 혹은 행복의 분야에 치중하다가 어느 정도 세력을 규합할 시기가 되면 조직을 구성하고 그 안에서 내부규율을 만들면서 점차 다수의 힘으로 소수를 압박하는 일들이 나타나게 된다.

종교의 권력적 속성을 논하는 전제로서 우리나라에서의 종교가 통치자의 관심을 가지게 된 배경을 간략히 살펴볼 필요가 있다.

---
114) 한동일, 앞의 책, 2018, 156쪽.

우리의 경우 가톨릭을 통한 선교의 포문을 열고 1866년의 병인양요와 1871년의 신미양요를 거치고 1876년 제물포조약을 통해 우리의 쇄국정책이 개방정책으로 방향이 바뀌었다.

1884년 장로교 선교사 언더우드와 감리교 선교사 아펜젤러가 이 땅에서 선교 활동을 시작하면서 전도의 많은 효과를 보았다. 특히 일제강점기에 있어서 고달픈 민중의 삶을 해방시켜 줄 수 있다는 수단으로서 종교를 선택하게 되었고, 이러한 종교적 자극은 많은 호응을 받게 되었다.

이에 따라 자연스럽게 미국 선교사가 대거 유입되었고, 우리는 미국 신학의 영향력에 흡수된다. 특히 우리의 어두운 시기인 일본식민지 시대에서의 선교는 1884년 청일전쟁에서 심정적 강대국이 일본에게 패함으로써 국민적 민심 이반이 있었고, 1905년 러일전쟁에서의 승리로 일본은 조선에 대한 압도적 영향력을 행사하게 되어, 결과적으로 지배권만 강화해 주는 계기가 되었다.

1907년의 정미7조약으로 인한 외교권 박탈과 1910년의 한일합방으로 인한 국권의 침탈 속에서 당시 조선 민중에게 교회는 심적 안정을 주는 도피처로 선택의 여지가 없었다.

당시 우리의 암담한 현실을 묘사해 주는 서양의 한 종군기자의 말을 빌리면, "1904년 초 한겨울에 시작된 전쟁은 매서운 바람을 쏟아내는 산속으로 사람을 몰아넣었다. 북진하는 일본군들은 민중에게 두려움 자체였다. 사람을 징발하고 여인들을 성폭행하고 가옥을 약탈하고 불사르고, 조선 정부는 이들을 보호할 힘이 없었기에 민중 스스로 자구책을 찾아야 한다"라고[115] 전한다.

또 당시 내한하여 활동하던 선교사 찰스 샤프[116]는 "기독교로 오

---
115) 최형묵 외, 『무례한 자들의 크리스마스』, 평사리, 2007, 236쪽.
116) 허명섭, 『해방 이후 한국교회의 재형성』, 서울신학대학교출판부, 2009, 27쪽.

는 많은 사람들의 첫 번째 동기는 보호와 힘에 대한 욕구이다. 시기가 불안정하기 때문에 사람들은 서로 도움을 얻기 위하여 결속하였다"[117]라고 전한다. 그 이후 우리의 고단한 민중 역사는 익히 아는 바와 같다.

한국 기독교 역사를 통시적으로 조망해 볼 때, 한반도를 둘러싼 마지막 제국전쟁으로 볼 수 있는 제2차 세계대전에서 미국이 승리한 것이 한국기독교가 성장하는 데 역설적으로 가장 중요한 사건으로 기록된다.

물론 이전에 일본의 교묘한 기독교 탄압[118]으로 존폐의 기로에 섰던 기독교가 미국의 승리로 인해 대반전의 압축 성장의 기틀을 다지게 된 것은 그 당시로는 전혀 예기치 못했던 놀라운 일대 사건으로 볼 수 있다.

일제강점기 조선총독부는 미국인 선교사의 전원 추방, 신사참배 강요, 교단의 인위적 통합, 군소교단 해산, 성경과 찬송가의 부분적 사용 금지 등 기독교 말살정책을 폈기 때문이다.

해방 후 미 군정으로 인해 일시적 종교적 공백이 생겼는데 이때 조선의 유교와 일제의 신사는 패전으로 인해 몰락했고, 전통적인 불교가 있었지만 정치적인 색채가 옅었던 이유로 현실과는 거리감이 있었다.

일제 패망과 동시에 미 군정 실시와 대한민국의 수립에 따른 혼란이 있었지만 이러한 틈을 따라 각 종교는 새로운 위상을 세우는 데 많은 노력을 하게 되었다.

그중에서도 기독교가 제일 적극적이었다. 해방 후 추방되었던 선교

---

117) 백중현, 『대통령과 종교』, 인물과사상사, 2014, 21쪽.
118) 1938년 교회가 신사참배 문제를 결의한 제27회 총회를 말하며, 이로 인해 하나로 존재했던 교단이 실질적으로 나누어진 사건을 말한다.

사들의 재입국하였고, 하지(John R. Hodge) 당시 미 군정 사령관은 효과적으로 한반도를 통치하기 위한 방편의 하나로 당시 한국의 문화와 환경과 언어를 이해할 수 있었던 선교사들의 도움이 절실했던 현실적 필요에 따라 귀환을 요청했다.

미 군정에 기독교계 인사들이 깊이 개입하여 국가 재건 과정에 적극 참여함으로써 기독교의 권력화를 만드는 단초가 된다. 당시 미 군정은 통역 정치[119]와 적산 배분[120]과 기독교계 대통령 만들기[121]에 적극 관여했기 때문이다. 즉 통역정치를 통해 정치적 영향력[122]을 갖게 되고, 적산 배분을 통해 경제적 기틀[123]을 세우는 데 성공했다.

당시 기독교에 많은 혜택을 준 이유는 기독교가 타 종교에 비해 일제강점기에 많은 탄압을 받은 종교라고 인식했기 때문이다. 또 공산주의와 싸우다 월남한 기독교인에 대한 배려와 신앙의 자유를 찾아 내려온 북한 출신 기독교인들이 예배 처소를 희망했던 점과 영어를 구사하는 기독교 계통의 인재가 많았기 때문이다.

이러한 일련의 상황에 편승하여 기독교계는 비약적인 발전을 이루게 되는데, 1950년 한국전쟁으로 인해 다시 한 번 기독교계는 내부적

---

119) 이 용어는 미 군정의 통역을 담당하며 정치적 영향력을 행사한다는 의미이다. 미 군정을 위해 영어를 아는 한국인을 채용했는데 상당수가 기독교인들이었고, 미국 유학파 출신이 많았다.
120) 한국기독교역사연구소, 『한국기독교의 역사 Ⅲ』, 한국기독교역사학회, 2012, 35쪽. 당시 적산은 일본인이 소유했던 재산으로 이를 불하하는 과정에서 기독교가 특히 많은 혜택을 받았다. 한 예로 월남 목사인 김재준과 한경직이 미 군정의 도움으로 일제의 천리교 재단을 불하받아 영락교회와 경동교회를 설립한 것은 잘 알려진 사실이다.
121) 나라의 기틀이 세워지는 초기에 당시 장로인 이승만은 미국을 배경으로 하여 대통령에 당선되었다. 당시 미국으로서는 필리핀을 미국의 전진기지로 만들려는 계획이 있었는데 여의치 않자 한국을 선택했다는 역사의 기록도 있다.
122) 한국기독교역사연구소, 『한국기독교의 역사 Ⅲ』, 한국기독교역사학회, 2012, 33쪽. 당시 미 군정 부처장 19명 중 11명이 기독교인이었고, 1946년 미 군정 최고위직에 임명된 한국인 50명 중 35명이 기독교인이었다.
123) "변모된 일본 신사 절간 터들", 기독공보, 1956. 9. 24.

으로 요동치면서 국가의 안위에 최선을 다하게 되면서 발전의 밀도를 탄탄하게 하는 계기가 된다.

2) 개신교 성장의 명암

개신교가 발전하는 데는 여러 가지 요인이 잠재된 가운데 조금씩 표출되면서 하나의 흐름을 형성했다고 보는 것이 자연스럽다고 할 수 있다. 당시 한국전쟁으로 인한 국민적 정서의 분열과 정부의 통치가 이완되고 행정력이 느슨해진 시대적 상황을 감안할 때, 당시 정권의 주체자인 이승만 행정부는 종교를 통해 사회 흐름을 모을 필요성이 대두되었다.

보편적으로 국민의 힘을 한 곳으로 모을 수 있는 가장 손쉬운 방법의 하나가 종교적 세력을 이용하는 것이 통치의 기술로 대두되는데 이는 우리 정치사에 있어서 음양으로 그대로 반영되고 각 정권과의 통치적 관계를 설명하는 도구로 지금까지 계속되고 있다고 할 수 있다.

흔히 종교와 정치는 '불가근불가원'(不可近不可遠)이란 말이 있듯이 주체 당사자들은 서로의 관계에 관해 매우 조심스럽게 조정과 타협을 해야 할 분야로 여겨진다. 이런 관점으로 종교의 정치적 이용이나 정치의 종교적 이용은 매우 휘발성이 강한 분야로 남았다고 할 수 있다.

곧 종교인과 정치인들의 사회 전반적인 잠재력은 투표와 기타 정치적 영향력을 가지고 있는 이유로 두 당사자 간 사익을 추구하는 경향이 현대사회의 암적인 존재로 표현되기 때문에 매우 조심스러운 분야임을 전제해야 한다.

이런 맥락적 이해를 바탕으로 한국 기독교의 발전을 살펴볼 때에 먼저 광복 이후 정권의 부침에 다른 종교적 경향을 살피는 것이 좋을 듯하다.

초대 대통령 이승만이 종교적 소신으로 정치에 많은 기독교적 요소를 가미하게 된다. 친기독교적 정책을 전개한 예를 보면 제헌의회 선거일이 1948년 5월 9일 일요일로 정해지자 한국기독교연합회 등 기독교계 단체가 하루 연기를 요청하여 수용한 사건[124]이나 국영방송을 통한 선교 허락[125]과 1954년 기독교방송(CBS)의 인가[126]와 성탄 메시지 발표[127]가 있다.

국기배례를 주목례로 바꾼 사건은 주목할 만하다. 1951년 전쟁 중에 실시된 군종제도와 지금은 보편적인 개방으로 실시되던 형목제도를 꼽을 수 있다. 그 후 경목제도와 크리스마스 공휴일 지정과 당시 외환관리법상의 종교불계좌이체[128]를 허용한 것 등이다.

종교에 관한 공휴일이 크리스마스와 개천절은 1949년에 지정되고 석가탄신일은 1975년에 지정된 것을 보면 기독교의 발전과 초기에 정치적 영향력이 장로 대통령으로 인해 암묵적이면서 비약적 발전의 토대를 이루게 된 것은 의심의 여지가 없다고 하겠다.

또한 기독교는 정치에 깊숙이 개입[129]하여 세력을 확장하면서 교육[130]에 중점을 두었다. 특별히 기억해야 하는 것의 하나는 사회복지 분야에 타 종교에 비해서 압도적인 활동을 한 것이다.

1952년 KAVA[131]가 결성되어 전후 혼란스럽고 정부의 힘이 미치지

---

124) "기도로 시작된 대통령 선거", 기독신보, 1952. 8. 18.
125) 허명섭, 앞의 책, 124쪽.
126) "방송문화와 대중", 동아일보, 1957. 9. 27.
127) "많이 만들어내자! 성탄 예물과 X마스 카드", 동아일보, 1953. 11. 12. "국회 성탄절 축하파티", 경향신문, 1953. 12. 25.
128) 종교사업을 위하여 해외 종교단체들이 우리나라의 종교단체에게 보내온 달러를 말함.
129) 한배호·김규택(1963), "1952~1962 장차관·고위공무원·대사·장성·의회지도자 298명에 대한 조사", 기독교역사연구소, 2003, 177쪽.
130) 허명섭, 앞의 책, 157쪽.
131) 외국 민간원조단체연합회(KAVA: Korea Association of Voluntary Agencies): 외국 민간 원

못하는 분야에 기독교가 크게 공헌하게 된다.

이후 기독교는 경제 성장과 전통적인 대가족제도의 변화에 따라 도시의 활동거점으로 변모하면서 비약적인 발전을 이루게 된다. 사회적인 변화를 갈망하는 민중의 요구에 교회는 인권과 함께 개인의 삶에 대한 어려움을 해소해 주는 도피처의 기능과 함께 도시로 이주한 많은 사람들의 사회적 관계망을 연결해 주는 가교로서 활발한 전개를 한다.

1960년대의 인구 이동에 따른 심적 안정을 기대는 곳으로서 교회는 그 역할을 기민하게 활용하면서 당시의 농촌이주민들이 도시에 정착하는 데 많은 조력자로 등장하는 거점이 되었다.

또한 1970년대는 군사독재에 대한 항거와 민중의 고단한 삶을 대변하는 민주주의의 수호자로서 자리매김하고 인권의 성장을 위한 투쟁을 하게 된다. 특히 경제 성장과 함께 기형적으로 발전한 도시와 그에 따른 대형교회들이 그 세력을 키워 나가면서 정치적 영향력도 함께

조단체들은 미 군정 시기에는 군정 당국의 통제를 받았고, 한국전쟁 시기에는 유엔군의 통제를 받았다. 1952년 이후 50년대 후반까지 등록한 기독교 외원단체는 40여 개였다. 그중 1952년에 등록한 단체는 미국 북장로교선교회(Northern Presbyterian Mission), 천주교복지위원회(National Catholic Welfare Conference), 감리교선교회(Methodist Mission), 기독교세계봉사회(Church World Service), 캐나다연합교회선교회 등이었다. 기독교 외원단체들은 교파로는 장로교, 침례교, 나사렛교회, 메노나이트, 퀘이커, 동양선교회, 감리교, 구세군, 안식교, 유니테리언교회, 루터교, 천주교 등에 속했다. 이 단체들은 대부분 자체 판단으로 한국에서 구호사업을 시작했으나 퀘이커(American Friends Service Committee), 메노나이트(Mennonite Central Committee)는 국제연합한국재건단(UNKRA)의 초청으로 내한하였다. 캐나다, 호주, 영국, 스위스, 벨기에, 이탈리아, 독일, 아일랜드의 교회에 본부를 둔 것도 있으나 미국교회에 속한 단체가 많았다. 내한 외원단체들은 외국 민간원조단체연합회(KAVA: Korea Association of Voluntary Agencies)를 결성하여 활동을 전개하였다. 1952년 7월 부산에서 결성된 이 연합회에는 7개 단체들이 참여했다. 초대회장은 캐롤 주교(Msgr G.M. Carroll)였다. 1954년에는 33개 단체가 회원 단체였으며, 1958년 11월까지는 10개국에서 온 59개의 회원 단체들이 가입했는데, 그 가운데 28개 단체들은 선교단체들로 사회사업을 하면서도 기독교 선교를 더 우선시했다. 나머지 31개 단체는 주로 교육, 건강, 사회복지, 구호 및 사회 개발에 관심을 가졌다.

출처: 사회복지법인 감리회 태화복지재단 http://www.taiwhafound.org/ 2018. 4. 5. 검색.

키워 나가게 된다.

박정희 군사정부는 친미와 반공[132]에 기독교를 적절하게 이용한 것으로 평가되고 있으며,[133] 1973년 빌리 그레이엄 목사의 종교집회와 1974년 엑스플로 종교집회 및 1977년의 여의도 대집회를 통해서 세력을 과시했지만 일부 행사는 군사정부에 이용당했다는 비판은 뼈아픈 것이라 할 수 있다.

종교지도자들 중 대통령의 정치 성향은 늘 종교의 편향적 특혜에 시달리게 되는 경우가 있고, 어떤 면에서는 이런 것들이 종교의 정상적인 발전을 저해하는 요소로 자리하는 것도 조심해야 할 것이다. 특히 인간의 내면적 권리를 지향하는 종교로서의 역할을 충실하게 못함으로써 외형적이면서 물질적인 성장에만 급급한 나머지 인권의 성장과 보호에는 소홀했다는 비판을 면하기는 어려운 일이다.

이러한 역동적인 기독교의 움직임에 비해 비교적 조용한 가톨릭의 선교와 불교의 포교활동도 우리의 현실을 직시하면서 사회적 종교 기능을 충실히 하려는 움직임은 모범적으로 볼 수 있다.

1980년대는 종교의 소강상태와 함께 전환기라 할 수 있다. 전두환 정권의 10·27법난사건[134]은 전두환 정부의 최대 종교탄압사건으로 기억된다. 그 이후 1980년대 후반의 민주화 요구는 특기할 만하고, 노태우 정부는 전형적인 불교계 인사의 대통령으로서 평가된다. 그의 재임 중 '전통사찰 보존법'을 제정했다. 이처럼 정치권력자가 종교에 편

---

132) "국가안보 당면 과제, 국가지도자협 세계교회에 메시지", 경향신문, 1975. 7. 26.
133) 강위조·서정민, 『한국기독교와 정치』, 한국기독교 역사연구소, 2005, 153쪽.
134) 강준만, 『한국 현대사 산책 1980년대 편: 광주학살과 서울올림픽, 1권』, 인물과 사상사, 2003, 254~257쪽 요약. 1980년 10월 27일 새벽, 신군부가 조종하는 계엄사령부 합동수사본부 산하 합동수사단의 주도로 '사회 정화'를 앞세워 당시 조계종 총무원장인 월주 스님을 비롯한 관련 인사 153명을 강제 연행했다. 또한 전국 각지의 사찰 및 암자에 경찰 및 군부대를 동원해 수색에 나서서 승려 및 관련 인사 1,776명을 추가로 연행하여 불교계를 탄압한 사건이다.

향되면 어떤 상황에서든지 자기의 종교를 편향하는 정치를 가지는 이유는 바로 확고한 정치적 지지층을 확보할 수 있다는 강점이 있기 때문이다.

그 후 1987년 민주화 요구와 1988년의 서울올림픽을 계기로 군사독재에 대한 염증을 느끼고 새로운 정부의 형태는 문민정부로 가야 한다는 흐름 앞에 김영삼 정권이 들어서게 된다.

1990년대는 물질적 성장의 둔화와 함께 국민들이 지난 압축성장기를 돌아보고 그 폐해에 대해 자각하는 기간으로 생각되면서 김영삼 정부의 등장이 다시 한 번 주목받은 이유는 기독교계 장로 대통령이란 사실이 바로 종교적 권력이 개입된 것이 표면화하는 계기가 되었기 때문이다.

표면적으로는 종교와의 갈등이 아주 없는 것은 아니지만 기독교인의 사회 참여가 종교계를 왜곡시키는 역할도 같이 하였다. 즉 정권의 최고책임자가 어느 종교를 가지느냐에 따라서 종교정책에 많은 변화를 가져오기 때문이다.

즉 정치책임자는 종교를 적당히 이용하여 권력을 강화하는 수단으로 사용하는 유혹에서 벗어나기 어렵기 때문이다. 이전의 대통령이 바로 이런 전략을 적절하게 구사하여 종교계와의 친소관계를 유지한 것이 결국은 종교의 사회적 목소리를 내게 한 원인으로 작용된다.

2000년대 들어서는 보수성향의 뉴라이트 등이 주축이 되어 새 정권의 기독교 대통령 만들기에 온 힘을 쏟는 가운데 종교의 권력화가 나타나는 계기가 확연하게 드러난다.

비교적 온건한 김대중 대통령은 천주교와 가깝고, 노무현 대통령은 특별한 종교적 색채를 드러내지는 않았지만 보수기독교와의 마찰이 잦았다. 특히 반공을 금과옥조로 여기는 기독교와의 마찰은 국가보안

법 폐지 주장과 사립학교법 개정[135]으로 인한 갈등 등이 그런 예에 속한다.

이명박 정권이 들어서자 기독교계는 다시 한 번 열광하지만 정치적 실책으로 인한 정치적 실망과 지나친 종교 성향으로 인해 기독교의 폐해가 사회적으로 고개를 들면서 안티 기독교 운동이 일어나게 된다.

고려대 출신, 소망교회 출신, 영남지역 출신으로 지칭되는 정치권 인사로 인해 더욱 기독교계는 사회적 문제가 부각된다. 세상의 여러 가지 혼란과 어려움을 교회가 걱정해 주어야 하는데 오히려 세상이 교회를 걱정해 주어야 한다는 자조적인 구호가 나오고 있다.

특히 2011년 이슬람채권법인 수쿠크법으로 인한 갈등[136]과 조용기 목사의 정권퇴진 발언을 보면, 기독교계의 정권창출 자신감에 따른 간섭으로[137] 비판받았다. 이즈음 가장 중요한 변화로는, 기독교 성장 1세대 목사들[138]이라 불리는 이들의 은퇴와 맞물리면서 그들이 강력한 리더십을 가지고 성장시킨 교회에서의 목회가 정리되고, 교회 내 다양한 목소리가 나오는 것을 수용하는 시대적 흐름에 순응하는 것과 외국 유학 경험이 이들 목사의 빈자리를 메우는 청빙의 요건이 된 것이다.

이처럼 감리교단의 이승만, 예장합동의 김영삼, 예장통합의 이명박 전 대통령들의 공통점은 신앙심이 깊은 장로라는 것이다.

또 이들의 신앙적 노선은 든든하게 지지해 주는 외곽조직이 있는데, 예컨대 이승만의 한국기독교연합회와 김영삼의 나라사랑협의회,

---

135) 강홍준·고정애, "사학법 반대, 수위 높이는 교계", 중앙일보, 2005. 12. 15.
136) 황희경, "조용기 목사, 수쿠크법 추진하면 대통령 하야운동", 연합뉴스, 2011. 2. 15.
137) 이대웅, "이회창 대표, 조용기 목사, 대한민국 좌지우지하나", 크리스챤투데이, 2011. 2. 28.
138) 이들은 기독교 성장기인 1960~1970년대 산업화 시기에 교회를 개척하여 대형교회로 성장시킨 목사들 그룹을 말한다.

이명박은 보수성향의 지지자 뉴라이트 전국연합이 있다. 특히 뉴라이트 연합은 2005년 11월 결성되어 회원만 11만 명에 달할 정도로 조직적이어서 이명박 대통령 당선에 일등공신 역할을 수행했다.

그러나 이런 긍정적인 면만 있는 것이 아니라 기독교 이미지 추락이 서서히 움트고 있었다. 기독교의 배타성과 공격적인 선교로 인해 기독교가 무례한 종교, 안하무인 종교로 폄하되고, 기독교 교인의 감소와 신학생들의 질적인 저하와 교인들의 고령화로 인한 후진 양성의 부진 등이 그렇고, 대형교회에서 나타나는 교회세습[139]으로 인해 더욱 기독교의 미래는 어둡다.

이런 교회세습은 그 원인이 담임목사의 개인적 윤리 문제이지만 이를 동조하는 세력은 교회 내 기득권 세력이다. 즉 담임목사의 아들이 후임이 되는 것이 자신들의 기득권 유지에 도움이 되는 것으로, 서로의 이해관계에 따른 타협이 결국은 기독교계 전반의 사회적 신뢰를 저하시키는 것은 어쩔 수 없는 현상으로 여겨진다.[140]

그리고 교회분쟁으로 인한 재산권 다툼과 교회의 재정적 비리는 더욱 기독교의 앞날을 예측하기 힘들게 만드는 요소로 작용하고 있다. 가장 최근의 박근혜 정부에 들어서는 기독교계 인사의 정부 요직 등용은 더욱 두각을 나타낸다.[141]

---

139) 교회세습을 성경에서 어떤 관점으로 보고 있는가는 매우 중요한 신학적 주제이지만 우리나라의 경우 교회세습은 불법적이면서 절차적 하자를 가지고 시작하는 데 문제가 있다. 특히 한국교회는 대형교회를 중심으로 세습이 이루어지는 경향이 짙은데, 이는 중앙집권적인 권력으로 인해 나타나는 악습이다. 구약성경에서는 제사장직의 대물림으로 인해 몇 번 나타났지만 그 후계자의 말로는 매우 비참하였다. 아론의 아들의 경우와 엘리의 경우 및 사무엘의 경우가 그렇다. 신약에서는 제사장직이 폐지되고 지금은 목회자의 세습으로 통칭하는데 최근에 대형교회의 세습이 문제가 되었고, 한겨레신문 2018년 9월 8일자에 따르면 교회세습 반대운동이 공식 집계한 것으로 부자 세습 98곳, 사위나 손자 등의 변칙세습이 45곳 등 143곳이고, 뉴스앤조이는 364개 교회의 세습이 이루어진 것으로 보도했다.
140) 이 부분은 본 논문 제4장의 교회정관의 필요성에서 다시 한 번 강조한다.
141) 송지희, "골수기독인, 법무부장관 내정자, 종교 편향 우려", 법보신문, 2013. 2. 13.

이 기간의 주요 쟁점으로는 종교인 과세[142]와 차별금지법[143]이 있는데 과거 정권에서 추진되다가 박근혜 정부에서 마무리 지어야 할 문제들이었다.

종교인 과세는 2013년 세법개정안을 발표하면서 2015년 1월 1일부터 종교인전면과세를 실시하겠다고 발표하였지만 2년 유예를 하여 2018년 1월 1일부터 시행하겠다고 결정한 사항이다.[144]

차별금지법은 2007년과 2010년 두 번에 걸쳐 입법이 추진되었지만 무산된 것으로 보수기독교의 조직적인 반발에 정치권이 굴복한 양상이다.

지금까지 역대 정권의 종교적 성향을 큰 이슈를 골라 간략하게 정리하면서 흐름을 보았다. 이제는 종교권력 혹은 종교세력이 권력의 주변이나 맴도는 세력이 절대 아니라는 것을 말하고 싶다.

그러므로 이제 종교권력이 본연의 위치로 돌아가 권력의 단맛에 취하지 말고 인간 내면의 절대적 평온과 행복을 위해 정진하는 자세로 나아가야 할 것이며, 이는 우리 사회가 요구한 다양성과 함께 우리 사회의 근간을 형성하고 있는 타 종교인 가톨릭과 불교 등 여타 종교도 세력을 확장하는 것이 아니라 인간 내면의 모습이 무엇인지 의미와 가치를 심어 주는 일에 전심전력을 해야 할 것이라 믿는다.

비록 이용하는 자와 이용당하는 자가 분명히 존재하지만 종교 본

---

142) 김영배, "종교인은 과세의 십자가를 질 것인가", 한겨레21, 2007. 7. 18.
143) 백철, "인권의 마지노선, 차별금지법은 먼 나라 이야기", 경향신문, 2013.4.27. 이용필, "보수 개신교 공세에 차별금지법안 철회", 뉴스앤조이, 2013.4.20.
144) 2018년 1월 1일부터 종교인 과세는 시행되었지만 처음의 정부 원안에서 많은 양보를 했다는 비판이 있다. 그리고 종교세 당사자들은 내부적인 합의와 과세목에 대해서는 다듬을 필요성이 있고 성실 과세를 장려하고 있지만 종교 내적인 과목의 통일성이 우선되어야 할 것이고, 이에 대한 세심한 조정이 요구된다고 할 수 있다. 특히 과세의 근거와 함께 종교적 내부 지침인 정관의 정비가 시급하고, 종교계 내부의 반발을 최소화하도록 과세에 대한 공신력과 신뢰도를 높이는 방안에 대해 고심해야 할 것이다.

연의 큰 흐름이 정치권력에 대립되는 일이 없도록 스스로 정화되는 모습이 필요하다.

　종교권력이란 말 자체가 사라지고 오직 종교를 통한 사회 통합과 신뢰받는 구성원으로서의 공동체가 지속되고 시민의식의 고양과 법적인 사고의 틀이 생활 속에 정착되어야 한다.

제4절
종교와 정치의 관계

    종교와 정치의 관계 혹은 정치와 종교의 관계를 정리할 경우 매우 조심스러운 것은, 한쪽으로 편향된 시각이 늘 존재하기 때문에 이를 최소화하면서 객관적이면서 합리적인 관점을 제공하기가 매우 어렵다는 데 있다.

    누구나 이런 의견에 공감을 하면서도 때로는 편향적인 시각을 예리하게 지적하는 것은 글쓴이의 성향을 완전히 배제하기가 어렵다는 한계가 있기 때문이다.

    그럼에도 불구하고 이런 글을 써야 하는 이유는, 종교와 정치는 늘 동전의 양면처럼 밀착된 관계로 고대로부터 지금까지 있어온 역사적 이해를 바탕으로 현실에 가장 근접한 시각을 제공해 주어야 한다는 압박이 있기 때문이라고 생각한다.

    이 장에서는 먼저 종교의 자유에 대한 이해와 연혁에 대한 것을 서술하고, 다음으로 정교분리의 개념과 이론적 이해를 살피고, 마지막으로 국가 권력 작용과 분리의 원리에 대해 기술한다.

1. 종교의 자유의 연혁

개인의 삶을 좌우하는 요소는 여러 가지가 상호보완적인 기능을 통하여 이루어진다. 이러한 유기적인 관계 속에서는 개인의 삶을 어떻게 하면 나은 모습으로 발전시키거나 격조 있는 삶을 가꾸어 갈 것인가는 항상 주어진 숙제로 남아 있는 것 같다. 특히 인간의 내면적인 삶을 채우는 정신 혹은 이성의 문제는 어떤 것을 채우더라도 불만족스럽다고 할 수 있다.

인간사회에서의 일정한 규칙은 여러 종류의 규범을 의미하는데 규범에는 법규범 외에 사회규범으로서 종교규범·관습·예의·도덕 등이 있고, 고대사회에서는 이러한 사회규범이 혼재된 가운데 인간사회를 통제하였고, 그 후 인간사회가 조직화되어 누군가는 명령을 하고 누군가는 그 명령에 따라야 하고 지켜야 하는 관계로 발전되었다고 할 수 있다.[145]

인간의 사후세계에 대한 관심이 현세에서부터 사유의 주제로 부각된 것은 어제오늘의 일이 아니지만 특별히 사회적 동물[146]로서의 군집생활이 생존에 유리한 조건이 되었음은 역사적인 사실로 증명되어 왔다.

특별히 인간 내면을 통한 삶의 투영은 언제나 미지의 세계를 개척하는 운명으로 받아들여졌고 완전함에 이르는 많은 시도가 있어왔으며, 그런 의미에서 그리스·로마신화[147]나 우리의 단군신화[148] 및 세계

---

145) 홍완식, 『법과 사회』, 법문사, 2016, 3쪽.
146) 아리스토텔레스, 『정치학』, 유원기 역, 사계절, 2009, 43쪽.
147) 토머스 불핀치, 『그리스·로마 신화』, 한영환 역, 범우사, 2017.
     에디스 해밀턴, 『그리스·로마 신화』, 서미식 역, 현대지성, 2017.
148) 황순구, 『해동운기』, 청록출판사, 1970, 340~345쪽.

각지에 퍼져 있는 많은 신화류[149]는 이런 것을 반증하는 것으로 볼 수 있다. 이처럼 국가의 형성 이전에는 이런 신화와 구전 및 설화를 통해서 인간의 내재된 욕망을 표현했다고 할 수 있다.

이와 같은 종교와 국가의 역사를 세심히 살피기보다는 종교가 일반적인 것으로 받아들여지기까지의 개괄적인 사건과 중심인물을 통하여 고찰하고자 한다.

그리고 서서히 국가가 골격을 가지고 발전되면서 현대에 이르러서는 국가의 강한 공권과 개인의 사권이 충돌하는 지점에 종교의 문제가 첨예하게 자리 잡게 된다. 그리고 이러한 종교의 자유에 대한 현대적 지성을 일깨운 것은 고대 중·근동지역에서 일어난 예수운동[150]이 그 시발점이 되었다.

그리고 이 운동이 당시 로마제국의 국교[151]가 됨으로써 비로소 종교의 자유에 대한 인식이 보편적인 권리라는 주장이 보편화되기 시작했다. 이러한 종교의 자유는 다른 운동과 같이 기존 권력자들의 무시와 반대 속에 많은 탄압과 목숨을 건 박해에 직면하고, 그것을 이겨나가고자 하는 의지의 결집체로서 소규모이지만 산발적으로 자주적 집단을 형성하면서 발전하였다.

비록 규모는 작고 세력을 가지기에는 미미했지만 기원후 313년 콘스탄티누스 대제의 밀라노 종교칙령에 의하여 종교의 자유가 국가권력과 결합함으로써 완전하지는 않지만 비교적 폭넓은 보장을 획득하게 된다.[152]

---

149) 아네트 즈골, 『세계의 신화』, 구정은 역, 수막새출판, 2010.
H. A. 거버, 『북유럽 신화』, 김혜연 역, 책읽는귀족, 2017, 21~24쪽.
150) 도미니크 크로산, 『역사적 예수』, 한국기독교연구소, 2012, 660~664쪽.
151) AD 313년 로마 콘스탄티누스 대제가 신앙의 자유와 그리스도교의 권리 보장을 발표한 포고령.
152) 박광서, 『법제사대의』, 일우사, 1962, 328쪽.

당시의 황제 터툴리아누스는 종교의 자유와 현실적 통치 권력과의 관계에 대해서 "종교는 자유롭게 믿어야 하고 권력에 의해서 통제되어서는 안 된다"고 주장했고, 당시의 저명한 그리스도의 변증가 락탄티우스는[153] "자유가 존재하는 것은 종교에 있어서뿐이다. 왜냐하면 자유로운 의사에 입각하는 것은 종교뿐이기 때문이다"라고 하여 종교의 영역에서 권력적 작용을 가급적 배제하고 종교의 자유를 인정하는 것을 역설했다.

종교의 자유를 향한 이러한 노력에도 불구하고 종교의 자유에 대한 인식은, 통치를 용이하게 하기 위한 국가제도의 획일성에 비추어 개인의 자유로운 의사를 인정하는 것은 당시로서는 보장되기가 매우 어려웠다.

중세 말[154]에는 교회법의 개정 로마법[155]을 통해서 당시 세력을 얻고 국교로서의 확고한 지위를 가진 그리스도교가 타 종교의 유입으로 인한 교리적 혼란스러움과 통치의 장애물이 되는 것을 우려한 나머지 그리스도의 정통 이외는 이단이라는 굴레로 타 종교를 탄압하고 바

---

153) 그의 유명한 저서 『신의 교훈』(Divinae Institutiones)은 4세기 초 반(反)그리스도교적인 글들에 대한 고전적인 철학적 반론으로, 로마 가톨릭교회 최초로 그리스도인의 생활태도를 체계적으로 설명했다.
154) 교회학자들은 교부시대인 중세[(Middle Ages): 476~1453(약 1,000년)]를 대략 다음과 같이 나눈다(476년은 서로마제국이 멸망한 때이고, 1453년은 동로마제국, 즉 비잔티움 제국이 멸망한 때이다): 중세 초기(Early Middle Ages: 476~1000년으로 약 500년), 중세 성기(High Middle Ages: 1000~1300년으로 약 300년), 중세 후기(Late Middle Ages: 1300~1453년으로 약 150년). 네이버지식IN 인용.
155) 유스티니아누스 법전의 편찬은 법학사(法學史)에서 하나의 신기원(新紀元)이다. 유스티니아누스 법전의 편찬으로 이전의 법률체계가 종합되었고, 이후의 법전은 이를 바탕으로 세워지게 됨으로써 명실공히 서양법 체계의 기반이 된다. 887년에는 바실리카가 유스티니아누스 법전에다 새로이 형성된 법령, 황제의 칙령, 새로운 법해석 등을 첨가하여 새로이 법전을 편찬했으며, 945년에는 콘스탄티누스 7세의 명에 의해 다시 개정되었다. Sohm-Mitteis-Wenger, *Institutionen des romischen Privatrechts*, Aufl. 18, 1928 / W. Kunkel, *Romisches Privatrecht*, Berlin-Gottingen-Heidelberg, 1949 / E. Levy, *West Roman Vulgar Law: The Law of Property*, Philadelphia, 1951.

해를 하는 것을 합법화시켰다. 특히 북아프리카와 아라비아 반도의 회교에 대한 적개심은 대단하여 종교적 배타성을 그대로 나타나는 것으로 볼 수 있다.

대표적인 예로 십자군의[156] 예루살렘 성전 탈환이라는 명목의 군사적 행위는 종교적 동기와 여러 가지 세속적 동기가 결합된 것이지만 당시의 종교적 강제주의를 나타낸 것으로 볼 수 있다.

중세시대에는 로마의 통치자들이 종교를 통치술의 일부로 여겼고, 여기에 가톨릭교회를 중심으로 하는 교황의 권위를 인정하고 권력기반을 양분함으로써 종교의 자유는 일정 부분 제한된 것으로 볼 수 있다고 하겠다.

그 후 중세의 암흑시대가[157] 지나고, 13세기 말부터 인간의 의지에 대한 새로운 성찰이 싹트면서 획일적이고 강제적인 국가교회제도가 1517년 독일의 수사 마르틴 루터의 종교개혁[158]에 의하여 다시 빛을 보게 되었지만 종교 및 양심의 자유가 그대로 개인의 소유로 정착하기에는 많은 시간이 흘러야 했다.

이후 루터의 개혁적 주장에 동조하는 프랑스의 칼빈, 독일의 울리히, 스위스의 개혁운동가 츠빙글리 등 당시의 개혁지도자들은 성경에 나타난 예수의 복음만이 신앙의 가치를 가장 잘 보존한다고 보았다.

---

156) 서기 11세기부터 14세기까지, 회교도에게 빼앗긴 예루살렘을 탈환하기 위해서 유럽 그리스도교회가 주도한 원정 전쟁. 1095년 시작되었던 십자군전쟁은 1456년까지 361년 동안 계속되었다.
157) 유럽 역사에서, 고대 그리스와 로마의 고전 문화를 중히 여기는 역사관에 입각하여 중세를 가리키는 말로, 정치적인 억압이나 전쟁 등으로 사회가 혼란하고 문화가 쇠퇴한 시대를 상징하고 있다.
158) 종교개혁은 마틴 루터(Martin Luther, 1483~1546)가 "인간은 신앙을 통하여 하나님과 직접 교회와 연결되는 것이며 성직자의 개입을 필요로 하지 않는다"라고 말하고, 이에 자극받은 당시의 민중들은 루터의 핵심사상인 오직 믿음, 오직 은총, 오직 성경으로만을 주장한 신교 운동을 하며 가톨릭교를 구교로 삼아 대립이 심했고, 그리스도교가 신·구교로 분열되는 직접적인 계기가 되었다.

이러한 맥락에서 개혁신앙의 지도자들은 신앙을 이유로 주거지에서의 추방이나 국외로의 망명 등은 어떠한 이유에서든지 개인의 권리를 침해하는 부당한 것이라고 보았다.

또한 종교개혁은 세속적 권력으로 종교적 견해가 다르더라도 처벌해서는 안 된다는 원리와 확고한 신념을 가졌다.

당시 개혁자들이 신앙상의 이유를 빌미로 부당한 권력의 행사를 금지한 것은, 먼저 권력의 행사는 인간정신을 회생시키는 데 적절한 수단이 될 수 없으며 인간정신은 외적 또는 세속적인 힘에 의지하지 않고 오직 내적 영적인 힘에 의하여 움직이기 때문이다.

다음으로 인간은 나 아닌 다른 사람의 내적인 움직임을 알 수 없기 때문에 신앙과 양심의 문제에 대하여 권력을 행사하는 것은 부적절하다고 역설한다. 즉 신앙의 문제에 대한 일체의 행위에 권력이 배제되는 것이 신앙의 자유를 발생시키는 근본적인 기초라고 주장한다.

이러한 개혁적 지도자들의 노력의 결실로 신앙고백에 관한 권리의 평등으로 나타난 것이 1530년 아우구스부르크에서 마르틴 루터와 필립 멜란히톤이 발표한 '아우구스부르크 신앙고백'[159]이다.

---

159) 루터교회의 기본신앙을 구성하는 28개 조항(Confessio Augustana): 1530년 6월 25일 루터파 제후 7명과 제국의 자유도시 두 곳이 아우구스부르크 제국의회에서 독일어와 라틴어로 황제 카를 5세에게 제출한 신앙고백문이다. 이 신앙고백의 주요 작성자는 이에 앞서 루터교 신앙 진술서들을 작성했던 종교개혁자 필리프 멜란히톤이다. 이것을 작성한 목적은, 잘못 전해진 가르침을 바로잡아 루터 교도들을 변호하고 신성로마제국 내의 로마 가톨릭 교도들이 받아들일 수 있도록 자신들의 신학을 진술하는 것이었다. 같은 해 8월 3일 가톨릭 신학자들이 이에 대한 회답으로 소위 '논박문'(Confutation)을 써 보냈다. 이 논박문은 아우구스부르크 신앙고백의 조항 가운데 13개 조항을 정죄했는데, 9개 조항은 조건 없이 받아들였고, 6개 조항은 몇 가지 조건을 붙여 승인했다. 황제는 9월 22일에 제출된 루터교 반박 회신을 받아들이지 않았으나 멜란히톤은 이 반박 회신을 아우구스부르크 신앙고백변증(1531)의 토대로 사용했다. 루터 교도들은 수정되지 않은 1530년판 신앙고백을 언제나 권위 있는 것으로 여겼으나, 츠빙글리와 칼빈의 성찬론을 지지하는 사람들은 멜란히톤이 준비한 수정판 신앙고백(Variata of 1540)을 받아들였다. 미수정판 아우구스부르크 신앙고백의 처음 21개 조항은 루터교의 전반적인 교리를 공표했는데, 그 목적은 "루터교도들은 신앙의 어떤 조항에서도 가톨릭교회와 의견이 다르지 않다"는 것을 입증하기 위한 것이었다. 나머지 7개 조항은

이는 인간의 내면적 양심은 그것이 비록 옳지 않은 양심일지라도 그 양심에 신의 정신을 담고 신의 정신을 사용하는 도구이며, 각 개인에게는 신의 정신이 숨어 있다고 말하는 것이다.[160]

이러한 정신은 각 개인이 가지고 있는 양심적 결단을 평면적으로 나타난 법적인 가치 앞에 평등하게 취급하게 된 단초가 된다.

중세의 종교적 획일성에 의문을 가지게 된 이후 종교개혁이 프로테스탄트를 신봉하는 자들에 의해 급속히 전 유럽 대륙으로 전파되면서 유럽에서는 수많은 교파가 발생·분화하면서 각 지역에서 그들의 행동과 생활양식에 맞는 다양한 종교 활동이 나타나기 시작하였다.

당시 독일 남부는 종교개혁의 여파에도 불구하고 가톨릭에 대한 의존도가 높았고, 이탈리아와 스페인의 종교 활동은 가톨릭 지배에 대한 반작용으로 나타났다. 특히 프랑스에서는 1598년 칼빈의 이념을 추종하는 프로테스탄트인 위그노 교도[161]가 박해 받고 많은 희생자를 냈으며, 그 희생의 대가로 종교의 자유를 획득하였다. 그리고 유럽 북부의 폴란드와 네덜란드 및 스칸디나비아 제국과 독일 북부 각 지역에서는 신교의 영향력이 확대되었다. 이처럼 신교의 영향력이 급속하게 전파된 배경에는 종교개혁에 있어서 각 개인의 이성은 신의 정신에

종교개혁 직전의 몇 세기 동안 서유럽교회에 스며들어 온 악습들을 다루고 있다. 예를 들면 일종제찬봉령(성찬식에서 교인들이 빵만을 받는 것), 사제의 강제적인 독신생활, 속죄제사로 드리는 미사, 의무적인 고해, 은혜를 받기 위해 만든 인간 제도들, 수도원 생활과 관련된 악습들, 주교들이 주장하는 확대된 권한들이 그것이다. 이 신앙고백은 1536년에 영어로 번역되었고, 성공회 39개조 신앙고백과 감리교 25개조 신앙고백에 결정적인 영향을 미쳤다.

160) 창세기 1장 26절 상, 27절 "하나님이 이르시되 우리의 형상을 따라 우리의 모양대로 우리가 사람을 만들고…하나님이 자기 형상 곧 하나님의 형상대로 사람을 창조하시되 남자와 여자를 창조하시고."

161) 위그노 전쟁(1562~1598)은 프랑스에서 발생한 종교전쟁으로, 낭트 칙령이 앙리 4세에 의해 발표되면서 신구 기독교 간의 종교 분쟁은 일단락되었다. 위그노는 프랑스의 개신교 신자들을 가리키는 말로, 상공업 계층이 많았다. 이는 직업소명설을 주장하는 개신교의 교리가 프랑스 상공업자들에게는 '복음'이었기 때문이다. 위그노 전쟁은 종교의 자유가 명분이지만 보통 초기 신흥 부르주아 세력이 옛날 체제(앙시앵 레짐)에 반발한 것이라고 해석한다.

의해서 발현되는 것이라고 하는 합리적 이성주의 사상이 맥을 같이하고 있다.

이는 재세례파나 독립교회파에서 나타나고, 이러한 인간이성의 자율적인 표현을 주장하는 대표적 인물로 카스퍼 슈벵크펠트[162]와 데이비스 요리스,[163] 야코프 뵈메[164] 등을 꼽을 수 있다. 이들의 주장은 당시로서는 매우 진보적이면서 많은 공감을 불러일으켰다.

다른 한편으로 유심론적 합리주의와 맥을 같이하는 신앙의 주관주의적 경향은 양심의 자유를 법적으로 제도화시키는 기초가 되었고, 이러한 사상의 영향을 받아 양심의 자유는 1579년에야 북 네덜란드의 공적제도[165]가 되었다.

---

162) 슐레지엔에서 프로테스탄트 종교개혁을 이끌었다. '중도 종교개혁'이라고 불리는 운동을 일으켰으며 여러 단체를 조직했는데, 이 단체들은 오늘날에도 슈벵크펠트파 교회로 미국에 남아 있다.
163) 벨기에 태생의 종교개혁자. 재세례파운동 구성원으로 논쟁을 좋아했고 다윗파(또는 요리스파)를 만들었는데, 이들은 요리스를 예언자로 보았고, 그가 죽은 뒤 3년에 걸쳐 내부분쟁을 벌이는 바람에 요리스는 죽은 뒤에 이단자로 단죄받고 그 시체가 화장되는 물의를 빚었다.
164) 야코프 뵈메(Jakob Böhme, 1575~1624년 11월 17일)는 독일의 신비주의자이다. 독일어로 주로 저술한 최초의 사상가이기도 해, 신봉자로부터 붙여진 '피로소 후스 테우트니크스(독일의 철인)라는 이명으로도 알려진다. 루터파 교의를 배경으로, 파라케르스스를 신플라톤주의에 영향을 받았다.
165) 네덜란드에 처음 유입된 것은 루터주의였고, 다음으로 재세례파는 그 이전부터 존재했는데 특히 호프만(M. Hoffman)의 추종자들이 많았다. 그다음으로는 츠빙글리파와 칼빈주의가 유입되었다. 이에 대하여 찰스 5세는 개신교의 확장을 막기 위해 1522년에 종교재판소를 설치하고 개혁파 서적을 소유하거나 읽는 것을 금지하는 법령을 수차례에 걸쳐서 선포했다. 그러나 이러한 박해와 금지에도 불구하고 네덜란드 내에서의 개혁세력의 영향력이 점점 더 강화되었다. 필립 2세는 비밀고문단을 형성하여 개신교들을 박해했다. 이에 개신교들은 마침내 '종교의 자유'를 요구하는 시위를 벌이고, 우상 파괴론자들은 여러 도시에서 교회에 침입하여 제단을 뒤엎고 각종 신상들과 종교의 상징들을 파괴하는 등 폭력 시위까지 행했다. 필립은 오렌지의 윌리엄 공(William, Prince of Orange)에게 중재를 요청했고, 결국 개신교도들에게 교회에서의 예배의 자유를 허용했다. 그러나 필립은 자신의 약속을 어기고 1567년에 알바 공(Duke of Alba)을 시켜 스페인 군인들을 이끌고 침입하게 했다. 알바 공은 소위 '피의 위원회'(Council of Blood)라 불리는 질서확립위원회를 세워 수많은 개신교들을 처형했다. 윌리엄은 여러 번의 패전 끝에 '바다의 거지들'(Beggers of the sea)을 이용하여 1576년에 윌리엄을 암살했고, 윌리엄의 사역은 그의 친구인 올덴바르네벨트(Oldenbarnevelde)와

여기서 명문화된 것은, 신앙을 이유로 자유가 제한되거나 다른 여러 가지 이유로 탄압을 받아서는 안 된다는 것과 가톨릭과 프로테스탄트는 가정예배의 자유와 어느 곳에서나 공개적으로 종교적 활동을 할 수 있는 자유를 보장받는 것이다. 그 후 네덜란드는 종교의 자유를 주장하는 많은 사람들이 이곳을 발판으로 삼아 자유로운 학문적 발표를 하게 되었다. 대표적인 사람으로는 오렌지 공 윌리엄(William, Prince of Orange, 1533~1584)[166]과 가이 드 브레이(Guy de Bray, 1552~1567)[167]가 있다.

어느 나라든 처음 신앙의 자유와 종교의 자유를 향해 뿌리를 내리기까지는 무명의 순교자들의 헌신적인 노력과 피와 땀을 요구하게 된다. 네덜란드의 종교개혁은 이 같은 사람들의 노력에 기대어 자유를 얻은 후 이 나라에는 라이덴 대학을 비롯하여 프라넷케르, 그로닝겐 우트레히트, 하이델베르크 대학이 뒤를 이어 설립되어 신학사상 활동의 중심지가 되었다.[168]

그의 아들인 모리스(Maurice)에게 전수되었다. 결국 스페인군은 이들에게 패배하고 1609년에 휴전조약을 맺었고, 1648년 웨스트팔리아(Westphalia) 조약으로 네덜란드의 독립이 공인되었으며, 아울러 개신교도 자유를 얻었다. 출처: cafe.daum.net/y.ch/5WFp/56.예찬.

166) 윌리엄은 낫소(Nassau) 백작 가 출신으로 오렌지 공국을 상속받고 찰스 5세의 총애를 받았다. 그는 일찍이 필립 2세와 네덜란드 개신교도들을 중재하는 일을 했으며, 알바(Alba) 공이 네덜란드를 침입하여 개신교들을 1년 동안 무려 18,000명이나 처형하자 그와 전투를 벌였다. 그는 수차례에 걸친 패배에도 불구하고 결국 승리를 쟁취하여 겐트 평화조약을 맺게 했다. 그는 원래 루터파 가족 출신이었으나 여러 가지 정치적 이유로 가톨릭 신앙을 갖도록 강요받았다. 그는 1555년까지 가톨릭 신자로 있었으나 1566년에는 자신의 어린 시절의 신앙으로 돌아가기를 바라며, 아우구스부르크 신앙고백에 서명할 용의가 있다고 밝혔다. 1573년에 이르러 자신이 칼빈주의자라고 공개적으로 선언했다. 이후 1584년 필립이 보낸 자객에 의해 암살되었는데, 16세기는 그보다 더 고귀한 인물을 배출하지 못했다.

167) 브레이는 몽(Mons) 출신으로 1544~1552년에 영국에서 망명생활을 하다가 프랑스와 제네바 등을 통과하여 1562년 귀국했다. 그는 1555년 자신의 신앙고백을 『깃대』(Le baton)라는 제목으로 출간했다. 또한 스트라이커(Hermann van Strijker), 빙엔(Gottfried Wingen), 사라비아(Adrien Hadrian de Saravia)의 도움을 받아 1561년에 "벨직 신앙고백"을 작성했다.

168) 네덜란드의 종교개혁은 참으로 많은 사람들의 순교와 박해를 통하여 성취되었다. 자유를 얻은 후 이 나라에는 라이덴 대학을 비롯하여 프라넷케르, 그로닝겐 우트레히트, 하이델베

2. 국가권력과 종교권력의 이해

1) 국가권력의 이론적 이해

국가권력의 사전적 정의[169]는 경찰력이나 군대 등 물리적 강제력의 독점을 핵으로 하여 근대국가의 기구 속에 나타나는 정치권력이라고 규정한다.

영토라는 지리적 경계와 국민이라는 상호구성원과 그에 따르는 각종 주권적 행사를 기본요소로 하고 있다.

현대 국가권력의 이론적 주장으로 많이 원용되는 헤겔은 "국가체제가 이성적일 수 있는 것은 국가가 그의 활동을 개념의 본성에 따라서 자체 내에서 구별하며 또 규정"한다고 말하면서 정치적 국가는 3개의 권력으로 구분하며 다음 세 가지의 실체적인 구별로 정리한다.

먼저 보편적인 원리를 규정하고 확립하는 권력으로서의 입법권을 말하고, 다음으로는 특수적 영역이나 개별적인 사건을 보편적 원리 속으로 포섭하는 권력으로서의 통치권을 말하며, 세 번째로 궁극적 의지 결정으로서의 주관성이다.

헤겔은 이 세 가지 권력의 구분 개념이 보편성·특수성·개별성에 따

르크 대학이 뒤를 이어 설립되어 신학사상 활동의 중심지가 되었다. 이처럼 하나님의 교회는 박해에도 불구하고 꾸준히 성장해 왔다. 초대교회가 그랬고 한국교회 역시 그러하였다. 하나님의 백성은 고난을 두려워하지 말고 신앙을 위하여 더욱 힘차게 나아가야 한다.

[169] 국가권력(國家權力, state power, staatsgewalt): 국가의 통치권. 즉, 국가가 그 정치적 기능을 다하기 위하여 행사하는 권력을 말한다. 국가는 권력으로서 사회 전반을 통제함은 물론 이에 위반되는 경우에는 형벌권을 행사할 수 있다. 국가의 권력은 그 배후에 경찰·군대·교도소 등의 물리적 힘을 가지고 국민에 대해 신체적 강제력을 가할 수 있다. 그러나 국가권력도 국제적 또는 국내적으로, 정치적 또는 법적으로 제약을 받는다. 예컨대 국가권력으로 반(反) 정부운동 민주인사를 탄압할 경우 국제적으로 비판을 받게 되고 국내법적으로도 문제될 수 있다. 또 오늘날과 같이 매스컴이 여론화시킬 경우, 국가권력의 남용은 국민으로부터 지탄을 받게 된다.
출처: 『이해하기 쉽게 쓴 행정학용어사전』, 2010, 새정보미디어 참조.

라 이루어지면서 '총체성'(die Totalität)을 형성해야 한다는 점, 나아가 이들 세 권력이 서로 적대시하고 대항하는 관계가 아니라 '하나의 개체적 전체'(ein individuelles Ganzes)를 이루어야 한다는 점을 강조한다.[170]

이와 같은 권력론은 항상 정치이론의 관점에서 연구되어 왔으며, 경제학에서 효율성을 주요 의제로 연구하는 것처럼 정치학에서의 핵심 논제는 여전히 권력에 있다고 할 수 있다. 즉 정치에 대한 개념 정의를 통해서 권력의 본질이 해명 가능하다는 접근법으로서 정치의 특성을 '자원의 권위적 배분'이라고 말한다면, 권력은 '내가 원하는 것을 남에게 시키면서 그를 통제한다는 의미에서 그 누구에 대한 능력이자 원하는 결과를 달성할 수 있는 능력'으로 말할 수 있다.

권력에 대한 일반이론을 개진한 현대철학자 러셀도 '의도했던 결과의 산출'로 설명하면서 권력에는 우리가 결정을 내리는 데 미치는 능력이 포함되고 권력은 정치적 의제를 구체화할 뿐만 아니라 특정한 결정을 내려지지 않게 하는 능력이기도 하고, 권력은 인간들의 필요와 선호를 조작함으로써 그들의 사상을 통제하는 형태를 가진다는 것이다.

이와 같은 맥락으로 보면 권력은 항상 권력 행사의 주체로 다양하게 나타나게 되는데 이는 강제와 억압, 처벌과 법, 금지와 영향력의 지평에서 사유한다. 즉 국가야말로 법의 이름으로 강제와 처벌의 권능을 승인받은 유일한 조직체이기 때문이다. 그 때문에 국가는 권력의 집행에 있어서 항상 견제를 동반하게 되는 것이라 할 수 있다.

현대와 같은 다원적 사회에서 국가권력에 대한 이론이나 주장을 펴는 것에 차이가 존재하지만 어떤 것이 가장 정확한 이론적 정의를 내렸는가는 쉽게 선택하기란 용이하지 않다. 늘 우리의 소망대로 국가가 개인을 충분히 보호해 주고 그 안에서 삶의 가치를 누리는 것을

---

170) 헤겔, 『법철학-세 가지 권력』, 서울대학교 철학사상연구소, 2004, 272~278쪽.

이상으로 한다면 국가권력에 대한 신뢰를 무한히 보내게 될 것이다. 국가의 구성과 권력의 행사에 국민이 전폭적으로 참여한다고 해도 늘 아쉽고 부족함을 느끼는 것이 보편적이라면 앞으로 전개될 국가권력의 방향을 생각하는 것도 중요하다고 여겨진다.

권력은 어떤 형태든지 행사하고 싶어 하는 경향이 있음을 상기할 때 그에 따르는 적절한 견제장치가 필요하다. 즉 권력의 남용에 따른 폐해를 막기 위해서는 국민주권에 대한 바른 이해가 선결되고, 구성원 개개인 모두가 이에 대한 바른 인식을 가진다면 어느 정도 권력의 남용과 오용에 대한 폐해가 방지될 것이라 여겨진다.

역사적으로 근대 이후 발전되어 온 각국의 헌법은 권력 남용을 방지하기 위한 많은 제도적 장치를 만들었는데, 예컨대 선거제도, 법령에 대한 위헌심사제, 헌법재판제도 등이 대표적이다. 그러나 이들 제도도 어느 면에서는 한계가 나타나게 되면서 또 다른 대안을 부분적으로 찾게 된다.

모든 국가권력의 국민적 통제를 위한 가장 효과적인 수단의 하나로 국민소환이 있지만 우리는 이 제도에 대한 활용이 매우 약하다. 여기에 대한 이유는 국민소환이 정치적으로 특정 정치세력에 의해 이용될 우려가 많고 기술적인 어려움이 많기 때문이다. 그럼에도 불구하고 이런 제도에 대한 종합적인 평가를 하는 방향도 고려해 볼 만하다고 하겠다.

우리의 경우 정기적으로 치르는 선거의 모습을 보면, 국민의 대언자나 대변인으로서의 소중한 책무는 구호로만 외쳐지고 그 내면에는 자신들의 사익을 채우는 데 많은 시간을 보내고 있음을 보고 있다. 그 결과로 총선 이후 정치인들의 행태와 매년 나타나는 예산의 날치기 통과와 방탄 국회로 상징되는 국회의원의 특권에 대한 폐지를 생각하면, 그만큼 국가권력의 이용이 국민주권주의에 입각한다는 것이 얼마나 명목적인 것인지 알 수 있다.

2) 국가권력 분립 원리

헌법 제1조 제2항이 지향하고 있는 것은 국민주권주의이다.[171] "국가권력의 정당성이 국민에게 있고 모든 통치권력의 행사를 최후적으로 국민의 의사에 귀착시킬 수 있어야 한다는 등 국가권력 내지 통치권을 정당화하는 원리로 이해되고 선거운동의 자유의 근거인 선거제도나 죄형법정주의 등 헌법상의 제도나 원칙의 근거로 작용하고 있다"[172]고 말한다.

즉 국민주권주의의 참뜻은 국가권력의 민주적 정당성으로 요약할 수 있다. 이와 함께 헌법 제1조 제2항의 "대한민국 주권은 국민에게 있다"와 "모든 권력은 국민으로부터 나온다"라는 명제에서 알 수 있듯이 주권의 소재와 통치권력의 담당자가 같을 수는 없음을 전제한다.

이는 국민 전체가 직접 국가기관으로서 통치권을 행사하는 것은 아니고 주권의 소재와 통치권의 담당자가 같다는 것을 말하는 것도 아니다. 예외적으로 국민이 주권을 직접 행사하는 경우 이외에는 국민의 의사에 따라 통치권의 담당자가 정해지는 것이므로 국가권력의 행사도 궁극적으로 국민의 의사에 의하여 정당화될 것을 요구하는 것이라고 헌법재판소[173]는 말하고 있다.

이와 같은 정신을 존중하여 권력분립이 이루어지는데, 권력분립의 개념적 이해로는 국가기능을 행정·입법·사법으로 분리하고 각각을 독립된 기관에 분립시킴으로 국가권력의 남용을 방지하고 국민의 기

---

171) 차병직 외, 『지금, 다시 헌법』, 로고폴리스, 2016, 34쪽.
172) 헌재 2009. 3. 26. 2007헌마843.
173) 헌재 2009. 3. 26. 2007헌마843.

본권을 보장하기 위한 국가구조의 조직원리라고 말할 수 있다.

이러한 권력분립의 법적 성격으로는 자유보장 원리·중립적 원리·국가조직 원리 등으로 정의하고, 이러한 분립의 이론으로는 존 로크(J. Locke)의 2권 권력분립이론[174]과 몽테스키외(Montesquieu)의 3권 권력분립이론[175]이 있다.

그러나 사회환경과 국민들의 인식이 발달하여 고전적인 국가분립이론으로는 국민주권 국가의 통치에는 한계에 봉착하게 되었다. 즉 시민사회가 산업혁명을 통하여 민주적 다원주의에 대해 적절한 대응이 어려워지자 권력분립의 합리적 재구성이 요구된 것이다. 뢰벤슈타인의 동태적 권력분립이론[176]이나 가기의 포괄적 권력분립이론[177]을 예로 들 수 있다.

3) 국가권력 분립의 내용

(1) 본질

국가권력 분립의 원리는 국가구조를 형성하는 조직 원리의 성격을

---

[174] 존 로크는 민주주의 원리에 기초한 입법권을 최고의 권력으로 보았고 그 밑에 집행권을 두었지만 사법권에 의한 독립을 인식하지 못한 한계가 있다.
[175] 몽테스키외는 국가는 3종의 권력을 가지고 있으며 분업의 원리에 기초한 능률성 제고보다는 견제와 균형에 의한 국민의 자유 보장에 주안점을 두었다. 이는 기관의 분리와 기관 간의 견제와 균형을 강조한 것이 특징이다.
[176] 김학성, 『헌법학개론』, 피앤씨미디어, 2012, 389쪽: 다원적 대중민주주의에서 국가권력의 분립이 국가기능의 분리로 대체되어야 한다고 하면서 국가기능을 정책결정·정책집행·정책통제로 나누고 서로간의 협동을 통하여 효과적인 권력통제를 주장한다. 이와 함께 권력통제를 기관 내 통제와 기관 간 통제로 나눈다.
[177] 가기는 권력분립도 시대에 따라 달라지는 만큼 권력의 분립과 통합을 포괄적인 질서 개념으로 발전시켰다. 즉 입법·행정·사법의 구별을 긍정하고 그 위에 헌법제정·개정권과 입법권의 이원화, 입법부의 양원제, 국가기관의 임기제, 복수정당제도와 여야의 권력통제, 집행부 내부의 권력분립, 민간권력과 군사권력의 분리, 국가와 교회의 분리, 연방과 주의 수직적 권력분립을 말한다.

지닌다. 그런 면에서 기존의 국가권력을 제한하는 소극적 성격이나 정치철학적인 이상 속에 머무는 것이 아니라 국가가 역동하는 역사적 상황과 분리될 수 없는 역사적 원리의 성격을 지닌다. 어떠한 경우에도 권력분립의 궁극적 목표인 자유 보장은 불변이라고 할 수 있다.

(2) 목적

권력분립은 국가기능을 나누고 제한하는 데 궁극적인 목적이 있는 것이 아니라 국민의 자유와 권리를 보장하는 데 있다.

(3) 내용

공동체 생활에 있어 행동원칙을 만든 자와 이 원칙을 집행하는 자는 분리되어야 하며, 행동원칙에 따른 집행이 옳은지 여부의 판단 또한 원칙을 만든 자와 집행자와의 제3자에 의해 행해져야 한다. 따라서 법을 만들고 이를 집행하며 법이 무엇인가를 판단하는 기능은 분리되어 관장되어야 한다. 삼권분립이 지금도 영향력을 지니게 되는 이유이기도 하다.

권력분립은 권력의 분리보다 기능의 분리여야 한다. 고전적 권력분립 이론에 따르면, 국가권력을 제한하고 억제하여 자유를 보장하려고 하기 때문에 국가권력을 나누고 상호 견제함으로써 국가권력의 남용을 방지하려고 한다. 그러나 지금의 민주주의 국가에서는 국가권력 자체가 국민에 의해 형성되는 것이기에 국가권력을 쪼개어 나누는 측면보다는 국가적 과제를 수행하기 위해서 국가기관이 담당해야 할 업무 즉 기능에 따른 적절한 분배에 중점이 주어져야 한다.

지나치게 권력의 분립만을 강조하면 각 기관의 역할에 응집력이 약해져서 효율성 면에서 효과를 내기가 어려울 수가 있기 때문이다. 이런 관점에서 기능 분리가 강조되는 이유이기도 하다.

(4) 한계

권력분립 원리는 자유보장을 위한 조직 원리의 성격을 지니지만 효율성 증대를 위한 분업의 원리를 고민해야 하며, 분리만을 강조한다면 본래의 기능적인 역할의 경계가 모호해지는 한계성을 지니게 된다.

국가기관이 상호 기능적으로 협력관계를 유지하면서도 서로의 기능을 통제함으로써 국가권력 행사가 언제나 협동과 통제 아래 조화될 수 있어야 한다.

다양한 사회적 욕구와 기능적 역할이 무엇보다도 강조되는 현실에서 국가기능을 어떤 방향으로 효율성과 효과성을 같이 향상시키는 작업이 숙제로 남게 되고, 이에 따른 다양한 기술적 발전이 요구된다면 권력분립에 따른 한계성은 그만큼 작아지게 될 것이다. 이러한 맥락으로 볼 때 국가의 통일성을 해칠 정도의 분리는 권력분립의 한계로 작용할 수가 있다.

3. 우리 헌법에 있어서의 권력분립제도[178]

대한민국 헌법은 건국헌법 이래 권력분립 원리를 국가의 조직 원리로 채택하고 있다. 수평적으로는 국가기능을 입법·행정·사법으로 나누고 이를 서로 다른 국가기관에게 맡김으로써 수직적으로는 국가와 자치단체 간, 자치단체 상호간의 권력 통제를 통해 권력분립이 제도화되어 있다.

현행 헌법은 권력의 분리 및 견제와 균형의 고전적 권력분립과 현대의 기능적·포괄적 권력분립을 함께 가지고 있다.

이에 따라 우리는 고전적 권력분립 원리에 따른 권력분립제도로는

---

178) 김학성, 위의 책, 391쪽.

기능의 분리[179]와 권력 상호 간의 견제와 균형[180]을 선택하고 있고, 권력의 통제로는 입법을 통한 국회에 의한 통제와 집행에 대한 행정부에 의한 통제 및 이와 같은 행정 행위에 대한 사후적 조치로 사법부와 헌법재판소의 통제를 들 수 있다.

현대의 기능적·포괄적 권력분립에 따른 권력분립제도가 헌법에 명시되어 있고, 임기제에 따른 시간적 권력분립과 중앙정부와 지방 사이의 권한 분배를 통한 수직적 권력분립이 있다. 또한 복수정당제를 통한 여·야 간의 권력 통제와 선출직인 정치권력과 공무원임기제에 따른 관료세력 간의 권력통제도 중요하다. 특히 중앙과 지방 사이의 권력 분립을 위해서는 지방에 더 많은 자치적 행위를 주어야 하는 과제가 남게 된다.

특히 우리와 같은 대통령중심제에서는 제왕적[181] 대통령제라는 비판을 최소화하기 위해서는 지방의 권력적 권한을 지금보다는 제도적으로 더 많이 분배해 줌으로 중앙집권적 획일주의에서 벗어나 다양한 사회공동체의 요구를 수용할 수 있는 맞춤형 정치체제의 정착과 함께 지역의 균형적 발전을 위해서도 고심할 필요가 있음은 주지의 사실이

---

[179] 헌법은 국가기능을 입법·행정·사법으로 나누고 구별된 국가기능을 서로 다른 국가기관에게 부여하며, 해당 국가기관으로 하여금 주어진 과제를 담당할 수 있도록 권한을 주고 있다.
[180] 현행 헌법은 분립된 권력 사이에 견제와 균형을 도모하고 있다. 권력의 정서란 국가적 과제를 기능적으로 구별하여 이를 관련 국가기관에게 맡기면서도 기능 수행을 단독으로 하지 못하고 타 기관과 협력하여 수행하도록 한 것을 말한다.
[181] 일반적으로 우리나라의 대통령제를 제왕적 대통령제라고 비판하지만 내용적으로는 '제왕적'이란 용어는 오용되거나 남용된다는 느낌이 많다. 권력분립에 있어서 행정부가 비대해지고 고도로 발달된 현대의 문명과 사회구성원인 시민의 다양한 욕구를 충족시키기 위한 선제적 재량이 행정부에 집중되는 것을 먼저 이해하는 것이 필요하다. 이에 비해 사법부와 입법부는 행정부에 비해 상대적으로 보수적이면서 수동적이기 때문으로 여겨진다. 우리 헌법은 대통령에 대한 통치적 행위와 행정부 수반으로서의 행정행위에 대한 개념이 좀 더 명문화될 필요가 있고, 특히 인사권에 있어서 국회의 동의와 선택에 대한 존중이 더욱 필요하다. 대통령에게 주어진 통치적 행위로 치부하면서 독단적 강행에 마땅한 견제수단이 없는 현실적 고충을 보완하는 법적인 조치가 필요한 분야라고 생각한다.

다. 형식적인 권력의 이양이 아니라 내용적인 면에서도 충분한 보장이 필요함은 더욱 절실하다고 하겠다.

4. 정교분리론에 근거하는 견해

권력분립의 원리에 따라 정교분리론에 대한 다양한 주장이 있음을 살펴보면서 정치에 예속되지 않는 종교의 자유에 관한 여러 가지 제도가 있음을 간단히 살펴보고자 한다.

종교의 자유를 명시적으로 보장하는 헌법적 선언은 미국·일본·프랑스와 같이 정교분리에 의한 경우와 영국·독일·스위스와 같이 종교적 관용에 의한 경우 등 그 나라의 역사·관습·법률과 전래로부터 내려오는 생활의 특징에 따라 매우 다르게 표현되고 명시적으로 선언되고 있다.

정치와 종교의 분리에 관한 연구[182]로 '교회 고유의 내부사항'과 '국가법과 접촉하는 교회의 내부 및 공동사항'으로 구분하여 독일연방대법원의 판례와 학설을 근거로 검토한 황우여 박사의 견해에 따르면, 교회 고유의 내부사항인 신앙교리, 예배, 성사, 교회헌법, 성직자의 직무관계 중 영적인 면과 교인의 교회 내부의 법적 지위에 관한 소송은 교회법원의 전속관할이므로 국가법원에 소송이 제기되었다 할지라도 법률적 쟁송사항이 아니라는 이유로 부적법 각하를 강조하고 있다.

정치와 종교 분리의 원칙은 국가와 종교가 각기 고유한 영역을 가지고 있다는 것을 전제로 한다. 문제는 국가와 종교의 상대적 영역을 나누고 그에 따르는 개념적 이해와 실천적인 면에서 차이가 많기 때문에 상충되는 일이 많이 나타났다.

---

182) 황우여, "국가의 법과 교회의 재판", 사법논집, 제13집, 1982, 20~21쪽.

누구든지 종교를 가진 자라면 국가의 국민이면서 동시에 국가의 조직에 가시적으로 소속되는 이중적인 존재이기 때문에 국가 밖으로는 존재할 수가 없다.[183]

보편적으로 국가와 종교의 권력이 균형을 잃고 힘이 비정상적으로 비대해지면 자기의 영역을 넓히려는 자기합리화와 함께 상대의 영역을 침해하면서 간섭하려는 강력한 유혹을 느끼게 된다.

그래서 국가와 종교는 각자의 고유 영역을 인정하고 국가는 종교의 영역을, 종교는 국가의 영역을 침해하지 않도록 법적으로나 제도적으로 보장하는 근본원리가 바로 정치와 종교가 분리된다는 개념이다.

정치와 종교의 분리제도를 살펴보면, 분리의 영역과 제도적인 한계는 각국의 역사적 배경과 종교의 자유를 쟁취한 과정의 연혁에 따라 매우 다르게 나타나는데 대체로 우호적인 분리형과 비우호적인 분리형으로 구분이 가능하다.

종교전쟁을 통해서 종교의 자유에 대한 아픈 역사를 가지고 있는 미국과 프랑스의 경우는 정치와 종교에 대한 분리가 모범적으로 정리되었다고 볼 수 있다.

그러나 이런 외형적인 설명으로 정교분리의 본질에 접근했다고 말하기는 어려운 면이 있다. 왜냐하면 정교분리의 내용 분류에서 어떠한 정신적인 내용을 가지는 실질적인 분리인지 혹은 그에 상응하는 대안을 가진 분리인지에 대해서 좀 더 깊이 살펴볼 필요가 있기 때문이다.

오늘날 정교분리의 형태를 국가를 중심으로 본다면 그 유형은 다음과 같다.[184] 먼저 국교제도는 있지만 타 종교에 대해서 종교의 자유를 보장하는 경우로 영국·스페인 등이 있고, 다음으로 국교는 인정되지 않고 종교단체에 대해 공법인으로서 인정하여 각기 고유한 사항을

---

183) 김성태, "교회와 국가의 관계", 사목83호, 1982년 9월호, 21쪽.
184) 양건, 『헌법의 이름으로』, 사계절, 2018, 606쪽.

인정하고 경합적 사항은 콩코르다트나 개신교회 계약을 통해 해결하는 경우로 서독·이탈리아 등이 있다.

세 번째로 국가와 종교를 분리하는 것을 헌법에 명시한 미국과 프랑스(1905년 정교분리법 제도 이후), 한국과 일본 등이 있다. 완전 분리형의 경우 그 구체적 내용에 따라서 프랑스형과 미국형으로 구분된다.

사회주의 국가의 경우는 철저한 비우호적인 분리형에 속한다. 정교분리의 원칙은 구체적으로 먼저 국가의 부인, 다음으로 국가에 의한 특정 종교의 우대와 차별 금지, 세 번째로 국가에 의한 종교적 활동의 금지 등을 그 내용으로 한다.[185]

5. 종교의 자유와 정치의 관계

현대국가들에 있어서 국가와 종교의 관계에 관한 공통점은 종교의 자유에 대한 관용적 태도와 정교분리의 확고한 실시를 중심으로 나아가고 있다고 할 수 있다.

우리나라 헌법은 1948년 제헌헌법에서 종교의 자유와 정교분리의 원칙을 규정한 이래 자구와 문맥만을 약간 수정하였을 뿐 계속 이 규정을 유지하고 있다.

종교의 자유와 정교분리의 원칙을 규정하고 있는데 이것은 종교의 자유를 가장 유효하게 보장하는 수단으로서 정교분리의 원칙을 선언하는 것으로 볼 수 있으며, 일반적으로 종교의 자유와 정교분리의 관계는 서로 목적과 수단의 관계로 간주하는 경우도 보인다.

종교의 자유가 절대적 기본권으로서 기능하고 자연권으로서의 목적이라면 정교분리는 이를 효율적으로 이루기 위한 수단으로 볼 수

---

185) 황환교, "종교적 자유권에 관한 연구", 건국대학교 법학박사논문, 1986, 47쪽.

있다.[186]

6. 종교와 정치의 새로운 위상

1) 종교시설물 파괴행위에 대한 인식

우리나라의 경우 종교시설물이 반사회적 범죄행위인 테러나 폭력행위의 이용물로 이용된 예는 극히 드물지만 다민족국가로서 다양한 지역적 특성과 습속을 가지고 있는 미국의 경우는 이에 대한 사례가 있고, 최근 몇 년 동안 미국에서는 종교단체들에 대한 폭력행위가 급격하게 증가하여 왔다.

이러한 종교단체들에 대한 공격행위는 주로 반 유대파괴주의의 희생물(Wave of anti-semitic vandalism)[187]로 나타나는데, 종교단체를 목표로 하지 않은 폭력보다는 더욱 엄격하게 법령을 제정하는 움직임이 많다.

반 종교적 파괴행위 법령들은 일반적인 경범죄나 중죄 혹은 비열한 범죄보다 종교단체들의 시설물을 파괴했을 때는 가중처벌하도록 되어 있다. 우리의 경우 일부 광적인 종교 교도들이 타 종교의 시설물에 불법적으로 잠입하여 종교행위를 방해하는 경우가 대다수이며, 종교기관이 소유하고 있는 종교시설을 모욕하는 행위가 많이 나타나는 경

---

186) 성낙인, 『헌법학』, 법문사, 2016, 제15판, 1115쪽.
187) 다른 문화·예술 등에 대한 무지로 인해 문화유적 및 공공시설을 파괴하는 행위로 5세기 초 로마를 침략해 문화를 파괴하고 약탈했던 반달족의 활동에서 유래했으며, 문화유적을 파괴하거나 약탈하는 등의 행동을 가리킨다. 우리나라에서 발생한 반달리즘의 대표적인 예는 1866년 병인양요 당시 프랑스군이 외규장각의 도서를 약탈하고 불을 지른 사건을 들 수 있다.

향이다.

우리는 제도적인 법제도 미비로 인하여 이러한 행위에 대한 처벌법은 아직 발의되지 못한 실정이다.

앞으로 사회가 다양화되고 구성원의 욕구가 개별화됨에 따라 이러한 반사회적 행위에 대한 원인을 정확하고 세심하게 살펴보고 이에 맞는 법적인 조치를 마련해야 할 필요성이 강하게 대두되면서 사회의 변화에 따라 이에 맞는 법의 제정이 시급하다고 할 수 있다.

2) 정교관계의 제 원칙

종교란 전반적으로 각 개인과 가족과 개인적 기호에 의해 선택된 단체들에 대한 사적 공간이어야 한다는 개념을 인정하는 데 있어서 두 가지 중요한 원칙은 중립성과 종교의 분리이다.

중립성의 원칙은 특정 종교나 일반적 의미의 종교를 옹호하거나 제한하는 어떠한 행위도 취해서는 안 된다는 요구에 의해 개인적 선택의 자유를 보장하기 위한 시도이다.

다음으로 정부와 종교의 분리원칙이 필요한 이유는 종교활동에 대한 정신적·재정적 지원과 국가원수의 타의적 혹은 자발적 참여를 피하기 위한 조치이기 때문이다.

정부와 종교의 결합은 정부를 해치고 종교를 타락시킬 위협을 내포하고 있다는 전제에서 출발하고 있고, 역으로 종교가 정부를 간섭하게 되면 정부의 기능이 마비되면서 갖가지 부작용이 나타나 결국은 공멸한다는 인식이 전제되기 때문이다.

그런 이해의 틀 속에서 현대국가는 정치와 종교 간의 거리를 분명히 구분하는 제도를 선언적으로 명시하고 있고 제도적으로 보장하는 장치를 두는 것이다.

교회법개론
the Church Law
System of Korean
Protestant

제3장
교단헌법과 노회규칙

제1절
교단(회)헌법

1. 교단헌법[188]의 개념과 의의

1) 개념

대한예수교장로회의 모든 교회는 교회헌법[189]이 필요하며 이를 위해 장로회헌법을 가지고 있다. 교회헌법이란 교회를 지배하고 다스리는 기본법이자 교회 내의 모든 규율을 기속하는 최고법을 말한다.

교회헌법은 성경을 이해하고 해설의 결과에 따른 실천적 학문의 결과로서 기능하며, 이러한 결과의 실행을 위해서는 교회구성원의 공통된 합의와 노회라는 지교회의 집합체적 상위기관과 이를 총괄하는

---

188) 본서 제3장에서는 교단헌법을 교회헌법과 같은 내용으로 보고 정리했다. 그 이유는 교단에서 인준하면 교회헌법의 내용이 곧 교단헌법으로 쓰이는 것이 보편적이기 때문이다. 그러나 제2장 '교회법의 이해'에서는 교회법 본래의 의미로 사용했다. 어떤 관점에서 교회헌법이고 어떤 관점에서 교단헌법인지에 대해서는 내용에 따라 구분해서 적용하면 큰 무리가 없으리라 생각한다.
189) '헌법'이란 용어가 교회에서 써야 하는 것인지 혹은 '교회헌법'이란 용어가 적절한지에 대한 정확한 이해 개념 속에 구분된 것은 아니지만 지금까지의 관례에 따라 교회헌법이란 용어를 쓴다. 교회에서의 최고법이란 의미로 이해되지만 '헌법'이란 공법적 인식이 보편화된 현실을 보면 교회에서의 '헌법'이란 용어를 쓰는 것도 매우 조심스러워야 할 분야라고 여겨진다.

총회의 추인을 필요로 한다.

교회법이란 일반적으로 개신교에서는 교회법 조문을 'Canon'[190]이라고 하고, 그 교회법 전체를 'Canon법'이라고 한다. 이 교회법은 교의·교회의 조직과 기능·교회의식·신앙생활과 권징조례 및 교회재판에 관한 모든 규범의 총체를 의미한다.

교회법은 보통 교회헌법이란 용어를 의미하며, 이는 가치체계를 중시하고 비교적 개정이 어려운 도리적인 부분과, 개정이 비교적 쉬우며 절차적인 부분을 강조한다. 즉 사회적인 현상과 흐름에 따른 시행세칙이나 부칙을 두어 절차적 과정을 중시하는 관리적 부분을 말한다. 이런 이유로 감리교회에서는 '교리와 장정'이라 했고 장로교회에서는 '헌법'이라고 하며, '도리적이고 실체적인 교리 부분과 절차적인 관리 부분'으로 구분한다.

교회법은 통상 광의적 부분과 협의적 부분으로 대별하는데, 광의적으로는 교회의 운영과 조직·기능에 관한 규정이라고 명시했을 때 교단이 합의한 교회법은 '교단헌법'이라 하고, 지교회가 합의한 교회법은 교회자치법규인 '교회정관'이라 한다.

지교회가 일정한 교단에 소속될 경우 '교단헌법은 지교회의 상위법으로 교회정관 작성의 방향을 정해 주는 것'으로 그 권위가 있다.

그러나 사회가 다양화되고 다극화되면서 많은 소수자의 의견이 분출하는 현대사회에서는 이러한 요구를 수용하기에는 한계가 있어 보인다.

즉 교단헌법으로는 교회의 모든 영역을 다 채워 줄 수 없기 때문에 교단헌법이 허용하는 범위 내에서 지교회 형편에 맞는 독립적이고 민

---

190) 신·구약성서를 말하며 정전(正典)이라고도 한다. 본래 그리스어(語)의 kanōn에서 유래한 말로서, 라틴어 '카논'은 '표준·척도·모델'을 뜻한다. 사도 바울은 이 말을 '인간 행위의 기준이라는 뜻으로 썼으며(갈 6:16), 초대교회의 교부(教父)들은 '그리스도 교도의 신앙과 행동의 모범'이라는 뜻으로 썼다.

주적인 운영을 뒷받침할 교회자치법규가 필요하다.

그리고 지교회가 가지는 한계를 극복하고 교회의 기능을 합리적이고 효율적으로 관리하기 위한 지역적 조직체가 필요한데 바로 '노회'라는 이름의 조직체가 필요한 것이다. 여기에서 생기는 새로운 규칙이 만들어지는데 이를 '노회규칙'이라고 한다.

즉 교회헌법의 하부규범으로 노회규칙과 교회정관이 생기는 배경과 근거가 여기에 있다. 이런 이유로 교회헌법-노회규칙-교회정관이라는 수직적인 관계가 형성된다고 말할 수 있다.

2) 의의

개신교에서 교회법이라 하면 보통 장로교헌법을 지칭하는 경우가 많다. 그 이유는 개신교가 우리나라에 전래된 경우와 깊은 연관을 가진다. 초기 우리나라 개신교는 교회법 혹은 교회법전이라는 것을 가지지 못했다. 교단마다 특색을 가진 선교사들의 선교원칙에 따라 본국의 선교지침을 따랐고, 개인적인 신앙소신을 중시했기 때문이다.

역사적 문헌의 기록을 보면, 장로교가 1907년 독노회 최초로 '헌법세칙'을 제정하였고,[191] 후발 교단들도 이를 원용하면서 교단마다 특색을 가감하였기 때문에, 여기서는 장로교헌법을 중심으로 하여 개신교 전체를 보는 프리즘으로 기술하였다.

보편적으로 교회에서 장로회헌법은 어떤 의미가 있으며 교회에서 어떤 역할을 하는가와 현실적인 신앙생활을 하는 데 법은 우리의 삶과 신앙을 어떤 방향으로 구속하는 있는가의 질문은 매우 중요하다. 이러한 질문은 장로회헌법의 중요성을 이해하는 단초가 된다.

이처럼 교회헌법은 우리의 신앙 전반을 기속하는 울타리 역할을

---

191) 대한예수교장로회(합동), 『헌법』, 서문.

하지만 우리의 실생활에서 이를 의식하며 살기란 쉬운 일이 아니다. 이러한 맥락에서 다소 철학적이고 추상적이기[192] 쉽지만 장로회헌법의 구성과 목록을 보면 일정 부분 그 의미를 유추할 수 있다.

장로회헌법이 교회의 운영을 위한 규칙이라고 할 때 먼저 교회에 대한 전제가 요구된다. 이러한 요구로 장로회헌법 정치편 제2장은 교회 설립과 교회의 구별 및 교회집회와 각 지교회에 대한 규정을 두고 있다.

장로회는 개혁주의 교회론을 중심으로 하고 있으며, 이는 예수 그리스도를 중심으로 하여 각 지체들이 연합하여 하나가 된 교회를[193] 지향한다.

개혁주의 신학에 의하면, 교회는 하나님의 선택과 내적 부르심을 아는 자를 말한다. 이러한 교회관에 따라 교회를 유형적(가시적) 교회와 무형적(불가시적인) 교회로 구분한다. 무형적 교회는 유형교회의 활동을 통하여 시간과 공간 속에 나타난다. 이는 불완전하기 때문에 무형교회의 속성인 통일성·거룩성·보편성·사도성을 충분히 드러낼 수 없으므로 이를 보완하기 위하여 교회헌법과 교회정치가 필요하다고 한다.

교회론에서 교회는 유형교회와 무형교회로 나눈다. 이 중 무형교회의 교인은 하나님만 아시고, 유형교회는 보편교회로서 온 세계에 흩어져 있는 교회를 말한다.

---

192) 여기서 말하는 추상적이고 철학적이란, 의미는 보이지 않는 세계에 대한 믿음과 초월적 존재에 대한 숭배에 나타난 사고의 산물을 실제생활에 어떻게 구체화하느냐의 문제를 말한다.
193) 16세기의 종교개혁에 의해 등장한 교회는 교회를 '성도의 사귐'으로 이해하고 신앙인의 모임은 반드시 로마 교황의 권위에 의거하는 것이 아니라 진실로 예수의 복음이 고지되고 성례전이 바르게 운영되는 것을 말하며, 어원적으로는 '에클레시아' 즉 '~의, 안과 밖'을 구분한다. 그리고 초기 로마 귀족들의 모임을 에클레시아로 구분하여 귀족 신분과 평민과 노예의 경계를 짓는 용어가 기독교에 들어오면서 예수는 믿는 자의 무리를 구원의 틀 안에 속하는 자, 믿지 않는 자를 구원의 틀 밖의 자로 구분하는 개념으로 쓰이고 있다.

그 교회에 속한 자를 그리스도인이라 부르고 성부·성자·성령 삼위 일체 되신 하나님을 공경하는 자라고 설명하며 헌법으로[194] 규정하고 있다. 그리고 이를 구체화하는 제도적 규범과 장치로 장로회헌법은 교회정치를 비롯한 운영의 원리와 조직을 필요로 한다.

이를 구체화하는 마중물로서 교회헌법이 존재하는 것이고, 이를 통하여 하나님과 인간의 연합적 일체감을 설명하는 것으로 의의를 가질 수 있다.

2. 교회헌법의 역사적 발전

1884년 9월 20일에 의료선교사인 알렌이, 그리고 1885년 4월 5일에 장로교 언더우드 선교사와 감리교 아펜젤러 선교사가 입국하여 개신교의 선교를 시작했다.

이후 선교의 효율을 높이고 한국에 대한 선교 지원을 위해 1889년 미국 북장로회와 호주 빅토리아 선교회가 연합하고, 여기에 영국 성공회의 선교 계획을 추가하여 최초의 공의회[195]를 조직하게 된다.

이렇게 시작된 공의회는 1905년 공의회에서 채용한 신경은 서문을 제외하고 인도 국교회[196]에서 제정한 신경을 그대로 도입하였는데 당시 한국교회 형편에 제일 적합하고 유익하다고 평가되어 채택된 것이다.

---

194) 대한예수교장로회(합동), 『헌법』, 정치, 제2장, 제2조, 교회의 구별.
195) 창립 회합에서 미 북장로회 의료선교사인 헤론(J. W. Heron)이 의장이 되었고 호주장로회 선교사인 데이비스(J. H. Davies)가 서기로 선출되었고, 회원으로는 언더우드, 기포드, 의사 알렌 등이 참석하였으며, 마펫은 제2회 회집 시에 참석하였다. 이 공의회는 주로 초창기 선교에 대한 의견 교환과 선교활동의 조정 등이 주된 의제였다.
196) 인도 국교회의 신앙고백은 영국 성공회의 신앙고백을 원용하여 사용하다가 전문만 조금 변형하였고, 인도교회를 발판으로 삼아 아시아 전 지역에 복음을 전파하려는 영국 성공회의 선교 전략 계획과 맥을 같이한다.

공의회는 새로운 신앙고백을 공식화하기보다는 선교현장에서 교회들이 채택한 신앙고백과 교리와 전례로 내려오는 신앙고백 등을 혼합하여 사용하였다.

1907년 9월 17일 평양의 장대현교회에서 한국인 장로 36인과 선교사 33인과 찬성위원 9인 등 모두 78명이 참석하여 '조선전국독노회'가 설립되었고, 장로교회 전통의 신앙고백인 12신조와 정치규칙이 채택되었으며, 한국 최초의 목사 7인이 안수를 받음으로써 한국장로교회가 탄생되었다.

이때 '대한예수교장로회 규칙'[197]이 채택되었다. 1907년의 헌법은 간결하지만 신앙의 기본적 틀을 중심으로 제정하였고, 조직이 정비되면 완벽한 새 헌법을 작성할 수 있도록 배려를 하였다. 하지만 당시의 교세와 교회지도자들의 인식에서 헌법에 대한 법적인 사고는 미비하였다고 보는 것이 타당하다.

한국장로교회헌법은 1907년 독노회가 조직되면서 신경과 정치를 중심으로 제정하여 사용하다가 1915년 조선예수교장로회 제4회 총회에서 '정치편집위원'을 조직하여 전반적인 헌법의 틀을 만들기로 하고, 1916년 5회 총회에서 총회 정치부원과 합동으로 헌법 편찬에 본격적으로 착수하였다.

1918년 8월 31일 평안북도 선천군 읍복 예배당에서 개최된 조선예수교장로회 제7회에서 교회정치 문답조례 618문답에 기재된 '장로회 치리회 규칙'을 본 총회의 '장로회 각 치리회 보통회의 규별'로 적용하기로 결정하고, 이 의회규칙은 교회헌법에 규명된 것으로 각 장로회치리회에 사용하기 위하여 1791년에 미국 북장로회 총회가 제정한 것을 그대로 차용하였다.

---

[197] 제1조 교회론, 제2조 교회율례론, 제3조 교회직원론, 제4조 교회정치론, 제5조 규칙개정으로 전문 5조 14항과 세칙 7조로 구성되었다.

또한 '교의규칙'에 부가한 조례로서 회의하는 데 필요한 것인 '회의세칙'도 교회정치 문답조례 619문답에 기재된 11개조 전부를 본 총회에서 가감 없이 그대로 세칙으로 적용하여 회의록 부록에 함께 기록하고 있다.

1921년 제11회 총회에 이르러 정식으로 완벽한 헌법을 채택하였는데, 웨스트민스터 헌법의 목차를 모방하여 신경·소요리문답·정치·권징조례·예배모범 등 다섯 부분이 1921년 제10회 총회에서 통과되어 1922년 5월 5일에 출간되었다. 그 후 일본의 식민지배 시기에는 장로교단을 중심으로 선교 활동을 하였지만 외국 선교사들의 본국 송환과 일본의 신사가 들어오면서 교회 활동은 급속도로 침체기를 맞게 되고, 1938년 일부 개신교의 신사참배로 인한 교회의 수난사가 뼈아픈 역사로 나타나게 된다.

이러한 정치적·사회적 영향으로 인해 개인의 영적 문제에 치중하면서 선교 활동은 상당기간 침체 내지는 위축된 가운데 광복을 맞이하게 된다. 미 군정 시기를 거치고 한국전쟁을 통해 교회의 활동은 다소 활기를 찾지만 교리적인 문제와 일제강점기 신사참배 찬성파와 반대파 간의 반목들이 표면화되면서 교회 내 파벌이 형성되고 그에 따라 자연스럽게 분열이 일어났다. 이에 따라 교회헌법도 교단의 분열에 따라 다소 가감되거나 변용되어 사용된다.

장로교 역사에서 가장 아픈 부분은 1953년 기장과의 분열과 1959년 통합과의 분열로 그 상처가 지금까지 계속되고 있고, 이런 분열을 교단헌법의 위상을 현저히 약화시키는 계기가 된다. 그 이유는 교회법의 전반적인 최고규범으로 존재하는 단일법전의 중요성이 위축되는 결과를 초래한 면이 있기 때문이다.

아래 〈표 3-1〉에서와 같이 꾸준하게 이어온 총회의 전통과 역사적 추이를 살펴보면, 중간 중간에 분열과 함께 임기응변식 개정이 자주 이루어짐으로써 헌법으로서의 견고한 위상이 약화되고, 결과적으로 분열된 교단마다 헌법전이란 최고법의 조문을 함부로 개정하거나 만들어 쓰는 폐단이 이어지는 계기가 되었다.

이후 대한예수교장로교(통합)는 2007년 1922년판 '장로회 헌법'을 전면 개정하여 독자적인 장로회 헌법을 가지게 되었다.[198] 한국 최초의 '장로회헌법'인 1922년판을 특별한 수정 없이 그대로 계승한 교단은 대한예수교장로회(합동) '장로회헌법'이다.

---

198) 1922년판 『장로회 헌법』을 그대로 사용하면서 그 정통성을 이어가고 있는 대한예수교장로회 합동 측은 현재까지 '장로회 헌법'의 특정 부분만 개정하여 사용하고 있다. 그러나 대한예수교장로회 통합은 1959년 이후 기존판인 1922년판을 수차례 부분 개정한 후 2003년 제88회 총회에서 1922년판의 전면 개정을 결의한 후 3년간 개정 작업을 진행하였다. 2006년 제91회 총회에서 전면개정안을 통과시키고, 2007년 5월 15일 총회 공포 효력을 가지게 된다(『장로회 헌법』, 서문 3쪽, 2007).

⟨표 3-1⟩ 대한예수교 총회회의록 주요연표

총회 결의	연·월·일	비고(중요 결정사항)
제6회 총회결의	1917. 9. 1.	정치와 권징조례 등 5개 항
제16회 총회	1927. 9. 9.	헌법 수정의 건 필요사항 조사
제17회 총회	1928. 9. 7.	헌법 수정 제9장, 제10장, 제18장
제21회 총회	1932. 9. 9.	미 장로회 연합선교번역위원 선정 (16인)
제22회 총회	1933. 9. 8.	소요리문답과 신경 교정
제38회 총회	1953. 4. 24.	장로회 '정치' 개정
제39회 총회	1954. 4. 23.	'정치' 수정안 채용
제45회 총회	1960. 9. 22.	고려파와의 연합의 건
제45회 총회계속회	1960. 12. 13.	헌법 및 규칙 수정
제46회 총회	1961. 9. 21.	헌법 '정치' 일부 개정
제47회 총회	1962. 9. 20.	헌법 수정안 통과
제52회 총회	1967. 9. 21.	재단부 설치와 관련법령 삽입의 건
제53회 총회	1968. 9. 19.	헌법적 규칙 제6조 2항 유세에 관한 조항
제76회 총회	1991. 9. 24.	위임목사 종신직-70세 정년까지(가결)
제77회 총회	1992. 9. 22.	항존직 시무연한-70세(가결)
제85회 총회	2000. 9. 26.	85회 수정안 통과
제98회 총회	2013. 9. 23.	제95, 제96 총회 결의 시행-2014개정헌법
제101회 총회	2017. 9. 26.	제101회 예배모범-2017개정헌법 출판

출처: 대한예수교장로회 총회회의록(2018)

3. 교회헌법의 법적 지위

교회는 보편적으로 종교적·신앙단체적 관점과 세속적·법적 관점이 있는데, 그중 교회조직은 법률상 어떤 단체 내지 조직으로 분류할 것인가와 법적으로 어떻게 취급해야 할 것인가의 문제가 존재한다.

오늘날 대부분이 교회가 신앙단체적으로만 교회를 운영하므로 사회단체적 측면인 사단[199]성에 대한 법률 문제가 제기된다.

이에 대해 교회는 신앙 고유의 영역에 있지만 교회의 재산분쟁과 같은 다양한 분쟁에서의 해결은 법인 아닌 민법의 일반원리가 적용된다.

즉 교회정관(노회규칙과 교단헌법)은 지교회에 대한 구속력을 가지고 있으며, 교회 내부적으로서의 교회헌법은 이러한 법적 위치에서는 사법적 성질을 가지고 있고 교회 내부적으로는 최상위규범으로 작동하지만 일반법적인 분야에서는 자치법규로 인정될 뿐이다.

정관은 민법의 일반규정보다 우위에 있고 교회 내 분쟁이 사법심사의 대상이 될 경우 정관규정 유무가 판단의 준거로 작용하기 때문에 종교의 자유와 결사의 자유를 향유하기 위한 자치권으로서 소송사건과 관련하여 사법심사의 한계를 정하는 중요한 기준으로서 의의를 가진다.

교회헌법을 비롯한 노회규칙과 교회정관은 단체의 조직과 활동을 규율하는 단체법적인 규칙이다. 즉 교회헌법 내부 구성원에 구속력을 갖는 '법규범'(자치법규)[200]에 해당한다.

교회헌법도 자유롭게 규정을 제정할 수 있지만 그 내용이 헌법이

---

199) 사단의 표지로는 지속적인 목적성과 독립된 사회단체로의 활동, 단체의 의사결정기관, 업무집행기관, 대표기관과 같은 사단적 조직을 가지고 단체로서의 동일성을 유지하며 법적 거래에서 단체의 고유 명칭을 사용해야 한다.
200) 대법원 1995. 12. 22. 선고 93다61567 판결.

나 법률에 위반되는 경우에는 그 효력이 부정된다. 한 예로 법률의 규정에 어긋나는 의결정족수에 관한 규정이나 소유권 귀속 주체에 대한 규정은 무효[201]이다.

교회헌법은 교회를 운영하는 자치규범으로 조직·활동·권력의 형태를 정한 근본규칙이며 규약 자치의 원칙에 따라 운영의 관리 및 사용에 관하여 포괄적으로 규정하는 일종의 상호 간의 규범[202]이라 할 수 있다.

1) 교단의 의미 및 종류

교단이란 '교리'와 '예배'라고 하는 본질적이고도 핵심적인 요소를 공통으로 하고 있는 여러 교회들이 대외적 교회행정을 공동으로 행할 목적으로 연합하여 조직한 상급 종교단체를 뜻한다.

이러한 교회조직 내 모임의 총괄적인 용어가 바로 '교단'이다. 이런 점에서는 교회헌법 또는 교단헌법의 용어를 일원화하고 범위를 분명히 할 필요가 있다.

교단의 종류는 교회마다 특색을 달리하며 교회나 노회 혹은 총회의 목적과 방향성에 따라 명칭을 사용하는데, 장로교단의 경우를 예로 들면 장로정체에 의한 장로교회들은 '교회정관'이라는 자치규범을 갖고 있으며, '노회'는 '노회규칙'을, '총회'는 '총회규칙'을 자치법규로 갖고 있다. 당회(지교회)와 노회, 총회를 전체적으로 '교단'이라 칭하는데

---

201) 대법원 1991. 12. 13. 선고 91다29446 판결: "대한예수교장로회헌법에는 대한예수교장로회 경북노회 소속의 지교회에 속한 부동산은 노회의 소유로 하고 토지나 가옥에 관하여 분쟁이 생기면 노회가 이를 처단할 권한이 있음을 규정하고 있으나 물권인 부동산 소유권의 귀속 등 국가의 강행법규를 적용하여야 할 법률적 분쟁에 있어서는 이와 저촉되는 교회헌법의 규정이 적용될 여지가 없다."
202) 강혁신, "구분소유권의 소유권성 변질론", 민사법학, 제40호, 한국민사법학회, 2008, 131쪽.

그 교단은 '대한예수교장로회헌법'(이하 '교단헌법'이라 칭함)을 갖고 있다. 장로교단에 소속된 모든 교회들과 노회와 총회는 교단헌법의 적용을 받는다.

보편적으로 교회가 취한 정체는 다양하지만 감독·장로·회중정체를 대표적인 정체로 들 수 있다. 그중 장로정체에서 지교회의 목사와 치리장로들로 구성되는 당회는 지교회의 대의정치기관이자 지교회의 치리회에 해당한다.

노회는 이러한 당회들이 모여서 조직된 상급 치리회이고, 총회는 이러한 노회들이 모여서 조직된 치리회[203]이다.

이렇게 당회 → 노회 → 총회의 구성체제로 운영되는 장로교도 있고, 예장합동 교단은 당회 → 노회 → 대회 → 총회의 구성체제로 운영되지만 대회제도를 시행·보류하면서 당회 → 노회 → 총회의 구성체제로 운영된다.

'교단'은 지역적인 선교의 효율성을 높이고 지교회가 가지는 활동의 범위를 지원하며 교회 내 질서유지를 정리하고 교회가 가야 할 방향성을 제시해 주는 면에서 매우 중요한 역할을 한다.

아래 〈표 3-2〉에서 보는 바와 같이 지교의 교회정관과 상급 단체인 노회의 노회규칙과 총회의 총회규칙을 포함한 것이 교회(교단)헌법[204]이다.

---

203) 대한예수교장로회, 『헌법』, 제2편 정치, 제9장 치리회: 치리회는 당회·노회·총회로 구분하며 구성원은 목사와 장로이다.
204) 원칙적으로 교회헌법은 여기에 사도신경과 12신조 및 요리문답을 포함하여 총칭하는 것이지만 보편적으로 교회헌법과 교단헌법은 혼용하여 사용하는 경우가 많다.

〈표 3-2〉 대한예수교장로회 법체계

대한예수교장로회(합동)	
대한예수교장로회 총회	총회규칙
대한예수교장로회 ○○노회	노회규칙
대한예수교장로회 ○○교회(당회)	교회정관

2) 교단헌법[205]의 효력

대부분의 교단들은 '헌법'이라는 이름을 가진 자신의 교단 내에서 통용되는 교회법을 가지고 있는데, 대한예수교장로회 안에서는 앞서 살펴본 대로 합동·통합·고신·기장·개혁 등 여러 분파 교단들이 있으며, 그 교단헌법들의 내용들은 대체로 대동소이하다.

민법 제275~276조는 법인이 아닌 사단의 사원이 집합체로서 물건을 소유할 때에는 총유로 하고 각 사원은 정관 기타의 규약에 따라 총유물을 사용·수익할 수 있다고 규정하고 있는바, 대법원은 교회를 법인격 없는 사단으로 교회 재산의 소유 형태를 총유[206]로 보고 있다.

그러나 이러한 민법규정은 그 단체의 규약에 특별한 정함이 없을 경우에 보충적으로 적용되므로 먼저 이에 관한 교회정관에 대한 검토가 선행되어야 한다.

---

205) 보편적으로 통용되는 교회헌법과 교단헌법의 차이가 무엇인가 하는 질문에 대해서 총회는 교단이 교회헌법을 그대로 쓰기로 인준하면 교단헌법이 된다고 정했다. 그러므로 교단헌법은 교단마다 명칭은 조금 다르지만 주요내용은 거의 같다고 할 수 있다.
206) 민법 제41~76조 중에 규정된 '사단의 정관' 및 민법 제275~276조 중에 규정된 '사단의 정관 기타 규약이나 계약'의 성격을 가지는 '교회 관련규정'들은 교회와 관련된 법률관계를 규율하는 법적 효력을 가지게 된다고 명시하고 있다.

개척교회나 미자립교회[207] 등 대부분의 지교회들은 따로 교회 자체의 규약이나 헌법 등을 가지지 않고 소속 교단헌법이나 노회규칙을 지교회의 정관을 구속하는 상위 규범으로 채택한다.

법원은 비법인 사단의 교회정관을 자치법규로 보며, 교회는 소속 교단과 독립된 주체로서 자치법규를 제정할 수 있고, 교회정관 및 소속교단 총회의 헌법과 소속 노회의 규칙 등을 포괄하여 교회헌법이라고 한다.

교회정관과 노회규칙과 교회(교단)헌법은 지교회 내에서 자치규범의 지위를 가지는 관계로 우선적인 효력을 다투기보다는 교회 내부에서 가지는 수직적인 위계구조를 따진다.

일반적으로 교회는 교단헌법의 내용을 '보충'하거나 '변경'하는 내용의 정관을 제정하려고 하는데, 그렇게 제정한 내용도 원칙적으로는 교회 내에서 유효하지만 그 내용이 교단헌법의 본질적인 내용과 충돌하는 경우에는 정관 중 그 부분에 해당하는 내용은 효력이 부정될 수 있다.

교회의 자치법규인 교회정관은 법원의 재판에 있어서 강행법규를 제외한 실정법에 우선 적용된다. 교회분쟁에 관한 재판(사회재판 포함)에 있어서 법 적용의 순서는 강행법규-교회정관·노회규칙·교단헌법-임의법규의 순이다.

지교회는 대체로 자신의 규약이라 할 수 있는 '교회정관'이라는 것을 가지고 있고, 이러한 교회정관에는 그 정관에 명시되지 않은 사항은 소속 교단헌법에 의한다는 취지의 규정을 관례적으로 두고 있다.[208] 이와 관련하여 대법원은 특정 교단에 가입한 지교회가 교단헌

---

207) 대한예수교장로회,『헌법』, 제2편 정치, 제2장 교회, 제9조 지교회: 당회가 있는 교회는 조직(자립)교회라 하고, 당회가 없는 교회는 미조직(미자립)교회라 한다. 당회는 목사와 장로 2인 이상이어야 성립한다.
208) 한 예를 들면 "지교회의 부동산소유권은 노회가 가진다"라는 노회규칙은 명목상이지 실

법을 자신의 자치규범으로 받아들였다고 인정되는 경우에는 그 교회 정관과 배치되지 않고 그 교회의 독립성이나 종교적 자유의 본질을 침해하지 않는 교단헌법 내용은 그 교회의 권리관계를 규율하는 '정관 기타 규약'의 성격을 가진다는 취지로 판시하고 있다.[209]

4. 교회헌법의 내용

국가는 헌법을 기초로 하여 국민을 보호하고 헌법의 가치 위에 공동체를 형성하듯이 교회도 교회 내 자체규범인 교회헌법이라는 최고법원을 가지고 있다.

교회헌법의 기초 위에 교회가 필요로 하는 교단과 교회를 구속하고 있다.

헌법과 국가라는 어원적 관계는 서로가 필요충분조건을 주고받으며 상호 보완적 관계에 있다고 할 수 있다.

교회와 교회헌법도 같은 의미를 가지고 있다고 할 수 있다. 이 둘의 어원적 의미를 살펴보면 먼저 '교회헌법'과 '교회'는 뗄 수 없는 관계에 있다는 것이고, 다음으로는 '교회헌법'이 '교회생활'에서 차지하는 비중이 그대로 녹아든다고 할 수 있다.

교회헌법과 교회가 불가분의 관계에 있다는 것은 교회라는 조직체가 이 땅 위에서 기능하고 존재하는 이상 교회헌법이라는 운영규범을 반드시 가져야 한다는 것을 뜻한다.

장로회헌법은 두 부분으로 구분된다. 도리적(道理的, 敎理的) 헌법과

제 소유권은 지교회가 가지고 전권을 행사한다. 그럼에도 불구하고 이런 조문이 살아 있다는 것은 법적인 인식의 미비로 볼 수 있다.
209) 대법원 2006. 4. 20. 선고 2004다37775 전원합의체 판결.

관리적(管理的, 節次的) 헌법이다. 도리적 헌법은 신조(신경)와 요리문답이며, 관리적 헌법은 정치와 권징조례와 예배모범이다.

따라서 헌법을 제정·개정할 경우 교단의 근간인 도리적 헌법은 관리적 헌법보다 더 엄격한 절차를 두고 있다.[210]

교회헌법은 교회의 신학적 기반을 세워 주는 역할을 하고 신학과 교리를 계승하고 발전시키기 위해서는 조직과 행정과 정치원리와 규칙들이 필요하다.

이와 같은 교단의 신학적 입장을 담고 있는 도리적 헌법과 조직 및 관리를 위한 관리적 헌법을 정당한 것으로 받아들인다는 고백과 선서가 무엇보다도 중요하다.

한 예로 교단에서 목사가 되는 절차로는 강도사 고시에 응시하여 합격한 후 강도사 인허를 받아 목사 안수를 받는다. 여기 강도사고시는 헌법에 의하며 고시과목으로 '교회헌법'이 포함되어 있다. 이때의 교회헌법은 보통 '장로회헌법'이라 말하고 통칭 '교회헌법'이라고 한다.

한국에 있는 모든 장로교의 뿌리라고 할 수 있는 대한예수교장로회 조직인 1907년 독노회 시에 '세계장로교회통상헌법'인 신경·정치를 대략으로 제정하여 임시로 시행해 오다가 1915년 제4회 총회에서 정치편 개정과 전 헌법 편집위원회를 조직하여 웨스트민스터 헌법의 목차를 모방하여 신경, 소요리 문답, 정치, 권징조례, 예배모범 등 다섯 부분이 1921년 조선예수교장로회 총회(제10회)에서 통과되어 1922년 5월 5일 출간된 것이 한국 최초의 헌법으로 자리매김 된다.

장로회헌법이란 단순히 정치편만을 의미하지 않고 신앙원칙과 신앙고백의 내용인 '교회'와 신앙적 행위양식인 '예배'라는 본질적이고도 핵심적인 요소를 공통으로 하고 있으며, 여러 교회들이 대외적 선교와 대내적 교회행정을 공동으로 행할 목적으로 규정한 자치규범으로 설

---

210) 대한예수교장로회(합동), 『헌법』, 정치, 제23장.

명하며 신조, 요리문답, 정치, 권징조례, 예배모범 등 전체를 의미한다.
현재 장로회헌법은 도리적 부분과 관리적 부분으로 구분되며 제1편은 12신조, 제2편은 성경 소요리문답, 제3편은 성경 대요리문답, 제4편은 정치, 제5편은 권징조례, 제7편은 예배모범, 그리고 부록은 웨스트민스터 신도개요이다.

5. 교회헌법의 특징

1) 교회헌법[211]의 개념적 이해와 범위

교회헌법과 교단헌법은 어떤 차이가 있는지와 실제 이 두 헌법이 교회법으로 정확한 개념은 무엇인지를 설명하기란 매우 모호하다. 그 이유는 '교단' 혹은 '교회'라는 어원적 의미가 상이하기 때문이고, 여기에 '헌법'이란 어원을 합성하여 놓으면 어딘지 모르게 어색하고 어원적 의미의 근원과 추구하는 방향이 다르기 때문이다.
교회는 그 자체로 독립적인 조직체로 기능하지만 교단은 그러한 목적을 가진 결사체가 모여서 하나의 그룹을 형성하는 것으로 풀이할 수 있다. 그리고 헌법이란 어원도 모든 것의 근본이고 가장 넓은 의미의 법적인 개념을 먼저 이해하지 않는다면 헌법이 가지는 큰 틀에서의

---

[211] '대한예수교장로회'와 '대한예수교장로회 총회'를 구분하면서 '대한예수교장로회' 안에 '대한예수교장로회 총회'를 언급하고 있다. 따라서 이 헌법을 '총회헌법'이라 하지 않고 '장로회헌법'이라 한다. 정치편 총론은 1961년 헌법 개정 시 삽입되면서 '장로회헌법', '교회헌법', '총회헌법'으로 혼용으로 사용하여 표기하고 있다. 이 부분은 수정되어야 한다. 헌법 역시 '대한예수교장로회총회 헌법'(총회헌법)이 아닌 '대한예수교장로회 헌법'(장로회 헌법)으로 표기해야 한다. 우리가 '장로회'라는 의미보다 '총회'을 선호한 이유는 총회는 좀 거창하게 보이고 장로회는 다소 총회 산하기관인 것처럼 생각한 것인데, 이 자체가 개념 이해의 한계라 할 수 있다.

개념이해에 혼선이 올 수 있다.

개신교는 교단마다 각 교단에 속한 교인들에 대한 자치규범을 가지고 있다. 이를 우리는 '교단헌법'[212]이라고 부르기도 하고, '교회헌법'이라고 부르기도 하며, 교단에 따라서는 '교리와 장정' 혹은 '신앙고백서'라고 표기하기도 한다.

우리는 교회에 등록하여 자동적으로 그 구성원이 되지만 실제로 교회헌법의 규정에 대하여는 잘 알지도 못한 상태에서 교회 등록을 하게 되며, 현실적으로는 각 교단의 특징에 대하여 경우에 따라서는 충분한 설명도 받지 않은 상태에서[213] 교회에 등록을 하기 때문에 교회헌법의 이해와는 거리가 먼 상태에서 교회의 구성원이 된다.

그러나 교회가 조직체로 존속하는 이상 조직을 규율하는 규범이 존재하여야 하는 것이고, 교인들이 교회의 회원으로 가입하게 되면 암묵적이라도 교회의 규범에 동의하는 것이 된다. 교회가 자체적으로 정관이나 장정을 가지고 있으면 그 규정의 적용을 받으면 되는데 그렇지 않은 경우에 교회헌법이 법률적으로 유효하게 적용될 수 있는지가 문제가 될 수 있을 것이다.

이에 대한 대법원 판례[214]는 지교회가 자체 규정을 갖는 등 특별한

---

[212] 통상 '교회헌법'을 교단이 추인하여 사용하는 경우를 '교단헌법'이라고 관례적으로 쓰지만 이를 구분하여 쓰는 경우는 없고 '교단헌법'은 곧 '교회헌법'이라고 혼용하여 쓰는 것이 현실이다. 이는 입법적 용어의 미비로 간주된다.

[213] 일반적으로 교회는 거룩함과 믿음을 가지고 모인 공동체로 '실정법'상 '법'을 말하면 어딘가 어색하고 범법자의 이미지를 가지기 때문에 법대로 무엇을 말하기는 어렵고, 교회 자체의 신뢰성을 가지고 공동체를 구성한다고 보는 견해가 옳을 것이다. 이것도 법적 사고의 전환이 요구된다.

[214] 대법원 2006. 4. 20 2004다37775 판결: "법인 아닌 사단으로서의 실체를 갖춘 개신교 교회가 특정 교단 소속 지교회로 편입되어 교단의 헌법에 따라 의사결정기구를 구성하고 교단이 파송하는 목사를 지교회의 대표자로 받아들이는 경우 교단의 정체에 따라 차이는 존재하지만 원칙적으로 지교회는 소속 교단과 독립된 법인 아닌 사단이고 교단은 종교적 내부관계에 있어서 지교회의 상급단체에 속한다. 다만 지교회가 자체적으로 규약을 갖추지 아니한 경우나 규약을 갖춘 경우에도 교단이 정한 헌법을 교회 자신의 규약에 준하는 자치규

사정이 없는 한 지교회는 교회헌법에 구속된다고 판단하였다.

그런데 이러한 교회헌법의 위치에도 불구하고 교회헌법은 일반 교인들에게 잘 이해되지 않고 있다.

실제로 교회의 구성원을 이루는 교인들 중에 심지어 교회의 지도자들도 교회헌법에 대하여 제대로 숙지하고 있는 사람이 얼마나 있는지 의문스럽다.

교회헌법은 교단마다 약간의 차이는 있지만 믿음의 정체성을 밝히는 신앙고백 즉 교리 부분이 있고, 교회의 구성과 운영 등에 관한 정치 부분이 있으며, 징계 절차와 이를 다루는 교회재판 절차 등에 대하여 규정하고 있는 권징 부분이 있다.

이러한 각 교단헌법은 그 대부분이 외국의 개신교 교단의 헌법을 차용하여 그 일부를 수정 및 개정한 것을 지금까지 사용하고 있다.

그러나 다음의 점들을 보면 현실적인 간극이 있음을 알게 된다. 먼저 헌법에 나타난 교리 부분에 대하여는 전통적 신앙교리들이 지나치게 자구 중심이고 현실성이 떨어지는 것은 어쩔 수 없다.[215]

이는 현대 교회의 교인들은 실제생활에 영향을 주지 않는 교리 부분에 대하여는 그 교육 및 적용을 피하는 경향이 있고, 성경의 의미를 깊이 이해하려는 노력과 교단 간의 독특성의 차이는 무시되며, 오히려 교회의 관리와 유지 및 성장을 위한 교육 프로그램이 선호되고 있다.

각 교회가 더 단순하게 된 구호 등을 통하여 교인들의 일체성을 도

으로 받아들일 수 있지만 지교회의 독립성이나 종교적 자유의 본질을 침해하지 않는 범위 내에서 교단헌법에 구속된다."

215) 예를 들면 이런 용어들이 있다. 성령, 타락과 구속, 구원, 성령세례, 성령세례의 증거, 성별, 침례, 성찬, 신유, 소망(휴거), 천년왕국, 불못, 신천신지 등 일반 사람들은 이해하기 힘든 용어들이 성경에는 많이 나오고, 성경의 본문을 영어판을 원전으로 했기 때문에 중역의 중역이라 오역이 많음은 어쩔 수 없다. 그 결과로 나온 것이 가톨릭과 공동 번역한 1977년판 '신구약 공동번역' 성서이다. 성경 원문을 직접 번역하려는 노력이 계속되고 있음은 매우 긍정적이다.

모하고 교회의 외형적 성장과 교세 확장을 위해 더 관심을 가지고 있다. 따라서 교인들의 신앙고백의 공통성은 점점 더 단순화되어 가고 있어서 이단의 공격이 있으면 방어하기보다는 타협과 조정으로써 자신의 신앙에 대한 확신을 지키기 어렵게 하는 경향이 짙다.

다음으로 정치 부분에 있어서는 규정대로 이행되고 있지 않다는 점이다. 실제 정치 부분은 사람마다 이해관계가 다 다르고 추구하는 성향이 다양하기 때문에 일률적으로 정하는 것은 불가능하다. 성경에서도 어떤 정체가 정도라고 말하는 부분은 없기 때문에 신앙의 경륜과 지시에 따라 좌우되는 경향도 피할 수 없다.

믿는 자로서는 장로회정치·감독제정치·회중정치에 관계없이 교인들에게 선택권이 주어져 있다. 그러나 일단 지교회와 그 교인들이 어떤 교회정치 체제를 선택하였다면 교회헌법에 충실하게 그 절차를 준수하여야 한다.

마지막으로 교회의 법도를 바르게 세우고 잘못된 것을 스스로 고치는 권징의 근본원리가 실종된 점이다.

교인들이 선택할 수 있는 범위가 넓다 보니 한 곳에서 권징의 치리를 받으면 그 교회공동체를 떠나 다른 곳으로 가기 때문에 권징의 효과와 함께 근본 취지가 무력화되기 때문이다.

권징이 이루어지는 대부분의 사례는 교회가 분쟁 중에 있을 때와 이단 시비가 있을 때 등에 국한되어 있으나 평상시에도 권징의 절차가 정상적으로 이루어져서 거룩한 공동체가 유지되도록 서로가 주의를 기울여야 할 것이고, 아울러 이러한 조목이 포함된 교회헌법의 근본 취지를 잘 이해하는 노력이 요구된다.

2) 교회헌법의 구성과 특색

1517년 종교개혁으로 인하여 가톨릭과의 교리적 차별화를 주장하여 기독교가 나타났고, 보편적으로 가톨릭을 구교라 하고 기독교를 개혁적 신교라고 구분하여 부른다.

개신교회 안에는 많은 교파가 있다. 성경 해석으로 인한 신학적인 입장 차이와 교회를 운영하는 정치적인 원리, 조직에 대한 차이로 다양한 교파로 나누어지게 되었다. 이러한 여러 가지 현실적인 필요에 의해 나누어진 개신교는 기본적으로 교회헌법의 범위 안에 포함된 법적인 조항에 기속된다.

보편적으로 교회헌법에 포함되는 조항의 포괄성과 개별성을 구분하면, ① 신경이라 하여 자신들이 믿고 있는 것을 공통적으로 고백하는 조문을 가지는데 여기에는 믿음의 표준이나 공동체의 동질성을 확인하는 원칙이 포함된다. 주기도문이나 사도신경 혹은 웨스터민스터 신앙고백이나 뉴햄프셔 신앙고백 등이다.

② 의식은 겉으로 표현되는 행위의 결정체라 할 수 있는데 개신교 각 교단이나 교파에 따라 약간의 변형된 의식이 존재하며, 거룩한 의식이란 의미로 성례라는 용어를 주로 사용한다. 성찬, 예배, 기도, 안수, 결혼, 임직 등 모든 의식들이 다 거룩하게 행해진다고 하여 그 행위마다 독특한 원칙을 만드는 것이 일반적이다.

③ 규칙에[216] 대한 사전적인 의미와는 다르게 교회 안에는 교회규칙으로 교회정관이 있고, 교회 내 기관마다 기관 규칙과 각 위원회

---

216) 규칙에 대한 사전적인 의미는 다음과 같다. ① 여러 사람이 다 같이 지키기로 작정한 법칙, 또는 제정된 질서, 방침. ② 승률, 경기규칙, 규칙 위반, 규칙을 어기다, 규칙을 정하다, 규칙을 지키다, 주어진 규칙에 따른다. ③ 법률, 헌법이나 법률에 입각하여 정립되는 제정법의 한 형식, 입법, 사법, 행정의 각 부에서 제정되며, 국회인사 규칙, 감사원 사무처리 규칙, 법원사무 규칙 등이 있다.

규칙 등이 있으며, 자발적 조직인 선교회나 부서별로 회칙을 가지고 있다.

④ 정치가 교회 내에서 필요한가 하는 의문을 제기하는 인식이 한때는 팽배했다. 정치는 인간의 삶을 더 나은 방향으로 만들어 주기 위한 공동체의 총의를 표현하는 것으로 이해하지만 정치의 속성인 권력 작용에 의해 정치의 본질과는 다르게 나타나는 것이 역사의 산물로 체험되었기 때문이다.

교회에서도 이와 같은 정치의 어원적 정의[217]에서 볼 수 있듯이 정치가 반드시 필요하다. 교회도 구성원들이 사람이기에 보이는 행위의 일정한 규범이 필요하듯이 정치라는 기술적인 도구를 통하여 상호이해를 조정해 나간다.

그런 관계로 장로회헌법 정치편 제2장은 교회에 관해서 규정하고 왜 정치가 필요한지 명시하고 있다. 교회에 다니는 사람은 세상의 법을 순응하면서 하나님의 법을 따라야 하는 이중적 지위에 있기 때문에 정치활동을 하는 것은 무방하지만 정부를 가지는 것을 거부한다.

이 땅의 정부는 하나님의 정부와는 전혀 다르기 때문이다. 그런 면에서 로마 가톨릭은 하나의 국가로서 교황이 있고 그 아래 수직적 구조의 정부기구가 존재하지만 개신교는 이와 같은 정부조직은 없다. 정교분리의 원칙이란 바로 이런 면에서 의미를 가지는 것을 분명히 이해할 필요가 있다.[218]

---

217) 다스리는 일, 권력을 획득하고 유지하며 행사하는 활동으로, 인간다운 삶을 영위하게 하고 상호간의 이해를 조정하며, 질서를 바로잡는 따위의 일체의 역할을 말한다.
218) 일반적으로 교회는 정치활동과는 거리를 두는 것이 좋다는 인식이 팽배한 적이 있었는데, 이때는 일제강점기에 선교사들의 영향이 크다. 당시 일제강점기는 우리가 자주적인 의식을 가지는 것을 통제하던 식민정책에 따라 정치색을 빼고 개인구령운동에 전념하는 것을 중심으로 정책을 펼치던 때였기 때문에 정치활동을 극히 제한했던 상처가 있었다. 그러나 3·1운동의 주도적인 인사 33인 중 16인이 개신교계로 분류되는 것과 그 후 대한민국의 민주화와 경제 발전 및 사회 전반에 걸쳐 주도적인 역할을 했다.

바로 교회헌법도 이 원리에 충실하게 순응하여 만들어졌고 오직 하나님의 말씀과 성경에 근거하기 때문에 일반적으로 인식하는 법의 개념과는 차이가 있다. 이러한 원리에 충실한 교회헌법 정신에 따라 교파가 파생된 교단도 상위적인 개념을 거스르지 않는 범위에서 독립적이고 민주적인 운영원리에 입각하여 만들어지는 특색을 보이고 있다.

교회헌법의 구성에서도 교회를 제2장에 배치하고 정치편을 제1장에 배치하는 등 교회의 역할이 하늘의 법이라는 추상적인 인식과는 달리, 사회구성원의 안위에 우선적인 관심을 가지고 있는 것은 인간의 기본권을 우선시하고 명문규정으로 만든 국가헌법과 다른 것도 또 다른 특색으로 볼 수 있다.

제2절
교회헌법의 입법론적 문제점과 과제

1. 입법상 기본원리

국내법의 규범체계는 헌법을 정점으로 하여 법률·시행령·시행규칙·조례·규칙 등 수많은 법령과 자치법규 등이 합하여 법규범의 체계를 이룬다. 십계명이나 12동판법 등 간단한 규범만으로도 사회 통제와 유지가 가능했던 고대사회나 전근대사회와 비교하여 현대국가사회에 있어서 대부분의 국가들은 다양하고 복잡한 생활관계를 법령으로 규율하고 있다.[219]

국가법으로 복잡하고 다양한 법령의 제정에 비하여 비교적 단순한 교회법은 교회헌법과 노회규칙 및 교회정관으로 수직적인 내부관계로 구성되어 있기에 체계가 비교적 간단하지만 그 안에서 작용하는 조문들의 일관성에는 의외로 많은 문제를 내포하고 있다.

조문에 함의된 의미를 정확하게 표현하지 못하는 문제가 있다. 또한 통일적이고 일관적인 체계성의 결여로 인하여 상호 모순되거나 자의적인 해석과 집행으로 인하여 분란을 자초하는 경우가 큰 문제로

---

[219] 홍완식, "체계정당성의 원리에 관한 연구", 토지공법연구, 제29권, 한국토지공법학회, 2005, 460쪽.

나타나며, 더 나아가 비체계적인 문제로 인해 법적 안정성을 저해하는 것도 문제가 된다.

이러한 모순과 불일치의 원인은 입법자가[220] 시대의 흐름에 따라 전문적인 법적 지식이나 연구보다는 신앙의 추상성을 적당히 가미하여 조문을 만드는 경우가 많기 때문에 실행을 하면서 문제를 발생시키는 것이다.

본 장에서는 입법상 기본원리인 체계정당성·명확성·보충성·평등의 원칙·신뢰보호의 원리를 원용하여 교회헌법과 노회규칙 및 교회정관의 법적 입안의 미비점을 구체적인 예를 통해 비교해 보고, 이에 따라 생기는 입법적 문제점과 대안적 과제를 살펴본다.

2. 체계정당성의 관점에서 본 문제점

체계정당성 또는 체계적합성이란 입법기능면에서 존중되어야 하는 원칙으로서, 법규범 상호 간에는 규범구조나 규범내용 면에서 서로 상치 내지 모순되어서는 안 된다는 원칙이다.[221]

체계정당성이란 입법자가 입법을 함에 있어서 법체계와 일치하거나 법체계에 적절한 결정을 하여야 한다는 것을 의미하는 것을 전제로 하며, 체계정당성의 원리는 국가공권력에 대한 통제와 이를 통한 국민의 자유와 권리의 보장을 이념으로 하는 법치주의 원리로부터 도출되는 것을 기본원리로 삼는다면 교회헌법도 그에 준하는 법적인 사고에서 출발하는 것이 좀 더 바람직한 것이라 볼 수 있다.

---

[220] 본서에서 말하는 교회헌법의 입법자는 교단에서 추인하거나 임명한 '헌의위원회'나 '헌법심의기구'를 말한다.
[221] 김학성, 『헌법학 원론』, 피앤씨미디어, 2017, 894쪽.

현재 우리가 가지고 있는 교회헌법은 이와 같은 법적인 원리에 따른 면보다는 교회 내부에서 나타난 신앙의 고백과 같은 면을 강조한 것이라고 말할 수 있다.

주요 교단헌법의 기본적인 틀에 있어서 비교적 상세하면서도 조직적인 구성을 가지고 있는 '대한예수교장로회헌법'을 중심으로 몇 가지만 비교해 봐도 확연하게 드러난다.

먼저 교회헌법의 기본이 되는 '정치' 부분에서의 '원리' 제1장은 양심 자유와 교회 자유를, 제2장의 '교회' 항목에서는 개인의 내적인 신앙고백을 기준으로 했을 뿐 체계정당성에서 중요하게 여기는 내적 체계와 외적 체계[222]의 관계가 충족되지 못하므로 교회헌법은 이런 면에서 불충분하다.

이어지는 교회헌법의 다른 목차도[223] 이와 같은 원리에 따르기 때문에 늘 개정의 문제와 새로운 항목을 제정해야 한다는 의견이 나오지만 교회헌법을 채택하고 100여 년이 지나는 동안의 헌법의 변천과정을[224] 보면 정치편 제9장 '당회' 목록과 제22장 '총회대표' 항목 2개만 추가했을 정도로 헌법조문에 대한 이해의 부족과 경직성과 폐쇄성을 볼 수 있고, 사회적 변화에 유연하게 대응하면서 나가는 열린 자세가 결핍되었다는 비판을 피하기 어렵다.

여기서 당회를 추가한 것은 교회구성원의 다양하고 복잡한 문제를 대변해야 한다는 요청이 커지고 교인의 기본권적인 권리를 보장하기 위한 변화에 어쩔 수 없이 추가한 것이며, 제22장 총회대표 항목을 추가한 것도 같은 취지이다.

총회를 구성하는 목사의 수가 한정되었을 경우는 목사만으로도 충

---

222) 우기택, "기본권과 체계정당에 관한 연구", 법제논단, 2016, 54쪽.
223) 제3장 교회직원, 제4장 목사, 제5장 치리장로, 제6장 집사, 제7장 교회예배의식 등.
224) 본서 〈표 4-1〉 참조.

분히 의견의 총합을 이루어 운영이 가능했지만 이제는 당회원인 장로의 양적인 증가와 함께 민의를 대변한다는 이름으로 교인의 의견을 총회에 대변하여 기본권적인 권리를 보장해야 한다는 의견이 나타나는 것을 수용한 결과로 볼 수 있기 때문이다.

물론 신앙의 관점을 중시하는 교회헌법에 있어서 과잉금지 원칙이나 평등의 원칙 및 신뢰보호의 원칙을 일관성 있게 적용하는 것은 불가능하다고 하지만 이런 법적 원리를 내면에 두고 고민했는가는 별개의 문제로 대두된다.

즉 신앙의 추상성과 철학적 이해를 중심으로 만들어진 교회헌법의 근본이념이 오늘날의 신앙적 관점과의 간극을 피하기 어렵기 때문이다.

그 대안으로 교회헌법 후반부는 관리적 헌법으로 만들어 그때그때 융통성을 보이고는 있지만 미봉책으로 나타나기 때문에 매년 열리는 총회 때의 헌법개정위원회에서는 안건심사요청이나 헌법자구심사 때마다 분쟁의 요소로 나타난다.

우리 헌법재판소는 체계정당성에 대하여 "일정한 법률의 규범 상호 간에는 그 내용과 체계에 있어서 조화를 이루고 상호 모순이 없어 결국 모든 규정의 내용과 체계가 상호 모순과 갈등 없이 그 본래의 입법 목적의 실현에 합치되고 이바지하는 것을 말한다"고 그 개념을 규정하고 있다.[225]

이와 같은 개념적 이해에 비추어 교회헌법은 어떤 입법의 과정을 거쳤는가에 대한 깊은 고찰이 필요한 시기에 와 있다.

교회헌법의 역사가 110여 년이라고 하지만 실질적으로 헌법적 가치에 비추어 실행되기보다는 신앙이라는 미명하에 추상성을 벗어나지 못하는 한계가 있어 오늘날과 같이 조직화되고 구조화된 사회에서는

---

225) 헌재 1995. 7. 21. 94헌마136.

적응하기가 매우 어렵기 때문이다.

더 나아가 교회가 교회다운 조직으로 기능하고 존재하려면, 법적인 인식이 뚜렷하고 그 안에서 활동하는 모든 운영의 원리가 체계적이며 수직적 관계와 수평적 관계가 충돌하지 않고 조화를 이루어야 하는 필요 때문에 체계정당성을 가져야 하는 근거가 된다.

3. 헌법적 근거에서 본 교회헌법

체계정당성의 원리는 규범 상호 간의 구조와 내용 등이 서로 모순됨이 없이 체계와 균형을 유지하도록 입법자를 기속하는 헌법적 원리라고 한다면 교회헌법도 이와 같은 원리 속에서 이해되어야 한다.

교회헌법의 하위규범체계인 노회규칙과 교회정관의 제정도 상위법인 교회헌법을 거역하는 취지의 조문이나 항목이 만들어져서는 안 된다는 것이 일반적인 상식으로 통용되어 왔다.

문제는 이런 교회헌법의 분명한 방향 설정 제시에도 불구하고 하위규범인 교회정관에 이에 반하는 조항을 추가하는 교회가 점차 늘고 있기 때문에 교회분란이나 분열이 일어나고 있다.

지교회의 정관에 담임목사와 장로의 임기제,[226] 목사의 65세 정년과 원로목사제도 폐지,[227] 당회 대신 교회실행위원회가 전권을 행사하는[228] 등 새롭게 제정한 것을 예로 들 수 있다는 점이다.

분명히 상위규범인 교회헌법의 개정 없이는 불가능한 것을 교회정관에 삽입함으로써 외형적으로는 신선하다는 평가를 받지만 법적인 관점

---

[226] 서울 기독교장로회 소속, 향린교회 정관.
[227] 일산 대한예수교장로회(통합) 소속, 거룩한빛 광성교회 정관.
[228] 예수교장로회(통합) 소속, 새민족교회 정관, 교회위원회 구성원(담임목사와 장로, 안수집사, 제직 부서장 3인, 교사 1인과 청년회장 등 총 9명).

에서 재고해야 할 사안으로 간주된다.

이처럼 교회정관이 상위규범을 무시하는 것을 시대적 요청이나 현실적인 대안이라고 주장하지만 다른 한편으로는 정관을 통하여 교인의 권리를 제한하거나 담임목사 혹은 당회의 권한을 강화하는 움직임으로도 볼 수 있으며, 이러한 정관 개정 시도가 교회의 공공성 위기와 그로 인한 교회 내부의 개혁이란 이름으로 자행되는 것이라는 비판에서 자유롭지 못하다.[229]

이처럼 규범 상호 간의 체계정당성이 요구되는 이유는 입법자의 자의를 금지하여 규범의 명확성과 예측가능성 및 규범에 대한 신뢰와 법적 안정성을 확보하기 위한 것이다.

이를 통하여 교회헌법이 제시하는 일관성을 유지하면서 조직의 동질성을 보호하는 데 있다고 하겠다.

체계정당성의 원리에 의하면 일반 실정법은 수직적인 단계구조와 수평적인 법령구조로 되어 있지만 교회헌법은 수평적인 법령구조는 존재하지 않고 수직적인 단계구조로 되어 있기 때문에 법조문의 경직성이 매우 강하다.

체계정당성이라는 이 특별한 기준은 자의성을 배제한 결과정합성·적합성·신뢰보호 등의 원칙과 연관을 지니는 복합적인 원칙이기에 이미 규율되고 있는 어떠한 영역에서 입법자에 의하여 스스로 선택되는 기준과 가치를 결과정합성[230]적으로 구체화시키기를 요청하게 된다.[231]

---

229) 권혁률, "누구를 위한 정관개정인가?", 기독교사상, 2014년 5월호, 244쪽.
230) 법적인 용어로 결과정합성이란 의미는 개념체계적 또는 논리적 모순 없음(일관성)이라는 소극적 의미를 넘어서 근거지음의(체계적) 연관성이란 적극적 의미이다. 이러한 용어를 쓰는 이유는 먼저 법사회학적 이유로 19세기 중후반 이후엔 법의 실질화가 급속도로 진행되었고 그런 법체계의 기능변화와 개념체계적 또는 논리적 일관성의 차원에서 이해된 형식적 합리성과 양립할 수 없는 성격을 설명하기 위해 만들어지고 이해할 필요성에 따라 만들어졌다.
231) 홍완식, 앞의 논문, 464쪽.

이러한 교회헌법의 수직적 구조체계 하에서는 보충성의 원칙이 개입할 여지가 상대적으로 미미한 한계를 지니므로 많은 법령들이 상호 모순되지 않도록 법질서의 통일성을 유지하는 데 심혈을 기울여야 한다.

4. 형성의 자유

입법자의 형성의 자유[232]란 헌법에 의하여 입법자에게 부여된 입법권을 행사함에 있어서 입법자는 판단의 자유를 지닌다는 것을 의미한다. 즉 입법자는 어떠한 내용의 법률을 제정할 것인가에 대하여 판단의 자유를 가지며, 입법자는 가장 합목적적이라고 판단되는 방법과 시기를 선택하여 입법을 할 수 있다.

교회헌법의 제정은 헌법개정위원회나 헌법심의기구를 만들어 한시적으로 운영하는 교단의 조직형태상 헌법적 기구로서 기능하지 못하는 관계로 입법자의 자의적인 판단을 기대하기란 처음부터 무리가 따른다.

보통 교단의 총회장이나 집행부가 바뀌면 교회헌법을 다루는 기구는 새롭게 구성되며 구성원 역시 전문성을 가지거나 법적인 사고를 가지고 오래도록 연구한 전문가 그룹이 계승하여 조직되는 것이 아니라 그때마다 새롭게 구성된다.

그런 관계로 헌법의 전문은 늘 선례답습형태를 가지게 되고 흐름에 따르는 기민함이 결여됨으로써 혁신과는 거리가 먼 조문으로 오늘의 삶을 구속하는 레드테이프 현상이[233] 나타난다.

---

[232] '입법자의 형성의 자유'는 '입법재량'이라고도 하며, 이러한 권한은 '입법재량권' 또는'입법형성권'이라고 표현한다.
[233] 레드테이프(red tape) 현상은 방대한 양의 공문을 묶어 저장할 때 붉은 띠를 맸던 것으로 미국의 사회학자 로버트 K. 머튼이 관료제의 부작용 중 하나로 지적한 바 있다. 원래는 명확

교회헌법도 이와 같은 비능률을 제거하고 입법권한을 가진 기구나 조직의 부서가 입법의 권한과 전문성을 가지도록 정책적으로 배려하고 제도적으로 확립하여 다양한 의견을 수렴하는 체제로 전환시켜야 할 것으로 생각한다.

그렇게 함으로써 입법자의 결정이 교회구성원의 의사를 정확하게 반영하고 위임해 준 법적인 가치와 이념에 위반되지 않도록 주의해야 할 것이며, 결정한 입법대안에 대한 정확한 근거와 결정의 정당성을 가져야 한다.

5. 규범으로서의 체계정당성

교회헌법을 입법적으로 결정하는 데에는 몇 가지 기준점이 있는데, 교회구성의 특성상 입법 업무 담당조직이나 이와 유사한 기관은 없고 주로 학계나 전문가 그룹에 일시적으로 위탁하는 경우가 최근에 나타나고 있다.

문제는 이전의 헌법조항이 현실적인 법조문과는 상이하기 때문에 현 질서를 유지하면서 체계적 관점에 의거하여 전체적인 법률 정비를 해야 하는 어려움이 따른다는 점이다.

즉 이전의 헌법규정이 현실의 실정을 정확히 반영하려면 전체적인 개정이나 부분적인 제정이 필요한데, 보수적이고 경직된 교회법의 특성상 이를 용인하거나 총회의 결정이 어렵다.

그리고 전체 법률을 정비하는 법규범 사이의 조화를 고민하여야 하는 것과 법규범 상호 간의 모습과 충돌에 대한 방비책이 전무하다

한 규칙과 공정한 절차에 따라 사무를 처리하는 합리적인 시스템이 형식적인 면에 예속됨으로써 비합리적 경향을 나타내게 된다는 것이다.

는 현실적인 어려움이 내재되어 있다.

교회법의 내부적 관계로 교회헌법-노회규칙-교회정관으로 연결되는 수직적 관계에서 노회규칙이나 교회정관이 교회헌법을 넘어서는 규정을 제정할 수는 없는 것이 원칙이고 원리이다. 하지만 실제 각 노회규칙이나 교회정관이 새롭게 만들어지고 다듬어지는 가운데 이를 무시하고 교회헌법을 고려하지 않고 만드는 경향이 점차 늘어나는 추세이다.

예를 들어 교회정관에서 민주적 원리와 독립적인 경영을 빌미로 지교회의 최고 사법기관이자 교단 내 1심 재판권을 가지고 있으며 실질적인 운영기구라 할 수 있는 당회를 없애고 교회실행위원회[234]를 만든 경우이다.

문제는 이런 정관의 경우 명목상으로는 민주적이고 독립적이란 취지에는 공감을 하지만 이는 예상 외의 심각한 문제가 나타날 가능성이 높다.

이러한 정관에서 나타나는 가능성 있는 문제점을 살펴보자. 먼저 실행위원회의 구성원은 목사 1명, 장로 1명, 제직회 3명, 부서장 3명, 청년회장 1명 등 9명으로 구성되었다. 장로를 제외한 7명의 임명권은 목사가 가지고 있기 때문에 최악의 경우 장로 1명과 목사 지지자 7명의 가부결정권 행사가 된다.

인사권의 특성상 역으로 장로 지지자가 과반을 넘기란 매우 힘든 구조이지만 목사의 지지자 과반은 넘기가 쉬운 구조이다.

정관을 새로 제정하는 것이 결과적으로 개악으로 변하기 쉬운 구조로 되기 때문에 지나친 자의성을 가진 정관 제정은 조심해야 한다.

다음으로 노회규칙의 경우 목사에 대한 임기를 규정한 것인데, 이는 한 가지 체계적 하자만 가지는 것이 아니라 복합적으로 문제를 안

---

234) 권혁률, "누구를 위한 교회정관인가?", 기독교사상, 2014년 5월호, 243쪽.

고 있다.

교회헌법 정치편 제27조 제2항 단서조항에 "시무기간은 3년이다"라고 명시하면서 자연스럽게 70세 정년을 보장하고 있지만 노회규칙에는 이와 함께 단서조항이 하나 더 규정되어 있다. 노회규칙 제2장 행정절차 및 서식 24항에 "단 지교회에서 이의가 없으면 자동 연임한다"의 조항인데 이는 매우 불합리한 조항이고, 교회헌법을 확장하면서 교회헌법의 조항을 넘어서고 있다.

만일 지교회에서 연임 청원이 없으면 자동으로 목사는 사임해야 하고, 노회에서 연임을 허락하지 못하면 이 또한 사임해야 한다. 이 조항의 또 다른 폐해는 특정인을 지목하여 도태시키는 방편으로 사용될 여지가 있음이 가장 우려된다는 것이다.

목사가 다른 교회로 청빙을 받거나 새롭게 개척하는 경우를 제외하고 목회를 쉬는 경우 3년이 지나면 노회의 규칙상 휴무목사[235]로 분류되고, 그 이후는 목사로서 가져야 할 권리가 소멸되기 때문이다.

이처럼 법령의 조문의 의미를 간과하여 만들면 그 당사자로서는 치명적이기 때문에 체계정당성에 입각한 교회헌법과 노회규칙이 만들어져야 하고, 지교회 정관은 더욱 세심하게 제정되어야 한다. 이처럼 교회법의 불합리한 조문으로 인하여 교회구성원의 생활을 구속해서는 안 된다.

현재 교회에서는 교회헌법의 가치에 반하는 교회정관의 제정을 특별히 제어하거나 사정할 방도가 없기 때문에 교세가 어느 정도 커가고 지교회의 능력이 확장되면 총회나 노회의 지시보다는 독립교회 형태로[236] 총회를 이탈하는 경향을 현실적으로 무시하기 어렵기 때문에

---

235) 『대한예수교장로회헌법』, 제2편 정치, 제36조 목사의 휴무.
236) 독립교회란 어떤 교파(교단)에 소속하지 않은 교회를 말하며, 개교회가 독립적으로 존재하는 것을 독립교회라고 한다. 이런 교회들은 무소속교회 혹은 초교파교회 등으로도 부른다. 이런 교회들은 말 그대로 독립적인 교회이기 때문에 상회나 어느 누구의 간섭이나 지시

묵인한다.

이런 관점에서 법규범의 정확한 입법은 늘 체계정당성원리를 암묵적인 기준으로 삼는 전향적인 자세를 검토할 필요가 있다.

6. 명확성의 원칙[237]에서 본 문제점

죄형법정주의에서 파생되는 명확성의 원칙은 법률이 처벌하고자 하는 행위가 무엇이며 그에 대한 형벌이 어떠한 것인지를 누구나 예견할 수 있고 그에 따라 자신의 행위를 결정할 수 있도록 구성요건을 명확하게 규정하는 것을 의미한다.

명확성의 원칙이 죄형법정주의에서 중요한 원리로 원용되기에 교회헌법에서의 권징은 징계와 해벌의 근거가 되는 조항으로 권징을 실행하기에 정교한 규정이 선행되어야 한다.

따라서 권징은 헌법조항의 제정·개정 시 가장 많은 변화를 가지게 되었다. 지금은 이 분야에 관해서는 따로 규정을 만들었는데 일반 헌법책의 목차만 나열하는 정도의 형식만 가지고 있는 실정이다.[238]

를 받지 않고 독자적으로 운영되고 있으며, 교파에서 제공하는 권리나 의무 같은 것이 없다. 독립교회는 한 시대에서 한 시대로 넘어가는 과도기적 현상일 수 있고 새로운 모습으로 거듭나기 위한 대안이라고 주장하지만 교회의 본질적 관점에서는 성경적 원리에서 벗어나 있다고 할 수 있다.

237) 명확성의 원칙이란 형벌법규는 범죄의 구성요건과 그 법적 결과인 형벌을 명확하게 규정해야 한다는 형법의 법리이다. 법률에 범죄와 형벌을 가능한 한 명확하게 확정하여야 법관의 자의를 방지할 수 있고, 국민으로서도 어떤 행위가 형법에서 금지되고 그 행위에 대하여 어떤 형벌이 과하여지는가를 예측하게 하는 데 그 의의가 있다. 명확성 원칙은 법치국가원리의 한 표현으로서 기본적으로 모든 기본권 제한입법에 대하여 요구되며, 기본권 제한입법의 규율대상이 지극히 다양하거나 수시로 변화하는 성질의 것이어서 입법기술상 일의적으로 규정할 수 없는 경우에는 명확성의 요건이 완화되어야 한다.

238) 『대한예수교장로회헌법』, 제3편 권징, 209~250쪽. 목록은 제1장 총칙, 제2장 재판국, 제3장 일반소송 절차, 제4장 제1심 소송 절차, 제5장 상소, 제6장 특별소송 절차, 제7장 시벌 및 해

그나마 이런 형식적인 요건을 가지고 그 내용을 충실해 채워 권징의 목적을 잘 실행하는 것이 중요한 일이지만 문제는 권징의 조문이 너무나 추상적이고 철학적인 용어를 남발하는 경향이 있어 입법적인 관점에서의 명확성의 원칙과는 거리가 있다는 점이다.

교회헌법에서 이 원칙이 가장 문제되고 지금도 다툼의 영역으로 남아 있는 부분이 권징이다.[239] 대한예수교장로회헌법 제3편이 권징인데 제1장 제3조 권징의 사유가 되는 죄과에서[240] 명시된 항목은 지나치게 추상성을 가지고 있어서 권징의 목적을 달성하기에는 무리가 있어 보인다.

제1장 제3조 제1항은 성경상의 계명에 대한 중대한 위반행위, 제4항은 '이단적 행위'와 '이에 적극적으로 동조한 행위'인데 성경상의 계명을 좁은 의미로 해석한다면 보편적으로 십계명을 지칭하고 있으며 광의의 해석은 예수의 모든 말씀이라고 해석한다.

여기에 문제가 되는 것은 십계명의 조항은 신앙적 원리에 의한 가치의 문제이지 사실적 행위에 대한 것은 아님에도 불구하고 신앙이란 믿음으로 이러한 조항을 준수할 것을 강요하고 그에 어긋나면 징계를 한다는 부분이다.

법체계상 명확성의 원칙에 어긋나고 있음이 분명한 것은 징계의 상한과 하한의 경계가 모호하다는 데 있다.

단어의 의미를 면밀히 살펴보면 '성경상의 계명에 대한 중대한 위반행위'에 있어서 신앙의 내적인 표현을 어떤 기준으로 위반의 정도

벌, 제8장 행정소송, 부칙 등이다.
239) 서헌제, "교회재판의 현황과 문제점", 교회와 법, 제2권 제1호, 2015, 392쪽.
240) 제3조 권징의 사유가 되는 죄과 - 교인과 직원, 각 치리회가 다음 중 하나 이상의 죄과를 범한 때에는 재판에 의한 권징절차를 거쳐 책벌한다. 1. 성경상의 계명에 대한 중대한 위반행위, 2. 총회헌법 또는 제 규정(이하 『헌법』, 또는 '규정'이라 한다)에 정해진 중대한 의무위반 행위, 3. 예배를 방해한 행위, 4. 이단적 행위와 이에 적극적으로 동조한 행위 등.

를 판단하는가는 매우 불명확하다. 좀 더 구체화된 용어로 바꾸어야 한다.

제4항의 '이단적 행위'와 이에 '적극적으로 동조한 행위' 역시 같은 맥락으로 이해된다. 이단이라는 기준도 불분명하고, 이에 동조했다는 행위의 표현도 주관적인 판단의 요소가 있기에 양심에 따른 판단의 여지를 갖는 것을 징계의 기준으로 삼는 것은 양심의 자유에서 말하는 '양심추지의 금지원칙'에 정면으로 위배된다.

제6항의 '직권을 남용하거나 직무를 유기한 행위'라는 규정 또한 주관적인 요소의 판단이 개입할 여지가 많은 것은 교회직무상 명확한 경계가 없기 때문이다. 일반 회사의 경우 직급에 따른 직무의 의무와 책임이 비교적 정확하게 명시된 매뉴얼을 가지고 있다. 하지만 교회는 그런 규정이 없고 그때그때 일의 분담을 지시하는 관계로 한 사람이 보통 5~6가지 일을 중첩되어 맡는 경우가 많다.

교회직원의 경우 행정(사무)간사라는 명목상 직책으로 경리, 교회관리장부, 일반신도관리장부와 서식 등 세분화되지 못한 업무를 보기 때문에 어느 한 부분에서 하자가 발생하면 그 책임을 포괄적으로 부담하게 된다.

교회에서 말하는 권징의 의미는 제1조[241]에 명시되어 있는데, 제6조 책벌의 원칙 제2항 "재판을 받지 않고는 권징을 할 수 없다"라는 규정도 모호한데 재판절차에 대한 명확한 규정을 명시하지 않고 포괄적으로 '재판'이란 법률용어만 차용한 것이 된다.

이는 '포괄적 위임금지의 원칙'과도 위배되는 사항으로 간주된다. 예를 들어 제5조 '책벌의 내용과 종류'를 보면 제1항이 '견책'인데 내용

---

241) 제1조 권징의 뜻: 권징은 예수 그리스도께서 교회에 주신 권한을 행사하며 그 법도를 시행하는 것으로써 각 치리회가 헌법과 헌법이 위임한 제 규정 등을 위반하여 범죄 한 교인과 직원 및 각 치리회를 권고하고 징계하는 것이다.

은 "죄과를 꾸짖고 회개하게 한다"라고 명시되어 있다.

이것이 견책에 대한 사전적인 정의를 나열한 것이라고 비판받는 이유는 공식적인 징계과정을 거쳐 훈계하고 기록으로 남기는 절차와 이에 대한 공식적인 문서가 없기 때문이다.[242]

법치국가원리의 한 표현인 명확성의 원칙에서 나타난 규범의 의미내용으로부터 무엇이 금지되는 행위이고 무엇이 허용되는 행위인지를 분명하게 알 수 있도록 규정하여야 한다는 원칙을 기본으로 한다면 교회헌법도 이에 따른 입법의 예를 원용할 필요가 있다. 그렇게 함으로써 금지해야 하는 것과 그렇지 않은 것의 범위 속에 법적 안정성과 예측가능성을 담보 할 근거가 생기기 때문이다.

명확성의 원칙이 모든 법률에 있어서 동일한 정도로 요구되는 것은 아니지만 개개의 법률이나 법조항의 성격에 따라 요구되는 정도의 차이가 있을 수 있고, 각각의 구성요건의 특수성과 그러한 법률이 제정되게 된 배경이나 상황에 따라 달라질 수 있다.

일반적으로 규정이 부담적 성격을 가지는 경우에는 수익적 성격을 가지는 경우에 비하여 명확성의 원칙이 더욱 엄격하게 요구되고, 죄형법정주의가 지배하는 형사 관련 법률에서는 명확성의 정도가 강화되어 더 엄격한 기준이 적용된다.

일반적인 법률에서는 명확성의 정도가 그리 강하게 요구되지 않기 때문에 상대적으로 완화된 기준이 적용된다.[243]

교회헌법에 있어서 이와 같은 조문은 상대적으로 많을 수밖에 없는 태생적 한계를 인정하더라도 구성요건의 명확성이 분명하게 담보되어야 하고, 건전한 상식과 일반적인 법 감정을 가지고 판단하면 충

---

242) 교회헌법 시행규칙 제90조 권징, 제1~10호에 이 견책에 관한 서식은 없다.
243) 헌재 2009. 3. 26. 2007헌바72; 헌재 2011. 3. 31. 2008헌가21.

분한 예측이 가능해야 함이 타당하다고 할 것이다.[244]

즉 최소한의 명확성이 확보되는 관점에서 이와 같은 조문은 시정되어야 하고, 좀 더 명확한 경계를 만드는 것이 필요하다.

7. 보충성의 원칙[245]에서 본 문제점

보충성의 원칙은 국가와 사회 및 국제공동체에서 권한을 구성하는 질서에 대한 일반적 구성 원리로 정의되며, 교회공동체 내에서 교회헌법과 노회규칙 및 교회정관과의 조문 불일치 혹은 교회헌법 조항에 단서조항을 붙여 교회헌법의 근본 원리를 훼손시키는 경우가 있을 때 이를 보충하여 법의 본래 의미를 완성하게 하는 역할을 한다.

이는 하위규범의 범위에서 감당할 수 없는 문제가 생기는 경우 상위규범인 교회헌법이 개입되어야 하는 경우가 생기는 것을 말한다.

보충성의 원칙으로 위배되는 가능성이 비교적 높은 교회헌법 조항은 제2편 정치편 제27조 목사[246]의 칭호이다. 이는 교회헌법의 하위규범인 노회규칙에 좀 더 확장된 단서조항이기에 다툼의 여지가 있다.

교회헌법 제2편 정치편 제5장 제27조 제2항은 "담임목사는 노회의

---

244) 대판 2000. 11. 16 98도3665; 대판 2006. 5. 11. 2006도920.
245) 홍성방, "헌법상보충성의 원리", 공법연구 제36집 제1호, 한국공법학회, 2007, 603~604쪽. 일반적 조직운영의 측면에서 기존 제도 운영상의 문제점이 발견될 경우 극히 다양한 요인에 기인함에도 마치 하나의 문제점만 개선하면 다 좋아질 것인양 문제를 단순화시키고 본질적 노력을 게을리한 채 성급하게 제도만 바꾸려는 시도를 억지하는 '단순화 회피의 원리'로도 논의된다. 특정의 법령조항이나 법률이론 혹은 특정 행위가 통상적으로는 허용되지 않고 특별한 경우에만 적용되고 허용될 수 있다는 의미에서, 즉 '예외적 조항이나 이론 행위'가 보충적으로만 적용되어야 한다는 의미에서 보충성의 원칙이라 한다. 따라서 보충성의 원칙은 예외적 조항이나 행위에 대하여(보충적 규정) 일반적 상황에서 함부로 허용되지 않고(일반적 적용 금지), '특별한 사정이 있는 경우', 또는 '다른 수단이나 방법이 없는 경우에 한하여' 허용된다(소극적 보충성)는 세 가지 요건을 갖추어야 한다.
246) 추일엽·서헌제, "목회자의 법적 지위", 교회와 법, 창간호, 2014, 126~127쪽.

허락을 받아 임시로 시무하는 목사다. 시무기간은 3년이다"라고 명시되어 있지만 교회헌법 하위규범인 노회규칙 제2장 '조직' 제24조에는 단서조항이 하나 더 있다.

"담임목사는 노회의 허락을 받아 임시로 시무하는 목사다. 시무기간은 3년이다. 단 지교회에서 이의가 없으면 자동 연임한다"라는 것이 그것이다. 이 단서조항은 목사에게는 치명적인 독소조항으로 지적되는 이유는, 목회활동 중 특별한 하자나 법적인 흠결이 없는 가운데 성실하게 목회활동을 함으로써 교세를 확장시키거나 평판이 좋음에도 불구하고 연임이 허락되지 못하는 경우가 생기기 때문이다.

목사의 지교회 파송에 대한 노회규칙을[247] 보면, "지교회는 노회의 파송을 받은 목사에 의해 치리되어야 한다"라고 명시하고 있다. 그 때문에 지교회 목사는 연임이 허락되지 못하면 그대로 교회를 떠나거나 다른 곳으로 청빙을 받아야만 목회를 계속할 수 있다. 자신이 세운 교회라도 연임이 한 번은 허락되더라도 두 번째 연임을 실패하면 교회를 떠나야 되기 때문에 매우 불합리하다. 이는 '포괄적 위임의 금지원칙'과 '신뢰보호의 원칙'에도 어긋난다.

또 노회규칙을 시행령으로 본다면 교회헌법은 스스로 이 조항에 대한 명확한 답변을 해야만 하지만 아직까지 이에 대한 공식적인 답변이 없고 그대로 기존의 헌법조항을 유지하고 있기 때문에 많은 문제가 야기되고 있다. 특히 노회장이 장로로 되어 있는 노회에서는 특정 목사를 지목하여 제거하는 수단으로 이용되는 경우도 간혹 있기 때문이다.

보충성의 원리에 따르면, 노회규칙의 단서조항에서 야기된 문제가 교회헌법의 내용을 확장하거나 상위규범의 범위를 넘어서는 경우에

---

[247] 대한예수교장로회, 『헌법』, 제2편 정치, 제28조 목사의 청빙과 연임 청원 제①항, 제②항, 제③항.

노회규칙 내에서 해결해야 하지만 책임을 질 수 없는 상황이 도래하면 교회헌법이 책임을 포괄적으로 져야 한다는 것을 전제로 한다.

목회생활에 있어서 목사가 교회를 떠난다는 것은 삶이 터전을 잃어버리고 다른 직업을 선택할 여유가 적고 다른 대체수단이 없다.

그러므로 이와 같은 조항으로 인해 선의의 피해가 생기는 경우 보충성의 원칙에 입각한 조문의 변경이나 새로운 대체수단이 시급히 마련되어야 한다.

8. 평등의 원칙[248]에서 본 문제점

목사가 되려는 자는 성을 구분하거나 차별해서는 안 된다. 교회헌법에서 평등의 문제로 부각되는 의제는 여성의 목사 안수 문제이다. 평등의 원칙은 법 앞에서 누구나 평등하다고 헌법 제11조는 평등권과 특수계급을 부인하고 있다. 교회헌법도 이에 준하는 것으로 남녀 차별을 하면서 목사의 안수를 규명한 조항을 찾을 수가 없다.

목사의 직무와 자격은 교회헌법 제2장 정치편 제26조에 명시되었지만 성별에 차이를 두는 것은 아니다. 문제는 이런 차별적 행위가 누구도 이의를 달지 않는 전통으로 굳어져 버린 것이다.

처음으로 여성목사 안수가 의제로 된 것은 1974년 기독교장로회총회에서 수용되었고, 대한예수교장로회(통합)에서는 1996년 총회에서 통과되었다.

---

[248] 평등의 원칙과 관련하여 논의가 필요한 기준이 이른바 체계정당성의 문제이다. 체계정당성의 원칙에 따르면, 입법자는 그가 선택한 가치기준을 법질서를 형성함에 있어서 일관되게 존중하여야 한다. 보다 구체적으로 말하면, 입법자는 특정한 상황을 규율하기 위해서 선택한 가치기준을 하나의 법률 내부에서뿐 아니라 동일한 규율대상을 갖는 다른 법률에서도 일관되게 준수하여야 한다.

그러자 여성목사 안수에 대한 반대 입장을 고수하던 합동과 고려신학교(부산)는 이 문제를 숙의하면서 여성목사 안수 불가를 공식적으로 천명하게 된다.[249]

이 원칙의 배후에는 성경의 무오성과 교단의 신학적 입장 및 신앙고백과 12신조를 근거로 든다. 이는 헌법의 도리적 헌법의 근간이 되는 것으로, 여성목사의 안수를 허용하게 되면 헌법을 부정해야 하는 역설이 생긴다.[250]

이미 헌법적 가치 속에 여성목사 안수 불가를 고수하면서 성경의 원리라고 못 박고 신학적 정립을 한 이상[251] 자기구속의 원칙에서도 벗어나지 못하는 모순이 생긴다.

여성목사 안수를 주장하면서 총회에 헌법자구심사를 통해 법리의 유권해석을 요구하면 이는 교단헌법에 따라 시벌대상이 된다. 노회와 총회는 언제든지 고소고발 및 기소위원으로 하여 권징재판으로 처리할 수 있기 때문이다.

여성목사의 안수 문제처럼 남녀 성차별에 근거를 둔 조항은 교회헌법에는 없지만 관례적으로 이를 묵인하는 것은, 가부장제도와 남성중심의 사고가 지배하는 것 외에는 다른 이유를 찾기 어렵다.

현재 여성목사안 수에 대해서는 팽팽하게 의견이 나뉘어 있지만 교회구성원의 다수가 여성인 점을 고려하여 여권신장이라는 시대적 흐름과 관점에서 재고할 필요가 있으며, 현재는 여성목사의 안수 문제가 첨예하게 개방과 고수 쪽으로 논쟁이 지속되고 있다.

다음으로 예를 들 수 있는 것이 부목사에 대한 칭호와 담임목사(위임)로 청빙 받을 경우 2년이 지나야 가능하다는 조항이다.[252] 이는 직

---

249) 김의환 외, "교회와 여성", 신학지남, 1996, 통권 248호.
250) 대한예수교장로회 총회 제83회, "총회보고서", 1998, 406~407쪽.
251) 대한예수교장로회 총회(합동) 제84회, "총회보고서", 1999, 408~410쪽.
252) 대한예수교장로회, 『헌법』, 제2편 정치편, 제5장 제27조 목사의 칭호 제3항.

업 선택에 있어서 제한을 두는 독소조항으로 볼 여지가 있다.

부목사에 대한 위임목사 승계가 2년을 경과해야만 가능한 것은 어떤 이유인지 분명한 규정은 없다. 단지 부목사는 아직 담임목사가 되기에는 수련이 필요하다는 막연한 인식의 결과로 보인다.

따라서 이 조항을 삭제되거나 새로운 규정으로 대체할 필요가 있는 것은, '목사'로서 안수를 받으면 독립적인 인격체로 지교회를 운영하는 전반적인 권한과 책임을 준 것으로 간주되는데 유독 교회의 담임으로 가는 것에 대한 기간을 정하는 것은 무엇인가 불합리하고 평등의 원칙에 크게 위배되기 때문이다.

일반적으로 개척교회를 세울 때 전도사 직분으로 시작하여 강도사를 거처 목사의 직분에 이르기까지 보통 8년의 기간이 요구된다.[253] 물론 개척교회의 경우는 예외로 한다는 조항도 없다.

목사와 부목사는 구분이 없음에도 불구하고 이런 차별적인 용어[254]와 임지의 선택에도 차별을 하는 것은 평등의 원칙에 어긋나고 성경적 원리에도 없는 용어이기에 시정되어야 할 용어이다.

이처럼 목사에 대한 호칭에 따라 대우를 달리하는 것은 이해가 되지만 부목사의 경우는 1년간의 임기만 보장될 뿐이다.

헌법상 다른 목사의 칭호는 그에 따라 대우를 받지만 유독 부목사에 대한 직업적 불평등문제는 시정되어야 할 부분이다.

---

253) 대한예수교장로회,『헌법』, 제2편 정치편, 제5장 제26조 목사의 자격; 제49조 전도사의 자격. 신학교 졸업(4년)하면 전도사 시취를 하고, 신학대학원 졸업(2년)하면 강도사 인허를 받고 목사고시를 거쳐 개척교회 단독목회 2년을 하면서 목사 안수를 받는 것이 일반적임을 감안하면 목사 안수 받기까지 최소 8년에서 10년은 지나야 한다.
254) 대한예수교장로회,『헌법』, 제2편 정치편, 제5장 제27조 목사의 칭호. 한국교회는 목사에 대한 용어가 다양하다. 기능적인 분야에 따라 위임, 담임, 부, 전도, 기관, 선교, 원로, 공로, 무임, 은퇴, 유학, 군종목사 등 헌법에 명시된 것만 12가지에 이른다. 이것도 3~4개로 정리할 필요가 있다.

9. 신뢰보호의 원칙[255]에서 본 문제점

체계정당성의 원리 중 가장 적합하게 인용 가능한 교회헌법 조항으로는 '이명'이 있다. 이명이란 한 교회에서 부득이하게 다른 교회로 교적을 옮기는 것을 말한다. 주민등록을 옮기는 것과 같은 이치이다.

만약 A교회에서 이사나 직장 문제 등 부득이한 사유로 인하여 B교회로 가야 할 경우 보통은 이명을 통해 교회생활에 지장은 없지만 옮긴 교회에서 중요한 직책을 맡게 될 때 그 교회에서의 재임기간을 산출하게 된다.

특별하게 장로와 안수집사의 선출에 있어서 무흠입교인으로 7년을 (경우에 따라서는 5년의 출석을 요구한다) 연속해서 출석하게 될 때 기간 산정에 어떤 하자를 흠결로 정할 때가 있다.

A교회에서 1년을 출석하고 B교회에서 6년을 출석했더라도 A교회에서의 1년을 인정하지 않고 B교회에의 6년을 산정하여 항존직인 장로선택권을 보류하는 경우가 많기 때문이다. 이 경우 A교회로 간 교인의 경우는 예상 밖의 불이익을 당하게 된다.

교회헌법은 이에 대해 정치편 제3장 제17조는 "본 총회가 인정하는 교파에 속한 교인이 본 교단 교회로의 이명을 원하는 경우에는 이명을 허락할 수 있다"라고 규정하고 있지만 실제 지교회 정관에서는 이를 인정하지 않고 지교회에서의 출석기간을 강행하는 경우가 간혹 있다.

이는 분명히 신뢰보호의 원칙에 어긋날 뿐만 아니라 교회헌법이 정한 법에도 저촉된다. 헌법시행규정 제2장 정치편 제12조 '이명과 직원' 제2항은 "항존직 선출 시 이명증서를 제출하지 않은 교인은 무흠기간

---

255) 공적 견해 표명에 대한 신뢰는 보호가치가 있어야 하며, 개인에게는 신뢰를 한 데에 귀책사유가 없어야 한다. 또한 개인의 신뢰는 단순히 내적인 의사에 그쳐서는 안 되고 특정한 행위로 나아가야 한다. 이는 법률의 적용(집행)의 문제이다.

을 본 교회등록일로부터 새로 기산하여야 한다"고 분명하게 밝혀서 이명에 대한 다툼의 여지를 해소했지만 지교회는 정관에 따라서 자의적으로 시행하는 관계로 상위헌법과 시행규칙의 범위를 넘어서는 현실의 간극을 해소할 방법이 없다.

그 이유는 교회정관의 상위법인 교회헌법이 법적인 심사의 대상에서 제외되고 교회 내부관계로 정리된 사법심사의 판결은 교회정관을 우선하기 때문이다.

교회정관은 교회 내부의 관계법적인 체계에 따라 교회헌법이나 노회규칙의 구속을 받아야 하지만 사법심사의 실질적 대상으로 교회정관만 우선하기 때문에 지교회는 독립적인 운영의 명목으로 이런 행위를 한다.

또 다른 예를 들면 소규모 교회에서 장로의 직분을 받은 자가 중대형교회로 이명하여 갔을 경우 장로로서의 역할을 주는 것이 아니라 당회나 교회 제직회의 중요사항을 다루는 회의에서 방청권만 주거나 언권만 주고 의사표시나 의결 시 제외하는 경우가 다반사이다.

협동장로 혹은 협동안수집사라는 이름으로 형식적으로는 동등한 호칭으로 부르지만 앞에 '협동 또는 협력'이란 용어를 붙여서 내밀하게 차별하는 것이고, 또한 내용적으로는 현저한 차이를 두기 때문이다. 이는 지교회에서 선출되지 않았다는 이유인데 분명 평등의 원칙과 신뢰보호의 원칙에 어긋난다.

헌법상 이명은 합법적이고 모든 불이익을 해소하는 관점에서 만들어졌다. 교회 안에서는 어디에서나 하나의 협동체라는 교회구성의 근본정신에도 정면으로 위배되는 사항이다.

다음으로 신뢰보호의 원칙으로 가장 문제가 된 것이 목사의 자격 문제에 대한 법원의 판결[256]이다.

---

256) 서울북부지방법원 2014카합622; 서울중앙지법 2012. 10. 11. 선고 2011가합131144 판결; 서

목사의 형식적 자격으로 전임 교역과 미국 시민권자로서 위임목사 승인결의가 무효라는 총회의 판결[257]을 법원에서 무효라고 뒤집은 이유는, 미국 시민권자가 통합 교단의 목사가 될 수 없다는 것은 총회 내부의 결의이고, 교단헌법에 명시되지 않았으며, 전임 2년의 전도사[258] 사역기간이 사실 판단의 문제[259]이지 교리문제는 아니며, 총회의 행정재판을 통해 지교회의 종교활동의 자유를 침해한 것을 꼽았다.

특히 목사 안수 후 18년 이상 지난 후 이를 문제 삼아 목사 임직을 원천무효로 한 것은 신의칙에 반하는 것으로 보고 있다. 목사는 보통 교단의 내부규정[260]에 따라 엄격하게 선발된다. 그리고 지교회의 청원에 따라 노회는 목사를 파송하는데 이때 목사의 자격과 그에 준하는 여러 가지 심사를 한다.

목사의 자격과 목사의 청빙과 파송에 관한 절차적인 문제는 교회헌법의 규정에 따르기 때문에 문제의 소지는 없다. 그럼에도 불구하고 이런 문제가 표면화되는 것은 교회헌법에 대한 해석의 차이[261]가

울고법 2013. 9. 13. 선고2012나94171 판결.
257) 예총재판국 사건 제95-37호 2011. 8. 1; 예총재판국 사건96-6호 2011. 12. 8.
258) 대한예수교장로회, 『헌법』, 제48조는 "전도사는 당회 또는 당회장이 관리하는 지교회에서 시무하는 유급교역자이다"라고 규정하여 그 사역의 내용에 대해서는 별도의 규정이 없다.
259) 사역 기간의 사실관계와 목사 안수 및 위임 절차에 대한 법원의 판결 내용은 다음과 같다: "원고는 미국에서 1991. 1.경부터 2년 이상 전도사로 사역하였고 평양노회는 위와 같은 미국에서의 전도사 사역을 인정하여 1993. 4. 21.경 원고를 피고총회 소속 목사로 안수한 점, A교회의 당회는 원고가 미국 시민권자임을 알고도 A교회의 담임목사이자 위임목사로 청빙하기로 결의하였고, 원고는 2011. 6. 8. 한국국적 회복 허가를 신청하여 2011. 8. 10. 한국 국적을 회복한 후 2012. 2. 23. 미국 시민권을 포기함으로써 한국 국적 취득 절차를 완료한 점에 비추어 원고가 전도사 경력을 속여 위장취업 하였다거나 미국 시민권에 관해 허위사실을 유포하였다고 볼 수 없다. 따라서 적법한 징계사유라고 볼 수 없다. 결론적으로 법원은 총회의 판결은 절차적으로뿐만 아니라 실체적으로도 재량권을 현저히 일탈·남용한 하자가 있을 뿐만 아니라 현저히 정의 관념에 반하는 중대·명백한 하자가 있는 판결로서 무효이다."
260) 대한예수교장로회, 『헌법』, 제2편 정치, 제26조 목사의 자격.
261) 예총재판국 사건 제96-21호, 2011. 12. 23.: A교회 담임목사 위임결의 무효소송에서 재판부는 "피고는 목사후보생 자격으로 편입학시험에 응시했고, 학적부에 미국 장로교 교단에서 목사 안수를 받은 경력이 기재돼 있지 않아 목사후보생 자격으로 일반 편입한 것으로 보인

교회와 법원 간 다르기 때문이다.

교단이 달라도 교단에서 정한 목사의 요건을 갖추고 시무하면서 1년 혹은 그 이상 목회를 하다가 청빙을 받아 교단을 옮기더라도 목사의 자격을 인정하고 그에 준한 대우를 통해 무리 없이 목회를 하는 도중에 절차적 하자를 빌미로 목사의 자격[262]을 박탈[263]하는 것은 심각한 문제가 있다.

특히 불소급의 원칙에서 어긋나고, 더 나아가 사법기관의 교회법에 대한 무지 혹은 교회 내부의 규범을 간과한 것으로 비판의 대상이 될 수 있다.

교회 내부의 자치법적인 기능을 사회법적인 기준으로 무리하게 적용하면 이런 문제는 다방면으로 나타날 소지가 있기 때문에 신뢰보호의 원칙에서도 이를 재고하는 방향이 중요하다고 여겨진다.

앞으로 이런 판례가 축적된다면 교회 내부의 법으로 만들어진 교회의 자율적인 활동은 제약받을 수밖에 없으며, 이로 인하여 헌법에

다"면서 "피고가 일반편입을 했다면 노회의 목사고시를 거쳐 안수 받지 않았기 때문에 교단 헌법이 정한 목사 요건을 갖췄다고 볼 수 없다"고 밝혔다.

[262] 서헌제, "목회자의 법적 지위", (사)교회법학회, 2013, 9쪽. 목사의 신분은 노회에 소속되며 목사의 임면권도 노회에 있는바, 노회의 인준을 거쳐서 담임목사로 15년이나 시무하고 있는 지금에 와서 목사가 아니다라는 대법원의 법리 해석은 법원 스스로 정교분리원칙을 정면으로 부정하는 것이라고도 했다. 또 성직은 목사가 소속된 교단에서 소정의 과정을 거치고, 이를 인정하면 되는 것이라며 법원이 이에 대하여 사회법적 관점으로 간섭하는 것은, 종교의 고유성과 자율성과 특수성을 크게 침해하는 것이 된다. 법원이 기독교 내부의 규정이나 행정적 결정을 무시하고, 자의적 법해석을 한다는 것은 무리가 있다. 법원이 성직자를 임명하는 것과 교회 내부의 문제에 간섭하는 것은 안 된다.

[263] 예총재판국 사건 제95-45호 2011. 9. 16.: 판결문에서 "피고 A는 미국 장로교 교단의 목사 자격으로 (총신대 신대원) 편목과정에 편입한 것이 아니라 이 사건 교단(예장 합동)의 목사 후보생 자격으로 일반편입을 한 것으로 보는 것이 합리적"이라며, "그렇다면 연구과정을 졸업한 후 강도사 고시에 합격하고 강도사 인허를 받았다고 하더라도 아직 이 사건 교단 소속 노회의 목사고시에 합격해 목사 안수를 받지 아니하였으므로 교단이 정한 목사 요건을 갖추었다고 볼 수 없다"고 했다. 이 내용의 판결을 교회 내부의 절차적 합당성을 무시한 것으로 간주되고, 교회 내부의 자율성과 독립적인 규범을 현저히 간과한 것으로 여겨지며 향후 이러한 견해는 재고되어야 한다.

명시된 종교의 자유도 크게 저촉될 것이 분명하다.

대법원 판례[264]에 의하면, "국가기관인 법원은 종교단체 내부 관계에 관한 사항에 대하여는 그것이 일반국민으로서의 권리 의무나 법률관계를 규율하는 것이 아닌 이상, 원칙적으로 그 실체적인 심리판단을 하지 아니함으로 당해 종교단체의 자율권을 최대한 보장하여야 한다"라고 규정하여, 법원은 법리와 함께 교회 내부의 규정과 과정, 교회의 특수성을 충분히 검토하여야 할 것이다. 앞으로 이러한 문제는 분명하게 정리되어야 하겠다.

10. 교회헌법의 입법론적 과제

이상과 같이 체계정당성의 원리에 입각한 몇 가지 원리를 교회헌법 조문을 예로 들어 비교분석하여 보았다. 교회헌법도 앞으로 이런 헌법적 원리에 입각하여 정리될 필요가 있다.

이는 체계정당성의 의미 속에 담긴 법질서의 무질서나 혼란 및 상호 모순성을 극복해 나가는 과정으로서 매우 유용한 원리로 나타나고 있으며, 통일되고 상하·좌우 간 질서가 정교하게 맞추어지는 입법을 위해 노력하여야 한다.

체계정당성의 원리에서 나타난 입법의 원리는 교회헌법을 제정할 때 깊이 생각해야 할 부분이다. 앞의 몇 가지 예를 든 입법자의 형성의 자유, 명확성의 원칙, 보충성의 원칙, 평등의 원칙, 신뢰보호의 원칙과 헌법조문의 추상적이고 철학적인 내용과 신앙의 대상으로서의 조문 등을 포함하여 포괄위임금지의 원칙과 같은 조문이나 내용의 동질성을 거듭 신앙의 내용으로 강조하는 조문 등을 정리할 필요가 있다.

---

264) 대법원 2011. 10. 27. 선고 2009다32386.

교회헌법 정치편 제2장 교회를 규정한 조문 제7조, 제8조, 제9조 등은 신앙의 대상으로서 교회를 규정한 것이고 실질적인 운영이나 조직의 조문은 제10조, 제11조, 제12조뿐이다.[265] 결과적으로 전체 6개의 조문 중 3개 조문은 실효성이 낮으므로 조문을 시급히 정리하는 노력이 필요하다.

다음 제3장 교인도 전체 8개 조문 가운데 2개 조문이 앞의 예를 따른다. 결국 교회헌법 전체적인 조문이 먼저 정의를 내리고 실천적인 면을 강조하는 것은 이해할 수 있지만 실천적인 조문과 정확한 목적성을 가진 조문으로 만들지 못하고 보여주기 식의 조문을 나열식으로 만들었다는 비판을 받을 수밖에 없다.

교회헌법의 개정이 헌법개정위원회의 심의와 공청회 및 여러 단계를 거쳐 고심 끝에 만들어진 결과물이라 말할 수 있지만 태생적 한계를 지니고 있는 점은, 교회 내부의 독특한 교회문화를 모르고 사회법적인 관점으로 적용하려는 무리한 시도와 법률을 제정하는 체계정당성이 입법정신을 간과하고 신앙적 용어라면 무비판적으로 수용한 결과 문맥과 자구에 대한 심도 있는 선택을 소홀히 하고 차용한 결과로 보인다.

특별히 교회의 내적인 관계에 있어서 교회헌법-노회규칙-교회정관으로 연결되는 불가분의 체계를 가지고 이를 체계적으로 연결시키면서 입법을 한다면 보다 세련되고 현대적인 감각에 맞는 어법의 헌법조문이 생성될 것이라 생각한다.

법조문 상호간 신앙이란 이름의 포괄위임적 요소와 단어의 중복된 면을 고치려는 노력은 앞으로 고민해야 할 과제로 남는다.

앞으로 교회헌법-노회규칙-교회정관이 이런 법체계적인 원리를 준용하여 제정되는 것은 매우 바람직한 것으로 생각되지만 한편으로는

---

265) 『대한예수교장로회총회 헌법』, 제2편 정치편, 정치, 제2장 교회, 제3장 교인, 176~178쪽.

교회의 특수성을 생각할 필요가 있다.

교회는 하나님의 법을 우선적으로 생각하여야 하고 그에 따르는 규범을 가지고 준용하는 것이 중요한 문제이다. 이런 실정법적인 체계를 준용하는 것이 바른 것인가에 대한 검토가 다각적인 관점에서 필요하다. 국가법과 교회법 간의 간극을 어떤 기준에서 타협하거나 중재할 것인가는 상당히 예민하고 중요한 기준이 될 것이다.

교회법과 국가법이 평행선을 달리는 가운데 공통된 요소를 최대한 늘려가는 중지를 모으는 것이 무엇보다도 필요하고, 서로 간의 이해와 조정을 통해 한쪽으로 치우치지 않는 법적 운영이 현대와 같이 다원화된 사회에서 요구되는 법적 인식이라고 할 수 있다.

늘 신앙생활을 하면서 앞으로의 삶에 어떤 일이 어떤 방향으로 운영되어야 할 것인지에 대한 가능성을 가늠하고 살아가도록 교회헌법은 방향성을 분명하게 지시하고, 노회규칙과 교회정관은 실생활을 구속하되 더 나은 방향으로 전진하는 신앙의 모습을 위한 지침서로 기능해야 할 것이다.

교회법은 성경에 근거를 둔 것으로 교회구성원의 정의와 평화, 권리와 이익을 도모하며 이를 빌미로 일부 권력적 지위를 이용하여 목회자와 장로가 자신들의 욕망을 채우기 위한 수단으로 교회법을 이용하는 사례가 있음을 상기하여 볼 때 교회헌법의 입안에는 여러 가지로 신중해야 한다.

법은 이제 우리 삶에 깊숙이 들어와 있기에 이의 적용을 받는 사람은 누구나 법적인 정신 속에 상호호혜적인 삶을 위해 함께 노력해 나가도록 심혈을 기울여야 할 분야이다.

제3절
교회헌법의 구성과 규범체계

1. 교회헌법의 구성[266]

　교회헌법은 제정·개정이 극히 어려운 도리적 헌법과 그에 비해 제정·개정 비교적 쉬운 관리적 헌법으로 구분한다는 것은 앞서 설명을 했다. 도리적 헌법은 실체법이라고 하며 이는 교회의 근본원리를 구명하고 정체성을 분명히 하는 것과 신학적인 토대가 되기 때문에 매우 중요하다. 구체적으로 살펴보면 아래 〈표 3-3〉과 같다.

---

266) 교회헌법 1934년판과 1964년판 헌법의 정치편에는 상편-도리적·실체적 헌법으로, 하편-관리적·절차적 헌법으로 구분했다.

〈표 3-3〉 도리적(道理的) 헌법과 관리적(管理的) 헌법의 구분

	1993년판	2018년판
도리적 헌법	제1장 원리 제2장 교회 제3장 교회직원 제4장 목사 제5장 치리장로 제6장 집사 제7장 교회예배의식 제8장 교회정치와 치리회 제9장 당회 제10장 노회 제11장 대회 제12장 총회	제1장 원리 제2장 교회 제3장 교회직원 제4장 목사 제5장 치리장로 제6장 집사 제7장 교회예배의식 제8장 교회정치와 치리회 제9장 당회 제10장 노회 제11장 대회 제12장 총회
관리적 헌법	제13장 장로·집사 선거 및 임직 제14장 목사후보생과 강도사 제15장 목사·선교사 선거 및 임직 제16장 목사전임 제17장 목사사면 및 사직 제18장 선교사 제19장 회장·서기 제20장 교회 소속 각 회의 권리 및 책임 제21장 의회(제1조 공동의회, 제2조 제직회, 제3조 연합제직회)	제13장 장로·집사 선거 및 임직 제14장 목사후보생과 강도사 제15장 목사·선교사 선거 및 임직 제16장 목사전임 제17장 목사사면 및 사직 제18장 선교사 제19장 회장·서기 제20장 교회 소속 각 회의 권리 및 책임 제21장 의회(제1조 공동의회, 제2조 제직회, 제3조 연합제직회)

	1993년판	2018년판
관리적 헌법	제22장 총회총대 제23장 헌법개정	제22장 총회총대 제23장 헌법개정

1) 도리적(道理的) 헌법

도리적 헌법의 처음 제1장은 '원리'라고 하여 삼위일체 하나님을 중심으로 하여 전개해 나가고 이를 믿음으로 고백하는 것을 명시한다. 다음으로 인간의 죄로 인하여 타락한 영혼을 구원하는 하나님의 사랑과 함께 그 중재자로 예수 그리스도를 소개한다.

그리고 믿음을 고백하는 무리들의 모임인 교회를 말하며, 교회는 인간의 모임이지만 그 중심은 예수 그리스도로 이루어진 지체라고 하여 하나의 거대한 공동체를 형성한다.

다음은 인간과 예수 그리스도의 중재자로 기능하는 천사와 마귀를 소개하며, 인간의 영혼을 구원하는 구원의 여정을 말하고, 이 세상의 종말이 다가오면 영원한 하나님 나라로 들어간다는 신학적인 교리를 소개한다. 이를 보편적으로 조직신학이라 한다.[267]

다음의 제2장은 '교회'(교리)인데 이는 성경을 기준(근거)으로 하여 실생활에 신앙을 가지는 것의 중요성을 강조하면서 믿음의 전반적인 틀을 구성하는 것으로 주로 제1장 '원리'를 믿음으로 수용하는 것을 격려한다. 즉 성경에 있지만 믿기 어려운 분야에 대한 이해를 돕고 해설하는 것으로 표현한다. 삼위일체의 믿음, 동정녀 탄생설과 천지창조론

---

267) 조직신학은 기독교 신앙의 내용을 학문의 대상으로 하여 신학 전반의 역사적 이해와 신학적 방법과 문제점 등을 합리적·이론적·체계적·종합적으로 이해하고 분석 연구하는 학문을 말한다. 그 연구대상은 주제별로 신론·인간론·기독론·성령론·구원론·교회론·천사론·종말론 등으로 나뉜다.

및 예수의 성육신과 십자가의 대속죽음과 부활, 그리고 종말론과 재림에 관한 교리 등이다.

그리고 제3장부터 제12장까지는 교회를 구성하는 구성원으로서의 명시적 조항과 교회와 교회의 연합을 의미하는 노회와 총회에 대한 규정이다.

그 후 1993년에 대대적인 헌법조항 개정을 시도했지만 크게 나아가지 못하고 헌법 제21장 의회 부분과 제22장 총회총대만 추가하는 것으로 정리했다.

그 이후 한국장로교 총회(통합)에서 2012년 다시 한 번 헌법 개정을 전반적으로 손질하여[268] 정치 108개 조문, 권징 173개 조문과 헌법시행규칙 98개 조문 등 총 379개 조문을 정리한 것이 그나마 가장 최근의 일이다.

2) 관리적(管理的) 헌법

관리적 헌법은 헌법조문의 제정·개정이 상대적으로 쉬운 헌법으로, 〈표 3-3〉에서 보는 바와 같이 교회구성원을 선출하는 것을 중심으로 구성되어 있기에 실생활적인 운영에 집중되어 있다.

장로와 집사의 선거와 선거권 및 목사후보생의 교육과 청빙 및 교회 내 운영에 관한 조문이다. 여기에 따르는 권리와 책임 문제를 다룬다.

보통 이 분야가 교회정관에 많이 기재되는데 이 분야를 소홀히 하거나 조문의 명시가 지나치게 포괄적이면 교회분쟁과 목사의 전횡 및 장로의 월권적 행위가 나타나게 된다.

예를 들어 교회분쟁 시 재산권의 다툼이나 담임목사의 적격성 여부로 다툼이 있을 경우에 청빙의 요건을 명시하는 것이 중요한 문제

---

268) 대한예수교장로회, 『헌법』, 서문, 한국장로교출판사, 2013.

인데, 정관의 추상적인 명시로 인하여 법적인 효력이 없는 정관을 양산해 내는 경우가 있다. 만약 이러한 정관의 조항이 보인다면 이는 시급히 시정되어야 할 것이고, 정관의 중요성을 분명히 인지하고 습득하려는 법적인 인식이 요구된다.

그리고 교단의 탈퇴와 가입도 교회정관에서 명시되어야 하지만 지금은 대법원 판례에 따라 구성원의 다수가 있는 방향으로 정리되었다.[269]

이 판례에서 특기할 것은 교회헌법 개정의 논의에 대한 명문이 있고 교회정관에 대한 효력 인정여부도 여기에 명시된 점이다.

이는 관리적 관점에서 구성원들의 가입과 이탈이 자유로운 관계로 이를 체계적으로 조직하고 관리하는 것이 매우 중요하기 때문이라고 여겨진다.

총회헌법개정위원회도 이 분야에 대한 논의가 가장 활발하다. 지금은 목사의 임기제와 신임 투표제를 비롯하여 장로의 연임에 대한 신임투표도 교회정관으로 정하는 경우가 있는데, 모두 이 분야에 근거를 두고 있지만 도리적 헌법에 명시된 것을 거역하는 경우도 보인다.

예를 들어 목사의 신임투표는 교회 내에서 정하는 것이 아니라 노회에서 파송되고 교회에서는 가부를 묻는 정도인데, 지금은 민주적 운영 혹은 독립적 운영이란 명목으로 목사의 임기제와 투표제를 명시하는 정관제정 움직임도 있다.[270]

만약 이렇게 한다면 교회헌법에 위배되기 때문에 교단을 탈퇴하여야 한다. 장로의 연임에 대한 신임을 묻는 것도 마찬가지이다. 항존직으로 선출된 것의 퇴임은 보통 일신상의 사유로 퇴임하는 것과 정년

---

269) 대법원 2006. 4. 20. 선고2004다37775 전원합의체 판결.
270) 교회개혁실천연대는 2003년 10월 25일 제2차 총회에서 '사역자 회의형' 모범정관을 제시하였고, 2007년 1월 제5차 정기총회에서 '당회형 모범정관'을 발표했다.

이 되어서 자연스럽게 퇴임하는 것이 교회헌법에 정해진 절차임에도 불구하고 이런 신임투표를 자의적으로 한다면 상위법인 교단헌법에 위배된다.

이처럼 관리적 헌법조항은 현실적으로 탄력적인 운영을 하는 것이 분쟁의 소지나 기타 오해로 나타나는 분란의 단초를 미연에 방지하는 취지로는 맞지만 그 근본적인 취지를 벗어나면 안 된다는 점을 분명히 해야 한다.

3) 도리적 헌법과 관리적 헌법의 내용 분석

〈표 3-3〉을 좀 더 세밀하게 보면, 내용면에서 1993년판과 2018년판은 같다. 다만 교회헌법조문에 첨가된 것은 제12장 총회와 구분하기 위해 제22장 총회총대로 세분되었고, 제21장 의회가 공동의회와 제직회와 연합제직회로 부가된 것이다. 장로교헌법조문이 1922년과 1934년과 1964년판이 같이 사용되었다가 1993년판부터는 제정과 개정이 일부 이루어졌는데 21장 의회, 22장 총회총대로 세분되어 첨가되었다.

다음은 교회헌법의 내용을 간략하게 살피고 헌법 개정의 전 과정을 요약해서 살펴보면, 제1장 원리는 교리 부분으로 사도신경·신조·요리문답·웨스트민스터 신앙고백·대한예수교장로회 신앙고백서·21세기 대한예수교 신앙고백서(대한예수교장로회 총회, 통합)로 구성되어 있다.

이 부분은 신앙의 내면적인 고백을 문서화한 것으로 인간의 내면적 자유와 신앙의 자유를 중심으로 가치 중심적인 내용으로 만들어졌고, 이 부분에 대한 자구 수정이나 내용의 가감이 매우 어려운 것은 보통 성문화된 법조문은 고치기 힘들다는 통념에서 벗어나지 못하고 있다는 것과 맥을 같이하고 있다.

제2장은 교회에 대한 이론적 근거와 구성 원리를 주로 다루었고,

제3장 교회직원은 교회를 관리한 구성원의 범위를 규정한다.

제4장은 목사와 그 직에 대한 전반적인 내용과 역할에 대한 것이며, 제5장은 장로와 장로의 직과 그 역할에 관한 것이다.

제6장은 집사의 직무와 기능에 관한 내용이고, 제7장은 제직회에 관한 것인데 목사가 제직회의 회장이 되고 장로와 서리집사의 모임으로 구성된다.

제8장은 교회예배의식으로 교회에서 행하는 구성원들의 활동과 범위를 정해 놓은 행동규범이다. 제9장은 교회정치와 치리회의 활동인데 여기서는 교회행정 전반을 다루며 당회와 제직회 및 공동의회의 안건을 기능적으로 분담한다.

제10장은 당회의 활동에 관한 것으로 교회의 중심적인 역할을 한다. 보통 목사와 장로 2인 이상이 되면 자립교회 당회로 인정받고 그 이하면 미자립교회[271]로 간주된다.

온전하게 당회가 이루어져야 독립적인 교회의 역할을 할 수 있는 것으로 간주된다. 다음의 제11조 공동의회[272]는 지교회 전원의 모임으로 모든 사안을 최종 추인하는 의결기구로 볼 수 있다. 제11장 노회는 지교회가 모여서 지역단위로 교회가 연합하여 활동하는 것을 효율적으로 하기 위해 조직한 중추기구로 매우 중요한 역할을 한다.

제12장 총회는 노회 2개 이상이 모여서 조직하며, 교회 전반의 정치적 행위와 행정적 지원을 위한 교회 내 최상급의 기관이다.

---

271) 대한예수교장로회, 『헌법』, 제2장 정치 제9조 제2항 지교회. 당회가 있는 교회를 자립교회 혹은 조직교회라 하고 당회가 없는 교회는 미자립교회 혹은 미조직교회라고 한다.
272) 교회의 중요한 3권인 당회, 제직회, 공동의회가 1934년판에는 상편에(도리적 헌법에 해당) 명시되어 있으며, 1962년 판에는 당회만 상편에 두고 당회에 예속된 공동의회는 별도기관으로 두되 하편에(절차적 헌법에 해당) 명시하였다. 후에 제직회도 상편에서 빼내어 하편에 명기함으로 제직회와 공동의회가 당회의 하부기관처럼 규정했다. 여기서는 공동의회의 중요성을 강조하기 위해 최초로 명기된 당회와의 동등성을 강조하기 위해 1934년판을 사용했고, 이 조항은 곧 1993년과 2018년판으로 연결된다.

여기까지가 도리적 헌법의 조문이고, 교회의 실체를 구성한다 하여 실체적 헌법이라고도 불린다.

다음은 관리적 헌법조문으로 도리적 헌법을 구성하는 것을 돕기 위한 절차로서 장로와 목사후보생과 강도사 및 전도사의 자격을 규정한 조문이다.

제13장 장로·집사 선거 및 임직, 제14장 목사후보생과 강도사, 제15장 목사·선교사 선거 및 임직, 제16장 목사전임, 제17장 목사사면 및 사직, 제18장 선교사, 제19장 회장 선거이다.

제20장 교회 소속 각 회의 권리 및 책임, 제21장 의회(제1조 공동의회, 제2조 제직회, 제3조 연합제직회), 제22장 총회대표, 제23장 헌법개정 등이다.

이러한 헌법 개정의 절차가 장로교에서는 처음 헌법이 채택된 이후 헌법위원회나 헌의기구 혹은 헌법개정위원회를 구성하여 2~3년간 연구하고 각 노회에서 상신된 헌법 개정의 조문을 검토하여 만든다.

〈표 3-3〉에서 보는 바와 같이 헌법 개정의 경직성으로 인해 지금까지 정리된 것은 제21장 의회로 통칭하며, 내용으로는 제1조 공동의회와 제2조 제직회, 제3조 연합제직회, 제22장 총회총대가 첨가되었을 뿐이다.

이러한 총회헌법의 구체적 개정 절차와 그 내용을 간략하게 보면 비교적 짜임새 있고 헌법의 조항을 현대적으로 가장 잘 요약한 것이 대한예수교장로회헌법(통합) 2012년판이다.[273]

다른 주요 교단인 성결교와 하나님의성회 헌법도 이와 유사한 사례를 거쳐 비교적 현대적인 용어로 쉽게 풀어쓰고 내용을 더욱 충실하게 했고, 감리교는 시행령을 중심으로 보완하면서 2년마다 헌법심의 위원회에서 헌법 개정을 논의하고 있다.

---

273) 대한예수교장로회 총회(통합), 헌법개정위원회 편, 2013, 서문.

침례교는 주권이 오직 교인에게 있다는 관점으로 헌법 자체와 정관은 없지만 신앙고백을 중심으로 지교회가 필요에 따라 절차적 헌법조문과 시행세칙 등을 특성에 맞게 사무지침으로서 변용하여 쓰고 있다.

2. 주요 교단의 헌법과 규범체계

일반적으로 종교개혁 이후 기독교대학에서 가톨릭의 전통적인 법체계와 법령을 강의하지 않음으로써 교회법이 일반시민법으로서의 기능이 약화되면서 기독교단 자체에서의 법령이 사라지는 결과를 초래하여 오늘날 한국 기독교단에서의 수많은 법률적 문제를 초래하는 단초를 제공하게 된다는 견해가 있다.[274]

개신교의 교회헌법은 이러한 역사적인 배움이 생략된 채로 우리는 새롭게 변모된 국가제도와 상황에 따라 교회는 국가헌법이 허용하는 종교의 자유에 의하여 교회 내부의 법을 자생적으로 만들거나 혹은 외국의 예를 차용하게 된다. 특히 한국 기독교의 가장 상위법령인 '교회헌법'의 경우가 그렇다.

교회 내에서의 법체계를 보면 '교회헌법'과 그 아래로 '노회규칙'이 있고, 각 지교회의 법령인 '교회정관'이 있다. 교회법을 중심으로 한 체계는 〈표 3-4〉에서 보는 바와 같다.

일반적으로 교회법이라 했을 때는 지교회 정관을 말하는 것보다는 교회헌법을 지칭하는 것이 보편적이었지만 이제는 교회법에 대한 인식보다는 교회정관에 대한 인식이 비교적 높다.

그 이유는 사법심사의 대상으로서 정관을 우선시하는 경향과 함께 교회재산권의 권리에 관한 관심과 함께 물질을 중시하는 현대인들의

---

274) 한동일, 앞의 책, 190쪽.

삶의 패턴에 기인한다고 할 수 있을 것이다.

〈표 3-4〉 교회헌법-노회규칙-교회정관의 관계[275]

구 분	법률명
지교회(당회)	교회정관
노회	노회규칙
총회	총회규칙
대한예수교장로회	헌법

다음 〈표 3-5〉는 각 주요 교단의 헌법적 목록을 정리한 것이다.[276] 이 표에서 보듯이 각 교단의 헌법도 이처럼 원리와 교리적인 면이 우선시되고 그 아래 원리와 교리를 기본으로 삼아 실질적인 행동규범으로서 절차적인 면을 강조한 것이 공통적이다.

이는 장로교에서 말하는 도리적 구성과 절차적 구성이 맥을 같이 하는 것으로 볼 수 있음을 발견할 수 있다. 이는 교회법만이 가지는 특징이라 할 수 있지만 우리 헌법도 전반적으로 분류한다면 기본권과 통치권으로 크게 나누는 것과 맥을 같이한다고 할 수 있다. 이어서 개신교 주요 교단의 헌법적 연원과 추이를 살펴본다.

---

275) 여기서 헌법은 총회헌법을 의미하는 것이 아니라 대한예수교장로회헌법을 말하며, 총회는 장로교헌법 적용을 받고 자치규범인 총회규칙이 존재한다. 헌법과 총회규칙은 충돌이 있을 수 있고, 제3자에 대하여 법률행위를 할 경우 총회규칙이 우선적용을 받고 지교회 정관과 장로회헌법과 상충될 경우 교회정관이 우선 적용받는 것과 같은 원리이다.
276) 여기서 한 가지 유의할 점이 있다. 각 교단마다 헌법의 목록과 세부사항이 본서와 비교할 때 2018년 10월 현재 많이 다른 이유에 대해서 부언 설명을 요한다. 예컨대 각 교단마다 중심 교회(단)헌법전이 있었지만 교단 내에서 분리되면서 원 헌법 전문의 목차와 순서를 조금씩 바꾸어서 만들어 쓰는 것과 내용은 대동소이하지만 단어를 바꾸면서 사용한 점을 알고 참고해야 한다. 본서에서는 이러한 점을 고려하여 처음 명기된 내용을 중심으로 사용했고, 교단 홈페이지에 접속하면 자세한 사한 정보를 얻을 수 있다.

〈표 3-5〉 주요교단 헌법 목차 대조

장로교	감리교	침례교	성결교	하나님의성회
제1장 원리	전문	서문	서문	제1장 성경
제2장 교회	제1장 총칙	제1장 그리스도	제1장 총강	제2장 하나님
제3장 교회직원	제2장 회원	제2장 침례	제2장 교회	제3장 예수 그리스도
제4장 목사	제3장 의회	제3장 주의 만찬	제3장 예배규범	제4장 성령
제5장 치리장로	제4장 감독회장과 감독	제4장 직분	제4장 생활규범	제5장 인간
제6장 집사	제5장 감리회본부	제5장 신약성경	제5장 지교회	제6장 구원
제7장 교회예배 의식	제6장 재판	제6장 은혜	제6장 지교회의 사무기관	제7장 성령세례
제8장 교회정치와 치리회	제7장 재산관리 (감리회 소속 법인 및 재산 관리)	제7장 성령	제7장 치리회	제8장 성령세례의 증거
제9장 당회	제8장 선거관리	제8장 구원	제8장 재산관리	제9장 성별
제10장 노회	제9장 헌법 및 법률개정	제9장 침례	제9장 총회본부	제10장 침례

장로교	감리교	침례교	성결교	하나님의성회
제11장 대회	제10장 보칙 * 부칙	제10장 교회정교 완전분리 신앙의 자유	제10장 선교사와 선교사업	제11장 성찬
제12장 총회	*제1편부터 제13편까지 구성되었는데 헌법은 제2편 에 수록되어 있다.	*의식·교회· 조직·대사회 적 관계를 포 괄적으로 규 정하고 그에 따른 세부규 칙은 위의 목 록과 같다.	제11장 포상, 징계, 해벌, 복권, 사면	제12장 신유
제13장 장로·집사 선거 및 임직			제12장 헌법 및 제 규정의 개정	제13장 소망(휴거)
제14장 목사후보생 과 강도사			제13장 교역자 연금 관리	제14장 교회
제15장 목사·선교사 선거 및 임직			부칙	제15장 성직
제16장 목사전임			*헌법 이외에 교회운영에 관한 몇 가 지 부수적인 항목을 보면 헌법시행세 칙·관련법 및 제 규정·항 존 부서 운영 규정·산하기 관 운영규정 등이 있다.	제16장 부칙 *중생·성령 충만·축복· 신유·재림 등 5대 덕목 을 교리의 근 간으로 중요 하게 여긴다.
제17장 목사사면 및 사직				
제18장 선교사				
제19장 회장·서기				

장로교	감리교	침례교	성결교	하나님의성회
제20장 교회 소속 각 회의 권리 및 책임				
제21장 의회(제1조 공동의회, 제2조 제직회, 제3조 연합제직회)				
제22장 총회총대				
제23장 헌법개정				

1) 장로교헌법[277]

한국교회에서 교회헌법의 제정과 개정은 전체적인 법조항을 다듬는 것보다는 신앙생활을 중심으로 전체적인 틀을 구성하는 데 주안점

---

[277] '대한예수교장로회 헌법'인가, '대한예수교장로회총회 헌법'인가의 질문이 매우 의미가 있고 중요하다. 이 질문이 답변 여하에 따라 장로회 정치원리와 제도가 다르게 설명된다. 우리는 통상 '총회헌법'이라고 말하는데 이 말은 마치 '대한민국 헌법'을 '대법원 헌법'이라고 말하는 것과 원리가 같다. '대법원 헌법'이 아니라 '대한민국 헌법'이듯이 '총회헌법'이 아니라 '대한예수교장로회 헌법'이다. 총회는 대한예수교장로회 안에 당회·노회·대회·총회가 속해 있다. 즉 총회는 대한예수교 장로회 안에 소속되어 있는 최고회일 뿐이다. 대한예수교장로회가 곧 총회를 의미하는 것은 아니다. 즉 대한민국이 대법원이라고 말하지 않는 이치와 같다. 이런 맥락으로 보면 헌법(합동) 정치 제12장 제1조에 총회의 정의가 명시되어 있는데, 총회는 대한예수교장로회의 모든 지교회 및 지리회의 최고회니 그 명칭은 대한예수교장로회 총회라 한다. 즉 전국 지교회의 공식명칭은 '대한예수교장로회'이며 그 안에 최고회인 총회가 있다.

이 있었다.

　교세가 확장되고 사회적 변화에 능동적으로 대응하기 위해 법적 체계의 정비와 그에 따르는 부수적인 조문의 정리에 대한 필요성이 대두되면서 1884년 개신교가 전래된 이후 16년이 지난 후 교회헌법을 제정하기 위한 준비를 하였다.

　간략하게 교회헌법 제정의 연혁을 살피면, 조선예수교장로회공의회시대(1901~1906년)에 헌법에 대한 전반적인 조사를 하고 우리 실정에 적합한 헌법모본을 찾았다.

　여기에서 채택된 것이 '만국장로회헌법'이며, 1901년 만국장로회헌법[278] 번역위원을 선정하였고 1902년에는 헌법준비위원과 노회규칙위원을 선정하였다. 1904년에는 웨스트민스터 헌법 중 일부를 역간하여 소요리문답 5천 부를 출판하였다. 1905년에는 교회신경을 공의회가 인정하고 채용하게 된다.

　그 후 1907년 9월 17일 평양 장대현교회에서 소집된 대한예수교장로회 제1회 노회(독노회) 시 신경과규칙을 정식 채용한 것이 최초의 헌장이었다. 1912년 9월 1일 평양 여자성경학원에서 대한예수교장로회 총회가 조직된 후 1917년 9월 1일(토요일) 서울 승동교회에서 회집된 제6회 총회에서 웨스트민스터 헌법책을 번역하여 총회가 작성한 대로 편집하여 국한문으로 출판하였다.

　1932년 9월 9일 평양 창동교회에서 회집된 제21회 총회에서 15인을 택하여 한글 사용법에 맞추어 개역 수정하기로 가결하고, 1933년 9월 8일 선천교회에서 회집된 제22회 총회에서 이를 승인하였다. 1954년 4월 23일 안동중앙교회에서 회집된 제39회 총회에서 정치만 수정하기로 하고 전문을 수정 발표하였다.

---

278) 인도연합장로교회신경을 말하는데, 여기에 웨스터민스터 신앙고백의 소요리문답을 첨가한 것을 말함.

1960년 12월 13일 서울 승동교회에서 회집된 제45회 총회에서 헌법과 총회 규칙을 수정하기로 하고 17인에게 위임하여 1961년 9월 21일 부산남교회에서 회집된 제46회 총회에서 보고받아 이를 채택하고 각 노회에 수의하여 1962년 9월 20일 서울 승동교회에서 회집된 제47회 총회에서 수정안이 가결되었음을 공포하였다.

1968년 9월 19일 부산 초량교회에서 회집된 제53회 총회에서 재수정하였고, 1990년 9월 18일 김제중앙교회에서 회집된 제75회 총회에서 헌법을 개정하기로 가결하고 위원 15인을 선정하여 일임하였다.

동위원회에서 정치와 예배모범 일부를 수정한 안을 1991년 9월 24일 대구 동신교회에서 회집된 제76회 총회에 보고하니 채택하고, 교회의 모든 직임의 연한을 만 70세까지로 함을 본회가 결의하여 보고된 개정안에 포함시켜 이를 각 노회에 수의하여 1992년 9월 22일 인천 제2교회에서 회집된 제77회 총회에서 이를 공포하기에 이르렀다. 2005년 9월 27일 대전 중앙교회에서 회집한 제90회 총회에서 대한예수교장로회(개혁)와 합동하였고, 합동원칙합의문의 준수와 함께 본 헌법을 사용키로 하였다.

이후 헌법은 교단분열과 상황변화에 따라 교단별로[279] 부분 또는 전면 개정을 거듭하여 오늘에 이르고 있다. 그 후 2년마다 열리는 총회에서는 교단별로 사안의 필요성을 감안하여 교단헌법의 개정을 부분적으로 하면서 지속적으로 현실에 맞는 헌법전을 가지고자 노력하고 있지만 전면적인 수정을 하기에는 많은 어려움이 있어 보인다.

특히 헌법이라는 특수성으로 인하여 제정과 개정은 힘든 특성이 있으며, 부분 수정이 이루어지더라도 일정 기간 시행하고 난 후 공과

---

[279] 한국장로교회의 『헌법』 구성을 교단별로 살펴보면 다음과 같다. ① 합동 측: 신조, 소요리문답, 대요리문답, 정치, 헌법적 규칙, 권징조례, 예배모범, 신도게요서. ② 통합 측: 교리, 정치, 권징, 예배와 예식, 헌법시행규정, 서식편. ③ 고신 측: 교리 표준(신앙고백, 대교리문답, 소교리문답), 관리 표준(교회정치, 권징조례, 예배지침), 부록(헌법적 규칙, 십이신조).

를 판단하기 때문에 더욱 어려움이 크다.

지금 초미의 관심사는 교회세습 항목인데 2013년 교회세습을[280] 금지하는[281] 규정이 있음에도 불구하고 지교회의 교세에 따라 이를 무시하고 강행하는 것은 그만큼 교회운영에 대한 기득권 유지에 집착하는 퇴행적인 행위를 하는 것으로, 근본적으로 헌법적인 정신의 결여와 시민의식의 고양에 부응하지 못하는 데 기인한다고 볼 수밖에 없다.

다른 한편으로는 조직의 확대에 따라 비대해진 총회기구 개혁문제와 이단정죄문제도 민감한 문제로 대두되고 있으며, 특히 다양성을 존중하면서 민주적인 교회문화 확립을 위해서는 다양한 현실적 문제를 적극적으로 풀어야 할 과제로 남았다.

특별히 사회적 불평등을 야기하는 교회 내 경제적 양극화문제와 이주외국인들에 대한 차별금지 및 성소수자문제도 표면화되고 있으며, 양성평등의 문제 및 차별금지법 등 현실적으로 해결해야 할 문제가 부각되고 있지만, 우리의 경우 전통적인 교리와 원리에 집착된 교회헌법과 맞물리면서 어떤 융통성을 보여야 할 것인지는 계속 논의해야 할 과제로 여겨진다.

시대의 흐름에 민감하게 반응하면서 꾸준히 개정안이 올라오지만

---

280) 2013년 명성교회의 소속 교단인 대한예수교장로회(예장) 통합총회에서 1033명 참석자 중 84%의 찬성으로 금지됐다. 이후 세습방지법이 제정됐지만 총회 헌법위원회는 세습방지법이 성도의 기본권을 침해하는 등 위헌 가능성이 있다며 수정·삭제를 요구하는 보고서를 제출했다. 명성교회의 소속 노회인 서울동남노회 헌의위원회는 세습방지법의 '효력 유무'를 질의하고 나섰다. 헌법위는 "개정이 필요하다는 해석에 따라 개정안을 낼 수 있을 뿐 헌법 자체가 위헌이라고 판단할 수 없다. 세습방지법은 현재도 효력이 있다"고 해석을 했지만 세습에 대한 여론은 비판적이었다. 현재 '동남노회 비상대책위' 측은 청빙무효소송을 제기해 총회재판부가 심리 중이다.

281) 예장통합 교단은 2013년 9월 총회에서 세습(목회대물림) 금지 조항을 대한예수교장로회 총회헌법에 만들었다. 이 헌법(정치편 제28조 6항)은 '해당 교회에서 사임(사직) 또는 은퇴하는 위임(담임)목사의 배우자 및 직계비속과 그 직계비속의 배우자, 해당 교회의 시무장로의 배우자 및 직계비속과 그 직계비속의 배우자'는 위임목사 또는 담임목사가 될 수 없다고 규정하고 있다. 이 조항은 총회참석자(총대) 80% 이상 찬성으로 통과되었다.

이를 심리하는 헌법위원의 전문성 결여와 기득권 유지를 위한 소극적 태도는 근절되어야 하는 점이 과제로 남는다.

그럼에도 불구하고 교회가 사회통합의 최상위기구로서의 역할과 건강하고 합리적인 사회의 공기로서 기능하려는 노력이 지속되는 것과 교회 내 자정운동의 활발한 움직임이 교회법 개정을 통해서 결실을 맺으려는 노력은 매우 긍정적이다.

2) 감리교헌법

감리교는 독자적인 헌법전을 가지고 있는 것이 아니라 '교리와 장정'[282]이란 이름으로 감독정치의 근간을 삼고 있다. 개신교는 성경의 근본원칙을 중심으로 여러 가지 형식의 신조를 결정하였다.[283] 이 신경은 총 28개 조인데 21개 조는 교리에 관해, 7개 조는 장정에 관한 것이다.

그 후 영국에서도 개신교에 속한 사람들이 자신들의 독특한 주장을 확실히 세우기 위하여 헨리 8세 때에 10가지 강령의 교조를 만들

---

[282] 1930년 미국 북감리회 선교부와 미국 남감리회 선교부가 한국에서 하나가 되어 '기독교조선감리회'가 조직되었고, 그동안 감리회의 신앙과 교리, 조직과 제도, 입법과 행정의 표준을 토대로 하여 12월 2일 1차 총회에서 「교리와 장정」이 제정되었다. 그 후 수차에 걸친 개정을 통해 오늘에 이르고 있다. 감리교회의 헌법은 「교리와 장정」 제2편에 수록되어 있는데, 전문과 10장, 그리고 부칙으로 이루어져 있다. 모두 13편으로 구성되어 있는데 간략하게 소개하면 다음과 같다. 제1편 역사와 교리, 제2편 헌법, 제3편 조직과 행정법(교회, 교역자, 감리사와 지방회 부서, 감독과 연회 본부, 감독회장과 감리회 본부), 제4편 의회법(당회, 구역회, 지방회, 연회, 총회 등), 제5편 교회 경제법(건물 수익금, 부담금, 사회복지사업 등), 제6편 교역자은급법(은급재단이사회, 은급기금 운용 등), 제7편 재판법(일반재판법, 행정재판법), 제8편 감독 및 감독회장 선거법, 제9편 연회 및 지방 경계법, 제10편 과정법(집사 과정, 권사 과정, 장로고시 및 진급 과정, 교역자 진급 과정 등), 제11편 예문(예배서), 제12편 각종 정관, 규정 및 규칙, 제13편 문서서식.

[283] 마틴 루터의 종교개혁 이후 독일 개신교가 로마의 가톨릭교회의 주장과 분립하기 위하여 신앙의 고백을 쓴 것이 '아우구스부르크 신경'(Augsburg Confession, 독일 개신교가 츠빙글리의 주장과 구분하기 위하여 자신들의 입장을 공포한 것으로 먼저 멜란히톤(Melanchthon)이 초안한 것을 루터가 개정하여 1530년 아우구스부르크 회의에서 찰스 5세에게 재가를 얻은 것이다.

었고, 1538년으로부터 시작하여 영국교회와 루터교회가 연합할 목적으로 토의를 거듭하여 교리상으로는 일치점을 보였기 때문에 여기에 준하여 1553년 루터신학의 근본정신을 가미하여 '42조의 강령'을 발표하였고, 1571년에 총회의 승인을 얻어 '39조 강령'을 반포하였다.

당시 개신교의 급속한 부흥에 따라 새로운 교리를 만드는 것보다는 신앙의 순수성을 지키고 계승하려는 일환으로 여러 가지 오해와 핍박을 견디고 영국 국교를 따라갔다. 그러다가 1785년 미국에 감리교회가 조직된 후 재래로 있던 '39강령'을 기초로 하여 '25개조의 종교강령'을 공포하여 오늘날까지 내려오고 있다.

기독교대한감리회의 교리적 선언은 이 복음적 신앙을 기초로 하여 1930년 조선감리회가 조직될 때에 우리가 믿는 바 근본 원리를 교리의 형식으로 편성하여 선포한 것이다. 1784년 존 웨슬리(John Wesley)는 영국 성공회의 39개조 종교강령을 25개조로 줄여서 감리회 종교강령이라는[284] 이름으로 발표했다.

웨슬리는 39개조 중에서 칼빈의 예정론이 들어간 17조, 칼빈의 출교정신을 반영한 33조, 영국국교로서 영국 성공회가 세속권세에 복종할 것을 강조하는 37조 등 모두 14개 조를 삭제하고 25개 조로 감리회의 종교강령으로 확정했다. 감리교의 종교강령의 내용은[285] 여타 개신

---

[284] 장로교에는 '웨스트민스터 신경'이 있고, 영국 성공회에는 '39조의 종교강령'이 있으며, 가톨릭에는 트렌트 종교회의에서 선포한 교리가 있으나 감리교회는 독특한 신경을 만든 것이 없다. 영국 성공회는 종교개혁자들의 신학을 중심으로 1553년 42개조 종교강령을, 1562년 39개조 종교강령을 발표했다.

[285] 제1조 성삼위일체를 믿음, 제2조 말씀 곧 하나님의 아들이 참 사람이 되심, 제3조 그리스도의 부활, 제4조 성신, 제5조 성경이 구원에 족함, 제6조 구약은 신약과 서로 반대되는 것이 없음, 제7조 원죄, 제8조 자유의지, 제9조 사람을 의롭게 하심, 제10조 선행, 제11조 의무 외의 사업, 제12조 의롭다 하심을 얻은 후의 범죄, 제13조 교회, 제14조 연옥, 제15조 회중에서 해득할 방언을 쓸 것, 제16조 성례, 제17조 세례, 제18조 주의 만찬, 제19조 떡과 포도즙, 제20조 그리스도께서 십자가에 한 번 제물이 되심, 제21조 목사의 혼인, 제22조 교회의 예법과 의식, 제23조 북미합중국 통치, 제24조 그리스도인의 재산, 제25조 그리스도인의 맹세.

교의 근본원리와 상충되는 것은 없고, 교리적 용어의 선정이나 의미를 다른 관점에서 보고 있지만 근본은 성경을 기초로 하였기 때문에 교리적으로나 실생활을 규율하는[286] 시행세칙 등에서도 별반 다르지 않다.

현재 감리교 내에서 헌법적 가치를 구현하기 위해서 노력하고 있는데, 선거권의 확대를 통해 금권선거를 미연에 방지하려는 노력이나 의회법 개정안의 발의와 교역자 생활보장법을 통한 임금의 양극화를 줄이려는 노력은 긍정적이다.

비교적 보수적인 장정개정위원회를 '장정심사위원회'로 바꿔 산하 분과에서 상정 개정안만 심의토록 하는 등 다양한 목소리가 내부에서 나오고 있는 점도 민주적인 교단운영을 위해서는 바람직하다고 할 수 있다.

3) 침례교헌법

침례회 혹은 침례교는 개신교의 한 교파이며 미국에서 가장 큰 교파이자 전 세계 개신교 중 가장 큰 교파이기도 하다. 침례회의 교회운영은 다른 개신교의 교단과 매우 다르다.

침례교는 감독을 두는 감리회와 주교를 두는 성공회처럼 중앙집권적 체제를 운영하지 않는다. 그렇다고 해서 장로회처럼 개 교회마다 장로 중심의 당회를 두고 교회를 운영하는 것도 아니다.

---

[286] 감리교의 신앙전통은 기독교의 참된 구원의 진리와 성서적 경건을 생활 속에서 실천하는 것을 강조한다. 이것은 하나님의 은혜 안에서 성서적인 구원의 길을 살아가는 것이며, 믿음과 사랑을 통해 성화와 완전으로 나아가는 실천적 제자의 도리를 구체화하는 것이다. 웨슬리는 구원이 하나님의 선행적 은혜·칭의·성화로 이루어진다고 보았다. 인간은 하나님의 형상으로 창조되었으며, 충만하고 온전한 구원은 타락한 인간성을 새롭게 하는 것이다. 이러한 하나님의 창조와 새 창조의 경륜은 개인적 성화, 사회적 성화, 그리고 창조의 완성을 포함한다.

침례교의 헌법을 이해하려면 먼저 침례교가 지향하는 자유롭고 진일보한 성경에 대한 가치관을 이해하는 것이 필요하다. 이는 명시적인 헌법을 가지고 있지 않기 때문에 지교회는 다른 교단의 헌법에 명시된 순서를 원용하고 있는 경우가 대부분이고, 운영에 있어서는 교단별로 자주적이면서도 독립적인 체계를 고수하기 때문이다.

먼저 침례교만이 가지는 독특성을 이해하면 헌법에 명시된 것이 없더라도 이해하기가 쉬울 것이다. 마치 불문법적인 성향이 강하다고 할 수 있다.

침례회는 ① 민주주의적 체제로 교회를 운영하는 것이 원칙이다. 교회의 현안에 대해 결정된 사안을 교회의 방침으로 한다. 침례교의 중앙 교단인 총회는 '지방회'에 간섭할 권한이 없으며,[287] 심지어는 개교회에도 간섭할 권한이 없지만 큰 틀에서의 협의와 조언을 한다.

② 침례교의 직분에 있어서 목사와 집사뿐이다. 교회의 운영은 당회 혹은 주교회의[288]에서 결정하는 것이 아닌 '사무처리회'라 불리는 전교인회의[289]를 통해 자유로이 안건을 제출하고 다수결로 결정한다.

③ 침례교 신학의 가장 큰 특징은 '자유'이다. 성경을 믿는 게 신앙이고 성경을 정리한 것이 신학인데 신앙은 있으나 신학이 없을 수는 없고 '신학의 자유'를 추구하기 때문에 교리로 채택하고 있는 특정한 신학이 없는 것이다.

침례교에서는 '성경 해석의 자유'를 추구한다. 침례교에 교리가 없는 것에 대하여 침례교인들은 우리는 교리를 믿지 않고 성경을 믿는다고 이야기한다.

---

287) 총회는 지교회 목사들이 모여 토의를 통해 교단의 나아갈 방향과 협력을 도모하는 기관에 불과하다. 또한 지방회 역시 소속 교회에 간섭할 권한이 없으며, 지방회도 지교회들의 협력을 위한 자치모임과도 같다.
288) 장로교에서의 노회와 같은 중간 모임의 성격을 가진다.
289) 장로교에서의 지교회 공동의회의 성격을 가진다.

④ 침례교에서는 '신앙의 자유'를 추구한다. 국가나 가정에서 신앙을 강제하는 것에 대해 반대한다. 신앙은 개인의 완전히 자유로운 판단에 따른 진실한 고백에 중심을 두며, 가정이나 국가의 전통에 기초를 둘 수 없다고 믿는다.

⑤ 침례교에서는 자유의지로 진술한 신앙고백만을 인정하고 세례를 준다. 가정을 구성하는 개인의 신앙고백을 중시하면서 더 나아가 국가가 신앙을 국민에게 강제하는 것을 강하게 반대한다. 그래서 침례교는 가장 엄격한 정교분리를 추구한다.

⑥ 침례교에서는 만인제사장설을 가장 강력하게 신봉한다. 즉 모든 신자가 성직자다. 그래서 침례교에서는 개별 교회에서 필요한 목회자는 교회 내에서 모범이 되는 신자를 선별하여 자체적 또는 위탁을 통해 교육해서 목회자로 삼는 것이 원칙이기 때문에 정규교육을 받지 않은 사람이 목사가 되기도 한다.[290]

교단을 인정하지 않는 이유는 교단이 총회를 정점으로 피라미드식의 수직적 정치구조 위에서 일사분란하고 통일된 행동을 하도록 설계되어 있는데 침례교에서는 일종의 연합회 성격으로 개별 교회들은 누구의 간섭도 받지 않는 독립적 권한을 가지기 때문이며, 이런 이유로 침례교는 개교회주의 혹은 매트릭스 조직형태를 가진다.

⑦ 조직 면에서는 삼위일체와 이신칭의 정도의 기본 교리만[291] 가지기에 취약할 수 있다는 비판을 받지만 목회하면서 대처하는 데에 큰 문제는 없다.

---

290) 『긍정의 힘』, 『잘되는 나』 등으로 우리에게 잘 알려진 조엘 오스틴 목사의 경우가 있다.
291) 침례교 지교회의 헌법을 예시로 들면, 전문 혹은 신앙고백이 들어가고 다음으로 제1조부터 시작하여 부칙에 이르기까지 타 교단의 조직운영원리를 원용하여 시행세칙 혹은 시행령을 중심으로 운영하는 것을 발견할 수가 있다. 제1조 명칭과 목적, 제2조 믿음 진술과 언약, 제3조 교회 정체성, 제4조 회원, 제5조 교회의 직분자, 제6조 사역자 임명, 제7조 교회의식, 제8조 재정, 제9조 모임, 제10조 개정, 제11조 해산. 채택(부칙)

⑧ 침례회는 물속에 완전히 잠기는 '침례'라는 의식을 중시한다. 또한 유아침례를 인정하지 않는다.

침례회의 선교방식과 조직의 원리는 이런 원리에 따라 적용되고 있음이 특징이다. 특정한 단어나 개념에 얽매이지 않는 것은 그만큼 창의적이고 발전적인 면이 있다.

다른 관점에서는 방종과 무분별로 인한 혼란을 개인적 의지에 맡김으로써 전체적인 통일성을 기대하기 어려운 점이 비판의 소지가 될 수 있고, 실제 우리나라에서도 이런 교리적인 문제로 사회적 논란을 야기한 면이 있다.

4) 성결교헌법

일본 동양선교회 성서학원을 졸업한 김상준과 정빈이 1901년 일본을 거쳐 1907년 5월 30일 중생·성결·신유·재림의 사중복음을 중심으로 교회법을 제정했는데, 그 근간은 존 웨슬리의 복음적 성결의 정신을 계승하였고 만국성결교회의 신앙교리를 토대로 해서 1925년에 공포했다.

성결교헌법 개정의 역사적 변천을 보면 1910년 OMS본부로부터[292] 영국인 토머스가 조선감독으로 파송되었으며, 1919년 7월에는 영국인 헤슬럽이, 1921년 3월에는 미국인 길보른 선교사가 감독으로 경성에 주재하면서 OMS본부 규정에 의하여 운영해 왔다.

동양선교회 교세가 확장함에 따라 교단조직의 필요성을 인식하게 되면서 1921년 9월에 종래에 사용하던 '복음전도관'이라는 명칭을 '성결교회'라 개칭하고, 1929년 2월 27일부터 5일 동안 제1회 연회가 경

---

292) 동양선교회, 東洋宣敎會, Oriental Missionary Society의 약자로 미국 인디애나에 본부를 두고 있다.

성성서학원에서 개최되어 '조선예수교 동양선교회 연회를 헌법상으로 승인함'이라는 결의를 통해 성결교 내부의 헌법적 틀을 만들었다.

이 '연회재가서'에 따라 '연회법'을 공포하고 회무가 진행되었으며, 1932년까지 4회에 걸친 연회와 1933년부터 4회(1936년까지)에 걸친 총회가, 다시 1937년부터 1940년까지 4회에 걸친 연회, 그리고 1941년부터는 명칭을 '조선예수교성결교회'라 개칭하고 1941년(제1회), 1942년(제2회) 연회가 회집되었으나 1943년에는 일제의 박해로 연회를 모이지 못하고 해산되었다.

정치적인 변화에 따라 그때마다 필요에 따라 헌법·연회법·이사회법을 수정하여 사용했다. 1945년 8·15 광복으로 본 교회는 제1회 재흥총회를 계기로 동양선교회 성결교회에서 기독교조선성결교회로 개칭하고 대의제로 헌법을 제정하고 새로운 교단으로 출발했다.

이후 성결교회 헌법의 변천사를 보면, ① '동양선교회 성결교회 교리 및 조례'로 1925년 3월 25일 선교사 길보른이 편집 발행(1929년 2월 27일 연회법을 공포), ② 1929년 12월 20일에 이명직 목사가 편집하고 허인수 선교사가 발행한 약사(略史) 중에 교리·행정·이사회·교회·연회에 관한 규정 기록, ③ '조선야소교 동양선교회 성결교회 임시약법'을 1933년 5월 23일 이사회 대표 이명직 목사가 편집, 허인수 선교사가 발행했다.

④ '조선야소교 동양선교회 성결교회 헌법'으로 1936년 11월 17일 이사회대표 이명직 목사 편집, 허인수 발행, ⑤ 선교사들이 일제의 탄압으로 각기 본국으로 귀국한 1940년까지 네 번째 헌법을 사용하였으며, 그 후에 교단이 자립운영하기 위하여 헌법을 개정하여 다섯 번째로 발행하여 사용한 헌법은 소실되어 지금까지 찾지 못하고 있다.

⑥ 1946년 11월 9일 제1회 총회에서 이건 목사가 초안한 헌법을 잠정 사용하다가 1948년 4월 제3회 총회를 헌법 개정 총회로 하고 헌법

을 개정하여 대의제도를 확립하였다. ⑦ '기독교대한성결교회 헌법'으로 총회 법제부가 편집하여 총회장 강송수 목사가 1955년 6월 30일에 발행한 것이다. ⑧ 1965년 6월 30일 총회 법제부가 편집하여 총회장 이진우 목사가 발행했다.

⑨ 1974년 5월 7일 헌법 전면 개정하여 동년 12월 20일 총회장 황경찬 목사가 발행한 것으로, 2년간 위원을 선출하여 연구한 개정안을 소총회에서 가결한 것을 제29회 총회에서 통과시켰다.

⑩ 1982년 5월 10일 헌법연구위원회가 연구하여 대폭 개정한 안을 제38회 총회가 개회 벽두에 통과시켰다. ⑪ 1984년 5월 헌법개정연구위원회가 전면 개정하여 제79회 총회에서 통과시켰다. ⑫ 1996년 2월 5일 헌법후속조치위원회가 미주성결교회와의 통합으로 인해 전면 개정하여 제79회 총회에서 통과시켰다.

⑬ 2006년 6월 22일 헌법개정특별위원회가 지역총회 폐지로 구헌법 제65조부터 제78조까지 삭제하여 제100회 총회에서 통과시켰다. ⑭ 이후 2017년 111차 총회 때까지 교단헌법의 추이를 보면, 사회적인 변화에 민감하게 반응하는 일반법과는 달리 교회헌법은 기본적인 법조문의 변경보다는 시행령과 시행세칙을 중심으로 부분적인 변화가 두드러짐을 알 수 있다.

이는 성결교단뿐만이 아니라 비교적 보수적인 교단의 특징에 비추어 신중한 태도라 할 수 있다. 보편적으로 헌법을 제정·개정하는 것은 매우 힘들고 신중함이 요구되는 것은 이해할 수 있지만 신앙인식의 근본적인 변화에 따라 제도적인 뒷받침이 필요함을 전향적으로 바라볼 필요가 있다.

5) 하나님의성회헌법

한국연합오순절교회는 미국연합오순절 교단의 선교사 버나드를 비롯하여 관련인사 8명이 1966년 10월 서울 서대문구 연희동에서 시작하였다. 버나드 목사는 1961년 2월 미국연합오순절 교단에서 목사 안수를 받고 1965년 8월 한국에 파송되었는데 6·25전쟁 당시 미군으로 참전하였기 때문에 어느 정도 한국 실정을 알고 있었다.

내한한 후 서울 이태원에서 노방전도를 하다가 기독교대한하나님의성회 창립회원이며 한국 오순절운동의 주도적 활동을 담당한 허홍 목사와 개인적 유대관계를 맺고 많은 자문을 받았다.

그에게 한국어를 가르치던 유재원과 당시 이화여자대학교 교수로서 6·25전쟁 당시 카투사로 근무하였던 노창섭의 협조를 받아 내한한 지 3년 만에 한국연합오순절교회 창립총회를 가졌다.

그다음 해인 1967년 8월 (문화)공보부에 재단으로 등록하고 재단이사장 겸 초대총회장에 버나드 목사가 취임하였다. 또한 노창섭·유재원·김승녀 등 재단이사 4명과 이성복·김명자 등 감사 2명을 선출하여 교단조직을 정비하였다.

1969년 10월 제3회 총회에서는 미국연합오순절교회의 헌법을 기본으로 하여 한국 실정에 맞게 수정하는 작업을 하였고, 교단의 초석이 되는 헌법은 1953년 교단 창립 당시 미국 하나님의성회 헌법에 준한 중앙집권제의 헌법을 제정하여 유지해 왔으나 해마다 수개 조항(條項)을 삭제·수정 또는 보충·보완함에 따라 헌법의 균형이 깨어져 유지할 수 없게 되자 1969년 제18차 정기총회 시 헌법 전면 개정을 가결하고 헌법위원[293]을 선정하였다.

---

293) 헌법위원 위원장에 지승권 목사, 서기 박광수 목사, 위원에 석상회, 조명록, 박정근, 윤두선, 김진환 목사를 선임하였으며, 이들을 통해 개정안 작성을 위촉하였다.

교단은 놀라운 속도로 성장하는 가운데 1969년 7월 5~11일까지 서대문 소재의 순복음중앙교회에서 FEAST(극동아시아 하나님의성회 대회)를 개최하여 아시아에 있는 각국 하나님의성회 교역자들과 성도들이 운집하여 하나님께 영광 돌리는 성회를 열었다.

하나님의성회는 1972년 10월 24일 오전 10시 임시총회를 갖고 오순절 총회와 전격 통합을 하게 된다. 1972년 8월 28일 서울역 그릴 소회의실에서 양측 교단 통합추진 전권위원들이 참석하여 통합을 결의한다.

그 후 한국교회는 1973년 5월 30일~6월 3일까지 "오천만을 그리스도에게로"라는 슬로건 아래 5·16광장에서 100만 명이 넘는 신도가 모여서 빌리 그레이엄 목사 전도대회에 이어 '엑스플로 74대회'를 성공적으로 개최하였다. 1977년 5월 16일 제26차 정기총회로 모인 하나님의성회는 총회를 통해 재단법인 정관 변경 개헌안을 만장일치로 통과시켰다.

1980년 제29차 정기총회에서는 27개의 헌법 개정안을 심의한 결과 관심의 대상이 된 부총회장을 2인제로 하는 안을 통과시키고 부분적으로 시행세칙을 통해 현안을 해결한다.

하나님의성회헌법은 1991년 12월 17일 양측 교단이 함께 모여 통합을 선언하고 1992년 2월 14일 행정 통합함에 따라 한국 대교단의 면모를 갖추기 위하여 통합 교단에 걸맞게 헌법을 개정하기로 양측 헌법기초위원회를 선임하여 기초 법안을 만들었다. 그리고 이를 양측 교단 헌법위원회에 제출하여 통과한 후 1992년 5월 26일 제14차 정기총회 1992년 5월 21일 수호 측 정기총회 때에 개정된 헌법이 통과되었다.

창립 50주년을 즈음하여 시대적 상황과 교단의 위상에 맞는 내용의 헌법을 가져야 한다는 총회원의 요청에 의해 주후 2003년 5월 제52차 정기총회 헌법개정특별위원회에서 개정안을 만들어 헌법위원회의 발의로 주후 2004년 5월 제53차 정기총회에서 헌법을 개정하였다.

2008년 6월 24일 2개 교단 통합을 추진하여 2개 교단 통합헌법 제정 특별위원회를 구성하여 2008년 10월 13일에 청원진주초대교회 임시헌법 총회에서 통합헌법 인준을 양 교단이 결의했다.

2009년 3월 3일에 양측 통합을 공포하였다. 공포된 헌법 부칙조항 및 통합협약서에 따라 2009년 5월 18일부터 개회된 정기총회에 총회 행정도 완전 하나의 체제로 전환되었다.

6) 소결

이상과 같이 주요 교단의 헌법 변천사를 연혁과 함께 간략하게 서술하였다. 이외에도 많은 헌법조문과 시행령 및 시행세칙이 그때마다 만들어지고 폐기되었지만 전반적으로 헌법의 본 조문에 대한 제정이나 개정은 극히 제한적으로 이루었음을 볼 수 있다.

장로교단 헌법은 전통이 있고 처음 우리나라에 포교된 관계로 헌법의 도입이 빠르고 비교적 정교하다고 볼 수 있다. 보통 교단은 2년에 한 번씩 헌법적 의제를 다루는데 장로교단이 가장 활발하게 조문의 개정작업이 이루어짐을 볼 수 있고, 다음으로 성결교단도 현실에 적응하려는 노력이 돋보이지만 근본적인 문제는 미루고 현실적인 필요에 따른 시행세칙의 손질에 그치는 경우가 많다.

그런 면에서 침례교의 헌법은 명문화한 것은 없지만 신조와 시행령이 자유로운 관계로 가장 발전성이 있고 성경에 일정 부분 부합하는 면이 많다. 자유로운 가운데 신앙의 선택을 할 수 있고 언제든지 그 회에서 탈퇴와 가입이 이루어지면서 신학적 강요는 없는 점이 장점이다.

교회 내 위계질서도 간단하기 때문에 구성원 간의 직급적 차이도 없는 장점으로 꼽히지만 너무나 자유로운 환경으로 인해 신앙의 선택이 성경적인가에 대한 일탈이 자주 일어나는 것은 어쩔 수 없다고 보아야 한다.

감리교와 성결교는 신앙의 틀이 웨슬리 신학으로부터 시작하였기에 유사한 면이 많은 헌법적 구조이다. 감리교는 헌법이란 용어 대신 교리와 장정이란 용어로 비교적 헌법의 틀 안에 가두는 면이 느슨하고, 성결교는 헌법적 틀을 가지고 있는 점이 다르다.

하나님의성회도 신앙적 고백 위에 성경적 이론을 덧입혔기 때문에 장로교와 같은 정교함은 뒤떨어진다는 지적은 있지만 시행세칙과 시행령으로 해결하기 때문에 교회 내 심층부 외에는 별 불편함을 느끼지 못한다.

이러한 교회의 헌법적 틀이 우리의 신앙에 깊이 개입하는 것을 이제는 불편해할 수 있는 시대가 온 것 같다. 개인의 삶을 구속하는 교회헌법이 아니라 개인의 삶을 좀 더 가치 있게 만들어 주는 헌법적 틀이 필요하다.

헌법의 구조상 하나님을 향한 교리적 조문은 각 교단이 명시적으로 분명히 하고 있으며 교단의 특징에 따라 조금씩 변형했을 뿐이다.[294]

이런 헌법의 조문이 만들어지면 개정하기가 극히 어렵다는 것은 누구나 인정할 수 있지만 그렇다고 해서 헌법조문을 성역시하는 것은 그만큼 시류에 뒤떨어지면서 동시에 구성원 개개인의 기본권적인 인권을 침해할 수 있다는 것을 인식할 필요가 있다.

지금은 다양한 사람들이 교회에 유입되고 그 안에서 새로운 인간

---

294) 가령 장로교에서는 세례를 주는 것을 침례교는 침례 즉 물속에 잠기는 것을 중시하는 것과 오순절 교회에서는 신유와 방언 등을 중시하는 경향으로 삼중복음, 오중복음을 강조하지만 장로교는 말씀 중심으로 신앙을 강조한다. 성결과 중생을 강조하는 성결교 등 중시하는 분야에 따라 교회 및 교단명이 정해지는 경우가 있다.

관계 및 질서가 만들어지고 구성되는 현실임을 감안하여 헌법조문 중 하나님의 근본원리에 관한 것을 제외하고 절차법적인 부분은 유연하게 고민할 필요가 있다. 그리고 다양한 욕구가 표현되는 것과 사회법적인 관점에서 전반적으로 재검토할 필요가 요구된다.

하나님의 법은 성경에 근거하고 하나님의 말씀에 근거하기 때문에 우리의 신앙적 관점으로 재단하는 것은 안 된다. 그러나 절차법적인 관점의 헌법조항 중 바뀌어야 할 것으로 여겨지는 대표적인 것 몇 가지를 짚어 보면, 먼저 교회세습에 대한 분명한 인식이 필요하고 이에 대한 제재방안도 함께 논의 되어야 한다.

대한예수교장로회(통합)에서는 2013년 교회세습을 반대한다는 결의를 했지만 이를 무력화시키고 세습을 강행하는 일이 사회적 문제로 나타났고 지금도 진행 중이다. 이는 분명히 잘못된 일부 인사들의 전횡이자 폭거라고 볼 수 있다. 교회는 개인의 것이 아니라 공적인 기관으로 존재한다.

또한 개인이 설립을 하고 성장시켰다 할지라도 성장하는 과정에서 다수가 모여서 만든 공동체의 결과임을 망각한 것으로 볼 수밖에 없다. 기득권 유지와 그에 따른 이권의 개입 결과로 평가할 수밖에 없기 때문이다.

그리고 이를 인준해 준 노회규칙은 상위법인 교회헌법을 무시한 처사이기 때문에 헌법적 효력을 무력화시켰다는 좋지 않은 선례를 남겼기 때문이다.

이로 인하여 교회의 공적 신뢰와 사회적 위상은 추락하였고, 또한 교회공동구성원들에게 신앙의 깊은 상처와 아울러 교회 존재에 대한 회의와 함께 교회공동체 이탈의 단초를 제공했다. 하나님의 법을 따른다는 것과 실제생활에서 나타나는 간극의 차이를 메우지 못한 가장 대표적인 사례로 볼 수 있다.

바로 이런 사례를 막기 위해서도 교회헌법은 제대로 기능할 수 있게 개정하고 교회정관도 상위법에 벗어나지 않는 조문으로 만들어야 한다는 것을 상기시킬 필요가 있다. 교회법의 수단적 사용으로 인해 생기는 폐해는 많은데, 당회와 제직회와 공동의회를 무력화시키고 비합리적인 법의 조장으로 자신들의 기득권 유지와 권익만 생각하는 경향과 독선적인 운영으로 인해 신앙의 본질을 훼손시키는 등의 일을 해서는 안 될 것이다.

다음으로 문제가 되는 것은 소수자와 경제적 약자에 대한 배려 부분으로 헌법에 삽입할 필요가 있다. 현대인들은 대다수가 경제적 고통과 미래에 대한 불안감을 가지고 살아가기 때문에 교회에 와서 위로와 평안을 얻고자 하지만 실제 교회는 가진 자와 그렇지 못한 자 사이의 괴리가 크다.

물론 표면적으로는 평등을 말하고 누구나 동등한 대우를 한다고 하지만 교회 운영이나 조직의 구성에서 눈에 안 보이는 차별을 하게 된다.

이와 같이 경제적으로나 사회적으로 약자의 위치에 있는 계층이 교회구성면에서 일정한 기여를 하지 못함으로 인해 생기는 자연스러운 현상을 줄이기 위해서는 헌법적 가치를 구현하는 관점과 시행세칙을 통해서라도 이들을 배려하는 조문을 명문화시킬 필요가 있고, 경제적 필요는 교회의 예산으로 충당하는 운영의 합리성을 명문화해야 한다.[295)]

세 번째로 지적되는 문제는 권징의 효력에 관한 것이다. 헌법의 조문 중 가장 활발하게 제정과 개정이 이루어지는 분야이기도 하다. 교

---

295) 교회에서 수입의 십일조와 정기적인 감사헌금을 내는 신자와 그렇지 못한 신자 사이의 거리감은 상상을 초월한다. 결국 이런 경제적 기여도에 따라 교회 운영의 중심과 변두리의 경계가 자연스럽게 생기며, 결국은 교회의 양극화를 초래하는 원인이 된다.

회 내의 다양한 구성원들이 하는 일들을 헌법과 시행세칙 혹은 시행령으로 담당하기에는 벅차고 개개인의 일탈적 행위를 통제하기란 쉽지 않다.

교회 안에서 나타나는 금전거래와 타 교단의 교리를 따름으로 인하여 생기는 교리적 문제(이단 시비와 유사종교에 대한 이해 부족) 및 교회 내 재정의 횡령에 관한 건[296]이 다수를 이룬다. 드물게 교회 건축과 증축 및 개축으로 생기는 이권 다툼이 그렇다.

이에 대한 권징의 효력이 무력화되는 이유는 권징을 한 경우 다른 교회에 출석하면 모든 것이 무효가 되므로 개인의 신앙생활에 전혀 도움이 안 되기 때문이다. 권징을 하면 오히려 교인만 잃어버리는 역설이 발생하는 것이다.

물론 불법적인 문제가 발생하면 사법적인 심사를 받지만 사법적인 심사로 가기 전에 교회 내에서 해결하는 것이 가장 바람직하다. 이를 위해 교회헌법에서도 권징의 조문을 귀하게 여기고 실행하고 있으며 그때그때 현실적인 환경에 따라 적용하지만 효과는 거의 없다.

개인의 삶을 법적으로 구속한다는 것은 매우 힘든 일이지만 신앙이라는 이름으로 공동체의 구성으로 기능하려 한다면 그 구성원의 함의를 표현한 법적인 범위를 지키고 그에 따라 자신의 삶을 규율하는 자정능력은 오로지 양심에 의거할 수밖에 없다.

여기에 하나님의 법과 실정법 사이의 괴리를 어떤 방법으로 조정하는가의 문제가 생긴다. 그 외에도 동성애자에 대한 문제와 성적 소수자와 외국인 이주노동자의 국내 유입으로 인한 차별적 시각도 새롭게 나타난 문제로 볼 수 있다.

우리는 교회헌법의 정신에 보조를 맞추어 총회규칙이나 노회규칙을 탄력적으로 운영할 필요가 있다. 교회헌법은 비교적 제정과 개정

---

[296] 정재영, 『교회 안 나가는 그리스도인』, IVP, 2015, 61~71쪽.

이 어렵기 때문에 하위법인 총회규칙[297]이나 노회규칙을 통하여 교회의 운영이 바르게 되도록 보조해야 함에도 불구하고 정치적인 문제에 민감하게 반응하다 보니 성경의 근본 원리를 간과하는 우를 범하고 있다.

지금은 총회가 치리회 기능이 아니라 정책기관이 되었고, 상임위원회들은 총회가 일임하지 않은 문제들까지도 독자적으로 처리하면서 예기치 않은 많은 문제가 야기되고 있다.

교회헌법의 정신을 성경에 근거해야 함에도 불구하고 인본주의적인 사고와 현실에 영합하는 경향을 보이면서 후대에 더욱 큰 문제를 던지는 경우를 본다. 교회세습이나 교회재정의 불투명성으로 인한 교회의 분립이 대표적이지만 이외에도 많은 문제가 산재해 있다. 헌법 정신은 곧 성경의 정신이라 할 수 있기에 성경 이외의 것은 어떤 것도 바꿀 수 없다.

민주적이고 독립적인 운영이란 미명 아래 장로교라는 명칭을 가지고 있는 교회들의 정치형태는 회중정치를 따르고 있고, 하나님의 말씀을 빙자한 목사의 독재적 리더십으로 인하여 감독정치로 회귀하거나 절대적인 교회권력의 세습을 자행하는 등 교황정치 형태를 모방하는 실정이다.

그 근본을 보면 현실을 너무 강조한 나머지 교회정치도 이제는 장로정치형태가 아니라 회중을 이해하고 그들과 함께 세워 나가는 형태로 변해야 한다고 강변하는데, 이는 모두 교회헌법을 변용하거나 장로회정체를 부정하는 형태다.

감리교나 성결교는 신학적 뿌리가 같고 침례교나 오순절성회의 근본정신도 성경에 기원을 두고 있기에 장로회정체에 대한 이해 속에 큰 틀로서 포함된다고 할 수 있다.

---

[297] 일부에서는 '총회헌법'이란 용어도 쓰지만 이는 잘못된 용어로 보인다.

반면에 시대적 분위기에 편승하여 헌법을 특정집단의 소견에 따라 수정해야 한다는 의견도 있다. 지금의 국가헌법은 시대적으로 유연하게 대처하고 현실에 부합하는 헌법으로 수정해야 하는 것이 적절하다는 사고가 자리 잡고 있어 늘 수정되어야 한다지만[298] 교회헌법은 세상법의 테두리에서 해석되고 수정되는 차원의 것이 아니다.

교회헌법 수정은 오직 살아 있는 하나님의 말씀을 원리로 하여 철저한 검토와 검증이 요구된다. 잘못된 교회헌법은 언제라도 장로교 정치원리에 의해 바른 절차를 밟아 수정할 수 있다.

각 교단도 이 점을 항상 염두에 두고 교회헌법 수정에 대해서만큼은 신중을 기할 때에 미래를 위한 오늘의 노고가 반드시 결실이 있을 것이라 생각한다.

주요 교단은 헌법개정위원회와 헌법심의기관을 독립적으로 두고 있지만 여기에 법적인 전문성과 교회의 원리에 밝은 이해를 가진 기구로 만들려는 노력이 배가되어야 할 것이다.

한편으로는 교회헌법을 사법적인[299] 관점으로만 재단하려는 것도 경계하여야 할 것이고, 특히 교회가 전통적으로 지켜온 관습과 불문법적인 제반 사항을 존중하면서 현대의 교회구성원이 가지는 상충되는 가치관을 더욱 포용하는 자세가 중요하게 대두된다.

때로는 실정법적인 관점으로 교회헌법을 해석하면서 나타나는 불필요한 오해의 여지를 보이는 판결이 있는 것도 간과하기 어렵지만 교회의 내재적인 법적 한계를 감안하면 이러한 실정법적인 관점과의 간극을 최소화하는 방향으로 조화를 이루는 것이 필요하다.

또 "국가기관인 법원은 종교단체 내부 관계에 관한 사항에 대하여는 그것이 일반국민으로서의 권리 의무나 법률관계를 규율하는 것이

---

[298] 양건, 『헌법의 이름으로』, 사계절, 2018, 536쪽.
[299] 서헌제, "교회재판과 국가재판", 교회와 법, 창간호, 2014, 29쪽.

아닌 이상, 원칙적으로 그 실체적인 심리판단을 하지 아니하므로 당해 종교단체의 자율권을 최대한 보장하여야 한다"[300]고 규정한 대법원 판례를 언급하며 "법원은 법리와 함께 교회 내부의 규정과 과정, 교회의 특수성을 무시하면 안 된다"[301]라고 덧붙였다. 함께 고민해야 할 분야라고 여겨진다.

---

300) 대법원 2011. 10. 27. 선고 2009다32386.
301) 대법원 1991. 12. 13. 선고 91다29446.

제4절
노회규칙

1. 노회의 의의

교회는 교회헌법-노회규칙-교회정관이라는 내부적인 법의 체계를 가지고 있지만 노회규칙에 대해서는 생소한 느낌을 가지고 중요시하지 않는 경향이 있다.

그 이유로는 여러 가지가 있을 수 있지만, 가장 큰 이유는 교회헌법은 교회 내 법적인 상징성과 전체적인 틀을 구성하는 법규로서 작용하고, 교회정관은 사법심사의 대상이 되고 실질적으로 교인들의 신앙생활을 규율하는 직접적인 관계에 있지만, 노회는 그에 비해 상대적으로 체감하지 못하는 하나의 법규로 형식적인 것으로 생각하는 경향이 있기 때문이다.

노회는 본래의 뜻은 '장로회'[302]이고, 나이 든 사람들이 모이는 노인회 즉 '원로회'의 성격도 가지고 있다.

노회는 여러 지역에 흩어진 교인들을 하나의 교단으로 묶고 교회

---

302) 노회는 영어로 Presbytery라고 하며 이는 장로회라는 뜻으로 결국 장로교라는 교파를 형성한다. 장로는 구약에서 '자켄'이라고 하는데 이는 '연장자' 혹은 '수염이 있는 사람'을 지칭한다.

직분자를 선출하며 교인들의 자유를 보호하기 위해 고안된 것으로, 노회의 존재는 일정한 지역 내 교인들의 양육을 목적으로 한다.

노회는 교인을 돌볼 목회자를 관리하고 감독하며 목회자 후보생을 양육하고 교단을 일원화하기 위해 총회에 총대를 파견하여 당회와 총회를 하나로 묶는 기능을 한다.

일반적으로 생각하는 목사의 모임이나 정치의 장으로 활동하는 것과는 거리가 있다. 오늘날에 와서는 이런 노회의 본래적 기능을 간과하고 정치적인 목적이나 친목회의 성격으로 변질된 것은 매우 큰 잘못이다.

시급히 인식의 전환이 이루어져야 하고, 조직의 정리를 통해 노회 본연의 목적을 되찾아야 할 교회 내 가장 큰 조직이다.

노회의 성경적 기원으로는 사도행전 15장 6절의 예루살렘 회의를 그 기원으로 하며, 지교회를 대표하는 목사와 장로로 구성되어 있다. 또 다른 의견으로는 노회는 산헤드린[303]으로 불리는 유대인 제사장·서기관·장로들의 모임인 70인 의회를 모방했다는 견해도 있다.[304]

이러한 노회는 개신교에서는 구체적인 기준으로는 종교개혁 시대 이후로 보고 있다. 먼저 프랑스에서 시작되었고, 이후에 스코틀랜드에서 1580년 조직이[305] 생겼는데 존 녹스가 1560년 저술한 '제1치리서'는 노회에 대해서는 언급이 없고 1578년 멜빌이 쓴 '제2치리서'에 처음으로 노회의 내용이 들어 있다.

미국 장로교는 1706년 12월 26일 매케미 목사가 뉴저지 주에서 처음으로 '필라델피아 노회'를 조직했고,[306] 한국장로교는 1907년 독노회

---

303) 산헤드린 공회는 24제사장, 24장로, 24서기관 등 총 72명으로 구성되어 있다.
304) 손병호, 『교회헌법학 원론』, 도서출판 유앙겔리온, 1994, 176쪽.
305) 손병호, 『장로교회의 역사』, 도서출판 유앙겔리온, 2000, 251쪽.
306) 배광식, "장로교 정치원리와 치리제도 형성에 관한 역사적 연구", 계명대학교 박사학위논문, 2005, 86쪽.

가 처음이다.

장로회헌법에 의하여 노회는 일정한 지역 안에 모든 목사와 각 당회에서 파송된 장로로 조직하는데 해당 지역 내에 21당회 이상이 있어야 한다.[307]

기독교장로회는 10인의 목사와 장로를 요건으로 하며, 교단마다 조금씩 다른 면이 있지만 노회라는 본래적 역할을 수행하는 것은 같다.

노회는 목사 회원과 지교회가 파송한 장로 총대로 구성하며, 장로회정체에서 지교회의 설립 주최가 노회이며, 노회에서 총회와 함께 하나님의 말씀으로 잘 훈련된 사람들이 하나님의 권위에 의해서 논쟁을 해결하는 조직체로 볼 수 있다.

하나의 교회가 여러 지교회 형태로 운영되면서 교회의 조직적인 하나 됨을 상실하는 것을 막기 위해서 일정한 지역 단위로 하여 노회의 형태로 운영된다. 교회의 순결성을 보존하며 권징을 동일하게 처리하고, 배도와 부도덕함을 미연에 방지하고 서로 돕는 지체로서 기능한다.[308]

2. 노회규칙의 제정과 내용

주요 교단의 교회헌법상 노회에 대한 규정은 비교적 단순하다. 교회헌법의 위임을 받아 여러 가지 사무를 처리하는 내용을 중심으로 제정된다.

비교적 실무 중심으로 제정되는 것이 일반적이라 할 수 있고, 새로

---

307) 노회조직은 교단마다 조금씩 다른데 대한예수교장로회 합동은 21당회 이상, 통합은 30당회 이상을 규정하고 있다.
308) 대한예수교장로회, 『헌법』, 제2편 정치, 제11장 노회, 제72조.

운 규칙을 만들어 지교회 정관을 구속하는 것은 교회헌법이 있기 때문에 이 분야에 관해서는 특별한 규정을 보기 어렵다.

다만 교회헌법의 위임을 받아 한정적으로 지교회 정관의 상위적인 규범으로 싱징적인 조문을 가지고 있을 뿐이다.

대한예수교장로회헌법(통합)에서 나타난 노회규칙의 제정목차를 보면 제1편은 교회헌법의 원리 부분을 그대로 답습하고, 제2편 정치 제11장 노회의 규정을 보면 제72조 노회의 의의,[309] 제73조 노회의 조직,[310] 제74조 노회원의 자격, 제75조 노회임원 선출, 제76조 노회의 개회성수, 제77조 노회의 직무,[311] 제78조 노회의 회집, 제79조 노회록, 제80조 노회가 비치할 명부, 제81조 시찰회와 시찰위원회, 제82조 노회의 분립, 합병 및 폐지 등으로 되어 있고, 합동은 교회헌법 2편 정치 제10장에 배치되어 있다.

노회규칙은 총회헌법의 기본원리를 따라서 제정하며, 보통 제1장은 총칙으로 노회 소속에 대한 강령을 명시하고, 제2장은 임원의 선출, 제3장은 부서별 기능과 분류를 명기하고, 제4장은 회의로서 정기노회와 임시노회의 날짜를 지정한다.

제5장은 재정을 명시하고, 제6장은 부칙을 정하는데, 대부분 노회규칙은 교회헌법의 근거에 따른 실무적인 지침으로 볼 수 있는 시행령을 중심으로 조문이 만들어진다.

---

309) 그리스도의 몸 된 교회에 여러 지교회가 있으므로 서로 협력하여 교리를 보전하고 행정과 권징을 위하여 노회가 있다.
310) 노회는 일정한 구역 안에 있는 시무목사와 당회에서 파송한 총대장로로 구성한다.
311) 노회의 직무는 구역 안에 있는 지교회와 소속기관 및 단체를 총찰하고 각 당회에서 제출한 헌법시행규정과 각 치리회에서 정한 것에 관한 사항을 접수하고 처리한다. 비교적 중요한 업무로는 목사의 위임, 임직, 해임, 이명, 권징이 있고 장로와 전도사 자격고사를 주관한다. 총회의 지시를 실행하는 것과 노회가 소속 교회의 재산을 관리하는 것을 중요한 업무로 명시하고 있지만 실권은 없다. 이처럼 노회의 직무에 관해서도 좀 더 구체적이고 현실에 부합하는 조문으로 정리할 필요가 있다.

노회규칙이 비교적 단순하게 만들어지는 이유는 지교회 정관에서 구체적인 교회의 활동이 성문화되고 그 안에서 활동하기 때문에 노회는 특별한 역할이 표면상으로 나타나지 않기 때문이다.

노회구성원들도 일반 신도들과는 달리 교회의 지도자들이고, 교단 헌법에서 명시한 전체적인 흐름을 중간에 정리하여 지교회에 전달되는 것을 목적으로 하기 때문이다.

노회의 특성상 조직의 중간 역할을 하는 관계로 매우 중요하지만 법적인 위상으로는 매우 약하다. 향후 한국교회가 좀 더 강화된 모습으로의 노회 형태를 조직하는 데 많은 관심을 기울여야 할 것으로 보이는 이유는, 지교회의 한계를 여러 교회가 연합하여 극복하면서 지역사회에서의 건강한 교회의 사명을 감당하는 데 있다고 하겠다. 또한 노회는 교회의 정통성을 보존하는 역할로서 기능하면서 이 땅에 선포되는 복음의 변질을[312] 중간에 차단하는 중요한 징검다리가 된다. 지교회 정관의 상위법령으로 존재하지만 법적인 실권은 없고 지교회의 단독적인 운영에 보조적인 기능으로서 작용하는 경우가 많다.

노회규칙은 각 노회가 가지는 지역적인 특성과 운영의 합리화를 위한 것으로, 현재 교회 내부관계에서도 법적인 권한이나 실질적인 면은 매우 미약하지만 권징재판 시에 거쳐야 하는 중간 역할과 지교회 목사의 파송 권한이 있으며, 시행세목은 포괄적이고 광범위하기 때문에 지교회 정관과의 다툼이 있을 시 명목적인 권한이므로 실효성이 없다는 비판을 받는다.

그런 반면에 지교회의 중요사항에 대한 일차적인 책임을 노회가 가지기 때문에 간과해서는 안 된다.

---

312) 지교회 목사의 사상이나 이념을 교육기관에서 변별하기란 매우 어렵지만 지교회에서 선포되는 복음의 내용을 정기적(또는 수시로)으로 모니터링하면서 이단과 유사종교로의 변질과 복음과 교회의 정통성 훼손 방지 역할을 하는 것을 말한다. 즉 목회자의 일탈이나 전횡을 미리 차단함으로써 교회의 거룩한 소명과 신뢰성을 보존하는 역할을 의미한다.

노회는 사실상 교회의 활동을 최대한 지원하는 관계로 중요하지만 현재 우리의 사법심사대상에서 소외되어 있는 상황에서 그 중요성이 내부적인 규율로만 인정되고 있음은 매우 안타까운 현실이다.

앞으로 노회의 권한이 실질적으로 커지고 노회활동을 통한 교회의 기능이 활성화된다면 상위규칙으로서의 노회규칙으로 지교회 정관과의 갈등은 줄어들 것으로 전망한다.

3. 노회규칙의 법적 지위

장로교회나 감리교회는 상회 치리회에서 지교회 교역자를 파송하는 형태를 가지고 있다. 조직상 사단적인 구조를 갖고 있지만 내부적인 관계에 있어서 교인들의 자율적인 결정보다는 교단헌법에 입각한 상회 치리회인 노회와 총회의 타율적인 결정에 의해 운영되는 경우가 많다.

이런 이유로 지교회는 교역자를 해임시키려면 상급치리회의 최종 처분 결정이 필요하다. 특히 목회자의 청빙이나 해임은 지교회의 권한이 아니라 상급치리회의 고유 권한이란 사실을 간과하여 법률적인 분쟁이 생기는 경우가 많다.

대법원판례[313]에 따르면, 교회를 법인 아닌 사단으로 인정하면서 교회 교인들이 법인 아닌 사단의 대표자 즉 교회 대표자를 선임했다는 노회의 승인 취임이 없었다고 할지라도 노회 이외에 제3자에 대해서 법률행위를 할 수 있다고 판시하고 있는데, 이는 노회가 지교회의 독립성을 침해하지 못한다는 입장이다.

---

313) 대법원 1967. 12. 18. 선고 67다2202 판결.

또 다른 대법원판례[314]는 교단의 노회에 소속된 지교회의 담임목사 파송권과 해임권이 노회에 있다는 사실을 인정하고 있다.

교회 대표자는 교단헌법에 따라 선임되어야 한다는 취지의 대법원의 판례[315]에 의하면, 지교회가 2개의 파로 분파되어 있다 하더라도 원 교회의 대표자는 어디까지나 교회의 운영방법을 규율하고 있는 '대한예수교장로회헌법'에 정하는 바에 따라 선임되어야 한다고 판시하였다.

대법원은 근래의 최종적인 판례 입장을 보였던 2006년 전원합의체 판결[316]에서 "법인 아닌 사단으로서의 실체를 갖춘 개신교 교회가 특정 교단 소속 지교회로 편입되어 교단의 헌법에 따라 의사결정기구를 구성하고 교단이 파송하는 목사를 지교회의 대표자로 받아들이는 경우 원칙적으로 지교회는 소속 교단과 독립된 법인 아닌 사단이고 교단은 종교적 내부관계에 있어서 지교회의 상급단체에 지나지 않는다"고 판시하였다.

다만 지교회가 '교단이 정한 헌법을 교회 자신의 규약에 준하는 자치규범으로 받아들일 수 있다'는 사실을 전제하면서 교단의 헌법은 '지교회의 독립성이나 종교적 자유의 본질을 침해하지 않는 범위 내에서'만 구속한다고 보았다.

이 판시는 교단의 헌법이 지교회의 독립성과 종교적 자유의 본질을 침해할 수 없다고 본 중요한 판례이다. 이는 대법원이 앞으로 이와 같은 법리를 터 잡아 교회와 교단의 관계를 둘러싼 법률관계를 해석하는 기본원리로 삼겠다는 의지를 보인 것으로 받아들여진다.

따라서 지교회와 노회의 관계는 재산권과 대표자 선임을 노회가

---

314) 대법원 2010. 5. 27. 선고 2009다67665,67672 판결.
315) 대법원 1975. 12. 9. 선고 73다1944 판결.
316) 대법원 2006. 4. 20. 선고 2004다37775 전원합의체 판결.

인정하지 않았다고 할지라도 재산권에 관한 대표자로서 노회 이외의 제3자에 대해 법률행위의 효력에 지교회의 독립성과 종교자유의 원리를 인정해서 지교회 결정을 우선시하지만 그 외 신앙 단체적 측면에서의 교회 대표자의 선정과 대표자의 해임에 대한 노회의 규칙과 교단의 헌법 규정을 그대로 인정하고 있다.

따라서 노회는 지교회의 독립성과 종교자유의 원리를 침해하거나 훼손하는 결의나 규칙을 제정하면 안 되며, 반대로 지교회는 노회를 자치단체의 상급기관으로 결의했거나 정관상으로 규정돼 있다면 그에 반한 결정이나 운영을 해서는 안 된다는 것을 의미한다.

이처럼 노회의 법적 지위는 교회헌법 내에서 중간 역할로 비중이 크지만 사법심사에서는 권고사항으로 분류되는 관계로 교회정관보다 덜 중요한 것으로 간주된다.

앞으로 교회활동의 중추적인 역할은 노회가 담당해야 할 것이며, 노회규칙이 좀 더 현실적인 권한을 가지는 방향으로 정리되어야 할 것이다. 즉 교회헌법의 위임을 받아 교회정관의 범위를 분명하게 정리해 주는 방향의 법적 조문이 나올 수 있어야 한다.

제5절
교회에서의 정치구조

　하나님의 절대주권과 신정주의 아래에서 그를 따르는 백성들에게 요구되는 것은 절대적인 복종이다. 원칙적으로 하나님께서 주신 말씀의 권위와 권력의 통치 앞에서 모두 복종해야 한다.
　그러나 지상의 조직교회는 운영을 위하여 일반 국가의 기술적인 측면의 행정과 조직과 그에 따르는 정치적인 면이 필요하다.
　국가의 권력도 한쪽으로 지나치게 힘의 균형이 기울면 부패하듯이 교회의 조직도 마찬가지이다.
　교회의 권력이 균형을 이루는 것을 목표로 하여 발전을 도모한다면 제도적인 민주적인 국가권력에서와 마찬가지로 삼권분립을 근간으로 하여 상호 견제함으로써 힘의 균형을 헌법적 정신에 맞추어, 권력집중화로 나타날 수 있는 전횡과 권력의 절대 부패를 막기 위한 노력이 다각적으로 필요하다.
　본서에서는 일반적인 국가 권력분립의 원리가 어떻게 교회법에 실현되는지의 구조적 기제와 함께 어떻게 실현되고 있는지 중점적으로 살피게 된다.

1. 권력분립원리와 통치권 행사

1) 삼권분립과 권력의 견제와 균형

권력분립이론은 영국에서의 싹트기 시작하여 발전한 이론으로, 군주의 절대 권력을 상호 견제하게 함으로써 권력을 완화하여 개인의 기본권적 자유를 보장하려는 목적으로 형성된 이론이다. 국가기능을 원활하게 수행하도록 헌법에서 위임된 기관과 그 기관들의 권한을 규율하는 기본원리로 오늘날의 헌법질서의 결정적 원리라고 할 수 있다.[317]

권력분립은 국가권력을 그 성질에 따라 여러 국가기관에 분산시킴으로써 권력 상호 간의 견제와 균형을 통해서 국민의 자유와 권리를 보호하려는 통치기관의 구성 원리이며,[318] 보통 입법·행정·사법이라는 3개의 권력 집합적 기능을 특별한 권력에 분배하여 권력의 분리와 권력을 상호 통제하고 억제하는 것을 그 내용으로 한다.

윌리엄 액튼(Sir Williams Action)의 지적대로 "권력을 부패하게 마련이고 절대적인 권력은 절대적으로 부패하기"(Power tends to corrupt, absolute power corrupts absolutely) 때문에 권력분립은 국가 권력을 분할하고 이를 통해 국가권력을 통제함으로써 개인의 자유를 보호하는 수단이 된다.

이처럼 권력분립원리는 인간 본성에 대한 회의에서 시작되는 역사적 원리라고 볼 수 있다.[319]

몽테스키외는 그의 저서『법의 정신』에서 삼권분립론을 전개하고

---

317) 계희열, "헌법원리로서의 권력분립의 원리", 고려대학교 법학연구원, 고려법학, Vol.38, 2002, 2쪽.
318) 허영,『한국헌법론』, 박영사, 2017, 696쪽.
319) 문광삼, "일본의 의원내각제 연구", 입법연구, Vol.44. No.1, 부산대학교 법학연구소, 2003, 153쪽.

있는데, 국가권력의 삼권분립론에서의 입법권은 법률을 제정하는 권력이며, 집행권이란 권력을 집행하는 권력을 말하고, 재판권은 법률을 위반할 경우 이를 처벌하고 법규에 따라 재판하는 권력이다.

몽테스키외는 국가권력을 그 기능에 따라 구별하고 국가기관 간 상호 감시와 통제를 하는 것을 권력분립의 원칙 혹은 삼권분립의 원칙이라고 말한다.[320] 이처럼 권력의 분리는 필연적이며 권력 상호 간의 통제와 억제를 통해 권력 간 균형이 이루어진다는 것이다.

이 같은 몽테스키외의 삼권 권력분립론은 인간의 자유 보장을 그 목적으로 하고 있다.[321] 우리 헌법도 견제와 균형의 원리를 통해 권력 남용을 막고 법치국가의 실질적인 내용을 실현하기 위해서 권력분립을 채택하고 있는데, 현행 헌법도 자세히 살펴보면 몽테스키외의 이론이 상당 부분 녹아들어 있다고 하겠다.

2) 통치권 행사의 절차적 정당성

현대국가의 통치구조는 궁극적으로 통치권의 '민주적 정당성'과 통치권 행사의 '절차적 정당성'을 최대한 보장함으로써 통치권의 '기본적 기속성'을 중단 없이 지키게 하는 제도적인 장치라고 볼 수 있다.

이런 관점에서 통치구조사상의 여러 가지 제도, 즉 대의제도·권력분립제도·선거제도·헌법재판제도를 비롯해서 통치구조상의 여러 가지 기구와 권한 등은 결국 통치권의 기본적 기속성의 요건을 충족시키기 위한 제도요 기구요 권한으로서의 의미와 성격을 가지게 된다.[322]

통치권 행사의 절차적 정당성의 요건을 충족시킬 수 있는 제도적인

---

320) 허영, 앞의 책, 696~697쪽.
321) 계희열, 앞의 책, 8쪽.
322) 허영, 앞의 책, 653쪽.

장치가 필요한데, 이는 권력의 남용과 오용을 막고 합리적이고 효과적인 통제수단을 가짐으로써 통치권 행사가 그 행사방법과 행사과정의 측면에서도 정당성을 가질 수 있도록 적절한 권력통제장치를 마련하는 것이다.

통치권의 남용과 악용으로 인하여 생길 수 있는 권력의 폭력화·독재화·탈법통치·불법통치 현상을 미연에 방지함으로써 통치권 행사의 기본 목적인 국민의 권리에 대한 보장에 한 걸음 앞서 나가게 될 것이다.

특별히 우리나라의 경우 2017년 3월 13일 전대미문의 대통령 탄핵[323]이라는 초유의 사태에서 보듯이 집중된 권력의 오용과 남용의 결과는 국정 전반에 걸쳐 후유증을 남기고 있고, 지금도 그 일로 인한 정리는 진행 중임을 경험하고 있다.

3) 국민의 지위와 대의제도

"국가의 주권이 국민에게 있고 모든 권력은 국민에게서 나온다"는 국민주권원리는 국가권력의 정당성이 국민에게 있고 모든 통치권력의 행사를 최종적으로 국민의 의사에 귀착시켜야 한다는 것이다.

이는 국민 전체가 직접 국가기관과 주권행사기관에 일일이 간섭하는 것이라고 해석되어서는 안 된다.

현대 자유민주국가가 통치를 위한 국가기관을 구성함에 있어서 국민의 직접적으로 국가기관에 참여하기보다는 국민이 그 대표자를 통해서 정책결정에 간접적으로 참여하는 대의제도를 그 기본적인 구성

---

[323] 2017년 4월 17일 검찰은 전직 대통령을 기소하였는데 주요 공소사실은 '특정범죄가중처벌 등에 관한 법률상 뇌물수수·제3자 뇌물수수·뇌물요구, 직권남용·권리행사 방해·강요, 공무상 기밀 누설' 등이다.

원리로 하고 있다.

　대의제도는 국민이 직접 정치적인 결정을 내리지 않고 그 대표를 통해서 간접적으로만 정치적인 결정에 참여하는 기관구성의 원리요, 의사결정의 원리이다.

　국민에 의해서 선출되는 구성원은 국민의 의사를 단순히 대변해주는 역할뿐만이 아니라 국민으로부터 부여받은 '민주적 정당성'에 입각하여 기본권 실현의 방향으로 독자적인 의사결정을 해야 하는 '국가기관'이며, '정책결정권'의 자유위임을 그 이념적인 바탕으로 하는 통치기관의 구성원이라고 할 수 있다.

　선거제도와 선거제도의 공정한 운영이 대의제도가 가지는 본래의 목적을 완성하는 결정적인 요인이 된다.

　선거는 선거인이 다수의 후보자 중에서 일정한 선거절차에 따라 특정인을 대표자로 선정하는 행위로, 국민의 대표기관을 구성하는 민주적인 방법인 동시에 통치기관으로 하여금 민주적 정당성을 확보하게 하므로 대의민주주의를 실현하기 위한 중요한 수단이다.

　선거가 경쟁적이고 민주적인 선거가 되기 위해서는 선택의 가능성이 주어지고 선거의 자유가 보장되고 선거 절차의 모든 과정에 국가권력이 절대적으로 중립을 지키는 가운데 선거권과 피선거권이 결정되고 선거구의 분할, 후보자의 추천과 결정, 선거운동, 투표, 개표와 합산, 일정득표수를 합리적으로 배분한 의석의 분배, 그리고 선거에 관한 소송 등에서 모든 선거 참여자에게 정당하게 균등한 자유와 기회가 보장되는 것이 필요하다.

2. 교회의 집행체제

1) 교회 권력분립원리의 배경

권력분립원리가 인간 본성에 대한 회의에서 출발한 역사적 원리이듯이 교회의 권력분립 역시 인간의 전적 타락을 이론적 전제로 하고 있다. 장로회 정치원리를 근간으로 하는 장로교회는 말씀 중심의 사상에서 목사를 하나님의 대리자로 상정한다.[324]

목사는 하나님을 대리하여 복음을 증거하고 그 말씀을[325] 토대로 교회를 치리한다. 또한 하나님을 대표·대리하여 성도를 축복하고 목양한다.

장로회헌법[326]에서는 이러한 목사의 지위를 인정하여 목사의 발언권을 우위에 둠으로써 하나님의 말씀을 높이고 있다. 이는 성경을 중심한 하나님의 주권사상을 받아들이는 것을 의미한다.

하나님의 주권사상은 인간의 전적 부패와 무능을 나타낸다.[327] 인간의 전적 부패와 무능은 하나님의 주권사상을 드러낸다. 교회헌법은 교회를 치리함에 있어서 명백한 정치와 조직이 필요하다.[328]

정치의 필요성은 정치의 효율성뿐만 아니라 인간의 전적 부패와 무

---

324) 웨인 오토, 『기독교 목회학』, 생명의말씀사, 1990, 28~34쪽.
325) 복음을 증거하는 대표적인 수단으로서 설교가 있다. '설교는 인격을 통한 진리의 전달' 혹은 '진리를 통한 인격의 감화'라고 표현하기도 한다.
326) 대한예수교장로회, 『헌법』, 예배모범, 제6장 제5항.
327) 장로교는 이에 대한 교리적 견해를 칼빈의 '교의학 1권', 14장 4항의 의견에 따른다. 즉 "인간의 시조인 아담의 타락으로 인하여 하나님이 부여해 준 신령한 특성이 상실되고 인간에게 있던 하나님의 형상은 완전히 파괴되지는 않았지만 심히 부패하여 무섭고 추악한 모습으로 변질되었다"고 말한다.
328) 대한예수교장로회, 『헌법』, 정치 제8장 1조: 교회를 치리함에 있어서 명백한 정치와 조직이 있어야 한다(고전 14:40). 정당한 사리와 성경교훈과 사도시대 교회의 행사에 의지한즉 교회 치리권은 개인에게 있지 않고 당회·노회·대회·총회 같은 치리에 있다(행 15:6).

능 때문이다. 타락한 인간은 하나님 앞에서 나약하고 연약하기에 나약함을 보호하기 위한 방편이고 하나님의 주권적인 능력을 구하는 도구이다.

따라서 교회헌법이 권력분립을 택한 이유는 인간의 전적 타락으로 인한 부패를 더 이상 방치할 수 없고, 인간 본연의 존재적 의미를 찾아가는 수단으로서 상호 협동하는 가운데 공존하고자 하는 욕구 때문이라고 말할 수 있다.

교회헌법은 '주권이 교인들에게 있는 민주적 정치'[329]라고 했는데, 교회에서 주권을 행사하는 자를 세례교인으로 제한한[330] 것은 바로 예수 그리스도로 인하여 구원받은 백성들의 양심만이 하나님의 주권이 나타난다고 믿기 때문이다.

결국 한국 장로회헌법은 인간을 전적 부패한 자로 여기고, 예수 그리스도를 구세주로 믿고 그에 따르는 증거로 세례를 받음으로써 예수를 따르는 자로서의 권한을 가지는 것이 곧 하나님의 주권사상을 이 땅에 표현하는 것이라고 말할 수 있다.

2) 교회의 삼권분립에 따른 상호작용

개신교의 교회는 정체에 따라 약간씩의 고유한 특색을 가지고 있지만 보편적으로 자유민주주의 권력구조와 같은 삼권[331]을 갖고 있다.

오늘날의 교회의 갈등과 분쟁은 나날이 늘어만 가고 그 수법의 다양성은 우리의 생각을 초월한다. 이러한 교회 내 혹은 교회 간 분쟁

---

[329] 대한예수교장로회, 『헌법』, 정치, 총론5.
[330] 대한예수교장로회, 『헌법』, 정치, 제21장 제1조 제1항에서 교회 최고의결기관이며 교회 입법권을 갖고 있는 공동의회 회원은 '무흠입교인'으로 규정한다.
[331] 국가권력의 3요소로 볼 수 있는 입법·행정·사법을 교회는 공동의회·제직회·당회를 수평이동으로 비교하여 삼권이라고 했다.

의 원인을 다양한 측면에서 찾을 수 있겠지만, 비교적 유순한 권력집단으로 자처하는 교회 내 위계질서상 목사와 장로와 그들로 구성된 당회에서의 문제가 원인이 되는 경우가 상대적으로 많다.

교회법을 오해하여 권력을 독점하는 목사와 장로가 교회의 삼권을 장악하여 모든 권력을 갖게 되자 여기에 자연스럽게 절대 부패가 따라왔다.[332] 교회법에서 요구한 권력의 견제와 균형의 원리가 무시되고 집중되면서 권력의 남용을 막는 교회법은 교회의 절대 권력자들에 의해 유명무실해지고, 교회는 탈법통치가 성행했고 그 후유증으로 갖가지 분쟁과 갈등이 발생하게 되었다.

장로회정체에 따르면 교회의 입법권은 교인들의 최고의결기관인 공동의회(교인총회)[333]에 있다. 지교회의 규약(정관)을 제정하고 변경하는 일은 교회의 입법에 해당되며, 이 권한은 공동의회에 있다.

교회의 사법권은 교인, 즉 평신도권의 대표자인 장로와 성직권을 갖고 있는 목사가 당회를 조직하여 그 당회로 하여금 교회에서의 사법권을 행사하게 한다. 당회는 교회의 사법적인 성격을 지니고 있기에 당회는 입법권을 갖고 있는 공동의회의 견제를 받는다.

장로는 교인들의 투표와 임직식 때 복종서약을[334] 받아 교인들로부터 위임받은 권한을 행사하고, 그 권한행사에 대한 견제기능은 교인

---

332) 소재열, 『합리적인 당회 운영』, 말씀사역, 2002, 367쪽. 이 책에 의하면 당회의 입법·사법·행정의 3권에 대한 당회원의 인식조사에서 3권을 필요적 요소로 보는 통계가 89.7%로 대부분을 차지하였고, 목사는 사법과 행정이 필요하다고 답한 반면 장로는 3권 모두를 필요요소로 답했다. 당회가 본래의 임무를 망각하고 국회와 같은 입법적 기능과 행정기관 및 사법기관인 검찰의 기능을 함께 소유한 것을 독점하는 것으로 생각하고 있다.

333) 당회는 최고기관으로 헌법이 공동의회와 제직회에 부여한 권한 이외의 모든 권한을 가지는 것으로, 당회는 최고기관이 아니라 공동의회가 최고의결기관이다. 당회는 최고의결기관인 공동의회에 경과보고를 함으로(대한예수교장로회, 『헌법』, 정치, 제21장 제1조 5.), 목사의 문제에 대해서는 노회에 지교회 시무권에 대한 위임해약청원과 장로의 계속시무 여부를 묻는 시무투표(대한예수교장로회, 『헌법』, 정치, 제13장 제4조)의 대상이 되어 공동의회의 견제를 받는다.

334) 대한예수교장로회, 『헌법』, 정치, 제13장 제3조 4항.

들의 공동의회를 통해서 '계속시무투표'로 이어진다.

반대로 공동의회 회원인 교인들에 대한 견제는 사법권을 갖고 있는 당회에 의해 집행되며, 또한 성직권을 갖고 있는 목사에 대한 견제는 교인들이 공동의회를 통해서 지교회 시무권을 승인한 교단의 상급기관인 노회에 그 시무권을 철회해 달라는 청원으로 이루어진다.

교회재정에 대한 행정권을 갖고 있는 제직회는 공동의회가 승인해 준 예산의 범위 안에서만 집행할 수 있으며, 집행 후 결산 승인권을 갖고 있는 공동의회를 통해 견제를 받는다.

교회는 이처럼 입법·행정·사법의 삼권이 서로 견제하며 절대권력으로 인한 절대부패를 방지하는 제도적 안전장치를 갖고 있다. 장로회정체에서 합리적이고 효율적인 통제수단을 마련함으로써 통치권의 행사가 그 행사방법과 행사과정의 측면에서도 절차적 정당성을 가질 수 있도록 적절한 권력통제장치가 마련되어 있다.

이 권력통제장치를 무력화시키는 일부 반대파들에 의해 교회에 혼란과 분쟁이 발생한다.[335] 이러한 혼란과 분쟁을 가져온 탈법과 불법을 제도적으로 제재하는 장치가 교회법정이다. 교회법정의 기능이 활성화되고 체계화시키는 것도 분쟁 해결을 위한 중요한 수단이 될 수 있다.

3) 목사와 장로의 협력과 견제와 균형

장로의 치리권과 관계되는 모든 직무는 장로로서 가지는 직무나 권세가 아니라 목사와 협동하여 그 직을 협동하여 수행하며 교회의 직무가 치리와 봉사 등 모두가 예수 그리스도의 말씀 증거를 위한 직무인 관계로 장로는 목사를 돕는 협력의 동반자라 할 수 있다.

즉 목사를 중심으로 장로가 협동하는 형태이기 때문에 장로가 단독

---

335) 황교안, 『교회가 알아야 할 법 이야기』, 요단, 2012, 56~57쪽.

적으로 일을 행하는 것은 장로회 정치원리에 반하는 것이고, 목사를 주체로 하고 장로가 협동체로 하지 아니하고 그와 정반대로 장로를 주체로 하고 목사를 협동체로 삼는 것 자체가 잘못된 것이다.[336]

이와 같은 목회적 원리에서 목사와 장로의 관계에 대한 오해는 예기치 못한 갈등과 분쟁을 가져온다. 이러한 특수한 관계에서와 교회를 설립한 조직의 특성상 목사와 장로는 서로 협력해야 하고 교회를 다스리는 치리회인 당회는 목사와 장로로 구성되어 교회의 사법권을 행사한다.

대의제를 특징으로 하는 장로회정치는 성직권을 갖고 있는 목사와 평신도권인 교인들의 대표자인 장로가 당회를 구성하여 교회의 사법권을 행사하며, 대의제는 본질적으로 견제와 균형의 원리를 바탕으로 한다.

장로회주의는 성직자의 치리권과 평신도의 기본권을 서로 동등하게 하며 또 조화를 이루지만 다른 한편으로 상호 견제케 함으로써 치우침이 없이 건전한 발전과 부흥을 도모하는 정치형태라고 할 수 있다.

따라서 장로회주의는 교인의 기본권과 성직자의 치리권을 서로 인정한다는 전제가 있어야 한다. 이는 장로회정치의 원리가 양심의 자유의 원리를 인정치 않는 교회의 자유의 원리를 배제하며, 교회의 자유의 원리를 인정치 않는 양심의 자유의 원리도 배제하는 것과 같다.

기본권을 인정치 않는 치리권은 제도적으로 성직자의 부패와 횡포를 부르는 온상이 되고, 성직자의 치리권을 인정치 않는 교인의 기본권은 제도적으로 평신도의 타락을 가져오게 하는 죄악의 온상이 될 수밖에 없었던 것처럼 양심의 자유 원리와 교회의 자유 원리도 꼭 같은 상관관계[337]를 가지고 조화가 이루어져야 한다.

---

336) 박병진, 『교회의 정치통람』, 성광문화사, 1988, 114쪽.
337) 박병진, 앞의 책, 23쪽.

대한예수교장로회헌법은 장로를 교인들의 대표로[338] 교인들의 기본권을 보장하는 주체로 보기 때문에, 장로는 목사의 전횡과 독단으로부터 교인들의 양심의 자유를 지킬 책임이 있다. 헌법은 장로의 치리회에서의 치리권을 목사의 치리권과 '같은 권한'으로 말한다.[339]

치리회에서 목사와 장로가 '같은 권한'[340]이어야 객관적인 치리권이 행사될 수 있지만 양자는 약간의 차이가 있다. 즉 목사의 치리권은 하나님의 말씀에 기초한 치리권이요, 장로의 치리권은 교인들의 기본권에 기초하며 양심의 자유를 최대한 구현하도록 하는 차원에서의 치리권이다.

장로회 교회는 이러한 견제와 균형의 원리에 의하여 교회를 효율적으로 치리하며, 그 결과 감독주의가 갖고 있는 폐단도 극복하고 자유정치(회중정치)가 갖는 약점도 보완하게 된다. 그러한 장로의 견제 기능을 오해하여 장로의 잘못과 월권을 합리화시키는 데 사용되는 것을 조심하여야 한다.

장로회 정치원리와 권력구조에서 '견제와 균형'은 '동등관계'에 따른 결과로, 교인의 기본권을 인정치 않는 치리권은 제도적으로 성직자의 부패와 횡포를 부르는 단초가 된다.

이것은 잘 알지 못하면 목사의 독재로 나타나거나 그 반대로 장로

---

338) 대한예수교장로회, 『헌법』, 정치, 제5장 제4조 1항.
339) 대한예수교장로회, 『헌법』, 정치, 제5장 제2조.
340) 여기서 우리는 장로가 목사와 같은 권한이라는 법리적 해석이 필요하다. '같은 권한'이란 목사와 장로 개인이 1:1의 권한이란 말이 아니다. 만일 그렇다면 장로회의 기본 치리회(당회)에서는 양권의 동등이 깨진다. 왜냐하면 목사 1명, 장로 1명인 당회에서는 양권이 1:1이 되어 동등할 것이나 장로가 10명이 있다면 양권은 동등이 아니라 1:10이 되기 때문이다. 이렇게 될 경우 양권의 동등의 법리는 무산된다. 목사가 1명인즉 그 1명의 권한과 장로가 몇 명이 되었든 그 장로단의 권한의 동등 즉 1:1이 되어야 하는 것이 장로회 정치원리의 기본 개념이다. 목사는 단 1명밖에 없는 당회에서 그 많은 장로와 1:1의 동등이 이루어지게 하기 위해서 한 사람인 목사에게 당회장권을 주게 된 것이다. 그렇게 함으로 최소한의 동등의 의미를 살리자는 것이 목사만이 당회장이 되게 한 이유이다.

의 월권으로 나타난다. 목사의 독재와 장로의 월권을 방지하는 것은 장로회 교회정치원리와 헌법이 보장한 규정 안에서의 견제와 균형으로, 이는 파멸과 부패를 방지한다. 장로회정치는 어느 한쪽의 절대적 권력을 행사하지 못하도록 견제와 균형을 통하여 발전하게 하는 정치제도이다.

이러한 맥락에서 목사가 장로의 협력을 요구하고 반대로 장로는 동등을 요구하는 것은 당연하다. 이와 같은 원리를 무시하고 무조건 맹목적인 복종과 충성은 교회의 균형적인 발전에 악영향을 미치게 된다.

성경은 굴종을 원하는 것이 아니라 그리스도 안에서의 순종을 원한다. 늘 목사와 장로는 협력적 동반자 인식을 가지는 것만이 교회분쟁과 갈등을 없애는 요소가 됨을 인지한다면 목사와 장로로 구성된 당회의 문제는 곧 교회의 문제라고 당연시해도 큰 무리는 없어 보인다.

(1) 입법권-공동의회

헌법이 국회에 입법의 권한을 부여하고 있듯이 교회 역시 입법의 권한을 부여하고 있는데 그 기관이 바로 공동의회이다.

장로회정체인 교회법[341]에 의하면, 장로회정체는 '성경적 제도'로서 '주권이 교인에게 있는 민주적 정치'라고 한다. 이 헌법총론에 의하면, 한국장로교회는 감독정치·교황정치·자유정치·조합정치와는 달리 장로회정치를 택하고 있으며 교회 역사상 가장 오래된 제도이다.

여기에서는 장로회주의의 기본적인 틀로 ① 주권이 교인에게 있는 민주정치, ② 치리기관으로 목사와 장로로 구성된 당회, ③ 삼심제의 치리회 등이다.[342]

---

341) 이태재, 『법과 종교』, 홍익사, 1983, 8쪽. 일반적으로 그리스도의 교회법 조문을 Canon이라고 하고 그 교회법 전체를 Canon법이라고 한다. 이 교회법은 그리스도교의 교의, 교회의 조직과 기능, 교회의식, 신앙생활 및 교회재판에 관한 모든 규범의 총체를 말한다.
342) 대한예수교장로회(합동), 『헌법』, 정치, 총론 제5항.

한국장로교회가 택하고 있는 주권이 교인에게 있는 민주정치는 바로 하나님의 주권이 교인들의 양심적 투표에[343] 의하여 이루어지는 과정을 통하여 나타난다고 믿는 정치이다. 이는 교인들의 책임 있는 행동을 요구한다.

장로회정체 역시 민주적인 정치제도로서 입법권은 교회의 최고 의결기관인 교인들의 총회로 일컬어지는 공동의회에 있다.

장로회정체에서는 당회·공동의회·제직회가 있다. 당회를 치리회라고 하는 것은 교인들의 지위에 관한 행정적·사법적 권한을 갖고 있기 때문이다. 공동의회와 제직회는 의회라 칭한다.

즉 당회는 사법권을 의미하고, 공동의회는 입법권, 제직회는 교회운영을 담당하는 기관으로 교회재정 운영에 대한 집행력을 가지는 행정권으로 구분한다. 사법권과 행정권을 집행하기 위한 절차법에 대한 규정은 입법권을 갖고 있는 공동의회의 권한 아래에 있다.

교회의 정관이 법적 구속력을 가지는 것은 그 정관이 교인들의 최고의결기관인 교인총회, 혹은 공동의회에서 제정되었기 때문이다. 민법의 학설과 대법원판례는[344] 교회에 대한 법적 성질을 '법인 아닌 사단'으로 해석한다.[345]

여기서 교회라 함은 일반적으로 모든 목사와 단위교회 즉 지교회의 총대 장로로 구성되는 노회를 구성하며 전국 교회, 즉 교단의 치리회로서 총회를 두고 있으나, 판례에서는 '지교회'만을 법적 단위로서

---

343) 대한예수교장로회,『헌법』, 정치 제1장 제1항. 여기서 말하는 양심의 주인은 하나님이라고 설명하므로 교인의 양심에 따른 투표로서의 주권행사는 결국 하나님의 주권행사로 귀착된다.
344) 대법원 1962. 7. 12. 선고 62다133 판결.
345) 대법원 2006. 4. 20. 선고 2004다37775 전원합의체 판결: "교회가 법인 아닌 사단으로 존재하는 이상 그 법률관계를 둘러싼 분쟁을 소송적인 방법으로 해결함에 있어서는 법인 아닌 사단에 관한 민법의 일반이론에 따라 교회의 실체를 파악하고", 다음으로는 교회 내부의 법이 우선되고 그다음으로는 임의법규를 인용한다.

의 교회로 인정하고 지교회를 포괄하는 교단총회(교회)는 단순히 종교적 내부관계에 지나지 않는 것으로 해석하고 있다.[346]

교회의 법률적 성질은 교회를 법인 아닌 사단으로 적용하고 판단한다는 점과 법인 아닌 사단의 구성원은 사단의 정관 기타 내부의 규약 등 정해진 바에 따라 모든 문제를 처리하며 정관이 없을 경우 교인총회의 의결로 결정한다는 점이다.

각종 법적 효력을 갖는 지교회의 결의는 곧 교인들의 최고의결기관인 공동의회의 결의를 통해서 가능하다. 당회나 제직회의 결의가 교인 최고의 의결기구를 대신할 수 없다. 교인의 최고의결기구인 공동의회에서 결의된 '교회규약'이나 '교회장정'은 지교회의 법률행위의 근거가 된다.[347]

교회의 재산 처분에 있어서는 "교회장정·회칙·기타 일반적으로 승인된 규정이 있으면 그에 따라 유효히 할 수 있되 그것이 없는 경우에는 민법의 원칙에 따라 교인 총회의 의결에 의하여야 할 것"[348]이며, "재산의 처분에 있어서는 교회장정, 회칙, 일반적으로 승인된 규정이 있으면 그에 따를 것이지만 그와 같은 규정이 없을 경우에는 교도들의 총의에 따라 의결방법에 의하여 그 귀속을 정하여야 한다"[349]고 했다.

또한 "교회재산의 처분에 있어서는 그 교회의 정관 기타 규약에 의하거나 그것이 없는 경우에는 그 교회 소속 교인들의 총회의 결의"[350]에 따라야 한다고 했다.

교회 교인들의 총유 또는 준총유에 속하는 "토지의 처분에 관하여

---

[346] 대법원 1967. 12. 18. 선고 67다2202 판결.
[347] 황교안, 『기독교인이 알아야 할 법률 상식』, 만나출판사, 1994, 115~156쪽.
[348] 대법원 1957. 12. 13. 선고 4289민상182 판결.
[349] 대법원 1971. 2. 9. 선고 70다2478 판결.
[350] 대법원 1970. 2. 10. 선고 67다2892,2893 판결; 대법원 1980.12.9. 선고 80다2045,2046 판결; 대법원 1986. 9. 23. 84다카6 판결.

교회의 정관이나 규약이 없고 교인들의 처분결의도 없다면 비록 그 토지를 전득하여 등기를 마친 자가 선의라 하더라도 교회는 그 처분행위의 무효인 사실을 대항할 수 있다"[351]라고 했으며, "재산의 처분에 있어서 그 교회의 정관 기타의 규약에 의하거나 그것이 없는 경우에는 그 교회 소속 교인들의 총회의 결의에 따라야 하는 것인바 교인들 총회의 결의가 없었음에도 있는 것같이 관계서류를 위조하여 경료한 소유권이전등기는 원인 무효의 등기"라고 판시하고 있다.[352]

교회가 분쟁이 발생할 때 재산 처분을 위한 교인총회에서 반대 측의 교인들에게 통지하지 않고 행한 교인총회는 '교인총회의 결의'로 인정을 받지 못하며 이 경우에도 '관계서류 위조'로 본다.[353]

또한 지교회가 소속된 교단의 헌법상 지교회의 부동산을 특정 재단법인 앞으로 등기하도록 하는 규정이 있다고 하더라도 지교회의 대표자가 총회의 결의 없이 지교회 교인들의 총유에 속하는 교회 부지 및 건물을 위 재단법인 앞으로 소유권이전등기의 마침 행위를 하는 것은 공정증서부실기재 죄에 해당된다.[354]

이상과 같은 판례로 보아서 지교회의 정관의 중요성과 교인총회의 의결은 매우 중요하며, 지교회 정관 제정은 교인총회인 공동의회에 있기 때문에 정관 제정을 위한 공동의회나 정관이 부존재할 경우 공동의회 의결로 법률행위의 효력이 발생된다고 볼 때, 입법권과 지교회 최고의결권을 갖고 있는 공동의회는 교회의 중요한 권력기관의 한 축이다.

지교회의 입법권과 최고의결권을 갖고 있는 공동의회 소집권이 공동의회 회장인 지교회 담임목사 개인에게 주어지면 담임목사 개인에게 권력이 집중될 수 있다.

---

351) 대법원 1989. 3. 14. 선고 87다카1574 판결.
352) 대법원 1986. 6. 10. 선고 86도777 판결; 대법원 1990. 12. 7. 선고 90다카23561 판결.
353) 대법원 1986. 6. 10. 선고 86도777 판결.
354) 대법원 2008. 9. 25. 선고 2008도3198 판결.

이런 이유 때문에 공동의회 소집권은 교회의 대표인 목사와 교인들의 대표인 장로로 구성된 당회의 권한으로 규정하고 있다.[355]

"공동의회는 당회의 결의로 소집한다"고 규정되어 있기 때문에 그 어느 누구도, 어떤 기관도, 심지어 교단의 상회도 공동의회 소집권은 없고 오직 당회에만 있다. 당회장인 목사의 개인적인 필요에 의해 공동의회를 소집할 수 없고, 반대로 장로 개인이 요청한다고 해도 소집할 수 없다.

교회 최고의결기구인 공동의회의 소집권이 당회에만 주어져 있다면 당회의 소집 역시 중요하다. 당회의 소집은 당회의 필요에 의한 소집권과 대등하게 주권을 가지고 있는 교인들의 대표인 장로로 구성된 재적회원인 장로 반수 이상의 청구가[356] 있을 때 소집하게 하여 견제가 이루어지도록 하는 정치가 장로회 정치제도이다.

당회장인 목사와 장로로 구성된 당회에서만 공동의회 소집권이 있다면 공동의회에서만 결의해야 할 중요안건 상정과 결의가 당회에 권력이 집중되는 것을 막기 위해서 당회의 필요에 의해서만 공동의회 소집결의뿐만 아니라 교인들의 청원과 제직회의 청원이 있을 때에 당회의 결의로 소집한다. 구체적으로 살펴보면, 제직회의 청원이나 무흠입교인 3분의 1 이상의 청원이나 상회의 명령이 있을 경우에도 소집절차는 당회의 결의로 소집한다.

어떠한 경우에라도 당회의 결의가 없으면 공동의회를 소집할 수 없도록 되어 있는 것은 공동의회 소집을 엄격하게 할 뿐만 아니라 공동의회 소집이 특정 이익집단과 개인의 권력집중화와 악용을 방지하기 위한 제도이다. 지교회의 입법권과 최고의결권을 갖고 있는 공동의회의 결의가 법적 효력이 있기 때문에 공동의회가 남용되지 않게 하려

---

355) 대한예수교장로회(합동), 『헌법』, 정치, 제21장 제1조 2, 4.
356) 대한예수교장로회(합동), 『헌법』, 정치, 제9장 제7조.

는 정신을 갖고 있는 규정과 원리들이다.

그러나 대법원은 이러한 교회법을 오해하여 공동의회에 대한 당회의 소집권한에 대한 '절차법 위반'이 공동의회 결의를 무효로 돌릴 정도의 '중대한 하자'로 보지 않는 것이 문제이다. 즉 공동의회를 열 권한이 없는 자가 공동의회를 소집하여 최고의결기관인 공동의회에서 중요 결의를 하였다면 이는 공동의회 결의 무효에 해당된다. 이러한 교회법을 무시한 대법원 판례는 교회의 분쟁을 유발케 하는 것으로, 다음과 같은 대법원 판결은 변경되어야 한다.

"교회의 목사와 장로에 대한 신임투표를 위한 공동의회의 소집절차에 당회의 사전 결의를 거치지 아니한 하자가 있으나 그 하자가 정의관념에 비추어 도저히 수긍할 수 없을 정도의 중대한 하자가 아니라는 이유로 공동의회에서의 시무장로에 대한 불신임결의가 당연 무효라고 볼 수 없다"는 것과 "우리 헌법이 종교의 자유를 보장하고 종교와 국가기능을 엄격히 분리하고 있는 점에 비추어 종교단체의 조직과 운영은 그 자율성이 최대한 보장되어야 한다.

교회 안에서 개인이 누리는 지위에 영향을 미칠 각종 결의나 처분이 당연 무효라고 판단하려면 그저 일반적인 종교단체 아닌 일반단체의 결의나 처분을 무효로 돌릴 정도의 절차상 하자가 있는 것으로는 부족하고 그러한 하자가 매우 중대하여 이를 그대로 둘 경우 현저히 정의 관념에 반하는 경우라야 한다"[357]라는 판결에 의문을 갖게 된다.

대법원이 이같이 교회법에 어긋난 판결을 한 이유는 공동의회 결의 효력정지에 대한 문제를 법원의 사법심사의 대상에서 제외시킨 교회의 권징재판과 같은 법리를 적용한 것으로 여겨진다.

공동의회 결의는 교회의 권징재판부가 아니며 공동의회 결의로 장로가 누리는 개인적인 지위에 영향을 미칠 '시무장로에 대한 불신임

---

357) 대법원 2006. 2. 10. 선고 2003다63104 판결.

결의'를 그대로 둔다고 할지라도 정의관념에 반하지 않는다는 판단으로, 공동의회 소집의 절차법 위반이 문제가 되지 않는다는 판결은 교회법에 대한 침해이다.

시무장로가 교인들에 의해 불신임을 받는다고 할지라도 그 불신임 결의는 적법절차에 의해 공동의회가 소집되고 의결되어야 한다. 이는 민주주의 정치원리에서 중요한 정의관념이라고 볼 수 있는데, 지교회 담임목사가 장로의 시무직을 박탈시키기 위한 목적으로 교인들을 선동하여 불법적으로 공동의회를 소집하여 장로의 시무직을 불신임 결의할 경우, 법원이 이러한 중대한 하자를 단순한 절차상 하자로 판단하여 교회법에 의한 불법을 정당하다고 판단한 것은 교회를 더욱 분쟁으로 만들었다는 오해를 살 만하다.

또한 "후임목사의 청빙을 위하여 당회 및 공동의회를 소집하고 주재하는 일이 민법 제691조[358]에 따라 당회장의 직무를 계속 수행하고 있는 은퇴목사의 직무범위에 속한다"[359]라고 판시함으로 장로회헌법의 절차법을 무시하고 민법의 일반이론을 교회에 적용시킴으로써 이미 권한 없는 은퇴목사가 당회와 공동의회를 소집하여 가부를 물어 결의하여 공포하므로 장로회 정체의 원리를 법원이 무시하는 결과를 초래했다.

그러나 대법원은 공동의회 소집 권한이 없는 자가 소집하여 결의한 교단변경 소유권이전은 원인무효라는 취지의 판결이 있었다. 이 같은 판결은 절차법 위반을 판단한 사례에 해당된다.

---

[358] 민법 691조(위임종료 시의 긴급처리): 위임종료의 경우에 급박한 사정이 있는 때에는 수임인, 그 상속인이나 법정대리인은 위임인, 그 상속인이나 법정대리인이 위임사무를 처리할 수 있을 때까지 그 사무의 처리를 계속하여야 한다. 이 경우에는 위임의 존속과 동일한 효력이 있다.
[359] 대법원 2006. 2. 10. 선고 2003다63104 판결: "후임목사의 청빙을 위하여 당회 및 공동의회를 소집하고 주재하는 일이 민법 제691조에 따라 당회장의 직무를 계속 수행하고 있는 은퇴목사의 직무범위에 속한다."

대법원은 "공동의회는 교회 대표자인 당회장에 의하여 소집하도록 되어 있으니 아무런 특별한 사유 없이 소집권자에 의하지 아니하고 위와 같이 소집된 집회는 피고 교회의 공동의회라 할 수 없고, 따라서 기 집회에서 결의된 사항도 피고 교회와는 아무런 관련이 없다고 할 것"이라고 판시했다.[360]

(2) 교회의 행정권(집행권)-제직회

권력분립의 삼권 중 행정권 혹은 집행권이라 불리는 제직회가 있다. 공동의회에서의 결의는 법률에 해당되며, 장로회정체에서 행정은 두 가지 방향에서 집행된다.

교회 운영에 있어서 재정에 대한 문제는 제직회를 통해서 집행되고,[361] 그 외에 교회의 신성 유지와 성결 유지를 위한 신령상 모든 사무는 당회를 통해서 처리된다.[362] 이를 행정권이라 하고 할 수 있고, 구체적으로 교회법정을 통한 사법치리는 당회의 사법치리(권징재판)라고 한다.

장로회정체에서 교회재정 운영에 대한 집행권은 당회가 아닌 제직회의 권한이다. 각 지교회의 사정상 혹은 경우에 따라서는 교회정관에 당회의 권한으로 두기도 한다.

제직회는 지교회 재정을 처리하는 기관으로서[363] 지교회 당회원과 집사와 권사를 합하여 제직회를 조직하며,[364] 원활한 제직회 사무를 위하여 당회가 서리집사에게 제직회 회원권을 줄 수 있다.

---

360) 대법원 1978. 10. 10. 선고 78다716 판결.
361) 대한예수교장로회(합동), 『헌법』, 정치, 제21장 제2조.
362) 대한예수교장로회(합동), 『헌법』, 정치, 제9장 제5조.
363) 보편적으로 지교회에서 교단헌법에 따라 제직회를 구성하여 재정집행에 관한 업무를 관장한다.
364) 대한예수교장로회(합동), 『헌법』, 정치, 제21장 제2조 1.

지교회 교인들의 투표[365]로 피택 된 서리집사에게 안수하여 당회가 임직함으로[366] 세운 항존직인 집사[367]와 1년 단위 임면직인 서리집사[368]가 합하여 제직회를 구성한다.

제직회 회장은 담임목사가 겸무하지만 즉 의례히 회장이 되지만 서기와 회계는 '선정한다'고[369] 했다. 종종 당회에서 임명하는 경우가 있는데 이는 당회가 제직회를 관장하는 것으로 월권에 해당된다.[370]

구체적으로 헌법에서 담임목사가 의례히 회장이 되는 규정[371]과 서기와 회계의 겸무를 제외하고는 "어느 회에서든지 그 직원을 선정하는 권한은 그 회에 있다"고 했다.[372]

제직회 임무는 "교회에서 위임하는 금전 처리"[373]에 있으며, 교회의 금전 처리 위임은 1년 회기 단위로 제한되어 있다.[374]

장로회 정치원리에서 전형적인 당회의 월권 중에 하나가 교회재정에 대한 집행권을 행사한다는 점이다.

당회의 직무[375] 중에 교회 재정을 집행할 권한은 없으며 제직회의 직무는 '재정 처리' 즉 재정 집행인데, "교회에서 위임하는 금전을 처리하고 부동산은 노회 소속으로 한다"[376]라고 규정한다. 여기서 '교회에

---

365) 대한예수교장로회(합동), 『헌법』, 정치, 제21장 제1조 5, 정치, 제13장 제1조.
366) 대한예수교장로회(합동), 『헌법』, 정치, 제9장 제5조 4, 정치, 제13장 2조, 3조.
367) 대한예수교장로회(합동), 『헌법』, 정치, 제3장 제2조.
368) 대한예수교장로회(합동), 『헌법』, 정치, 제3장 제3조 4.
369) 대한예수교장로회(합동), 『헌법』, 정치, 제21장 제2조 1.
370) 박병진, 앞의 책, 761쪽.
371) 당회장과 제직회 회장, 공동의회 회장은 담임목사가 겸무하게 되며 당회 서기는 공동의회 서기를 겸무한다대한예수교장로회(합동), 『헌법』, 정치, 제9장 3조, 정치, 제21장 제2조 1, 정치, 제21장 제1조 3.
372) 대한예수교장로회(합동), 『헌법』, 정치, 제1장 제6조.
373) 대한예수교장로회(합동), 『헌법』, 정치, 제21장 제1조 5.
374) 대한예수교장로회(합동), 『헌법』, 정치, 제21장 제2조 3. ①.
375) 대한예수교장로회(합동), 『헌법』, 제9장 제5조.
376) 대한예수교장로회(합동), 『헌법』, 정치, 제21장 제2조 3. ①.

서 위임하는 금전을 처리한다'는 것과 '부동산은 노회의 소유로 한다'는 규정은 다음과 같이 이해될 수 있다.

먼저 제직회의 직무인 재정 처리(집행)권이다. 지교회의 재정은 제직회를 통하지 않고 수입하고 지출할 수 없다. 제직회는 "구제와 경비에 관한 사건과 금전 출납은 모두 회에서 처리하며 회계는 회의 결의에 의하여 금전을 출납"[377]한다. 제직회에서 재정을 집행하는 절차법이 있다.

먼저 제직회는 익년도 예산을 편성하여 공동의회에 보고하여 인준 승인을 받고 지출근거에 의거하여 재정 집행을 한다. 제직회가 재정을 집행할 때에는 반드시 '교회의 위임'이 있어야 하는데 위임된 범위 안에서 한다. 여기서 말하는 교회의 위임은 최고의결기관인 공동의회[378]를 의미한다.

위임의 절차는 1년 동안 집행해야 할 예산을 세워 공동의회에 보고하면, 공동의회는 1년 동안 사용할 예산의 타당성 여부를 판단하여 원안대로 승인해 주거나 그 원안을 수정해서 승인한다. 이것은 "교회에서 위임하는 금전을 처리하고"라는 규정과 같다. 이러한 기능적인 면을 종합하면 제직회는 예산을 승인하는 기관이 아니라 집행하는 기관이다.

다음으로 제직회는 공동의회가 승인해 준 예산의 범주 안에서 집행하고 나서 그 결과를 반드시 공동의회에 보고하여 결산 승인을 받아야 한다.[379]

제직회는 공동의회에서 승인해 준 예산의 범위 안에서만 지출해야 하며, 예산 범위를 벗어날 경우에는 정관의 규정이 없으면 일반 예비비 범위 내에서 집행한다. 그렇지 않을 경우 정관에 명시된 규정에 따

---

377) 대한예수교장로회(합동), 『헌법』, 정치, 제21장 제2조 3. ②.
378) 대한예수교장로회(합동), 『헌법』, 정치, 제21장 제1조 5.
379) 대한예수교장로회(합동), 『헌법』, 정치, 제21장 제2조 3. ③.

라 추가예산을 세워 집행해야 한다. 제직회가 재정을 집행한 후 반드시 1년 연말 정기공동의회에서 집행 결과에 대한 인준 절차를 반드시 밟아야 하며,[380] 밟지 않으면 지출에 대한 법적 책임이 따른다.[381]

다음으로 "부동산은 노회의 소유로 한다"라는 규정이다. 법원의 판례 대부분은 지교회만이 법적 의미가 있고 교단은 단순히 종교 내부관계로 보고 있으며, 법원의 판례는 지교회에서 담임목사로 선임되었으나 아직 소속 노회의 승인을 받지 않은 목사의 지교회 대표권에 대한 판단에 있어서 지교회와 교단의 노회는 단순한 내부관계에 불과할 뿐 법적 구속력이 없다는 취지의 대법원 판결이 있다.[382]

이 경우는 부동산 소유권의 귀속에 관한 법률적 분쟁에 대해서는 교회헌법의 규정이 적용될 여지가 없다고 판단하고 있으며, 또 다른 판례의 경우는 물권인 부동산소유권의 귀속 등 국가의 강행법규를 적용하여야 할 법률적 분쟁에 있어서는 이와 저촉되는 교회헌법의 규정이 적용될 여지가 없다.[383]

최근 2006년 전원합의체 판결에서도 같은 취지의 판결에서도 "법인 아닌 사단으로서의 실체를 갖춘 개신교 교회가 특정 교단 소속 지교회로 편입되어 교단의 헌법에 따라 의사결정기구를 구성하고 교단이 파송하는 목사를 지교회의 대표자로 받아들이는 경우 교단의 정체에 따라 차이는 존재하지만 원칙적으로 지교회는 소속 교단과 독립된 법인 아닌 사단이고 교단은 종교적 내부관계에 있어서 지교회의 상급단체에 지나지 않는다. 다만 지교회가 자체적으로 규약을 갖추지 아니한 경우나 규약을 갖춘 경우에도 교단이 정한 헌법을 교회 자신의 규약에 준하는 자치규범으로 받아들일 수 있지만 지교회의

---

380) 서울고등법원 2010. 11. 24. 2010라1624 결정.
381) 대법원 2000. 3. 14. 선고 99도457 판결.
382) 대법원 1967. 12. 18. 선고 67다2202 판결.
383) 대법원 1991. 12. 13. 선고 9129446 판결.

독립성이나 종교적 자유의 본질을 침해하지 않는 범위 내에서 교단헌법에 구속된다"라고 판시하고 있다.[384]

(3) 교회의 사법권-당회

교회는 교회의 순결성을 유지하기 위하여 범죄를 처벌할 수 있고, 재판법규(권징조례)에 따라 재판하는 권력으로서 지교회 당회가 있고 재판의 심급인 당회와 당회의 상회인 노회와 총회라는 3심 제도를 갖추고 있다.

장로회헌법 안에 교회의 사법권은 당회·노회·대회·총회로 나뉘고 권징조례 제71조는 상회에 상소하는 방법에 검사와 교정·위탁판결·소원·상소로 분류하면서 제94조는 상소는 "하회에서 판결한 재판사건에 대하여 서면으로 상회에 제출하는 것"이라고 정의하고 있다.

지교회 사법권은 당회에 있고, 교회 치리권은 개인에게 있지 않고 당회·노회·대회·총회 같은 치리회에 있다.[385] 보편적으로 교회는 의회와 치리회로 구분하는데 의회는 공동의회와 제직회를 지칭하고, 치리회는 당회를 지칭한다. 치리회 회원은 목사와 장로로 구성되며, 권징재판의 심급에 있어서 당회는 목사를 제외한[386] 모든 교인들의 1심 재판회가 된다.

교회의 교리와 정치에 대한 쟁론 사건이 발생하면 성경의 교훈대로 교회의 성결과 화평을 성취하기 위하여 순서에 따라 상회에 상소하는 규례가 있으며, 각 치리회(심급)는 각 사건을 적법하게 처리하기 위하여 재판할 범위를 정한다.[387]

교회 각 치리회는 국법상 시벌을 과하는 권한이 없고 오직 도덕과

---

384) 대법원 2006. 4. 20. 선고 2004다37775 전원합의체 판결.
385) 대한예수교장로회(합동), 『헌법』, 정치, 제8장 제1조.
386) 대한예수교장로회(합동), 『헌법』, 권징조례, 제19조.
387) 대한예수교장로회(합동), 『헌법』, 정치, 제8장 제2조.

신령상 사건에 대하여 교인으로 그리스도의 법을 순종하게 하는 것으로, 이에 불복하거나 불법한 자가 있으면 교인의 특권을 향유하지 못하게 하며, 성경의 권위를 보장하기 위하여 증거를 수집하여 시벌하며, 교회정치와 규례를 범한 자를 소환하여 심사하기도 하며, 관할 아래 있는 교인을 소환하여 증거를 제출하게 할 수도 있으며, 가장 중한 법은 교리에 패역한 자와 회개하지 아니한 자를 교인 중에서 출교하는 것이다.[388]

이러한 권징을 통하여 얻고자 하는 이익은 먼저 진리를 보호하는 것으로, 역사적으로 거짓 진리로부터 성경적 진리를 보호하기 위해서 변증적인 작업과 투쟁이 있어 왔다.

거짓 진리로부터 교회를 지키기 위해서 교회는 '거짓 진리 전파자'와의 차별을 두는 데 전력투구했으며, 이의 실현도구로 권징을 사용했다. 다음으로 그리스도의 권병[389]과 존영을 견고하게 하기 위해서이다.

권징을 통해 그리스도의 통치권을 확립하고 견고하게 한다. 또한 악행을 제거하고 교회를 정결하게 하기 위해서이다. 여기서 말한 악행이란 '불법행위'라 할 수 있다.

민법에서 '불법행위의 내용'은 "고의 또는 과실로 인한 위법행위로 타인에게 손해를 가한 자는 그 손해를 배상할 책임이 있다"고 했고, "타인의 신체, 자유 또는 명예를 해하거나 기타 정신상 고통을 가한 자"로 규정한다.[390] 형법 제1조에서는 "범죄의 성립과 처벌은 행위 시의 법률에 의한다"고 했다.

권징조례 제2조에서 규정한 '악행'이나 '범죄'는 교회 내부의 신령

---

388) 대한예수교장로회(합동), 『헌법』, 정치, 제8장 제4조.
389) 권병의 사전적 의미는 '권력으로 사람을 마음대로 좌우할 수 있는 힘, 또는 그런 지위나 신분'라 할 수 있는데, '그리스도의 권병'이란 그리스도의 권세와 주권과 그 능력을 의미한다.
390) 민법 제750조, 제751조.

상·종교상의 비위에 대한 행위에 국한한다. 교회의 거룩성·성결성 확립을 위해서 권징은 필요하다.

권징의 목적은 교회가 덕을 세우고 범죄 한 자의 신령적 유익을 도모하는 데 있으며, 범죄는 종교상의 비위[391]로 교회 교인과 직원이 교회 내부에서 덕을 세우지 못하고 죄를 범했을 때 이를 바로잡고 회개하게 하여 올바른 신앙생활을 하도록 하기 위한 수단으로 권징은 유용하다.

이러한 권징의 목적을 위해 권징재판을 통하여 이루어지는데 이 재판권은 일차적으로 지교회 당회에 있다. 당회는 노회에서 위임하여 파송한 목사와 교인들의 대표인 장로로 구성되어 교회에서 권징재판권을 행사한다. 지교회에서 권징재판권을 행사하려면 교인들로부터 치리에 복종하겠다는 서약을 받아야 한다.

이 서약이 장로 임직식 때 교인들로부터 받은 '복종서약'[392]이다. 따라서 위임목사와 시무장로로 구성된 당회가 조직되어 있는 조직교회에서만이 1심 재판권을 행사할 수 있다. 시무장로가 없어서 당회가 조직되어 있지 않은 미조직교회에서는 1심 재판권을 행사할 수 없다. 따라서 미조직교회 교인들은 1심 재판을 받을 수 있는 권리가 박탈된다.

당회가 재판권을 행사하려고 할 경우 재판 절차를 따라야 하고, 범죄로 단죄하는 것과 함께 단죄하는 절차도 중요하다.

정당하게 재판을 해야 할 의무가 있으며, 교인들은 정당하게 재판을 받을 권리가 있다. 당회재판으로 확정된 것이 아니라 교단의 상급 치리회의 재판국에 의해 최종적으로 확정되는 3심 제도를 두고 있는 상황에서 당회재판 결과에 따라 상회에 항소하는 경우를 대비해서라도 절차에 따라 합법적으로 재판을 해야 한다.

---

391) 대법원 1978. 12. 26. 선고 78다1118호 판결.
392) 대한예수교장로회(합동), 『헌법』, 정치, 제13장 제3조.

당회가 재판을 하려면 다음 두 가지 요건[393]이 필요하고, 이 요건이 전제되지 않으면 당회는 재판할 수 없다. 이러한 절차법 위반으로 권징재판의 판결 결과에 불복하여 국가법원에 제소했을 경우 범위의 재판부는 이러한 사소한 절차법 위반을 판결 자체를 원인무효로 돌릴 수 있을 정도는 아니라고 판결하지만, 지교회 상위 치리회인 노회나 총회의 재판국은 이를 원인무효로 돌려 판결한다.

이러한 맥락으로 볼 때 당회는 교회재정집행권인 의회의 기능을 일부 갖고 있는 것뿐만 아니라 교회의 신성 유지와 성결 유지를 위한 치리회 기능을 갖고 있다고 보는 것이 타당하고, 또 다른 한편으로는 당회에는 사법치리와 행정치리가 있다.

따라서 당회에는 사법치리인 재판을 통한 권징[394]이 있고, 교인을 보살피고 다스리는 일과 이를 위한 행정치리 직무[395]를 갖고 있다.

이처럼 당회의 직무 수행에 대한 견제 기능은 교회 최고의결기관인 공동의회에 있고, 공동의회에 관한 규정 중에 "연말 공동의회에서는 당회의 경과 상항을 들으며"[396]라고 했다.

공동의회에서 목사에 관한 경우는 노회에 지교회 시무권에 대한 위임해약 청원을 할 수 있으며,[397] 장로에 관한 경우는 계속 시무투표[398]를 통하여 장로직을 박탈시키는 헌법적 규정을 견제의 기능으로 갖고 있다.

---

393) ① 반드시 범죄 사건에 대해 소송하는 원고가 있어야 한다. 즉 범죄 사건에 대해 고소고발이 있어야 한다. ② 고소고발 하는 원고가 없을지라도 치리회인 당회가 권징할 필요가 있을 때 당회가 원고로 기소할 경우이다. 따라서 고소고발 과 기소 없이 당회가 재판하는 것은 치리회인 당회가 이미 재판의 절차를 무시한 행위로서 재판 자체가 원인무효에 해당된다.
394) 대한예수교장로회(합동), 『헌법』, 정치, 제9장 제5조 6: 당회의 직무-권징하는 일.
395) 대한예수교장로회(합동), 『헌법』, 정치, 제9장 제5조.
396) 대한예수교장로회(합동), 『헌법』, 정치, 제21장 제1조 5.
397) 대한예수교장로회(합동), 『헌법』, 정치, 제17장 제2조.
398) 대한예수교장로회(합동), 『헌법』, 정치, 제13장 제4조.

4) 소결

교회의 직제에 있어서 항존직이란 교회가 세워지면서 교회의 본질과 이상을 실현하기 위해서 필요한 성경적 직제를 일컫는다. 예수의 12제자를 교회의 창설직원[399]이라고 하며, 교회의 창설직원에 의해 초대교회가 세워진 이후 전 세계적으로 조직교회가 세워지고 성경적 교회직제는 항존직[400]으로 목사와 장로와 집사 직분이 있다.

교회가 세워지면 교회의 본질적인 사명인 말씀 증거와 선교를 위해 '목사'라는 항존직분이 필요했고, 말씀을 증거하고 교회가 세워지면 목사와 함께 교회를 다스리고 돌볼 항존 직분인 '장로'가 필요했고, 또한 교회는 재정관리와 구제를 위해서 항존직분인 '집사'가 필요했다.

하나님의 말씀으로 지교회를 다스리고 돌봐야 한다는 성경적 진리에 근거해서 교회의 삼권의 회장에 담임목사를 당연직으로 명문화하고 있다. 이는 교회만이 가지는 독특한 제도라 할 수 있다. 따라서 말씀 중심으로 교회를 치리하고 다스리며 운영하라는 정신이다.

항존직분자 스스로가 자신이 갖고 있는 권력에 대한 견제가 자신을 억압하는 제도가 아니라 오히려 자신을 살리는 길임을 명심할 필요가 있다.

목사의 독재와 장로의 월권, 혹은 장로의 독재와 목사의 월권으로 인한 분쟁과 혼란을 피할 수 있는 길은 성경적 원리를 충실히 지키는 것과 법을 지키는 정신이다.

항존직으로서의 소명과 책임을 가지고 목사와 장로라는 직분에 맞는 삶의 가치관이 필요하고, 그에 따르는 사명에 충실하려는 실천적 의지가 중요하다. 먼저 교회라는 공동체의 구성원으로 가입하면 그

---

399) 대한예수교장로회(합동), 『헌법』, 정치, 제3장 제1조.
400) 대한예수교장로회(합동), 『헌법』, 정치, 제3장 제2조.

공동체가 지향하는 목적을 충실히 지키려는 인식 속에 자연스럽게 그 안에서 직분을 가지게 되고, 그 직분에 맞은 삶의 가치기준을 삶 속에서 표현하며 그에 따르는 삶의 모습을 통해 교회라는 특수한 조직의 규범을 지키게 된다.

준법정신을 지키기 위해 교회는 공동의회(사무총회)라는 최고입법기관을 두는 것도 그 조직의 특성에 맞는 규범을 제정하고 그에 따라 구성원 개개인의 안녕과 삶의 행복을 누리려는 공동의 목적이 있기 때문이다.

그런 반면에 제직회를 통해서 제정된 규범을 잘 집행하고 적절하게 자원을 배분함으로써 실천적 삶의 전형을 함께 이루고자 하는 인식이 있다는 것도 염두에 두어야 한다.

다음으로 당회라는 조직을 통해 공동의회에서 제정된 법 집행의 적절성 여부를 통제하고, 권리의무의 관계 속에 시비를 가려서 그 책임을 지게 해야 한다. 이처럼 당회가 가지는 권징의 기능을 통해서 공동체가 지향하는 목적을 향해 순항하도록 삼권의 기능이 적절하게 상호 보완하고 견제와 협력을 지속적으로 해야 한다.

이와 같은 좋은 모범이 있음에도 현재 우리의 교회 현실에 지속적으로 잡음이 일어나는 이유는 무엇인지 심사숙고할 필요가 있다. 인간이 만들어낸 이상적인 조직이 바로 삼권의 분립을 통한 운영이다. 이것이 현재로서는 최상의 제도로 인식되고 있음에도 불구하고 이것을 올바로 운영하기 위한 최선의 방법이 무엇인가 고민할 필요가 있다.

특수한 권력적 사욕을 갖고자 하는 인간 내면의 욕망으로 인해 항상 일그러진 모습으로 운영되는 것을, 이제는 법적인 인식의 제고를 통해서 이같이 불합리하고 비이성적인 운영의 유혹에서 벗어나는 것이 가장 시급한 문제라고 할 것이다.

교회법개론
the Church Law
System of Korean
Protestant

제4장
지교회 정관

제1절
지교회의 정체성

1. 교회의 자기이해와 법률관계

　기독교 개신교회 중 장로교 정체[401]에서는 교회의 각 정체에 따라 인출된 근본적 정치원리들이 성경에 대한 관점의 차이와 인식의 차이로 인해 다 다르다고 할 수 있다. 따라서 교파마다 교회정체에 따라 역사적으로 다양한 견해가 있었으며, 같은 기독교 안에서도 가톨릭과 개신교 혹은 개신교 내부에서도 견해가 다르다.

　교회에 분쟁이 발생했을 때 그 해결을 위한 법률관계에서 적용되는 법률과 분쟁의 사전 방지를 위한 적용법규에 대한 이해를 먼저 해야 할 경우 교회가 법률상 어떤 단체나 조직으로 분류될 것인지 문제가 제기되는 바 사단과 재단 중 어느 한쪽으로 분명히 할 필요가 있다.[402] 특히 사법상 단체를 헌법의 종교의 자유와 관련하여 헌법이 보

---

[401] 본서에서 쓰는 '정체'라는 단어는 정체성(identity)이 아니라 정치체제(政治體制)의 준말로, 교회의 정치체제의 준말인 교회정체(church polity)를 의미한다. 박형룡 박사의 『교의신학 교회론』, 은성문화사, 1976, 107쪽에서 교회가 취한 정치체제를 "교회의 정체"로 표기하고 있다. 이런 관점을 받아들여 본서는 '교회정치체제'를 '교회정체'로 사용한다.

[402] 대법원 1999. 9. 7. 선고 97누17261 판결. 교회의 법적 성격을 법인격 없는 사단이면서 동시에 법인격 없는 재단으로 볼 수 있는지의 여부에 대해 대법원은 "교회를 법인격 없는 사단으로 인정하는 이상 그 교회의 재산은 교인들의 총유에 속하고 교인들은 각 교회활동의 목적

장한 결사의 자유와 민법상 법인의 허가주의와의 관계를 고려하여 사법상 단체의 내부문제의 법률적 효력을 본서에서는 중점을 두고 살펴본다.

2. 교회에서의 자기이해

이 책에서 전개될 교회에 대한 이해는 필요한 부분만 선별하여 볼 것이다.

교회란 무형교회인 보편교회와 유형적인 지역교회 혹은 지교회[403]로 크게 구분할 수 있다. 또한 교회를 지칭할 때는 가시적 교회와 비가시적 교회로 구분하기도 하지만 이는 교회라는 자체의 모습에 비추어 볼 때 큰 의미를 부여하기란 어렵다.

웨스터민스터 신도게요 25장에서는 "무형한 공동 즉 보편의 교회는 과거·현재·미래에 교회의 머리이신 그리스도 아래 하나로 모아지는 피택자들의 총수로 구성된다"고 하고, "유형교회도 복음 아래서는 역시 공동 즉 보편의 교회이며, 전 세계를 통하여 참 종교를 고백하는 모든 자들과 그들의 자녀로 구성된다"고 말한다. 장로회헌법은 교회의 기본법으로 무형한 교회를[404] 규율하는 것이 아니라 무형교회를 이상

범위 내에서 총유권의 대상인 교회재산을 사용·수익할 수 있다. 이러한 교회가 법인격 없는 재단으로서의 성격을 함께 갖고 있다고 본다면 교회재산인 부동산이 교인의 총유이면서 동시에 법인격 없는 재단의 단독 소유가 된다는 결과가 되어 그 자체가 모순될 뿐만 아니라 그 소유관계를 혼란스럽게 할 우려가 있으므로 교회가 법인격 없는 사단이면서 동시에 법인격 없는 재단이라고 볼 수 없다"고 판시하였다.

403) 크레이그 밴 겔더, 『교회의 본질』, CLC, 2015, 167~168쪽.
404) "무형한 교회는 하나님만이 아신다"라고 하듯이 교회의 무형성은 교회의 본질적인 의미가 영적이므로 육안으로 식별되지 못하기 때문에 어떤 사람이 속하고 그렇지 않은가는 오직 하나님만이 아신다고 할 수 있다. 이는 그리스도 안에서 구원받기로 선택된 자들의 전체를 지칭하며, 이 땅에서의 소명과 성령의 역사 안에서 신앙생활을 하는 자들의 총칭이라고도 할

으로 삼고 유형한 교회를 치리하고 다스리기 위한 것이라고 말한다.[405]

1) 교회법에서의 교회 이해

교회[406]란 예수 그리스도를 구세주로 고백하는 자들의 공동체로 하나님께 예배행위를 할 때 그 모임의 단체법적 성격으로 볼 여지가 있으며, 순수한 집회의 성격으로 보면 재산문제가 발생하지 않지만 그 모임을 위한 일정한 장소가 마련될 것이라는 전제로 본다면 그 장소는 재산이라는 형태로 남게 되어 결국 법률문제로 귀결될 수밖에 없다.

교회란 일반적으로 가톨릭교회와 개신교회를 통칭하는데, 가톨릭교회에서는 베드로의 후계자요 그리스도의 대리자인 교회와 사도들의 후계자인 주교들에 의해 지도되는 로마 가톨릭교회를 유일한 보편교회로 보고 있다.

개신교회에서의 보편교회란 예수 그리스도를 믿는 신자들 전체를 보편교회로 보고, 무형교회를 포함한 유형교회를 말한다. 이때 무형교회는 하나님만이 아시며 비가시적인 형태를 말하고, 유형교회는 외형적으로 그리스도에 대한 신앙을 고백하고 교회의 조직을 통해 임명된 직원들의 지도 아래 예배를 목적으로 조직된 그리스도인들의 가시적 모임의 집회를 말한다.

이러한 의미의 교회에 대한 개념은 장로회정체에서의 교회법인 '대한예수교장로회헌법'[407]에 요약되어 있다.

수 있다.
405) 대한예수교장로회, 『헌법』, 제2장 교회편, 제2절 교회의 구별.
406) 신학적인 교회에 관한 구체적인 어원과 유래에 대해서는 박형룡 박사의 『교의신학 교회론』, 은성문화사, 1976, 19~20쪽; W. W. Stevens, 『조직신학개론』, 허긴 역, 요단출판사, 1979, 401쪽 참조.
407) 대한예수교장로회(합동), 『헌법』 제1장은 장로회 정치원리를 말하고, 제2장에서는 교회를 규정하고 있다. 제1장의 원리는(정치 제1장 제1~8조, 대한예수회총회, 2000), 제1원리 양심의

헌법 정치편 제2장에서 언급된 교회에 관해 보면, 먼저 교회는 하나님의 택한 백성이라고 전제하고 하나의 유기체로서 하나님의 백성·그리스도의 몸·성령의 전을 이루기 위한 것을 말한다.

즉 개개인이 곧 성령의 전으로서 흩어지는 교회로 지칭된다고 할 수 있다. 이는 믿지 않는 지역에서 믿음을 가지고 복음을 증거하는 경우 그 증거자 자신이 교회로서의 역할과 기능을 수행하는 것을 말한다.

다음으로 교회로 말미암아 하나님의 무한한 은혜와 진리가 나타난다고 말한다. 이는 살아가는 것 자체가 자기의 의지로 살아가는 것이라고 말은 하지만 실상은 그런 삶의 원동력을 지속적으로 부어 주시는 이가 하나님으로서 이 모든 것이 하나님으로부터 시작된다는 것이다.

마지막으로 거룩한 공회라고 말한다.[408] 교회는 보편적 교회[409]와 지교회[410]로 지칭되며, 지교회는 특별히 예수를 믿는다고 공언하는 자들과 그 자녀들이 일정한 장소에서 예수의 나라 확장을 위해 전심전력하는 가운데 교회헌법에 순응하는 공동의 예배공동체를 의미한다.[411]

2) 교회의 정체

개신교회는 교리에 따라 다양한 교파를 형성하고 있으며, 각 교파는 교리에 따른 신앙의 고백을 일정한 문서로 성문화하여 신경·의식·규칙·정치제도를 가지고 있다.

특별히 정체에 관해서는 감독정체를 추구하는 교단·대의정체를 추

자유(제1조), 제2원리 교회의 자유(제2조), 제3원리 교회의 직원과 그 책임(제3조), 제4원리 진리와 행위의 관계(제4조), 제5원리 직원의 자격(제5조), 제6원리 직원 선거권, 제7원리 치리권(제7조), 제8원리 권징(제8조)으로 구성되어 있다.
408) 대한예수교장로회(합동), 『헌법』, 정치, 제1장 제1조.
409) 대한예수교장로회(합동), 『헌법』, 정치, 제1장 제2조.
410) 대한예수교장로회(합동), 『헌법』, 정치, 제1장 제3조.
411) 대한예수교장로회(합동), 『헌법』, 정치, 제1장 제4조.

구하는 교단·회중정체를 추구하는 교단으로 대별된다.

대의정체를 추구하는 교단도 정치원리에 따라서 조금씩 다르다. 대의정체를 따르는 정체 중에 장로교와 성결교와 순복음 교단이 있지만 각 교단들은 장로회정체에 따른 정치원리를 따르지 않기 때문에, 같은 장로직 제도라도 장로와 목사로 구성된 당회의 권한과 범위가 상이한 관계로 각 교단의 정체를 세심하게 살피지 않으면 여러 가지 미묘한 문제가 제기될 수 있다.

감독정체를 따르는 교단은 예수 그리스도가 교회의 정치를 사도들에게 위임했고 그 위임된 권위로 인하여 후계자인 감독들에게 감독직 계승이 전승된다고 본다.

이와 같이 감독 중심의 정체를 따르고 있는 교회로서는 가톨릭교회와 동방정교회가 있는데, 감독정체 형태를 따르고 있는 교회들은 수직적인 명령을 중시하는 관계로 교인들에게 자율적 의사 형성의 권리가 없기 때문에 사단성을 인정하기 어렵다.[412]

가톨릭교회로부터 분열된 영국교회는 '영국 성공회'(Church of England)로 탄생하였으며, 정치형태는 로마 가톨릭과 유사하다. 우리나라의 감리교교회는 감독정체를 취하는 교회로 분류하지만 실제에서는 감독제도와 의회제도를 혼합한 정체로서 감독정체와 장로정체의 절충형 정체라 할 수 있다.[413]

감리교회의 총회는 전국 단일조직으로 1개이며 2년마다 한 번씩 개최한다. 그리고 홀수년도에는 입법의회로 모여 감리교회의 신앙과 법인 '교리와 장정'(Discipling of the Korean Methodist Church)을 개정하는 입법활동을 한다. 이 회의 의장은 각 연회의 대표자들에 의해 선거를 통해 선출된 감독회장이 맡는다.

---

412) 김진현, "교회분열 시 재산귀속 문제에 관한 연구", 서울대학교박사학위논문, 1988, 202쪽.
413) 변동걸, 「교회의 분열과 제 문제」, 제7권, 1993, 518쪽.

감리교는 장로교의 당회에 해당하는 기획위원회의 구성은 노회에 해당하는 연회의 위원과 개체교회 장로들이 중심이 되어 조직된다.[414] 연회의 하부조직인 지방회는 개체교회의 담임자와 장로·구역 대표자 및 연합회 대표·연회원들에 의해 구성되는 연례회의로서, 의장은 연회에서 지방회 정회원 목사와 동수의 평신도 대표로 구성된 선거인단에 의해 선출된 2년 임기의 감리사(목사)이다. 연회마다 지역별로 12개 내지 30개 이하의 지방회가 있다.

감리사는 지방회의 사업과 행정을 관할하고, 지방회의 하부조직인 구역회는 해당 구역의 연례회의로서, 정기구역회는 매년 12월 또는 1월 중에 모여 구역 안의 영적 정황 및 수입지출 결산 및 재산권(부동산 구입, 매매, 임대차), 유지재단 편입에 대한 사무를 조사 처리한다. 또 지방회 대표 선출 및 교역자의 이임식·취임식·주택·생활비·은퇴와 은급·안식년(매 7년)에 대한 안건을 다룬다. 구역회의 하부조직인 당회는 세례 받은 18세 이상의 입교인과 연회 및 지방회에서 파송한 교역자가 매년 11~12월 중 모이는 의회이다. 이 의회에 모든 임원의 보고를 받고 집사·권사·감사·교회학교장·장로를 선출한다.[415]

이러한 대의정체를 선택한 관계로 감리교는 외형적으로는 강력한 감독의 형태이지만 실질적으로는 강력한 중앙집권체제라고 보기는 어렵다.

회중정체란 영국 성공회(Church of England)의 감독정치에 대한 반발로 일어난 정체이다. 그리스도 이외의 그 어떠한 교회의 수장·감독·장로·국왕도 부정한다.

성직자는 교인 중에 하나로서 교인 이상의 권한과 권리가 없는 사역자일 뿐이며 치리는 교인들의 직접 결의에 의지하는 관계로, 교황정

---

414) 교리와 장정, 제3절, 기획위원회 25조.
415) http://www.kmc.or.kr/intro/sub02_01.php. 2018. 4. 5. 검색.

체가 '교황전제정체'라고 한다면 자유(회중)교회 정체는 '교인전제정체'라 할 수 있다.

회중정체는 교회직분에서 일체의 위계질서를 부정하며, 개별교회주의[416]를 표방하고 지교회의 완전 독립을 선호하며, 상급 치리회는 존재하지 않으며, 교회의 모든 일을 결정할 수 있는 최종적인 권한을 개별교회의 교인회에 둔다.

특히 침례교회들은 회중의 투표에 의하여 회원들을 받아들이고, 교회 간의 연합체 내에서 이루어지는 결정들은 대표제에 근거하여 이루어지며, 상회라는 것이 존재하지 않으며 완전히 지교회 중심의 교회이다.[417]

장로교회 정체[418]는 '대의(代議)를 특징으로 한 교회 정치체제'이다. 이는 장로회주의(Presbyterianism)를 중심으로 하는 체제이면서, 교회의 주권이 교황이나 감독 등 성직권을 갖고 있는 성직자에게 있는 것이 아니라 교인들에게 전권이 있는 것을 말한다. 따라서 교인들의 주권행사는 주권을 갖고 있는 교인들에 의해 선택된 교인의 대표자인 장로와 당회의 상회인 노회가 위임하여 파송한 목사가 당회를 조직하여 그 당회로 하여금 치리권을 행사하게 하는 정치제도이다.[419]

장로회정체는 극단적인 정체인 감독정체와 달리 교회 직분 사이에 동등·동수(parity)를 주장하고, 회중정체와 달리 당회·노회·총회와 같

---

416) 회중교회(Congregation Church), 독립교회(Independent Church), 침례교회(Baptist Church), 조합교회(Congregational Church), 그리스도 제자교회(Disciples of Church) 등이 여기에 속한다.
417) 박형룡, 앞의 책, 111~113쪽.
418) 장로정치 사상은 4세기부터 이미 시작되었고, 교황권이 정점을 이루었던 중세에도 그 명맥이 유지되고 있었으며, 16세기 존 칼빈에 의해 재정립되었다. 그 후 영국, 스코틀랜드, 네덜란드, 스위스, 남부 독일, 프랑스 등 종교개혁자들에 의해 가장 성경적인 교회정치 형태로 채택되었다. 정통 기독교는 바울과 어거스틴과 칼빈으로 이어지는 정통교리를 중심으로 한다.
419) 대한예수교장로회(합동), 『헌법』, 정치, 총론 제5항.

은 교회회의의 위계성을 인정하는데, 이는 교회연합을 구현하는 일에 실패하고 있는 회중정체의 약점과 교권의 행사를 교직자 개인이나 교직자로 구성된 교회회의에 귀속시키는 감독정체의 오류를 의식적으로 거부하면서 중용적 정체를 유지하는 정체로써 감독정체와 회중정체의 중간적인 형태를 취하면서 지상에 존재하는 유일한 성경적 정치체제라고 주장한다.[420]

칼빈의 주장은 교회는 생활규율이 필요하다는 것과 그 규율은 각자의 직무를 이해하고 다른 한편의 영적 통치규범은 주님께서 말씀을 통해서 보이시고 가르치신 내용에 근거한 것이며 동시에 이런 교회법(1541년)은 예수 그리스도의 복음에서 얻어진 것이기에 칼빈의 제네바 교회법(1541년)은 성경과 신학적 해석 및 현장의 교회 목회에 대한 이해에서 온 결정체라고 말할 수 있다.

한국에서 장로교단뿐만 아니라 성결교회와 순복음교회가 장로교정체를 채택하고 있으며, 성결교회는 장로정체를 원용하여 지교회에 목사와 시무장로로 구성된 당회라는 치리회를 두며 상회인 지방회와 총회도 각각 원칙적으로 동수의 목사와 교인대표인 장로로 구성된다는 점에서 성직자와 평신도의 동등한 참여로 교회정치를 해나간다는 장로정체를 조직원리로 하고 있다.[421]

3) 국가관계에서의 교회 이해

이 책에서 교회의 분쟁에 관한 다양한 사례가 실정법상 어떤 판단의 법위에 있는지 구체적인 사례를 들어 살펴보고 있으며, 특히 교회

---

420) 오덕교, 『장로교회의 원리에 대한 역사적·신학적 고찰』, 신학정론, 제19권 2호, 통권 제37집, 2001, 477~478쪽.
421) 기독교대한성결교회, 『헌법』, 제5차 개정판, 기독교대한성결교회총회, 1983, 제7장(치리회의) 제48조, 제52조, 제67조 이하.

정관에 대한 사법적인 문제를 세밀하게 다루고 있는 관계로 교회분쟁 시 사법심사에 관한 다각적인 검토는 국가의 실정법적인 판례를 검토하는 것이 중요하다고 생각한다.

교회는 국가권력으로부터 양심의 자유와 함께 종교 행사의 자유 및 선교의 자유와 종교교육의 자유 등 종교 자유에 관한 보편적인 권리에 대해 헌법으로 보장받고 있다. 특히 종교의 자유는 개인의 기본적인 권리 중 하나이고 법치국가적 기본질서의 근본내용을 다룬다는 점에서 이중적 성격을 가진다.

헌법 제20조 제1항에서 "모든 국민은 종교의 자유를 가진다"라고 한 것은 인간의 권리로서 모든 인간에게 종교의 자유를 보장하고 있다는 것을 의미한다. 즉 모든 국민에게 종교의 자유가 인간의 권리임을 선언적으로 밝히는 것이다.

이어서 헌법 제20조 제2항은 "국교는 인정되지 아니하며 종교와 정치는 분리된다"라고 하여 국교의 부인과 정교분리의 원칙을 명시하고 있다.

국교의 부인과 정교분리의 원칙은 국가의 종교적 중립의 원칙을 의미하며, 헌법이 이 원칙을 규정하고 있는 것은 국교를 수립하거나 종교와 국가가 결합하는 경우 종교의 타락과 국가의 파멸을 피할 수 없었다는 역사적 교훈에서 비롯된 것이다.[422]

역사적으로 교회와 국가의 관계를 살펴보면, 313년 콘스탄티누스의 기독교 공인 후 기독교가 제국의 종교가 되면서 역대 황제들은 전제적 통치자로 교회를 옹호하고 주교들에게 제국 정부의 충성스러운 신하로 행동할 것을 요구하였다.[423]

---

422) 문광삼, 『한국헌법학』, 삼영사, 2009, 475쪽.
423) 브라이언 타이어니·시드니 페인터, 『서양 중세사』, 집문당, 2009, 43쪽; 서요한, 『중세교회사』, 그리심, 2009, 229쪽.

황제로 상징되는 국가권력과 기독교 지도자 사이에는 늘 긴장이 조성되었는데, 교회와 국가의 통치자들은 세력의 유지와 균형을 위해 각각 필요에 따라 지도자들을 이용하였다.[424]

중세기를 통해 제기된 교회와 국가의 대립은 황제지상주의와 교황지상주의에 기초하였고, 이들은 서로 하나님으로부터 통치권을 받았다고 주장하며 극심하게 대립하였다.[425] 교황=교회지상주의와 황제=국가지상주의라는 도식의 대립은 앞으로도 지속적인 긴장 속의 균형으로 존재할 것이다.

즉 교회를 국가 안에 다른 여러 기관들 가운데 하나로 보는 것과 그 반대의 주장은 뫼비우스의 띠처럼 계속 순환 속의 대립적 구조를 가지게 될 것이다.

교회 신자들과 직원들은 사회공동체의 구성원으로서 국가의 일부이며 선량한 시민이어야 하고 또한 국가의 구성원으로서의 개인과 직원들은 신자라면 동시에 교회의 법에도 복종해야 한다.

따라서 교회와 국가는 하나님이 세우신 목적에 따라 양자 간 소속과 영역이 다르며 배타적 관계가 아니라 상호보완적 관계이다. 특히 국가는 하나님의 일반은총으로 만들어진 하나의 기구라고 말할 수 있다.

이러한 관점에서 교회와 국가는 모두가 하나님의 은총을 베푸는 기구이며, 일반은총과 특별은총은 상호 배타적인 관계가 아니라 상호보완적인 관계로 간주한다. 교회는 선량한 공동체의 구성원을 만들고 이로 말미암아 국가 존재의 목적인 사회 공공질서 유지와 공공복지 증진을 추구한다.

---

424) W. 울만, 『서양 중세 정치사상』, 숭실대학교출판부, 2000, 14~18쪽.
425) 서요한, 앞의 책, 289쪽.

3. 교단헌법의 내용 비교

교회는 각각 정체에 따라 그 형태는 달리하지만, 회중정체를 제외하고는 모든 정체에서 소속 교단이 존재하고, 교단에 소속된 지교회는 정관과 소속 교단의 헌법이나 교리장전을 가지고 있다.

지교회는 일차적으로 정관상의 내용에 따라 운영·관리하지만 교단의 헌법도 자치규약으로 받아들인다는 정관상의 규정이 없을지라도 소속된 지교회라는 명시된 규정이 있는 한 교단헌법은 지교회 정관에 준한 자치규범으로서의 효력이 있다.

여기서 한 가지 주목할 만한 사항은 노회규칙에 관한 다양한 제 규정이다. 실제 노회의 권한은 지교회에 직접적인 영향을 미치므로 노회에 대한 운영은 매우 중요하지만 현재 한국교회의 노회 운영 형태는 다소 소극적이다. 노회가 가지는 많은 규칙 속의 권한은 교회헌법의 위임에 따라 제정되지만 현실적으로는 노회의 권한이 지교회 정관의 중요성에 비추어 많이 약화되고 희석되어 있다.

실제 대법원판례[426]도 노회규칙은 교회 내의 문제로 규정지어졌고, 교회정관이 우선한다는 판결에 따라 노회의 역할은 더 축소된 듯하다. 그럼에도 불구하고 노회규칙은 지교회를 총찰[427]하는 것을 시작으로 하여 노회에 부여된 직무를 처리하게 된다. 여기서 생각해야 하는 것으로, 노회규칙은 교회 내 사법심판의 두 번째 단계로 당회원과 교인들의 권징과 청원을 처리하게 되며, 목사에 대한 자격이나 그에 따르는 제반 사항을 다루고, 특히 재판은 1심이 된다는 것이다. 그런 맥락으로 교단헌법과 노회규칙과 교회정관은 하나의 틀을 형성하

---

426) 대법원 2006. 4. 20 선고 2004다37775 전원합의체 판결 참조.
427) 여기서 총찰(總察)이란 모든 것을 보살핀다는 의미로 대상은 당회, 지교회, 목사, 강도사, 전도사, 목사후보생, 미조직교회이다. 대한예수교장로회 『헌법』, 정치편, 제10장 노회의 직무 참조.

면서 그 내용적 의미의 방향성을 잡아 주고 교단이 지향하는 교리와 규칙에 관해서는 같은 방향성을 가지고 있다고 보아야 할 것이다. 물론 지교회의 독립성과 종교의 자유 원리라는 전제를 훼손하지 않아야 하는 단서는 붙는다.

교단과 헌법의 관계는 매우 중요한 의미가 담겨 있으며, 헌법은 교회생활에서 많은 비중을 차지한다. 통상 교단헌법은 도리적(교리적) 헌법과 관리적 헌법으로 구분하는데, 도리적 헌법은 신조(신경)과 요리문답이며, 관리적 헌법은 정치·권징조례·예배모범이다.

장로회헌법은 단순히 정치편만을 의미하지 않으며, 신앙원칙과 신앙고백의 내용인 '교리'와 신앙적 행위양식인 '예배'라는 본질적이고 핵심적인 것을 공통으로 하고 있는 여러 교회들이 대외적 선교와 대내적 교회행정을 공동으로 행할 목적으로 규정한 자치규범으로 설명하면서 신조·요리문답·정치·권징조례·예배모범 등 전체를 말한다. 따라서 헌법을 개정할 경우 교단의 근간이 되는 도리적 헌법은 관리적 헌법보다 더 엄격한 절차를 두고 있다.

교단의 신학적 기반이 무너지면 교단이 무너진다고 보기에 신학과 교리를 보존하고 계승하기 위하여 교회에는 조직과 행정 및 정치원리와 규칙이 필요하다. 이와 같은 교단의 신학적 입장을 담고 있는 도리적 헌법과 조직 및 관리를 위한 관리적 헌법을 정당한 것으로 받아들인다는 고백과 선서가 없는 한 그 누구도 본 교단의 목사나 교회 직분자 및 교인이 될 수 없다.

이를 위반할 경우 대한예수교장로회는 치리회를 통하여 자체징계권을 발휘하여 시벌한다. 이 징계를 권징조례라 하며, 이는 교회의 거룩성과 순결성을 유지하기 위하여 신조·요리문답·정치·권징조례·예배모범 등을 위반하였을 경우 시벌하는 절차법이다. 물론 해벌도 권징조례에 포함하고 있다. 현재 일부 교회에서는 목사·장로 임기제와 신임투표제도를 도입하여 담임목사와 당회의 역할과 권한 분담 및 당회의 권력을 분산시키고 새로운 분과위원회를 만드는 등의 개교회 정관이 만들어지고 있음을 주목해 볼 필요가 있다.

본서에서도 이와 같은 움직임에 따라 교단헌법과 노회규칙의 상관성을 대법원판례를 기초로 하여 세심하게 살피게 된다.

장로교의 헌법적 연원과[428] 헌법의 제정 역사를 보면, 1922년판 헌법 정치편의 최초의 개정판이 1927년 조선예수교장로회 총회가 헌법 개정을 결의하고 1930년 발행하고 1932년 개정재판을 발행한 것이 95년 넘게 지난 지금까지도 큰 변동 없이 사용되고 있다.

제1차 개정판은 '실체법'과 '절차법'으로 구분했지만 1962년 가결 공포된 대한예수교장로회 헌법 정치편은 1장부터 23장으로 구성했다. 이후 교회의 분쟁에서 나타난 재산권 다툼과 그에 따르는 교회 위해(危害) 교인에 대한 권징의 범위가 대폭 확대되어 정치편 외에 권징이 대폭적으로 늘어난 점이 이전 교회헌법과는 다르다.

1993년과 2017년 헌법의 목차에서 보듯이 목차는 그대로 두고 아래 〈표 4-1〉에서 보는 바와 같이 개정판을 근간으로 하여 오늘까지 몇 번의 수정을 거쳤지만 그대로 인용하고 있다.

---

[428] 1907년 9월 17일 평양 장대현교회에서 소집된 대한예수교장로회 제1회 노회 시 신경과 규칙을 채용한 것이 최초의 헌장이었고, 1917년 9월 1일(토요일) 서울 승동교회에서 회집된 제6차 총회에서 웨스트민스터 헌법책을 번역하여 총회가 작성한 대로 편집하여 출판하였고, 1954년 4월 23일 안동중앙교회 제39회 총회에서 정치만 수정하여 발표했고, 이후 1960년 서울 승동교회 제45차 총회와 1968년 9월 19일 부산 초량교회 총회를 거쳐 2005년 9월 27일 대전 중앙교회에서 회집한 제90차 총회와 2013년 9월 23일 제98회 총회에서 공포하여 오늘에 이르고 있다. 교회의 헌법은 여러 번 수정과 보완을 하면서 이루어졌지만 도리적 헌법 부분은 매우 예민한 부분이라 별 수정 없이 그때그때마다 자구수정을 함으로써 시대적 변화에 적응한 흔적을 보이지만 결국은 보수적인 면을 그대로 간직한 관계로 시대의 흐름에 뒤처지는 결과를 초래했다는 비판을 면하기 어려울 것이다.

〈표 4-1〉 교회헌법 '정치'편의 실체법과 절차법의 구분[429]

	1934년판	1962년판	1993·2017년판
실체법	제1장 원리	제1장 원리	제1장 원리
	제2장 교회	제2장 교회	제2장 교회
	제3장 교회직원	제3장 교회직원	제3장 교회직원
	제4장 목사	제4장 목사	제4장 목사
	제5장 치리장로	제5장 치리장로	제5장 치리장로
	제6장 집사	제6장 집사	제6장 집사
	제7장 제직회	제7장 교회예배의식	제7장 교회예배의식
	제8장 교회예배의식	제8장 교회정치와 치리회	제8장 교회정치와 치리회
	제9장 교회정치와 치리회	제9장 당회	제9장 당회
	제10장 당회(제11조 공동의회)	제10장 노회	제10장 노회
	제11장 노회	제11장 대회	제11장 대회
	제12장 총회	제12장 총회	제12장 총회
절차법	제13장 장로·집사 선거 및 임직	제13장 장로·집사 선거 및 임직	제13장 장로·집사 선거 및 임직

429) 소재열, 『헌법-정치편 해설』, 브엘북스, 2017, 71쪽.

	1934년판	1962년판	1993·2017년판
절차법	제14장 목사후보생과 강도사	제14장 목사후보생과 강도사	제14장 목사후보생과 강도사
	제15장 목사·선교사 선거 및 임직	제15장 목사·선교사 선거 및 임직	제15장 목사·선교사 선거 및 임직
	제16장 목사전임	제16장 목사전임	제16장 목사전임
	제17장 목사 사면 및 사직	제17장 목사 사면 및 사직	제17장 목사 사면 및 사직
	제18장 선교사	제18장 선교사	제18장 선교사
	제19장 회장과 서기	제19장 회장과 서기	제19장 회장과 서기
	제20장 교회 소속, 각 회의 권리 및 책임	제20장 교회 소속, 각 회의 권리 및 책임	제20장 교회 소속, 각 회의 권리 및 책임
	제21장 헌법개정	제21장 의회(제1조 공동의회, 제2조 제직회, 제3조 연합제직회)	제21장 의회(제1조 공동의회, 제2조 제직회, 제3조 연합제직회)
		제22장 총회총대	제22장 총회총대
		제23장 헌법개정	제23장 헌법개정

　보편적으로 교회법이 광의적으로 교회의 운영과 조직과 기능에 관한 규정이라 했을 때, 교단이 합의한 교회법을 '교단헌법'이라 할 수 있

고 지교회가 합의한 교회법을 교회자치법규인 '교회정관'이라 할 수 있다.

지교회가 일정한 교단에 소속될 경우 교단헌법은 지교회의 자치법규로 그 권위가 있다. 그러나 교단헌법으로는 교회의 모든 영역을 다 채울 수 없다. 따라서 교단헌법의 범위 내에서 지교회 형편에 맞는 교회자치법규가 필요하다.

교단헌법은 교단총회의 합의가 있어야 하며, 지교회의 자치법규는 지교회의 합의가 있어야 한다.[430] 노회는 지교회가 지역 단위로 모여서 목사와 각 당회에서 파송된 장로로 구성되며, 교회의 순결성을 보존하고 권징을 동일하게 함으로 규율을 바로 세우고 배도함과 부도덕함을 방지하기 위함이라고 명시되어 있고, 노회를 통해 각 지교회는 건강한 선교활동과 기타 활동을 한다.

현재 우리의 교회 현실을 볼 때 매우 염려스러운 현상 중 하나가, 교회헌법과 노회규칙과 교회정관의 상관관계에 대한 이해의 부족으로 인하여 각 지교회가 정관을 독자적으로 제정하거나 개정하는 경향이다. 국가의 공적 관점은 교단헌법과 노회규칙을 교회 내부의 위계질서로 여기는 경향이 강하고, 지교회의 자율성과 독립성만을 강조하고 있으며, 교회 내 상위 기관인 노회와 총회의 권고 및 법적인 규율을 피하려는 경향이 사회적 다양성과 민주화와 개방성을 이유로 만연되는 것이다.

이는 교회의 상위법인 교단헌법을 무시하는 것이고 노회규칙을 무시하면서 교회의 개별화를 만드는 것으로, 교회가 가지는 본래의 기능과는 거리가 있다고 할 수 있다. 교회의 거룩성과 순수성이 사라지면 교회는 이미 그 기능을 상실한 것으로, 교회라고 말하기보다는 개인적 이익집단의 모임이라고 할 수 있다.

---

430) 이태제, "교회법이 시민법에 미치는 영향", 법과종교, 홍익사, 1983, 8쪽.

이러한 개별화와 일탈을 방지하기 위해서 교단헌법이 존재하고, 각 지교회의 집합성을 중심으로 노회를 조직하여 교회의 순수성을 보존하면서 선교의 사명을 수행하려는 것이다.

지금은 2006년 대법원 전원합의체 판결 이후 교회 내 모든 분쟁의 요소를 판단하는 준거의 틀로 교회정관을 중심으로 적용하고 있는 관계로 상위법인 교단헌법과 노회규칙의 존립 근거가 매우 미약하게 된 점은 매우 아쉬운 부분이다. 교회정관을 좀 더 세밀하고 정교하게 다듬는 작업은 필수적이고 시대의 흐름에 맞도록 교정하는 것 역시 중요한 일이지만 교회 본연의 가치관적 정체성의 혼란을 방지하는 것이 그 어떤 것보다 중요하기 때문이다.

우리는 늘 상위법 우선의 원칙과 특별법 우선의 원칙을 논하지만 현재 우리에게 다가온 대법원의 판례는 이러한 원칙보다는 공적 기관으로서 기능적 요소를 중시한 가운데 교회라는 특수성 혹은 종교라는 범주의 특이성을 간과한 판결로 여겨진다.

교회의 내적 기능 중 하나가 자정기관을[431)432)] 통한 자연스러운 조직의 안정성인데, 이러한 대법원의 판결로 인해 흐름을 역행하는 듯한 인상을 주기에 충분하다. 왜냐하면 교회의 분쟁의 대부분은 최종적으로 교회재산권의 다툼인데, 여기에 개입되는 교단헌법의 전체적인 방향성 제시와 노회규칙을 통한 세부적인 간섭을 결과적으로 교회정관보다 후순위의 판단증거로 삼음으로써 결과적으로 노회규칙과 교단헌법을 무력화하는 경향의 판결로 보이기 때문이다.

---

431) 각 지교회는 당회를 통한 권징재판이 있고, 노회와 총회는 각 관할 재판국이 있음으로 인하여 목사와 장로 및 교인의 사법적·행정적 징벌과 해벌을 하고 있다.
432) 교회의 분쟁과 문제점에 대한 사법적 심판으로 가기 전에 화해와 중재를 목적으로 만든 기관은 2008년에 설립된 '한국기독교 화해중재원'이다.

제2절
교회정관의 자치법적 구속력

1. 교회정관의 필요성

교회 내에서 예기치 못한 분쟁이나 교세가 확장됨에 따라 분리해야 하는 경우와 기타 교회 내 제 문제의 준거로서 작용하는 틀로 기능하고 교회권징재판과 각종 결의 및 재산분쟁에 관한 내부관계로서의 정관과 외부관계로서 국가 사법부에 소송을 제기했을 때 교회분쟁의 요인들에 대해 법원의 사법심사 범위와 그 원칙들이 어떻게 작용하는가 생각해 본다.

구체적으로 법적 효력을 갖게 하는 정관은 어떤 형태로 제정되어야 할 것이며, 이 정관이 교회의 분쟁 해결과 예방에 어떤 결과를 가져올지 예측할 수 있는 기능적 요소와 그 위에 법원의 사법심사는 정관에 대해 어떠한 판례 입장으로 통일성을 유지해 왔는가를 살펴보는 것이 매우 중요하고, 또한 정관이 그 기능적인 면을 통해서 실제 교회분쟁에 있어서 효력을 가지는지와 법원이 교회정관에 대해 어떤 원칙들을 사법심사의 준거로 수용했는지에 따른 사법적 심사의 범위와 한계를 세심하게 살펴봐야 할 것이다.

교회정관은 자치법상 구속력[433]으로서 교회의 구성과 활동과 관계된 규제를 하고 교회의 구성원들은 정관규정이 지켜지도록 노력하여야 한다.

정관규정의 위반이 발생했을 경우 그 위반의 교정을 교회 내부적인 기관을 통해 외부적으로 법원에 제소할 권리를 갖는다고 할 수 있다.

정관규정의 준수는 모든 정관규정에 대해서 보편적으로 적용되어야 할 것이며, 교회는 법인 아닌 사단으로서 내부적 법률관계와 외부적 법률관계를 동시에 가지는 양면성을 가진다.

법인 아닌 사단의 내부관계는 그 사단의 규칙(정관)에 따르고, 정관 기타 규약에 다른 규정이 없으면 사원총회의 결의에 의한다. 법인 아닌 사단인 교회의 내부관계는 일차적으로 정관과 기타 규약에 정함이 있으면 정관의 적용을 받고, 정관의 규정이 없는 경우에는 사단법인에 관한 민법의 규정이 준용된다.[434]

대법원 판례에서도 언제나 지교회 정관과 규약을 먼저 언급한다. "교단의 헌법·교회의 정관 등에 다른 정함이 있는 등의 특별한 사정이 없는 한,"[435] "사단 구성원 지위의 취득과 상실은 그 사단의 규약에 정하여진 바에 따라 이루어지나(민법 제40조 제6호), 법인 아닌 사단은 구성원의 탈퇴나 가입에 의하여 동일성을 잃지 않고 그 실체를 유지하면서 존속한다." 또한 "법인 정관변경에 관한 민법 제42조 제1항을 유추 적용하여 교회의 규약 등에 정하여진 적법한 소집 절차를 거친

---

433) 안은찬, "한국교회의 교회정관에 대한 실천신학적 과제", 복음과 실천신학, 제4권, 2016, 111쪽. 법원(法源)의 교회 문제에 대한 판결 시 '법의 지배'(rule of law)는 '법에 의한 지배'(rule by law)로 말할 수 있지만 항상 그 원리에 부합하는 것은 아니며, 신앙적인 면을 고려하는 교회법의 특수성에 비추어 볼 때, '법을 통한 지배'((rule through law)라고 표현하는 것이 더 부드러울 수 있음을 강조한 것으로 생각된다.
434) 대법원 1967. 7. 4. 선고 67다549 판결.
435) 대법원 2007. 11. 16. 선고 2006다41297 판결.

총회에서 의결권을 가진 교인 3분의 2 이상의 결의로 소속 교단을 탈회·변경할 수 있고, 이 경우 종전 교회의 실체는 교단을 탈퇴한 교회로서 존속하고 종전 교회재산은 그 탈퇴한 교회 소속 교인들의 총유로 귀속된다"[436]라는 등의 판결을 자세히 살피고 정리하면, 법원은 교회와 관련된 사법심사에서 교회 자치법규인 정관을 일차적으로 중요한 판결의 준거로 삼는다는 것을 알 수 있다.

  총유물의 사용·수익이나 관리·처분에 관하여 정관이나 규약에 규정되어 있으면 그에 따라야 하고 이에 관한 규정이 없으면 사원총회의 결의에 의하여야 하므로, 사원총회의 결의를 거치지 않은 총유물의 관리 및 처분행위는 무효라는 것이 학설과 법리와 법원의 판례이다. 그 밖에 사단법인의 정관에 상응하는 것이 있어야 하는지가 문제가 되는데 반드시 '성문'의 규약이 아니더라도 사단법인의 정관에 상응하는 것은 있어야 한다.[437] 이처럼 정관은 법인 아닌 사단인 교회의 중요한 법률행위의 준거가 되고, 법원판결 시 중요한 준거요건으로 작용한다.

  이처럼 중요한 교회정관을 대다수 많은 교회들이 가지고 있지 않거나 설령 가지고 있다 하더라도 교회분쟁이 발생되었을 때를 대비해서 정관을 꼼꼼히 챙기거나 사안별로 구체적으로 명문화하지 않음으로 인해서 정관으로서의 기능을 하지 못하는 경우가 흔하다. 특히 정관을 정관다운 가치를 가지고 인정하고 있는 것보다는 금융권에서 교회건축이나 증축·개축을 통한 자금조달의 수단으로서 혹은 교회운영자금을 대출받기 위해 급조해서 법적인 요건을 미비하게 만드는 경우가 많기 때문이다.

  현재 우리나라 교회의 대다수가 중소형이기 때문에 정관의 필요성

---

436) 대법원 2006. 4. 20. 선고 2004다37775 전원합의체 판결.
437) 대법원 1985. 10. 22. 선고 83다카2396,2397 판결.

을 실생활적으로 인지하는 못하는 경향이 있다.[438] 이러한 원인이 일어나는 근본적인 이유는 정관을 비롯한 실정법적인 지식을 가지는 것이 중요함에도 상대적으로 소홀히 하는 경향과 신학교 자체 내에서의 법학 과목이 매우 미미한 것이라 하겠다.

2. 교회정관의 교회법적 의미

정관이 법적 효력을 가지려면 정관이 절차적 정당성을 구비하면서 합법적으로 제정되어야 한다. 정관 제정은 정해진 절차에 따라야 하며, 그렇지 않을 경우 정관은 절차적 정당성의 하자로 인하여 법적인 효력이 없다.

교회정관의 법적인 문제를 먼저 지적하는 것은 교회정관이 교회법으로서의 위치를 가지고 있느냐는 의문이 따라오기 때문이다. 보편적으로 교회법이란 가톨릭교회법을 지칭하는 경우가 많았기 때문이다.

교회법의 의미로 쓰이는 'canon'은 지켜져야 하는 법이란 의미보다는 신앙의 바른 생활을 가지게 하고 권면하는 척도로서의 기준을 제시한다. 종교개혁 이후 개신교에서의 교회법은 가톨릭교회법과 구별하여 사용했다.

역사적으로 교회법은 지교회에서 제정한 것을 교회법의 범주에 포함시키지 않았다.[439] 따라서 교회정관은 교회법이 아니지만 넓은 의미

---

438) 처음 교회를 설립할 경우 법적인 정관보다는 목회자나 교회설립의 뜻을 모으는 친목회적인 성향으로 시작하였다가 뜻하지 않게 갑작스러운 부흥을 이루는 경우가 많았고, 또한 정관은 하나의 요식행위로 보는 경향이 많았다. 그 이후 정관은 교회건축이나 증축·개축 시 면피용으로 은행의 대출 서류의 하나로 인식되어 왔고, 드물게는 교회재정의 충당을 위한 방편으로 사용되었는데, 이것이 일반적이라 할 수 있다.
439) 안은찬, 앞의 논문, 114쪽.

에서 교회정관은 교회법적인 요소와 실정법적인 요소와 신학적인 요소가 혼재되어 있는 것으로 보는 것이 타당하다. 이러한 관점에 따라 교회정관을 지교회에서의 실질적 규범으로 삼는 것은 교회헌법-노회규칙-교회정관이라는 교회 내부의 수직적 체계에 부합한다고 할 수 있다.

교회정관 제정은 정관을 제정하는 권한을 갖고 있는 사람들이 절차에 따라 그들의 최고의결기관을 통하여 작성하여야 법적 효력이 발생한다. 또한 정관에 기재하지 않았을 때에 정관의 무효를 초래할 절대적 기재사항을 포함해야 한다. 민법에서는 법인 정관에 절대적 기재사항을 민법 제40조[440]에서 규정하고 있다.

1) 정관의 정의

민법은 단체의 사적 자치를 존중하여 특히 거래의 안전을 해치지 않는 한 제1차적으로 정관의 구속력을 인정하고, 그것이 없는 경우에 보충적으로 민법의 원칙과 민법 규정에 따라 단체의 사원총회의 의결에 따라 적용한다.

민법에서 사단법인의 구성원은 정관 작성의 자유를 가지며, 정관은 단체의 내부적 규범으로서 조직 내부법으로 정관의 작성 및 변경은 단체설립의사에 기초하며, 구성원의 단체설립의사는 설립 이후에도 정관의 변경을 통해서 표시되며, 그 밖의 사원총회라는 의사결정기관을 통하여 표현된다.[441]

---

440) 민법 제40조(사단법인의 정관): 사단법인의 설립자는 다음 각 호의 사항을 기재한 정관을 작성하여 기명날인하여야 한다.
   1. 목적, 2. 명칭, 3. 사무소의 소재지, 4. 자산에 관한 규정, 5. 이사의 임면에 관한 규정, 6. 사원 자격의 득실에 관한 규정, 7. 존립 시기나 해산 사유를 정한 때의 그 시기 또는 사유.
441) 이은영, 『민법총칙』, 박영사, 2009, 219쪽.

사단법인은 다수의 사람들이 모여 공동목적의 사업을 하기 위하여 결합된 인적 단체로서 설립등기에 의해 법인격을 취득하는 것으로, 법인격을 취득하기 위하여 설립등기를 해야 하며 설립등기에 정관은 필수적이다. 여기서 정관이라 함은 2인 이상의 설립자가 법인의 조직 및 활동에 관한 근본 규칙을 정하여 이를 서면에 기재하고 기명·날인한 서면을 말하며, 기명·서명 날인이 없는 정관은 효력이 없다.

2인 이상의 설립자가 사단법인의 근본규칙을 정하는 행위인 '정관의 작성'이 곧 사단법인의 '설립 행위'이다.[442] 설립 행위와 정관 작성은 혼동되지만 양자가 같은 것은 아니고, 설립 행위에는 정관 작성이 포함된다. 정관은 단체의 기본규범에 해당한 것으로서 단체활동의 근거가 되므로 반드시 문서로 성문화되어야 한다.

교회가 법인 아닌 사단으로서 인정을 받기 위해서는 인적 단체로서 조직을 갖추고 대표의 방법·총회의 운영·재산의 관리·결의방법·기타 중요한 사항들이 규칙에 의하여 확정되어야 하고, 이러한 규칙들이 정관이라는 형태로 존재해야 한다.

교회재산은 세제 혜택을 받기 위해서는 종교단체 등록을 해야 하며, 관할세무서에 사업자등록을 발부받아야 하며, 반드시 교회정관이 있어야 법률행위를 할 수 있다.

많은 교회들이 헌금에 대한 기부금영수증을 발급해 주기 위해서는 교회의 사업자등록증과 교회정관을 반드시 필요로 한다. 2018년 1월부터 종교인 과세가 시행됨으로써 교회단체와 교회 및 종교단체 조직 안에 소속된 관계자는 교회정관이 정하는 바에 의해서 과세의 범위가 정해지기 때문에 정관의 중요성은 그만큼 높아지게 되었다고 할 수 있다.

따라서 교회가 법률행위의 요건으로 정관은 필수적이며, 모든 교회

---

442) 곽윤직, 『민법총칙』, 박영사, 2007, 131쪽.

는 정관을 가지고 있다. 그 이유는 재산 취득 시 세제 혜택과 기부금 영수증 발행을 위해 종교단체 등록과 관할세무서에서 사업자번호를 받아야 하기 때문이다. 문제는 그러한 정관이 법인 아닌 사단인 사원총회에 해당된 교인총회에서 작성되어야 함에도 불구하고 불법적으로 특정 개인들이 정관을 만들어 법률행위를 하고 있다는 점이다. 이러한 암묵적인 불법행위가 바로 교회가 가지고 있는 가장 큰 문제 중 하나다.

법인 아닌 사단인 종중에 대한 판례[443]에 의하면, 자연발생적인 관습상의 종족집단체로서 특별한 조직행위나 성문의 규약을 필요로 하지 않는다.

그러나 교회는 종중과 그 성격이 다르고, 종교단체로서의 특별한 목적 수행을 위해 조직행위나 성문의 규약이 필요한 단체이다.

교회정관이란 교회를 운영하는 자치규범으로서 조직·활동·권력의 형태를 정한 근본규칙이고, 규약 자치의 원칙에 따라 운영의 관리 및 사용에 관하여 포괄적으로 규정하는 일종의 상호간의 규범이며,[444] 정관은 교회의 법률관계에 계속적으로 영향을 미치며, 상급 단체인 교단은 지교회의 정관을 심사하거나 관리·감독하는 책임이 있지만 구체적인 사항에 관하여는 간섭할 수가 없다.

지교회 상급기관이 지교회 정관에 대한 심사를 하지 않는 이유는 정관 제정은 지교회의 고유 권한이기 때문이다. 다양한 사회적 구조와 인구변화의 다양성이 복합적으로 나타나는 현대사회 속의 교회도 교단의 헌법을 지교회 자치규범으로 삼아 교회를 운영 및 관리하는 데 한계가 있기에 교회의 정관은 구체화된 자치규범으로서 더욱 그

---

443) 대법원 1991. 8. 27. 선고 91다16525 판결; 대법원 1983. 4. 12. 선고 83도195 판결; 1985. 6. 27. 선고 87다카1915,1916 판결 참조.
444) 강혁신, "구분소유권의 소유권성 변질론", 민사법학, 제40호(2008. 3), 131쪽.

중요성이 커지고 있다.

법적인 대항력을 가지고 교회가 올바른 규범을 가진 가운데 조직되고 운영하는 데 있어서 바른 정관 작성과 정관의 내용을 철저하게 준수하려는 구성원들의 공동의 인식이 있을 때 교회 내에서 일어날 수 있는 여러 유형의 분쟁에 대해 그 책임 소재를 분명하게 밝히며, 불법행위에 대한 대응 및 교인들의 권리와 의무관계를 정확히 하면서 특정인의 독재와 월권행위에 효과적으로 대응할 수 있다.

교회분쟁 가운데 가장 많은 유형으로 지적되는 목사의 독재와 장로의 월권이 이에 해당하는데, 독재는 개인 또는 일정한 집단에 권력을 집중시켜서 지배하는 비민주적인 정치행태이다.

교회정체 가운데 장로회정치는 '민주적 정치'라고 규정한다. 이때의 '민주적'이라는 말은 '민주주의'가 아니라 성경에 근거를 둔 성경적 제도에 따른 민주적 정치를 의미한다.

민주적 정치나 민주적 권력제도란 교회의 운영규범이 특정 직분자나 기관에게 권력이 집중되는 것을 막기 위해 서로 견제와 균형의 원리에 따른 자치규범이 정관으로 만들어져야 한다.[445]

2) 학설과 판례

법인 아닌 사단으로 인정된 교회정관의 성질에 대하여는 교인 간의 계약으로 보는 계약설과 교회라는 단체의 자치법규라고 보는 자치법규설로 나뉘는데, 계약설은 정관의 성질에 대하여는 교인 간의 계약으로 보는 견해이다. 계약설에 따르면, 정관의 구속력은 정관을 작성할 당시의 계약자(교인)들에게만 효력을 미치고 정관 작성 이후의 계약자(교인)들은 정관의 내용에 대하여 승복하고 자의적으로 교회와

---
445) 오스틴 래리, 『현대정치학』, 을유문화사, 2002, 159쪽.

관련을 맺음으로써 정관의 법적 효력이 발생한다.

그 구속을 벗어나고 싶을 때는 언제든지 교인 지위를 포기하면 되므로 정관은 계약적 성질을 갖는 것이라고 할 수 있다.

계약설[446]에 따르면, 교회 설립 행위는 교인들 사이에 설립에 관한 계약이 되고 정관은 그 계약서이기에 정관은 교회와 교인들 간의 계약 또는 계약서인 관계로, 정관은 작성 당사자의 합의에 의한다는 면에서 계약이론에 따른다고 볼 수 있다.

이와 같은 계약설이 소수의견으로 있는 반면 다수의견인 자치법설[447]과 판례[448]에 따르면, 정관 작성에 참여한 자들뿐만 아니라 작성 이후 새로 가입한 자까지 당연히 구속한다는 점을 들어 교회 내부의 자치법으로서 성질을 갖는다고 본다. 그리고 정관의 법적 효력에 관한 대법원 판결에 따르면, "법인 아닌 사단인 교회의 내부관계는 일차적으로 정관의 적용을 받고 정관의 규정이 없는 경우에는 사단법인에 관한 민법의 규정이 유추된다"[449]라고 하였다.

교회 교인의 자격을 취득하는 것은 자유 의사이지만 교인인 이상 그 의사에 관계없이 당연히 교회정관에 구속된다.

정관 작성에 참여한 자들뿐만 아니라 계속해서 새로이 교회조직에 가입하는 자까지도 당연히 구속력을 가지며, 정관은 구성원 개별 의사에도 불구하고 구성원이 일반 의사에 의하여 변경될 수 있다. 이와 같은 사실에서 정관은 자치법규로서의 성질을 갖는다. 즉 정관은 교회 내부의 법률을 정한 것으로, 각 교회에 부여된 자치입법권을 바탕으로 제정된 자치법의 일종으로 본다.

교회의 정의상 둘 이상의 개인이 하나 혹은 그 이상의 신앙의 목적

---

446) 정재곤, "교회정관의 법적 의의", 교회와 법, 사단법인한국교회법학회, 2015, 78쪽.
447) 대법원 1995. 12. 22. 선고 93다61567 판결; 이은영, 『민법총칙』, 박영사, 2009, 244쪽.
448) 대법원 2000. 11. 24. 선고 99다12437 판결.
449) 대법원 1967. 7. 4. 선고 67다549 판결.

을 위하여 자발적으로 연합한 계속적 단체라고 한다면, 이러한 계속적 단체 관계의 법률적 모습이 정관의 형태로 표출되고, 정관은 계속적 활동에 관한 단체법적 법률관계를 규율하는 규범적 성질을 가지게 된다.

　이러한 정관규정에 따른 교회활동의 지배현상은 '정관자치'라는 단어로 표현되는데, 정관자치의 계속성은 정관규정의 위반이 발생한 경우 교회구성원들에 대해 정관규정의 준수를 강제 청구할 수 있는 힘에 의해 담보되게 된다.

　그 결과 정관규정에 위반한 상황이 발생할 경우 정관자치의 실현을 위하여 ① 누가, ② 정관규정의 어떤 위반 상태를, ③ 어떤 방법으로 교정할 수 있는가에 대한 구체적 해결방안을 확정해야 할 필요가 발생한다.

　교회정관에 의하여 교회구성원들의 이익에 반하는 행위를 하거나 불법행위를 한 경우 교회 운영을 담당한 교인이나 직원은 면책되지 않으며, 교회의 중요한 정책 결정이 모두 교인총회의 권한에 귀속되고 교회 내부의 권한분배는 교인총회결의와 정관을 통해 자유롭게 형성할 수 있다. 그러므로 교회 내부의 권한 분배는 인적 단체인 교회의 운영과 관리에 있어서 매우 중요한 요소이다.

　결국 정관이란 법인의 조직·활동을 정한 근본 규칙(민법 제42조·제44조·제45조)과 기재한 서면(민법 제40조·제43조)을 말한다.[450] 즉 2인 이상이 법인의 근본규칙을 정하여 서면에 기재하고 기명하여 날인하여야 한다(제40조). 이 서면을 정관이라 부르고, 또는 근본 규칙(민법 제42조·제44조·제45조) 자체를 정관이라 부르기도 한다. 이처럼 서면에 기재하고 기명날인 또는 서명하는 것 중에 어느 하나라도 빠지면 그 정관

---

450) 강영호, 『법률용어사전』, 청림출판, 2008, 865쪽.

은 무효이다. 이것을 필요적 기재사항[451]이라 한다.

그 밖의 사항도 사단의 근본 규칙으로 정하여 정관에 기재할 수 있는데 이를 정관의 임의적 기재사항이라고 하며 이것도 일단 정관에 기재되면 필요적 기재사항과 같이 법률적 효력을 가진다.[452]

교회가 법인 아닌 사단으로 인정을 받으려면 법인 아닌 사단으로의 성립 요건인 단체의 고유 목적과 사단적 성격을 가지는 규약을 가지고 있어야 하며, 그 규약에는 의사결정기관 및 집행기관인 대표자를 두는 등의 조직과 기관의 의결이나 업무집행방법인 다수결의 원칙 및 구성원의 가입·탈퇴 등으로 인한 변경에 관계없이 단체 그 자체가 존속하고 그 조직에 의하여 대표의 방법·총회나 이사회 등의 운영·자본의 구성·재산의 관리 기타 단체로서의 중요사항이 규정되어야 한다.

교회의 정관은 작성에 참여한 교인들뿐만 아니라 그 후에 가입한 교인 등도 구속하는 점에 비추어 보면 그 법적 성질이 계약이 아니라 자치규범이라 할 수 있다. 민법 제275조는 '법인 아닌 사단의 사원이 집합체로서 물건을 소유할 때에는 총유로 한다'는 규정과 '총유에 관하여는 사단의 정관 기타 규약에 의하는 외에 다음 2조의 규정에 의한다'라고 규정한다.

교회는 신앙단체로서의 성격 외에 독립된 법인 아닌 사단으로서의 성격을 가지고 있기 때문에 교회 내부의 문제일지라도 그 실질이 사단으로서의 특질에 관한 것일 때에는 단체에 관한 민법의 일반 법리가 적용된다. 일반 법인이 아닌 특수법인으로서의 법인 아닌 사단의 근본 규칙도 '정관'내지 '규약'이라고 부른다.

---

451) 정관기재사항은 법인의 목적·명칭·사무소의 소재지·자산에 관한 규정·이상의 임면에 관한 사항·사원 자격의 득실에 관한 사항·존립 시기나 해산 사유를 정한 경우에 그 시기나 사유 등이다.
452) 지원림, 『법학강의』, 홍문사, 2009, 115쪽.

3. 교회분쟁 해결과 예방을 위한 교회정관

교회의 원활한 운영을 위하여 일정한 행정·조직·정치가 필요하다. 교회도 특정 기관이나 특정인에게 권력이 집중되면 권력의 속성상 반드시 부패하고 타락하게 된다.

교회의 권력이 어느 한쪽에 집중되거나 치우치는 것을 방지하여 교회의 균형 있는 발전을 도모하기 위한 권력구조는 민주적 국가권력에서와 마찬가지로 삼권 분립을 근간으로 하고 있다.

제도적으로 교회 기관의 권력을 상호 견제함으로써 힘의 균형을 이루어 권력 집중화로 인한 전횡과 절대부패를 제재하는 구조를 가져야 하는 당위성에 비추어 볼 때 교회정관은 반드시 이 부분을 특히 엄격하게 규정해야 할 필요가 있다.

1) 정관의 권력구조 규정

교회의 운영을 위하여 일정한 행정·조직·정치와 권력구조의 형태를 이루는데, 이때 '견제와 균형'의 원리를 통해서 권력 남용을 막고 법치주의의 실질적 내용을 실현하기 위해서 각 권력기관이 분립되어 서로 견제를 필요로 한다.

교회도 이와 같은 원리를 따른다. 제도적으로 교회기관의 권력을 상호 견제함으로써 힘의 균형을 이루어 권력 집중화로 인한 전횡과 절대부패를 제재하는 구조를 가지는데, 교회정관은 반드시 이 부분에 대하여 정확한 명문 규정이 있어야 한다.

인적 단체로서 신앙을 가진 사람들이 기독교가 추구하는 이상을 실현하기 위해 모인 교회 역시 입법적 기능을 가진 공동의회와 행정부적 기능을 가진 제직회와 사법적 기능을 가진 당회를 중심으로 한

민주적 정치형태를 취하고 있다.

민주적 정치제도를 근간으로 하는 한국의 장로교, 즉 대한예수교장로회 역시 이러한 정치원리와 제도를 갖고 있다. 교회 내 일정한 권력이 성직권을 갖고 있는 목사에게 혹은 평신도의 기본권 대표자인 장로 중 어느 한쪽에 집중되는 것을 방지하면서 삼권이 상호 견제와 균형의 원리 속에서 운영된다.[453]

권력분립이론의 취지에[454] 맞추어 교회 역시 이 같은 권력의 분립에 대한 기본원리들이[455] 정관에 규정되어 있어야 한다.

최고의결기관의 입법권이 공동의회와 당회의 재정 집행에 대한 규정이 있어야 한다. 법적 효력이 있는 총회결의는 총회 소집의 근거·소집일과 회의 목적에 대한 사전 공지·회원의 자격과 의사·의결정족수로부터 각종 안건처리 방법들에 대한 규정이 있어야 한다. 당회는 의회가 아니라 치리회 개념으로서 그 직무에 대한 정확한 규정이 있어야 하고, 당회는 공동의회의 견제를 받도록 돼 있으며 재정집행권은 제외된다. 그 이유는 장로회정체에 있어서 장로회헌법의 규범이 이를 허락하지 않기 때문이다.

재정 집행은 오로지 제직회를 통해서만 가능하다.[456] 그 집행도 공동의회의 인준 승인에 구속된다. 특히 장로회 헌법에는 당회의 의사

---

453) 성직권을 가진 목사에게 권력이 집중되면 감독정치와 같으며, 반대로 평신도에게 권력이 집중되면 이는 회중정치라 할 수 있으며, 장로정치는 성직권과 평신도권이 균형을 이루는 정치형태이다.
454) 군주의 절대권력을 전제로 하여 이를 분리하고 상호견제하도록 함으로써 권력을 완화하여 개인의 자유를 보장하려는 군주국가 시대에 형성된 이론으로, 국가기능을 수행하도록 헌법에서 위임된 기관과 그 기관들의 권한을 규율하는 기본원리로서 오늘의 헌법 질서의 결정적 원리를 제공한 것을 말한다.
455) 계희열, "헌법원리로서의 권력분립의 원리", 고려법학 제38호, 고려대학교 법학연구원, 2002, 2쪽.
456) 최인식, "교회분열의 인정 여부 및 재산의 귀속", 판례연구, 부산판례연구회, 2002, 78쪽. 대한예수교장로회, 『헌법』, 제2편 정치, 제91조 제5항.

정족수는 규정되어 있어도 의결정족수는 규정되어 있지 않다.

합동 측이나 통합 측이 마찬가지이다. 이는 독특한 장로회 정치원리 때문이다. 당회정치원리에 의하면 목사와 장로가 합하여 과반수나 다수결로 결의할 수 없다.[457] 당회의 직무는 사법권과 성문법으로 명시하고 있는 여덟 가지로 한정되어 있다.

당회가 마치 교회의 최고의결기관인 것처럼 행세하며 지교회의 절대적인 권력을 갖고 있는 것으로 생각하고 있는 모순을 극복하고 장로의 직무와 당회 직무의 본연의 자리로 돌아가도록 하기 위해, 반드시 정관에 당회 직무의 범위와 한계 그리고 그 책임에 관해 명시해야 한다.

교회 재정 운영에 대한 집행은 당회가 아닌 제직회의 권한[458]이다. 제직회 임무가 '교회에서 위임하는 금전 처리'에 있으며, 교회의 금전 처리 위임은 1년 회기 단위로 제한된다.

장로회 정치원리에서 일반적으로 나타나는 당회의 월권 중에 하나가 교회 재정에 대한 집행권을 행사하는 것인데, 당회의 직무 중에는 교회재정을 집행할 권한이 없다. 시무장로가 당회를 통해서 교회의 사법권과 인사권 및 재정권까지 장악하려는 월권적 태도는 권력의 집중화와 독점을 가져오고 이로 인해 교회의 부패를 가져온다.

제직회의 직무는 위임받은 재정의 처리, 즉 재정 집행인데 대한예수교장로회헌법은 "교회에서 위임하는 금전을 처리하고 부동산은 노회 소유로 한다"라고[459] 규정하고 있다. 이 규정에 대해서 교회에서 위임하는 재정 처리는 지교회 내부의 문제이고, 교회의 재산을 노회에 위임한다는 백지수표 식 명문은 시정되어야 할 것이다.

---

457) 이종일, 『꼭 알아야 할 100가지 교회법률』, 기독신보사, 1996, 25~32쪽.
458) 대한예수교장로회, 『헌법』, 제2편 정치, 제91조 제5항.
459) 대한예수교장로회(합동), 『헌법』, 정치편, 제21장, 제2조 3, ①.

현재 이 규정이 지켜지도록 강제하는 규정도 없을 뿐만 아니라 실정법상 이 규정이 효력을 갖지 못하는 이유는, 재산권의 실질적 소유가 교회에 있고 그 교회의 정관에 따라 정리하면 될 것을 굳이 노회에 위탁한다는 규정은 법적 실익이 없을 뿐만 아니라 향후 교회분쟁이나 재산권 다툼에서 혼란만 가중될 뿐이기 때문이다.

따라서 교회정관상으로 공동의회·제직회·당회가 서로 조화와 균형을 통해 그리고 일정한 견제 기능을 가지고 절대권력으로 인한 교회의 타락을 막을 수 있는 구조를 가지고 있어야 하며, 정관은 이를 명시하여 이에 구속받도록 하는 것은 공정성과 투명성 그리고 합리적인 운영을 하게 하는 요인이 된다.

2) 교인의 권리의무 규정

교회의 적극적 행동에 의해 제공되는 권리는 법적인 권익으로서, 법이 존재하지 않으면 권리도 존재할 수 없다. 따라서 법과 권리는 밀접한 관계에 있으며, 개인의 천부적 권리를 보장하고 권리의 침해를 구제하는 일이 법이라면 권리는 법률상의 힘이다.[460] 힘이란 법적 이익의 향유를 위해 필요한 행위를 할 가능성을 말하며, 사실상의 힘인 권력과는 다르며 권리는 힘 자체가 아니라 이익을 향유할 수 있는 수단이다.

권리자가 이익을 얻기 위해서는 권리의 행사가 있어야 하며 권리에는 의무가 따른다. 의무는 일정한 작위 또는 부작위를 강제 당하는 법률상의 구속을 의미한다.

권리가 법률상의 힘이며 그 내용이 특정한 권익인 데 반하여 의무는 법률상의 구속이며 내용은 특정한 불이익이다. 권리가 특정인에게

---
460) 이은영, 앞의 책, 99쪽.

주어지면 이에 상응하는 의무가 따르게 되며,[461] 권리와 의무는 각각 독립된 존재이지만 권리가 있는 곳에는 언제나 이에 따른 의무가 있는 데 반하여 의무가 있는 경우에 반드시 이에 대응하는 권리가 존재한다고 할 수 없다.

의무의 개념과 구별되어야 할 것으로서 책임이 있다. 책임은 위반으로 말미암아 형벌·강제집행·손해배상 등의 제재를 받게 되는 기초이다. 즉 의무는 책임을 수반함으로써 그 구속성이 확보되는 것으로, 책임은 의무의 담보이다.

그런데 책임을 수반하지 않는, 책임 없는 의무가 존재한다. 교인의 의무 규정은 교회의 운영과 분쟁을 대비한 규정으로 매우 중요한 부분이며, 정관상으로 교인의 지위 여부는 의무 이행과 연계하여 교인의 불법행위로 인하여 분쟁을 일으켰을 때 교회가 절차에 따라 교인 지위를 상실케 하여 교인의 권리를 제한하게 되므로 교회의 분쟁을 사전에 예방하는 관점에서 본 규정은 절대적으로 필요하다.

뿐만 아니라 교회의 정관상 목적 수행을 위해 교인의 의무 규정은 반드시 필요하다고 할 수 있으며, 의무를 이행하지 않으면 권리가 제한된다는 원칙이 적용되어야 교회는 분쟁을 예방할 수 있다.

3) 교회의 재산 규정

법인 아닌 사단인 교회의 내부관계는 그 단체의 규칙(정관)에 다른 정함이 없는 한 법인격을 전제로 한 것을 제외하고는 사단법인에 관한 규정이 준용된다. 그러나 사단법인에 관한 민법의 규정도 정관으로 달리할 수 있는 여지를 두고 있으므로 민법이 사단법인의 규정보

---

461) 홍성찬, 『법학개론』, 박영사, 2008, 251쪽.

다 구성원의 개성을 더욱 존중하는 단체규약의 설정은 가능하다.[462]

교회의 의사 결정은 정관에 따라 총회의 결의(공동의회 결의)로 정하며, 정관에 달리 정함이 있는 경우에는 그 정관대로 시행한다.

그 정관이 없을 경우 총회 결의로 가능하다. 이때 총회 결의는 민법상 사단법인에 관한 규정이 준용된다.[463] 따라서 교회가 민법의 규정에 따라 운영되지 않고 교회 자치규범으로 운영하기를 바란다면 반드시 구체적인 교회의 자치규범인 정관을 갖고 있어야 한다.

특히 교회재산과 재정 운영을 위해서 구체적인 규정이 필요하다. 교회재산권은 단순히 교회 내부의 문제로만 끝나는 것이 아니라 대외적으로 법률행위를 해야 하기 때문에 정확한 절차를 규정해 두어야 하고, 그렇지 않은 경우 교회가 자율적으로 재산에 대한 권리·처분을 결의했다 할지라도 법원은 위법으로 판단할 경우가 있으므로 재산권 규정은 교회법과 법인 아닌 사단의 총유물의 법률관계를 잘 이해해서 정관을 제정해야 한다.

4) 결의절차에 관한 규정

교회가 법인 아닌 사단으로 인정을 받으려면 법인 아닌 사단의 성립요건인 단체의 고유 목적·사단적 성격을 가지는 규약이 있어야 하고, 그 규약에는 의사결정기관 및 집행기관인 대표자를 두어야 하고, 조직이나 기관의 의결과 업무집행방법인 다수결의 원칙·구성원의 가입·탈퇴 등으로 인한 변경에 관계없이 단체의 존속과 그 조직에 의하여 대표의 방법·총회나 이사회 등의 운영·자본의 구성·재산의 관리·기타 단체로서의 주요사항이 규정되어 있어야 한다.

---

462) 박종두, 『민법학원론』, 삼영사, 2007, 268쪽.
463) 대법원 1996. 10. 25. 선고 95다56866 판결; 대법원 1992. 9. 14. 선고 91다46830 판결.

이러한 규정들이 모호할 경우 법인 아닌 사단인 교회는 엄청난 혼란과 분쟁을 야기할 수 있는 단초가 되며, 법인 아닌 사단은 사원총회가 존재하면서 최고의결기관으로서 각종 사안을 결의한다. 결의에는 절차법을 준수해야 하며, 절차법을 위반한 결의는 분쟁의 원인은 물론 소송의 대상이 된다.

특히 교회도 교인들의 최고의결기관인 공동의회와 교회 산하 각 기관에서 각종 회의를 통하여 교회를 운영 및 관리해 나간다. 이러한 문제점을 사전에 인지하여 조정하는 일이 중요하며, 기타 교회 운영의 제반사항에 대하여는 정관이나 정관의 시행세칙으로 제정해 두어야 한다.

4. 교회정관 제정과 법적 효력

정관에 대한 통설이나 법리 혹은 판례의 입장을 종합해 보면 정관의 중요성이 제기된 바 "정관이나 규약에 정함이 없는 경우에는 사원총회의 결의에 의한다"라는 형식으로 보아 종교단체 내부의 정관은 교회 운영과 분쟁 시 교회의 처리기준의 준거로 삼기 때문에 매우 중요하다.

그 정관이 법적인 효력이 있는 정관이 되기 위해서 어떤 절차를 따라 어떤 내용으로 제정되어야 하는지에 더욱 세심한 주의가 요구된다. 현재 우리 법원이 채택하고 있는 판례의 경향은 교단헌법을 정관에 준하는 자치규범으로 수용하며, 지교회의 독립성과 민주적인 운영을 저해하지 않는 범위 내에서 교단헌법이 지교회 정관에 관한 효력을 가진다는 것이다.[464]

---

464) 대법원 2006. 4. 20. 선고 2004다37775 전원합의체 판결.

이런 정관중심주의적인 판례는 회중정체를 표방하는 교단에서는 유효하지만 교회들의 연합성과 감독을 중요시하는 감리교회나 장로교에서는 그 타당성이 저하된다는 견해도 있다.[465]

1) 정관상 명칭과 목적

(1) 정관상 명칭

법인 아닌 사단은 반드시 명칭이 있어야 하며, 제3자와의 법률행위를 할 때에도 사단의 명칭을 사용하여야 한다.[466] 교회는 정관에 교회 명칭을 명시해야 하고, 장로회헌법에서는 교회의 명칭 변경을 지교회 청원으로 노회의 승인이 있어야 하는 것으로 규정하고 있으며, 법인 아닌 사단인 교회는 교회구성원이 교회의 명칭을 사용하는 주체로서 구성원인 교인들의 권한으로 본다.

노회가 승인해 주지 않았다는 이유로 지교회 명칭 변경에 책임을 추궁하는 것은 법인 아닌 사단의 법률관계에서는 허락되지 않으며, 지교회 상급기관인 노회가 지교회의 명칭변경을 허락해 주지 않았음에도 불구하고 지교회가 교회 명칭을 변경했다는 이유로 무효를 주장할지라도 국가의 강행법규를 적용하여야 할 법률적 분쟁에 있어서는 이와 저촉되는 규정과 노회의 결정은 부당하다. 법인 아닌 사단으로서 교회가 분쟁이 발생되어 제3자와의 법률행위를 할 때에는 매우 중요하기 때문에 정관상 명칭은 특정 개인이나 특정 기관이 임의로 변경하지 못하며, 법인 아닌 사단인 교회가 재산 등기를 할 경우 반드시 교회 명칭으로 명기해야 한다.

명칭 변경은 재산등기변경을 요구하기도 하며, 이를 변경할 경우 반

---

465) 안은찬, 앞의 논문, 113쪽.
466) 김기선, 『한국민법총칙』, 법문사, 1991, 183쪽.

드시 규정인 정관 변경의 절차에 따라 교인총회를 통하여 결의되어야 한다.

교회 명칭 앞에 반드시 '대한예수교장로회'를 포함해야 하는 이유는 이는 교회의 정체를 결정하는 법률적인 근거가 되기 때문이다. '대한예수교장로회'로 교회가 설립되고 법인 아닌 사단이 성립되었다면 이 명칭 속에는 교회 설립목적이 장로회 정체와 그 교리를 근간으로 하고 있으며, 정관 명칭상 '대한예수교장로회'를 '감리교'나 '성결교' 등으로 변경하는 경우에 해당되므로 이를 변경하는 총회 결의는 엄격해야 한다. 따라서 정관상 명칭은 중요하며 그 명칭 앞에 교회정체를 의미하는 '대한예수교장로회'는 매우 중요하다.

또한 교회 명칭을 같은 지역에서 같은 교단에 속하지 않은 다른 유사종교나 사이비종교단체들이 사용하는 경우에는 그 피해가 매우 클 것으로 예상되기 때문에 이러한 불상사를 미연에 방지하기 위해서라도 교회 명칭을 상표등록 해두는 것도 필요적 요소라고 할 수 있다. 그렇지 않을 경우 동일지역에서 명칭을 동일하게 사용해도 이를 제재할 법적인 방법이 없다.

(2) 소속

지교회가 교단에 소속된 교단의 정체와 교리적·신앙적 측면을 수용하기로 하고 교단의 헌법을 자신들의 자치규범으로 삼기로 했다면 반드시 정관에 이에 대한 소속을 분명히 해야 한다. 대법원은 "법인 아닌 사단으로서의 실체를 갖춘 교회가 특정 교단 소속 지교회로 편입되어 교단의 헌법·장정에 따라 의사결정기구를 구성하고 교단이 파송하는 목사를 지교회의 대표자로 받아들이는 경우 지교회는 교단이 정한 헌법·장정을 교회 자신의 규약에 준하는 자치규범으로 받아들임으로써 그의 독립성이나 종교적 자유의 본질이 침해되지 않는 범위 내에서 교단의 헌법·장정에 구속된다"[467]라고 판시하였다.

이에 따라서 교회정관에 소속을 명시하되, 소속 교단의 헌법을 지교회의 규약(정관)에 준하는 자치규범으로 받아들인다는 규정을 반드시 명기하는 것이 중요하다.

(3) 고유 목적

개신교의 단위종교단체인 교회(지교회)는 법인 아닌 사단으로 보는데 견해가 일치하고 있다. 따라서 교회분쟁 시 소송이라는 방법으로 문제를 해결하려고 할 경우 법인 아닌 사단의 법리로 판단한다.

그러나 교회를 법인 아닌 사단의 법리만으로 모든 문제를 판단할 수 없는 것은, 교회는 종교라는 측면이 강조되면서 사법심사의 대상으로 삼을 수 없는 종교 내부의 종교적 신앙의 교리문제가 개입되기 때문이다.

신앙을 가진 자들이 단체를 구성하여 법인 아닌 사단인 교회를 설립할 당시 교회의 설립목적을 정관으로 규정한다. 이 정관에는 신앙적 측면과 교리적 측면을 명시하면서 구성원 중에 누구를 막론하고 이 교리적 입장을 부정할 때에는 구성원이 될 수 없다는 규정을 삽입했을 경우 정관을 제정할 당시에 참여한 교인들이나 이후에 교회에 등록한 교인들일지라도 이 같은 자치규범을 인정하지 아니할 경우 교인지위 상실의 규칙을 삽입해야 한다. 교인지위 상실은 재산권의 사용·수익권 및 처분권도 상실됨을 의미한다.

이런 문제 때문에 교회 설립목적과 그 목적에 설립한 교회의 신앙적 측면·교리적 측면의 규정을 삽입하되 누구든지 이 규정을 위반하거나 거역할 때 지교회 권징재판을 통하여 교인지위를 박탈시킬 수 있다는 규정을 자치규범으로 제정해야 하고, 지교회 종교의 자유는

---

467) 대법원 2006. 6. 30. 선고 2000다15944 판결; 대법원 1972. 11. 14. 선고 72다1330 판결.

교단변경을 인정하고 있으나 교단변경은 신앙적·교리적 입장이 전혀 다른 교단으로 변경되는 결과를 초래할 가능성 때문에 교회 설립목적에 동의하고 설립목적에 규정하고 있는 신앙적·교리적 측면에 반대하는 경우 교인지위를 박탈한다는 정관 제정 역시 종교 자유의 원리에서 제정된 정관이라면 신앙적·교리적 측면이 다른 교단으로의 변경은 허용될 수 없다. 따라서 교회 설립목적과 그 목적에 포함된 신앙적·교리적 측면을 부인할 경우 절차에 따라 교인지위를 박탈할 수 있다는 정관 제정이 필요하다.

대법원은[468] "하나의 교회가 2개의 교회로 분열된 경우, 교회 법률적 성질이 권리능력 없는 사단인 까닭으로 종전 교회의 재산은 그 분열 당시 교인들의 총유에 속하고 그 교인들은 각 그 교회활동의 목적범위 내에서 총유권의 대상인 위 교회재산을 사용·수익할 수 있다"라고 함으로 법인 아닌 사단인 교회의 설립 목적을 언급하고 있다. 교회정관의 목적사항이 변경되지 않는 한 이 목적에 위배한 자들은 교인들의 지위를 박탈시키는 시벌이 가능하며, 시벌을 받을 겨우 교인지위가 상실되면 자동적으로 교회재산권인 총유권도 상실된다.

즉 교회를 이용할 수 있는 사용·수익권과 관리처분권이 상실된다. 따라서 분쟁의 요인이 정관의 목적사항을 위배한 원교리 위반과 그에 따른 교단헌법에 대한 불법행위일 경우, 이들을 자체 내규나 교단의 헌법인 권징조례에 의해 권징재판을 통하여 분쟁을 차단할 수 있다.

분쟁의 원인이 실천적인 행위의 근거가 되는 진리나 교리적인 문제로 연계시켜 이를 시벌했을 경우 법원에 소를 제기하여 해결할 때에는 법원은 이를 사법심사 대상으로 보지 않는다는 판례입장에 따라 분쟁의 원인을 차단할 수 있다. 즉 법원은 교리적인 해석에 미치는 경

---

468) 대법원 1993. 1. 19. 선고 91다1226 전원합의체 판결; 대법원 1995. 2. 24. 선고 94다21733 판결; 대법원 1995. 6. 16. 선고 95다5912 판결.

우 이를 판단하지 않고 기각 내지 각하시킨다.

(4) 목적 변경과 제한

교회 설립에 대한 목적을 단순히 상징적인 문제들로 구성하면 분쟁이 발생되었을 경우 많은 혼란이 발생되기에 교회정관에 설립목적을 규정할 때 구체적인 신앙적·교리적 문제를 상급기관과의 관계가 일관성이 있어야 한다.

상급기관이 교리적 문제를 변경하지 않는 한 상급기관의 관계 유지가 가능하며, 만약 그렇지 아니할 경우 교회 설립목적 유지를 위해 그 교단으로부터 탈퇴결의를 할 수 있다. 이는 교회의 설립목적을 유지하기 위한 종교 자유의 원리에 해당한다.

또한 정관의 목적 변경 제한에 있어서 교단변경은 교회 설립목적을 변경하는 것을 의미하며, 교단변경 결의는 지교회의 종교적 자유와 함께 지교회의 존립목적 유지라는 양 측면에서의 내재적 한계가 존재한다. 대법원은 "기독교가 아닌 전혀 다른 종교를 신봉하는 단체로 변경하는 등 교회의 존립목적에 본질적으로 위배되는 교단변경 결의는 정관이나 규약 변경의 한계를 넘어서는 것이므로 허용될 수 없다"고 판시하며 '다른 종교를 신봉하는 단체로 변경'하는 것은 교회 존립목적에 본질적으로 위배되기에 교단변경 결의는 허용될 수 없다고 보고 있다.[469]

교회분쟁으로 교회 설립목적을 절차에 따라 변경하여 종교의 자유 측면에서 교단변경을 인정하고 있지만 교단변경이 종교의 자유에 의해 제한할 수 있는 정관 제정이 새롭게 제기된다. 그 이유는, 지교회가 정관을 상위 교단헌법을 위반하면서 제정하고 이를 무제한적인 종교의 자유로 인정하는 경우에 나타나는 혼란은 종교라는 특수성을

---

[469] 대법원 2006. 4. 20. 선고 2004다37775 전원합의체 판결.

간과한 것으로 비추어질 가능성이 크기 때문이다.

교단의 헌법적 가치와 신앙적 가치를 인정하고 그 안에 귀속되기로 했음에도 불구하고 이를 무시하거나 간과하면 종교단체의 자의적인 포교와 법적 절차를 간과하는 방향으로 가면서 사회의 공익적 향유를 해치게 될 경우가 많음을 우리는 자주 경험했다.[470] 그런 이유로 정관의 작성에 대한 일정한 제한이 필요하다.

2) 정관 제정의 주체

(1) 담임목사 임의로 제정된 정관

교회가 설립될 당시의 개척교회 구성원들은 대부분 소수의 인원으로 시작한다. 그러나 설립된 개척교회 혹은 작은 교회라고 해서 교회 법률행위가 없는 것은 아니다. 교회를 설립하고 재산을 취득하거나 은행권에 교회 운영자금과 건축자금을 대출받을 때 혹은 관공서에 비법인단체를 신고할 경우 반드시 교회정관이 필요하며 상대방은 이를 요구한다.

이때 담임목사는 갑작스러운 필요에 의해 정관을 임의로 작성하여 제출하는 경우가 종종 있다. 교회가 점점 성장할 경우 정관의 필요성과 중요성이 대두되면서 사용되고 있는 정관이 어떻게 제정되었는지에 대한 자료가 없는 이유는 이처럼 담임목사 개인이 일시적인 필요에 의해 만들었기 때문이다.

다른 한편으로 교회 문제가 표면화될 때와 법적인 문제의 경우 담임목사를 탄핵하는 빌미로 정관을 인용하는 경우가 있다. 따라서 정

---

470) 다미선교회 시한부종말론 사건은, 대한민국에서 1992년 10월 28일에 세계가 멸망하면서 휴거 즉 예수가 세상에 왔을 때 신도들이 하늘로 들림 받는 일이 일어날 것이라는 종말론을 주장하여 기독교계에 파란을 일으킨 사건이다. 그러나 막상 10월 28일에는 아무런 일도 일어나지 않았다.

관은 담임목사 개인이 임의로 장성하면 정관은 부존재 상태가 되므로 반드시 교인들의 총회인 공동회의를 통해서 제정해야 하고 이를 회의록으로 남기고 서명날인과 작성날짜를 기재해야 법적인 효력이 있음은 분명하다.

이에 반해 권한 없는 자들이 정관을 만든 행위는 불법행위이며 이를 사용했다면 위조 및 동행사죄에 해당될 수 있다. 그런 면에서 정관은 권한을 갖고 있는 교인총회에서 반드시 제정되어야 한다.

(2) 당회 임의로 제정한 정관

일반적으로 당회를 법인의 이사회 정도로 생각하는 경향으로 인하여 당회가 지교회를 대표하는 최고의결기관인 것처럼 잘못 판단하여 당회가 정관을 제정하고 재산권을 행사하는 것을 당연시하는 경우가 있다. 당회가 임의로 정관을 제정하는 것은 하자가 있는 불법적인 정관이 된다.

당회는 정관을 제정할 수 있는 권한이 없다. 당회가 정관을 제정하여 법률행위를 하는 경우 이는 불법행위에 해당된다. 교회정관은 반드시 교인들의 총회인 공동의회에서 제정 및 개정되어야 법적 효력이 발생한다.

그러나 정관이 있는 것처럼 잘못된 정관으로 법률행위, 재산권 행사를 했다면 문제가 있다.[471] 법적으로 교인들의 합의에 의해 작성된

---

471) 이에 대한 한 예를 들면 서울의 A교회는 2010년 1월 31일 공동의회에서 교회정관을 제정하였다. 이미 있던 정관을 개정하는 것이 아니라 새로 제정하였다. 이는 정관이 없는 것을 전제로 하여 새로 정관을 제정한 것이다. 갑 목사가 교회를 개척하여 교회를 운영할 때 이미 정관을 갖고 있었다. A교회는 이미 '1996년 12월 1일부터 시행한다'는 정관이 존재하였다. 그러나 이 정관은 '1996년 12월 전후로 공동의회가 열리거나 정관을 개정했다'는 기록이 없다. 그 이유는 교인 총회인 공동의회에서 제정한 것이 아니라 당회에서 정관을 제정했기 때문이다. 1996년 교회정관은 교회 담보제공과 대출을 위해 공동의회가 아닌 당회에서 임의로 만들어졌을 가능성이 크다. 만약에 그렇다고 한다면 이 같은 정관은 법적 효력이 없는 정관

교회장정이나 규약을 가지고 있지 못했다면 교회재산(담보 제공 및 대출·처분)에 관한 법률관계는 민법 제275조 내지 제278조에 의해 처리하되 그 방법은 대법원 판례인 의결권을 가진 3분의 2 이상의 찬성이 필요하다.

(3) 교인총회로 제정한 정관

대법원은 교인총회의 소집 절차에 관해 "법인 아닌 사단으로서의 실체를 갖추고 특정 교단 소속 지교회로 편입되어 교단의 헌법·장정을 교회 자신의 규약에 준하는 자치규범으로 받아들여 이에 구속되는 교회라고 하더라도 민법 제71조, 제72조에 비추어 정관이나 교단의 헌법·장정에 다른 규정이 없는 한 총회는 1주일 전에 그 목적사항을 기재한 통지를 발하여 소집하여야 하고 통지된 목적사항에 관하여서만 결의할 수 있다 할 것이다"[472]라고 판시하였다.

교인총회를 소집하여 정관을 제정하거나 교회재산을 처분하는 등의 결의는 지교회 존립목적에 지대한 영향을 끼치므로 의사정족수·의사정족수유지원칙·의결정족수[473] 등을 결의할 때 출석회원에 대한

이며, 이 같은 정관으로 재산권 행사를 했다면 그 행위는 법적 문제가 발생할 소지가 있다. 1996년 12월 1일부터 법적 효력이 발생된 정관이 A교회 교인 총회(공동의회)에서 작성되었다는 사실을 입증하려면 정관제정을 위해 안건을 명시한 공동의회 소집을 위한 당회의 결의와 이 사실을 기록한 당회록이 있어야 한다. 공동의회 소집 일주일 전에 교회 주보에 정관제정 광고가 있었고 공동의회를 소집하여 정관을 제정했다는 공동의회 회의록이 있어야 하며 이를 입증해야 한다. 이러한 사실이 증거로 입증되지 못한다면 그동안 A교회는 정관이 없는 상태였다고 볼 수 있다.

472) 대법원 2008. 9. 25. 선고 2008도3198 판결; 대법원 1996. 10. 25. 선고95다56866 판결; 대법원 2006. 6. 30. 선고 2000다15944 판결; 대법원 2006. 7. 13. 선고 2004다7408 판결 참조.

473) 모든 단체의 총회인 '회의체'의 정족수는 두 가지로 구분한다. 구성원의 어느 정도가 출석해야 회의를 열 수 있는가를 따지는 '의사정족수'가 있고, 구성원의 어느 정도가 찬성을 해야 하는가를 따지는 '의결정족수'가 있다. 이 중 의결정족수를 정하는 방법은 회원의 수를 기준으로 하는 방법과 출석회원수를 기준으로 하는 두 가지 방법이 있다. 또 특별한 경우 총 투표수(기권표를 제외)나 유효투표수(기권표와 무효표를 제외)를 기준으로 하는 방법이 있다. 통상적으로 의결정족수는 출석회원을 기준으로 하여 '과반수 이상 찬성', '혹은 3

정의가 매우 중요하다. 회의를 개회할 때 회원 호명으로 출석한 교인을 구분하는데 회의가 진행되는 도중 회원 일부가 회의장을 이탈했을 경우 출석회원이란 개회 당시 인원인지 아니면 회의장을 이탈한 회원을 제외한 출석회원인지에 대한 문제가 제기된다.

판례는 "당초 총회에 참석한 모든 종원을 의미하는 것이 아니라 문제가 된 결의 당시 회의장에 남아 있던 종원만을 의미한다고 할 것이므로, 회의 도중 스스로 회의장에서 퇴장한 종원들은 이에 포함되지 않는다"[474]라고 판시하였다.

지교회 정관에 구체적으로 규정되어 있다면 그 규정대로 총회를 소집하여 결정하면 된다. 그러나 아예 정관이 없거나 정관에 그런 규정이 없는 경우에는 예기치 못한 상황이 발생할 수 있고 여러 가지 경우가 생기게 된다. 교단의 헌법도 지교회 분쟁에 때로는 법적 효력이 미치지 못한 경우들이 있다.

교회정관은 교인총회의 결의로 제정되어야 법적 효력이 있으며, 교회에서의 교인총회는 공동의회를 말한다. 공동의회는 교회의 최고의 결기관으로, 공동의회 회원인 교인이라면 공동의회에 참여하여 결의권을 행사할 수 있다.

결의권을 행사하는 교인이란 일반적으로 교회 내부적으로 세례 받

분의 2 이상 찬성' 등으로 규정되어 있다. 이때 '출석회원'의 범위를 어디까지로 볼 것인가에 따라 상정 의안의 의결정족수 충족 여부가 갈린다. 그동안 판례는 "출석조합원이라 함은 총회에 참석하였으나 의결 시 회의장을 이탈하거나 회의장에 재석하면서도 투표를 하지 않음으로써 기권한 조합원 수를 모두 포함하는 개념으로 보아야 하며, (중략) 조합원 참석자 명부에 의결 전까지 서명 또는 날인한 조합원 수가 출석조합원의 수라 할 것"(서울중앙지방법원 1997. 10. 29. 선고 97노5108 판결)이라고 판시하고, 이러한 전제에서 "조합원 중 일부가 그 안건 상정 사실을 알고 그 표결 전에 회의장을 이탈했다면 그들의 의사는 그 결의에 불참한다는 것이 아니라 다만 기권하겠다는 의미로 해석하는 것이 타당할 것"(서울중앙지방법원 2002. 8. 12. 선고 2001가합51300 판결)이라며 퇴장한 조합원 수를 포함해 의결정족수를 산정해야 한다고 밝히고 있다. 그러나 대법원 판결은 의결정족수에 대한 유권해석은 "결의 당시 회의장에 남아 있던 조합원을 기준으로 산정해야 한다"라고 판시하였다.
474) 대법원 2010. 4. 29. 선고 2008두5568 판결; 대법원 2001. 7. 27. 선고 2000다56037 판결.

은 교인과 원입교인명부에 기재된 교인을 말하며, 이는 교회의 정체성에 관한 교리적인 문제이고 교회정체는 장로회 헌법에 명시된 대로 '주권이 교인들에게 있는 민주적 정치'를 뜻하며, 이 규정은 성경의 원리와 상관없는 민주주의를 근간으로 하는 '민주주의 정치'가 아니라 '민주적 정치'라고 규정한다.

성경적 제도로서 민주적 정치는 장로회헌법총론[475]에서 '성경적인 제도'라고 말한다. 박형룡 박사에 의하면, 여기서 성경적이라는 말은 "개혁파·장로파 교회들은 그들의 교회정치의 상세 전부가 성경에 의해 결정되었다고 보지 않고 다만 그 근본적 원리들이 성경에서 직접 인출된다"고 본다.[476]

교회에서 주권을 행사하는 자는 세례교인으로 제한한 것은 바로 예수 그리스도로 말미암아 구원받은 백성들인 교인들이 하나님의 주권을 실현한다는 성경적 교리에 입각한 것이고, 세례교인이나 입교인만이 교회의 최고의결기관인 공동의회 회원권을 가지게 된다. 예외적으로 교회의 권징재판으로 시벌을 당한 자와 시벌 아래 있는 자는 공동의회 회원권이 교단헌법과 노회규칙 및 교회정관의 지침에 따라 일시적으로 보류된다.

(4) 정관 제정 변경을 위한 의사 · 의결정족수

의사정족수는 합의제 기관이 의사(회의)를 여는 데 필요한 구성원의 출석 인원수를 의미하며, 의결정족수란 의결을 하는 데 필요한 수를 말한다.

---

[475] 대한예수교장로회, 『헌법』, 정치편, 총론 5.
[476] 박형룡, 앞의 책, 106쪽.

가. 정관 제정

정관은 사원총회에서 제정 및 변경을 할 수 있고, 사원총회는 최고의 의사결정기관으로서 사단법인을 구성하는 사원의 전원으로써 구성되는 결의기관이며, 또한 반드시 두어야 하는 필요기관이다.[477] 또한 총회는 집행기관이 아니라 의결기관이므로 총회의 의결사항은 집행기관 및 총회로부터 위임받은 자가 집행하고, 총회의 결의로서 정관을 제정하려면 먼저 총회 자체가 성립되어야 한다. 총회가 적법하게 성립되려면 정해진 절차에 따라 적법하게 소집되어야만 한다.[478]

총회를 성립시키는 정족수에 관해서는 민법에 규정이 없으므로 정관에서 정하여야 하나 정관에서도 그에 관하여 특별히 정한 바가 없으면 2인 이상의 사원의 출석이 필요하며, 그것으로 총회는 성립한다고 하여야 한다.

이에 대하여 민법 제75조 제1항에 근거로 총사원의 과반수의 출석으로 총회는 성립한다는 소수설이 있다.[479] 그러나 제75조 제1항은 의결정족수를 정한 것이며 의사정족수를 정한 것은 아니다.

정관은 총회의 결의에 의하지 않고는 제정할 수 없다. 교회의 정관을 제정하려고 할 경우 성립된 총회에서 법인 아닌 사단에 유추 적용되는 민법 제75조에 따라 사원 과반수의 출석과 출석사원의 결의권의 과반수이다. 교회 내 원입장부에 기록된 교인은 교회의 중요한 결

---

477) 곽윤직, 『민법총칙』, 150쪽. 사원이 없는 재단법인에는 사원총회가 있을 수 없으며 재단법의 최고 의사는 정관에 정해져 있다.
478) 법제실무 2015년 개정증보판에 의하면, 법률안 입안의 기본원리로 입법의 필요성과 내용의 정당성과 조화성 및 표현의 단순성과 정확성을 꼽고 있다. 구체적인 원칙으로는 법률유보의 원칙, 포괄위임금지의 원칙, 명확성의 원칙, 적법절차의 원칙, 평등의 원칙, 신뢰보호의 원칙, 과소보호(급부)금지의 원칙, 과잉보호의 원칙과 체제정당성의 원리와 중복제재의 금지를 말한다. 이와 같은 입법취지를 원용하여 정관이 작성되어야 할 것이다.
479) 김증한, "교회가 분열한 경우의 재산귀속", 법학, 제1권 제1호, 서울대학교법학연구소, 1959, 312쪽.

의절차에 참여할 수 있는 권리와 그에 따른 의무를 가진다. 교회 내 원입장부에 기록된 교인은 교회 내 모든 행위에 있어서 법적 권리를 가지기 때문에 중요하다.

나. 정관 변경

정관 변경이란 법인의 동일성을 유지하면서 그 조직을 변경하는 것을 말한다. 정관의 변경은 사단법인과 재단법인에 약간의 차이가 있다. 사단법인은 인적 결합체를 그 실체로 하며 그 조직이나 활동은 모두 구성원의 자주적 의사결정에 의하여 정해지므로, 그의 실체가 되는 인적 결합 자체가 동일성을 잃지 않는 한 정관이 자주적으로 변경되더라도 법인의 동일성은 상실되지 않는다.

즉 사단법인에서는 정관을 변경할 수 있지만 재단법인은 설립자가 결정한 근본규칙에 따라서 운영되는 타율적 법인이며 법인의 활동을 자주적으로 결정하는 기관이 없다. 따라서 재단법인의 정관은 이를 변경할 수 없는 것이 원칙이지만 민법은 일정한 제한 아래에 재단법인의 정관의 변경을 인정하고 있다.

정관 변경은 사원총회의 전권사항이며, 정관에서 총회의 결의에 의하지 않고서 변경할 수 있다고 규정하여도 그 규정은 무효이다. 정관의 변경에는 총사원의 3분의 2 이상의 동의가 있어야 한다. 그러나 총사원의 3분의 2 이상이라는 특별결의의 정수는 정관에 다르게 규정할 수 있다.[480] 또한 사단법인의 본질에 반하는 정관 변경은 무효이며,[481] 법인의 목적은 법인의 동일성이 유지되는 범위 내에서 그 변경이 가능하다.

아울러 정관에 그 정관을 변경할 수 없다고 규정한 경우에 정관을

---

480) 민법 제42조 단서조항.
481) 대법원 1992. 9. 22. 선고 92다15048 판결.

변경할 수 있는지의 문제에 있어서, 전 사원의 동의가 있으면 정관의 변경은 가능하다는 데 학자들의 견해는 일치하며 통설로 자리 잡고 있다.[482] 이와 같은 법인에 있어서 정관 변경에 관한 규정과 학설, 판례에 근거하여 법인 아닌 사단인 교회의 정관 변경에 관해 유추 적용하여 정리하면, 정관 변경이란 법인의 동일성을 유지하면서 그 조직을 변경하는 것은 가능하다고 볼 수 있다. 반대로 동일성을 훼손한다면 정관 변경은 허용되지 않는다고 말할 수 있다.

정관상으로 교회설립목적에 교리적인 이유와 교회의 권력구조·운영의 구조·예배의식·정치제도를 위해 소속 교단을 결정하여 이를 목적에 명시했다면 이를 변경하는 것은 설립목적에 따른 동일성의 훼손을 의미하는 것이므로 정관 변경을 허용하지 않는 것도 교회분쟁을 예방할 수 있는 방법의 하나로 여겨진다.

교단변경 결의에는 지교회의 종교적 자유와 함께 지교회의 존립목적 유지라는 양 측면에서의 내재적 한계가 존재하며, 소속 교단의 헌법도 교단탈퇴의 허용 및 요건에 관하여 위와 달리 정한 경우에도 그 규정이 지교회의 독립성과 종교적 자유의 본질을 해하는 경우에는 지교회에 대한 구속력을 인정할 수 없다고 할 것이며, 다른 한편으로는 실질적으로 지교회의 해산 등 교회의 유지와 모순되는 결과를 수반하는 교단변경 결의와 나아가 기독교가 아닌 전혀 다른 종교를 신봉하는 단체로 변경하는 등 교회의 존립목적에 본질적으로 위배되는 교단변경 결의는 정관이나 규약 변경의 한계를 넘어서는 것이므로 허용될 수 없다고 할 것이다.[483]

---

482) 곽윤직, 앞의 책, 155쪽.
483) 대법원 2006. 4. 20. 선고 2004다37775 전원합의체 판결.

(5) 정관 유무의 증명력

교회가 설립될 경우 처음에는 적은 수의 인원으로 시작되면서 교회 운영을 위해 정관의 필요성을 느끼지 못하다가 교세가 확장됨에 따라 교회 운영이나 교회부지 구입이나 교회 건축 시에 금융권에서 그 자금을 기채하려고 할 때 교회정관을 요구받게 된다. 이때 정관의 필요성을 절감하고 적법한 절차를 거치지 않고 담임목사가 정관을 임의로 만들어 금융기관이나 관공서에 제출한다.

그러다 훗날 교회 운영을 위해 정관의 필요성이 제기되었을 경우 '이미 정관이 존재한다'는 사실을 알게 되었고, 이 정관이 법적 효력이 있는 정관인지에 대한 문제가 제기되는 경우가 있다. 이러한 유사사건들은 정관의 존재 여부와 법적 효력 유무가 분쟁의 단초가 된다.

가. 당회의 교인총회 소집 결의를 위한 회의록

장로회 정체에서는 교인총회(공동의회) 소집은 당회 결의가 있어야 하며, 정관 제정을 위한 공동의회 소집은 1주일 전에 사전공고가 있어야 한다. 연말 정기공동의회는 안건을 명시하지 않고 소집하는 경우가 있는데 이때도 예외 없이 안건을 명시해야 한다.[484]

임시 공동의회 역시 당회가 안건을 명시하여 공동의회를 소집해야 하며, 정기·임시 공동의회를 통해 정관을 제정하려면 사전에 회의 목적을 명시한 공고에 의해 결의되어야 하며, 당회 회의록에 안건을 명시한 공동의회 소집결의가 그 근거로 기록되어야 한다.[485]

나. 정관 제정·변경을 위한 공동의회 회의록

교인총회의 의사정족수와 의결정족수는 민법에 따라야 한다. 지교

---

484) 대한예수교장로회, 『헌법』, 정치편, 제90조, 공동의회 제2조.
485) 대한예수교장로회, 『헌법』, 정치편, 제90조, 공동의회 제3조 제4항.

회 정관이 제정되었거나 개정(변경)되었다면 이를 입증할 수 있는 회의록이 존재해야 하며, 이를 입증하지 못하면 정관이 존재한다고 볼 수 없다.

대법원은 정관을 제정했고 변경했다면 교인들의 총회 회의록에 그 근거가 있어야 한다고 판시하였다. 만약에 교인총회(공동의회) 회의록에 정관 변경 결의에 관한 내용을 찾아볼 수 없다면 정관이 변경되었다고 볼 수 없다고 하였다.[486]

정관의 법적 효력 발생은 교인들의 총회에서 제정 및 개정되어야 한다. 교인총회는 의사록을 작성하여야 하고, 의사록에는 의사의 경과, 요령 및 결과(결의내용 등) 등을 기재해야 한다. 이와 같은 의사 변경과 정관 변경에 대한 의결 결과와 요령 등은 의사록을 작성하지 못했거나 또는 이를 분실하였다는 등의 특단의 사정이 없는 한 이 의사록에 의하여서만 증명된다고 판시하였다.[487]

(6) 정관 위조와 공정증서부실기재죄

위조·변조 죄는 권한이 없는 자가 타인의 명의로 문서나 유가증권 등을 작성하는 경우를 말하고, 이에 대해 무형위조[488]는 권한은 있지만 허위의 내용으로 문서를 작성하는 경우를 말한다.

형법은 주로 유형위조를 뜻하며 무형위조는 작성이라고 표현하여 위조와 구별한다. 형법에서는 유형위조만 처벌하고 무형위조[489]에 대해서는 원칙적으로 처벌하지 않는다.

---

486) 대법원 2008. 9. 25. 선고 2008도3198 판결.
487) 대법원 2010. 4. 29. 선고 2008두5568 판결; 1984.5.15. 선고83다카1565 판결.
488) 대법원 1984. 4. 24. 선고 83도2645 판결: 예를 들면 갑이 함부로 을의 명의를 사용하여 문서를 작성하는 것이 유형위조이고, 작성권한이 있는 공무원이 지시받은 내용과 다르게 허위로 기재하는 것이 무형위조에 속한다.
489) 무형위조에 대해서는 허위공문서작성(제227조)·허위진단서 등의 작성(제233조)·공정증서 원본 등의 부실기재(제228조)에 한하여 처벌한다.

사문서 위조·변조에 대해 대법원은 "사문서의 위·변조 죄는 작성 권한 없는 자가 타인 명의를 모용하여 문서를 작성하는 것을 말하는 것이므로 사문서를 작성·수정함에 있어 그 명의자의 명시적이거나 묵시적인 승낙이 있었다면 사문서의 위조·변조 죄에 해당하지 않고, 한편 행위 당시 명의자의 현실적인 승낙은 없었지만 행위 당시의 모든 객관적 사정을 종합하여 명의자가 행위 당시 그 사실을 알았다면 당연히 승낙했을 것이라고 추정되는 경우 역시 사문서의 위조·변조 죄가 성립하지 않는다"[490]라고 할 것이나 명의자가 명시적인 승낙이나 동의가 없다는 것을 알고 있으면서도 명의자 이외의 자의 의뢰로 문서를 작성하는 경우 명의자가 문서작성 사실을 알았다면 승낙하였을 것이라고 기대하거나 예측한 것만으로는 그 승낙이 추정된다고 단정할 수 없다고 판시한다.[491]

교회의 재산은 특단의 사정이 없는 한 그 교회 소속 교인들의 총유에 속하므로 그 재산의 처분에 있어서는 그 교회의 정관 기타의 규약에 의거하거나 그것이 없는 경우에는 그 교회 소속 교인들의 총회의 결의에 따라야 하며, 교인들 총회의 결의가 없었음에도 불구하고 있는 것같이 관계서류를 위조하여 경료한 소유권이전등기는 원인무효의 등기이다.

또한 교회가 분쟁이 발생할 때 재산 처분을 위한 교인총회에서 반대 측의 교인들에게 통지하지 않고 행한 교인총회는 '교인 총회의 결의'로 인정을 받지 못하며, 이 경우에도 '관계서류 위조'로 본다.[492] 또한 지교회가 소속된 교단헌법상 지교회의 부동산을 특정 재단법인 앞으로 등기하도록 하는 규정이 있다 하더라도 지교회의 대표자가 정

---

490) 대법원 1993. 3. 9. 선고 92도3101 판결; 대법원 2003.5.30. 선고 2002도235 판결.
491) 대법원 2008. 4. 10. 선고 2007도9987 판결.
492) 대법원 1986. 6. 10. 선고 86도777 판결; 황교안, 『교회가 알아야 할 법이야기』, 요단, 2016, 223쪽.

관에 의하지 아니하거나 총회의 결의 없이 지교회 교인들의 총유에 속하는 교회부지 및 건물을 위 재단법인 앞으로 소유권이전등기를 마친 행위는 공정증서부실기재죄에 해당된다.[493]

---

[493] 대법원 2008. 9. 25. 선고 2008도3198 판결.

제3절
교회정관의 효력

1. 교회정관과 교단헌법의 관계

교회는 각각 정체에 따라 그 형태를 달리하지만 회중정체를 제외하고는 모든 정체에서는 소속 교단이 존재한다. 교단에 소속된 지교회는 교회의 정관과 소속 교단의 헌법이나 교리장전을 갖는다.

지교회는 일차적으로 정관상으로 규정된 내용이 적용되어 우선적 효력이 발생하며, 교단의 헌법도 교단헌법을 자치규약으로 받아들인다는 정관상의 규정이 없을지라도 교단에 소속된 지교회라는 명시적 규정이 있는 한 교단헌법은 지교회 정관에 준한 자치규범으로서 효력이 있다.

그러나 이는 전제조건으로서 지교회의 독립성과 종교의 자유의 원리를 침해해서는 안 된다는 점을 분명히 하고 있다.

1) 교단과 총회의 개념

우선 장로회정체에 있어서 교단의 헌법과 지교회의 관계를 살펴보면, 교회는 보편교회와 지교회로 구분된다. 보편교회의 개념은 지역을 초월하여 흩어져 있는 모든 신자들의 모임을 가리키는 유형교회를 말한다.

그 보편교회가 한 장소에 모일 수 없기 때문에 지역별로 개별교회 형태를 가지고 모이는 것이 지교회다. 대한민국이라는 지역에 합동 측 소속 모든 신자들을 가리켜 보편교회라 한다면, 이 교회 명칭은 '대한예수교장로회'라고 한다. 이 장로회를 통상 '교단'이라고 말한다.

총회는 3심 제도하에서의 상고심에 해당된 대법원과 같은 의미로 우리나라 명칭을 대법원이라고 하지 않고 대한민국이라 하듯이 '교단'의 공식명칭은 '총회'라 하지 않고 '대한예수교장로회'라고 부르는 것과 같은 이치이다.

대한예수교장로회는 전국 각 지역별로 지교회가 존재하고 그 상회로서 소속 목사와 당회가 파송한 총대장로로 조직된 노회[494]가 있다. 노회의 직무는 일정 지역 안에 있는 지교회에 대한 관리·감독권을 가진다. 노회의 상회인 총회(대한예수교장로회 총회)는 노회에서 파송한 목사와 그와 동수의 장로로 조직되며, 직무는 소속된 교회와 치리회의 모든 사무와 그 연합관계를 총괄하며 헌법 등의 유권적 해석권을 가진다.

여기에서 '헌법'이란 '총회헌법'이 아니라 '대한예수교장로회 헌법'이다.[495] 이런 맥락에서 발생되는 법률문제는 ① 교회정관과 교단헌법, ② 노회규칙과 교단헌법, ③ 총회규칙과 교단헌법이라는 법률관계이다. 즉 교회정관과 교단헌법이 충돌될 때와 노회규칙과 교단헌법 충돌 시, 총회규칙과 교단헌법의 충돌이 제기될 때 각각의 법률관계와

---

494) 대한예수교장로회 서울노회 혹은 부산노회 등 지역 이름을 따서 부르는 유형과 대한예수교장로회 한서노회, 수도노회, 중앙노회 등 지역적 특징을 명칭으로 삼는 것이 보통이다. 이에 따라 대한예수교장로회는 헌법을 가지며, 지교회는 교회정관을 가지며, 노회는 노회규칙을 가지며, 총회는 총회규칙을 가진다.
495) 대한예수교장로회(합동), 『헌법』, 정치, 제12장 제1조.

어느 법이 우선 적용되어야 하는가라는 문제가 제기된다.

2) 교단헌법과 교회정관의 관계

교회가 법인 아닌 사단으로 인정된 바 법인 아닌 사단으로서 교회는 자치법규인 정관에 구속된다. 교회정관은 자치법상 구속력을 가지고 있으며, 이 정관에 의해서 교인은 사용·수익권이 있고 관리·처분권을 갖는다. 교회 최고의결기관인 공동의회(교인총회)에 참여하는 교인의 지위를 부여받으며, 또한 이 정관에 의해서 재판을 받을 권리를 가지고 각종 청원권을 가진다.

부당한 재판이라고 생각될 때는 상급기관에 상소할 수 있으며, 이러한 모든 문제는 정관에 보장된 교인의 기본권으로 규정되어 있어야 한다. 그리고 교인으로서 교회 내부에서 인권침해를 받았을 때 이를 법적으로 치유할 수 있는 절차법이 정관에 규정되어 있어야 하고, 교회직분과 관련된 규정과 민주적인 의사 결정 절차 및 투명한 재정 계획과 집행이 정관상으로 규정되어야 한다.

이러한 정관은 교회 내부의 법률관계에서의 효력이 있을 뿐만 아니라 외부적 법률관계에서도 정의 관념에 반하지 않는 범위 내에서 그 효력이 있다.

법원도 그 효력을 인정하는 입장을 보이고 있으며, 이러한 정관은 객관성이 보장되어야 한다. 교회정관은 교회 내부적으로 판례 속의 교단 소속 교회로 존재하는 경우 교단헌법에 반한 정관을 제정할 수 없다. 소속 교단 지교회가 분쟁이 발생되었을 때 상급기관에 상소 또는 소원이 이루어질 경우 소속 교회는 지교회 정관대로만 판단하는 것이 아니라 상급기관의 헌법에 준해서 판단한다. 이런 이유로 교단 소속 지교회로 남기를 원한다면 소속 교단에 반한 정관을 제정할 수 없다.

단지 소속 교단 헌법이 규정하고 있지 않거나 불분명한 것을 분명한 규정으로 제정했을 경우는 예외로 한다.

그러나 교회 내부의 문제를 외부적으로 법률행위를 하거나 판단을 받을 경우에는 지교회 정관을 무시하고 교단헌법에 의해서만 판단하지 않는다는 것이다. 일차적인 판단의 준거는 지교회 정관이며, 정관에 명시되지 않은 부분은 소속 교단의 헌법의 규정을 인용하고, 이 경우 반드시 지교회 소속 교단의 헌법을 자치규범으로 수용하는 조항이 있거나 소속 교단에 대한 명시적 규정이 정관에 있어야 한다. 이를 좀 더 명확하게 하기 위해서는 먼저 지교회에 대한 헌법의 구속력이다.

지교회가 독자적으로 종교활동을 하더라도 그 관리운영에 대한 종헌인 대한예수교장로회 헌법을 무시할 수 없다고 했으며,[496] 또한 지교회가 특정 교파에 속하고 있는 한 그 교파의 교리 내지 의식 등 그 규약에 따라야 함은 예외가 없다[497]고 판시했다. 또한 "법인 아닌 사단으로서의 실체를 가진 교회가 특정 교단 소속 지교회로 편입되어 교단의 헌법·장정에 따라 의사결정기구를 구성하고 교단이 파송하는 목사를 지교회의 대표자로 받아들이는 경우 지교회는 교단이 정한 헌법·장정을 교회 자신의 규약에 준하는 자치규범으로 받아들임으로써 그의 독립성이나 종교적 자유의 본질이 침해되지 않는 범위 내에서 교단의 헌법·장정에 구속된다"고 판결한다.[498]

대법원은 법인 아닌 사단으로서 실체를 갖춘 교회가 특정 교단 소속 지교회로 편입되어 교단의 헌법에 따라 의사결정기관을 구성하고 교단이 파송하는 목사를 지교회의 대표자로 받아들이는 경우, 지교회는 소속 교단과 독립된 법인 아닌 사단이고 교단은 종교적 내부관

---

496) 대법원 1982. 11. 14. 선고 72다1330 판결.
497) 대법원 1978. 10. 10. 선고 78다716 판결.
498) 대법원 2006. 4. 20. 선고 2004다37775 전원합의체 판결; 대법원 2006. 6. 30. 선고 2000다15944 판결.

계에 있어서 지교회 상급기관에 불과하다고 판단한다.

다만 지교회의 정관 유무에 관계없이 교단이 정한 헌법을 교회 자신의 규약에 준하는 자치법규로 받아들일 수 있다고 했다. 대표적인 예로 교회재산을 교단의 유지재단으로 편입하라고 명령한다든지 지교회 재산은 노회 소유로 한다든지 지교회 재정 집행을 교단의 관리감독을 받으라는 것은 안 된다. 그러나 지교회 독립성과 종교 자유의 본질을 침해하지 않는다면 교단헌법에 따라야 한다고 판시했다.[499]

법인 아닌 사단인 종중 사건 판결에서 대법원은 "법인이거나 비법인 사단인 어느 단체가 상급단체에 가입되어 있을 경우 상급단체의 지위에서 가입단체에 대하여 업무상 지휘·감독할 수 있는 권한은 인정될 수 있지만 그 권한은 가입단체의 독립성을 침해하지 않는 범위 내로 제한되어야 한다. 같은 이치로 가입단체가 상급단체의 규칙이나 정관을 자신의 정관으로 받아들인다고 규정하고 있지 않은 이상 가입단체의 조직과 운영에 관하여 상급단체가 제정한 규칙에 따라 규율될 수는 없다"고 판시하기도 했다.[500]

정관상 지교회가 소속 교단의 지도를 받는다는 규정만으로 '교단의 헌법을 자신의 규약에 준하는 자치규범으로 받아들였다'고 할 수 있느냐에 대한 판단은 해석의 여지가 있을 수 있는 문제이다. 교단에 가입한 지교회가 상급단체인 교단헌법을 자신의 자치규범으로 수용한다는 구체적인 명문 규정의 존재 여부를 확인하는 것은 매우 중요하다.

다음으로 지교회 정관과 교단헌법의 충돌문제이다. 이는 법 적용의 우선순위 문제로서, 교단 내부관계에서 교단헌법에 반한 지교회 정관을 시행할 경우 교단은 이를 문제 삼을 것이며, 바로 이 문제가 사법심

---

499) 대법원 2006. 4. 20. 선고 2004다37775 전원합의체 판결.
500) 대법원 2010. 5. 27. 선고 2006다72109 판결.

사에서의 다툼의 대상이 된다. 법원은 지교회 정관이 교단헌법에 반한다는 이유로 처벌했을 때 그 처분 결의가 지교회 독립성을 훼손한 것이면 무효로 판단할 것이고, 그렇지 않을 경우 처분의 무효를 주장하는 원고 측이 패소할 것이다.

그러나 지교회 정관과 교단헌법이 충돌하고 있다는 이유로 교단이 지교회의 교단 소속을 거부했을 경우 지교회는 법적 대항력이 없다. 그런 이유로 교단에 소속하기를 원하면 교단헌법에 따라 정관을 작성해야 한다. 지교회 정관 규정과 교단헌법(교단결의)이 충돌할 때 법률적으로 지교회 정관을 변경하지 않는 한 그 정관이 교단헌법보다 앞선다고 볼 수 있다.

3) 정관상 담임목사 임기제와 시무투표제 규정문제

보편적으로 개혁 정관이란 이름으로 민주 정관을 만들겠다는 일부 단체와 교회에서 목사의 독재와 월권을 방지하기 위하여 지교회 정관으로 목사의 임기제를 도입하거나 신임투표제도를 두어서 일정한 시무기간이 종료되면 교인총회에서 신임투표를 통하여 계속시무 여부를 결정하는 정관제도를 두고 있다. 이런 제도가 장로정체를 근간으로 하는 장로교회에서 일어난 사건으로 이는 신학적인 문제로 인한 정체의 오해로부터 기인한 것으로 볼 수 있다.

이는 장로회정체로 교회를 운영하는 교회에서 회중정체로 정관을 만드는 경우에 해당된다. 교회분쟁과 갈등이 대부분 목사의 독재와 장로의 월권행위로 인하여 나타나기 때문에 목사와 장로의 임기제를 통래 견제를 두려는 경향으로 보인다. 특히 장로시무투표제가 장로회 헌법상으로 규정되어 있기 때문에 목사시무투표제도를 정관에 두어야 한다는 주장이 제기된다. 실제로 이런 내용을 정관으로 규정한 교

회도 있다.[501]

이는 신학적·교리적 원리와 정치원리를 무시한 처사로 볼 수 있다. 목사의 지교회 시무권과 목양권은 교인들에 의해서 결정되어 부여된 것이 아니라 노회가 부여해 주는 권한이다. 이를 '강단권' 혹은 '설교권'으로 부른다. 노회가 노회 소속 지교회를 목사에게 맡긴다는 개념이다. 교인들이 이 권한을 행사하는 것은 바로 회중정치이다. 그러나 장로회정치와 신학적 입장은 지교회 담임목사의 목양권과 설교권은 하나님의 말씀인 성경을 주해하고 설교하는 직무이므로 교인들이 결정할 수 있는 위치에 있지 않기 때문에 권한이 없다. 단지 교인들은 교인총회를 통하여 상급기관인 노회에 담임목사를 파송해 달라고 청원할 수 있을 뿐이다.

이런 맥락으로 보면 목사의 시무에 대한 임기제나 시무투표를 통하여 시무 여부를 결정할 수 있는 정관을 만든다는 것은 곧 장로회 정치원리와 교단의 신학적 입장을 포기하고 거절하는 행위이기 때문에 노회는 이를 근거로 치리가 가능하다. 교단 소속 노회의 지교회로 존재하기를 원한다면 이 원칙은 지켜져야 한다.

장로는 교회 소속이요, 교인들의 투표와 복종 서약으로 치리권이 부여되므로 이를 철회하는 권한도 교인의 권한이다. 시무위임 철회를 위한 시무투표는 정당하다. 그러나 담임목사의 목양권과 설교권은 교인들이 투표에 의한 것이 아닌 점을 분명히 이해할 필요가 있다. 이런 이유로 교인들이 공동의회를 통해서 담임목사 임기제나 시무투표권을 행사하려는 것은 위법이다.

장로는 공동의회 회원이요, 당회원이고, 장로의 1심 재판 관할은 당회이다. 이런 법리로 인해 목사의 1심 재판은 당회가 아니라 노회이고,

---

501) 권혁률, "누구를 위한 교회정관인가?", 기독교사상, 2014(5), 245쪽. 일산 거룩한빛 광성교회, 서울 향린교회, 새민족교회 등이 있다.

목사는 당회원이 아니기 때문에 당회장이 된다. 장로는 공동의회 교인회원 자격으로 참여하지만 목사는 교인회원 자격이 아니라 당회장이 직무를 겸하는 법리에 따라 당회장의 자격으로 참여한다.

모든 단체는 그 단체구성원이 회장을 선출하지만 교회 최고의결기구인 교인총회 회장은 공동의회 회원들로 구성된 교인들이 선출하는 것이 아니라 이미 당회장인 담임목사로 의례히 정해져 있다. 이런 이유로 목사는 구역 편성이나 남전도회원이 될 수 없다.

만약 이러한 문제로 교단헌법과 상충된 내용이 지교회 정관으로 규정되어 있을 경우 대내적으로 교단 자체 내에서 교단헌법으로 판단하여 처분 결정을 내리겠지만 대외적으로는 지교회 정관이 법률적 효력을 가지는 이중적 위치를 가진다고 할 수 있기 때문에 분쟁의 요소로 작용할 가능성이 높다.

2. 교회정관이 교회에 적용되는 범위와 한계

1) 지교회의 자유로운 법률관계

개별교회의 법적 성격은 법인 아닌 사단이기 때문에 개별교회가 독자적으로 법률행위를 하는 데 아무런 문제가 없다. 따라서 교회는 소속 교단과 아무런 상관없이 대외적 관계에서 자유롭게 법률행위를 할 수 있으며, 교단은 이 같은 교회의 법률행위의 효력을 침해할 수 없다.

소속 교단이 존재하지 않더라도 교회는 독자적인 자기 결정으로 각종 재산 취득과 처분권을 가지는 데 아무런 제약이 없다.[502] 교단은 개별교회에 대해 강제로 자기 교단에 가입하도록 강요할 수 없고, 가입

---
502) 대법원 1967. 12. 18. 선고 67다2202 판결.

한 교회의 자기 결정 없이 소속노회를 임의로 변경을 강요할 수 없다.

스스로 교단에 가입된 개별교회는 교단의 지도와 감독을 받아야 하는 이유는 교회의 신앙질서를 유지하기 위하여 통제권한이 부여된다.

2) 지교회 재산에 대한 자기결정권의 효력

지교회의 재산문제나 교회 분립과 분열 시에 그 재산의 귀속을 둘러싼 분쟁에 관하여 교단치리회가 어떤 결정을 내리더라도 지교회가 이를 받아들이지 않는 한 지교회에 대하여 효력이 없다.[503]

교단의 헌법에 포함된 개별교회의 재산에 관한 규정을 교회 스스로가 자발적으로 준수하는 경우에는 개별교회의 재산에 대해서도 교단의 헌법이 유효하게 적용될 수 있다. 그러나 이것은 교단의 헌법과 교단의 결의 등이 교회재산에 관해 어떤 규정을 갖고 있기 때문에 결과적으로 교단헌법 등이 효력을 갖는 것 같은 모습을 갖게 된 것뿐이다.

따라서 이러한 경우에도 지교회가 언제든지 교단의 헌법 내용과 다른 방법으로 교회재산을 처분할 수 있으며, 개별교회가 일단 교단헌법 규정을 준수한 바 있었다고 하여 개별교회의 자유로운 재산 관리 및 처분 권한이 상실되는 것은 아니다.[504]

3) 지교회 운영에 대한 교단헌법의 구속력

재산문제가 아닌 교회 운영에 대해서는 교단의 헌법이 지교회에 구

---

503) 백현기, 『교회의 분쟁에 관한 민사법 연구』, 법문사, 2017, 72쪽.
504) 황교안, 앞의 책, 240~241쪽; 대법원 2006. 4. 20. 선고 2004다37775호 전원합의체 판결 참조.

속력이 있다. 지교회 운영을 위해 대표자를 선정하는 방법과 대표자인 목사나 교인들의 권징 등 교회 운영에 관한 문제에 대해서는 교단의 헌법이 강제적 효력을 갖게 되고, 따라서 그 규정은 지교회를 구속한다.

이는 법률로 규정된 것이 아니라 실무적으로 법률적 효력을 갖고 있는 법원판례의 확고한 입장이다.

이에 따라 교단에서의 권징재판은 상당히 강력한 효력을 갖고 있다고 볼 수도 있다. 특히 교단의 헌법에 3심제 재판의 심급제도를 규정하고 있으므로, 개별교회에서 교인의 지위를 박탈하는 출교 처분이나 장로직을 면직 판결을 했다고 해서 곧바로 장로가 아니라든가 교인이 아니라고 물리력을 행사할 수 없다. 그 이유는 3심제 심급제도에서 아직 확정판결이 안 내려졌기 때문이다.

하급심의 결정에 의하면 면직 및 제명·출교 처분이 확정되지 않은 경우에는 기존의 교인 자격이 유지된다고[505] 결정했다.

교단헌법이 1심(당회), 2심(노회), 3심(총회)제도의 규정을 갖고 있으며, 형사 피고인은 "유죄의 판결이 확정될 때까지는 무죄로 추정한다"라는 대한민국 헌법 제27조 제4항과 같이 교회에도 적용된다는 사실이 소명되어 이 같은 결정이 나온 것으로 보인다. 교회의 하급심에서 면직 및 출교 처분을 받았다 할지라도 최종회인 총회에 상소했다면 총회의 재판이 아직 남아 있기 때문에 하급심의 면직 출교는 확정 판결이 아니며 교단의 헌법이 지교회에 구속력을 갖고 있는 것이다.[506]

---

505) 서울남부지방법원 2012. 10. 25. 자 2012카합379 결정.
506) 서울남부지방법원 2010. 3. 18. 자 2010카합43 결정.

제4절
교회정관과 사법심사

교회분쟁 시 분쟁의 가장 큰 원인이 되는 요소로 교회의 권징재판·재산분쟁·결의방식과 적법절차에 대한 인식과, 적법절차의 정당성에 관한 다양한 효과를 인식하지 못함으로 발생되는 갈등을 간과함으로 나타나는 여러 가지 예기치 못한 문제임을 전제하면서, 교회가 자체적으로 분쟁을 해결하지 못하고 국가 사법기관에 청구할 때 법원은 어떠한 원칙으로 종교의 내부를 살피고 교회의 분쟁사건을 판단하고 판결하는지에 관해서 살펴보았다.

이와 같은 현실적 이해를 바탕으로 사법심사에서 교회정관과 교단 헌법은 사법적 판단에 어떠한 영향을 끼쳤으며, 그 효력의 법률관계는 무엇인지에 관해서 구체적인 법원의 판례를 통해서 분석해 보려고 한다.

1. 교회분쟁 시 정관의 자치법상 구속력과 적용의 한계

교회분쟁이 발생했을 때의 유형을 보면, 먼저 한 교회가 한곳에서 예배를 드리면서 갈등으로 분쟁이 발생하는 경우가 있고, 다음으로는 한 교회 건물 안에서 분쟁으로 두 장소에서 예배를 보면서 분쟁이[507] 발생하는 경우 정관의 적용문제가 제기된다.

1) 교회정관과 신학적 범위

교회는 신앙공동체로서 신앙을 위한 교리와 그에 맞는 신학이 필요하다. 신학과 교리는 교회정체를 규정하는 데 매우 중요한 지침이 된다. 교회정체의 문제는 곧 신학적 문제로 귀착되기 때문에 신학적인 입장은 매우 중요한 요소로 인식됨에 따라 교회정체가 결정된다. 장로회정체에서 신앙에 관한 지도 원리는 당회를 통해서 가능하도록 되어 있다.

보편적으로 당회는 교회공동체의 법적인 생활과 활동의 범주를 제정하면서 기속하는 기능을 가진 것으로 알고 있지만 실상은 치리회 개념이다. 치리라는 말은 잘못된 신앙행위를 바로잡고, 신앙적인 잘못이나 윤리적·도덕적인 과오를 교정하고, 신앙적 관점의 죄와 그 오염으로부터 교회의 순결성을 지켜나가는 직무이다.

이러한 직무는 치리회인 당회에 귀속된다. 당회는 목사와 장로로 구성하여 치리 직무를 수행한다. 교회에 소속된 교인들이 신앙의 올바른 길에서 이탈될 때 교인의 대표인 장로는 그들을 권면한다. 그러한 권면을 받아들이지 않으면 당회에 보고하여 그들을 소환하여 치리한다. 이런 이유 때문에 시무장로는 당회를 통해서 그 직무를 수행하되 교인들을 심방하고 기도하는 직무가 포함되어 있다.

당회원인 시무장로는 교인을 심방 및 돌보면서 불법행위자들을

---

[507] 이 문제에 관한 대표적인 대법원 판례는 2010년 광성교회에 대한 대법원 판례이다. 이에 관하여는 따로 정리하여 소개한다[대법원 2010. 5. 27. 선고 2009다67665·67672(병합) 판결 참고].

권면하고 교훈하되 듣지 아니할 때 이들을 당회에 보고하여 소환한다.[508] 그리하여 그들을 권징재판으로 불법적 행위에 대한 조치를 취하고, 그들로 하여금 자신의 잘못에 대한 인식을 교정하도록 권면한다. 따라서 권징재판은 처단하여 정죄하는 기능보다 회개하여 건강한 교회공동체로서의 회복에 그 목적이 있다고 할 수 있다.

이런 치리기관으로서의 당회는 매우 중요하기 때문에 목사 혹은 장로들만으로 재판해서도 안 되며, 또한 그 교회 교인들로부터 이 같은 치리에 복종하겠다는 선약을 받은 목사와 장로만이 이 치리권을 행사할 수 있으며, 그런 의미에서 목사는 위임식 때, 장로는 장로 임직식 때 구체적으로 치리에 복종하겠다는 교인들의 선서를 받게 되는 것이 장로회 정체의 특징이다.

이 같은 정체에서는 목사의 성직권과 평신도의 대표권을 갖고 있는 장로들이 일정한 견제와 균형을 통하여 치리권(재판권)을 행사한다. 이 때 목사의 치리권의 근거는 노회이고, 장로는 교인들이다.

성직권과 평신도권의 대표인 장로의 양권이 같아야 견제가 이루어진다. 교인들에 의해서 성직권이 결정될 수 없고, 교인들이 아닌 노회가 평신도권을 결정할 수 없다. 따라서 성직권은 노회에 속하고, 평신도의 대표권인 장로는 교회 교인들에게 있다. 이런 의미에서 성직권은 교회 소속이 아닌 노회 소속으로 노회가 파송하여 위임한다. 이러한 법리 때문에 목사의 1심 재판권은 당회가 아닌 노회이며, 장로는 노회가 아닌 당회이다.

---

508) 이와 같이 장로의 직무는 매우 무겁고 그에 관한 권한이 주어지기 때문에 교인들에게 매사에 모범을 보여야 한다. 장로 개인의 가정사로 인하여 교회의 일에 소홀해질 경우에는 미리 교회와 교인들에게 양해를 구하여 그 직무의 방해요소가 해소될 때까지 휴직을 하거나 멀리 이사할 경우는 그 가까운 교회로 이명하여 정상적인 업무를 보는 것이 올바른 태도이고, 이런 세세한 사항도 정관이나 총회 차원의 결의를 확정해 두면 개별교회의 문제를 사전에 방지하는 효과를 가져올 수 있다.

이러한 성직권을 갖고 있는 목사의 말씀(강도)권과 교회 목양권을 교인들이 결정하는 행위는 장로회 정체에서는 위법행위이다. 오늘날 많은 교회에서는 이와 같은 장로회정체에 대한 이해가 부족하여 개 교회 내부에서 모든 것을 결정하여 해결하려는 시도와 종교적 다양성을 이유로 교단헌법과 노회에 대한 기능을 간과하는 경향이 많음은 매우 우려된다고 하겠다. 특히 목사의 안식년제 이후 신임투표나 장로의 재신임투표 등이 그런 예로 볼 수 있다.

반대로 목사가 교회의 기존 신앙적 입장을 변경하는 경우도 이와 마찬가지이다. 목사의 목양권과 강단에서의 설교권은 교인들의 총회에서 결정하는 것이 아니라 노회에서 결정한다. 교인들이 결정하겠다는 것은 회중정체이다. 목사의 강단권의 성경 해석에 대한 문제는 교인들의 결정 영역이 아니다.

그리고 시무기간이나 목사 시무투표[509]를 통하여 계속시무 여부를 교회정관상으로 규정하는 행위 역시 장로회정체에서 있을 수 없는 위법이다. 이는 효력이 없는 정관으로서, 장로회 정체를 따르는 교단의 지교회로 인정할 수 없다. 결국 지교회가 목사의 임기제와 신임투표 여부에 따라 계속시무를 규정한 정관은 상급기관인 노회를 무시한 행위이며, 이는 권징조례로 치리의 대상이 된다. 이러한 치리는 법원이 사법심사에서 제외시킨다. 그 이유는 이 문제가 교리적인 동시에 신학적인 문제이기 때문이다. 법원은 교회의 신학적인 문제까지 판단할 수 없다는 입장이 지금까지의 태도이다.

---

509) 지교회가 목사의 시무투표를 할 수 없으며, 장로 시무투표는 교인들의 기본권으로 규정하고 있다. 장로의 시무투표를 언급한 것은 정치 제13장 제4조이다[장로회 헌법(합동): "치리장로·집사의 임기는 만 70세까지이다. 단 7년에 1차씩 시무투표할 수 있고 그 표결수는 과반을 요한다"].

2) 부제소[510] 위반의 징계규정의 효력문제

정관에 국가 사법기관에 소송을 제기한 자를 교인의 지위를 박탈하거나 징계규정을 둔 경우 법적 효력 문제가 발생한다. 이런 경우 하급심이긴 하지만 "출교 판결은 정당한 징계사유로 삼을 수 없는 내용을 징계사유로 삼은 것으로서 그 하자가 매우 중대하여 이를 그대로 둘 경우 현저히 정의 관념에 반하는 경우에 해당하므로 당연 무효"라는 결정[511]이 있기도 하다.

소송을 제기한 자의 징계규정의 효력이 없다고 볼 수 있다. 따라서 이런 부분을 정관으로 규정할 경우, 교회문제로 국가 사법기관에 소송을 제기한 자는 확정 판결을 받을 때까지 교인의 지위가 보류된다는 규정은 종교 내부의 질서를 위해 정의 관념에 반한 것으로 볼 수 없다고 본다.

교회정관이 대한민국 국민으로서 주어진 기본권인 재판받을 권리를 박탈 내지 침해하는 규정을 둘 경우 사법적 규제절차까지 봉쇄하는 결과를 가져오며, 이는 교회 구성원의 재판을 받을 권리를 본질적으로 침해하는 결과를 초래하므로 이러한 정관과 결의들은 무효라고 하는 것에 큰 의미가 있다.

2. 불법행위에 대한 정관 적용과 한계

교회 운영과 관리는 철저하게 교회정관에 의해서 이루어져야 한다.

---

510) 어떤 분쟁이 발생했을 때 당사자 간에 원만히 타협하여 후에 이 사건에 관하여 민형사상 이의를 일절 제기하지 않겠다는 내용의 합의.
511) 서울남부지방법원 2011. 3. 8. 선고 2010카합848 결정.

따라서 교회는 정관상으로 교회 운영과 관리에 대한 자치규범을 갖고 있어야 한다. 이때 정관은 투명해야 하고 공정해야 한다. 그리고 실천 가능성이 있는 객관적 적용을 위한 규범이어야 한다. 막연한 정관규정은 그 규정을 놓고 해석문제로 분쟁이 발생될 수 있다.

대한예수교장로회『헌법』중 권징조례 제1장 제4조에 의하면, "성경에 위반으로 준거할 만한 일이든지 성경에 의하여 제정한 교회 규칙과 판례에 위반되는 일이든지 다른 권징조례로 금지할 일이 아니면 재판 안건이 되지 아니한다"라고 규정하고 있다. 불법행위를 시벌하기 위해서는 반드시 법 적용 조문이 있어야 한다는 것을 의미한다.

교회에서 위법행위로 분쟁이 발생되었을 때 사실관계를 분명히 하여 정관과 교단헌법을 적용하여 그 분쟁의 원인이 불법행위에 적용할 수 있는 규정을 두어야 한다. 교인의 지위가 박탈되면 교회에서 자신의 권리는 상실되어 법률행위를 할 수 없다.

현대 교회에서 교인들이 법 인식에 있어서 새로운 가치를 가져야 한다고 여겨진다. 법을 준수한다는 것은 종교적인 원리로 보면 타당하다. 높은 도덕적 수준은 높은 준법정신과도 밀접한 관계에 있다. 일반적으로 교회분쟁은 재정 집행 문제·인사문제·권징문제·공동의회 결의 방법 및 그 절차에 대한 문제로 발생되는 경우가 많다. 이러한 분쟁은 결국 교회재산 분쟁으로 이어진다. 교회가 분쟁이 발생되면 교회의 기본 교권이 파괴된다. 분쟁의 가장 일차적인 표현은 자파 사람들까지 별도로 예배를 본다는 점이다.[512]

---

512) A교회의 경우 교회예배당 설립자 겸 담임목사인 A목사가 교회재정의 불투명한 운영으로 서울남부 지방법원으로부터 징역 4년을 선고받고 복역하면서 항소했지만 징역 2년 6개월과 추징금 32억 원으로 확정되었다. 이에 교회의 상급기관인 B노회에서 부노회장을 파송하여 교회정상화를 위한 예배를 드리게 되었는데 이에 불복한 일부 신도들이 따로 예배를 드린 일을 말한다. 이후 A목사는 2017년 11월 새로 예배당을 마련하여 이전 예배를 드림으로써 A 교회의 분쟁은 마무리되었다.

민법은 총유물의 관리 및 처분은 사원총회의 결의에 의하고 사용·수익은 정관 기타 규약을 따라 각 사원이 할 수 있다(제276조)고 했다. 사용·수익은 교인들이 교회 건물을 이용하여 종교적 활동을 할 수 있는 권리인데, 이 같은 권리는 '정관 기타 규약을 따라' 할 수 있다. 교회에서 담임목사의 설교권은 노회의 고유 권한이다. 노회가 파송하여 위임식을 거친 담임목사의 허락 없이는 그 어느 누구도 설교권을 행사할 수 없다. 설교권은 교인들이 부여한 것이 아니라 노회가 부여한다.

불법행위자들이 예배와 설교를 방해하기 위하여 폭행, 폭언, 소란 등으로 평온한 수행에 지장을 주는 행위를 하였다면 이러한 행위는 형법 제158조가 규정하고 있는 예배 또는 설교를 방해하는 죄에 해당한다고 판시하였다.[513]

이러한 판결은 '분열 당시 교인들의 총유'라는 법리로 판단했던 종전 판결로써 교회의 정관과 교단헌법이 정당한 것으로 서약했을 뿐만 아니라 순종하기로 했다면, 총유물인 교회에서 사용·수익은 민법의 규정에 따라 정관에 따라야 한다. 자신들이 예배시간과 장소를 결정한 당회의 전권사항이나 교회에서 목사의 설교권이 노회의 권한이라는 노회 전권사항인 자치규범을 거부하고 별도의 장소에서 권한 없는 자의 설교행위로 사용·수익이 이루어진다면 이는 보호받아야 할 가치가 아니라 권징재판을 받아야 할 불법행위라고 해야 한다.

그러한 문제는 한계가 있다. 담임목사의 불법행위와 당회의 갈등과 분열이 정관과 교단헌법에 따라 당회의 전권사항을 결의하고 집행할 수 없는 상황으로 전개될 경우 정관대로 집행하기란 쉽지 않다. 교인이나 장로의 불법행위에 대해 소송이 제기되었을 경우 이를 처리하는 당회의 기능이 마비됨으로써 이를 처리할 수 있는 길이 막혀 버린 경

---

513) 대법원 1971. 9. 28. 선고 71도1465 판결.

우가 많다.

당회 소집에 의한 의결정속수가 충족되지 못할 때 이를 처리할 수 있는 길이 없다. 당회가 처리할 수 없을 경우 노회에 위탁판결을 청원해야 하는데, 당회가 소집할 수 없으므로 당회결의를 할 수 없다. 그렇다고 목사 개인 자격으로 노회에 위탁판결을 의뢰하면 이 역시 불법이다. 이런 경우 더 이상 정관으로 분쟁을 해결할 수 없게 되면서 법원에 소송이라는 방식으로 문제를 해결하려는 사태가 발생된다.

3. 권징재판에 대한 사법심사의 적용범위와 정관

1) 권징재판에 있어서 정관의 효력

형사소송법이나 민사소송법처럼 교회권징재판에도 일정한 절차법이 있다. 그 절차법이 지교회 정관상으로 규정되어야 한다. 권징재판은 사법권으로서 장로회정체에서도 3심 제도를 갖고 있다.

이 3심 제도에 대한 재판의 절차법은 교단헌법에 지교회 당회와 노회, 총회에서 사법권인 재판이 어떤 절차에 따라 진행되어야 하는지에 대한 성문 규정이 존재한다.[514]

따라서 3심 제도하에서 1심 재판의 관할인 지교회 당회의 재판 절차는 교회정관상으로 규정하지 않고 교단헌법의 규정을 자치규범으로 받아들이고 있으므로 교단헌법에 따른다. 단지 지교회 정관에서는 "1심 재판인 당회의 재판 규정은 교단헌법에 따른다"라는 규정을

---

514) 대한예수교장로회(합동), 『헌법』, 권징조례 제1장, 총칙 제4조 재판의 심급과 관할 ① 재판은 각급 치리회가 주관하되 3심제로 한다. ② 교회는 당회가, 노회는 노회재판국이, 총회는 총회재판국과 특별재판국이 관할한다.

둠으로써 법적인 장치를 두고 있다.

권징재판을 통해 시벌이 확정될 경우 교인의 지위가 상실된다거나 3심 제도하에서 상고심인 총회재판 확정 시까지 교인의 지위가 보류된다는 규정을 둠으로써 비위자로부터 교회를 보호하여 교회 운영의 안전성을 유지하는 것은 중요하다.

또한 기간을 정하여 시벌이 주어졌을 경우 그 기간에는 교인의 권리가 중지되는 규정을 두는 것도 예기치 못한 분쟁으로부터 교회를 보호하는 길이라 생각된다.

2) 권징재판에 대한 사법심사의 정관 적용 범위

교회권징재판에 의한 판결에 불복하여 사법당국에 소를 제기한 경우들이 있다. 특히 권징재판을 통하여 목사나 장로, 기타 신도들의 직위가 박탈되었을 경우 교인의 지위에 따른 교회재산의 관리·처분이나 사용·수익이 박탈된다거나 목사의 면직으로 교회 대표권이 상실될 경우, 소송을 통하여 권징재판의 효력을 정지하거나 무효를 주장하여 사법심사를 요구할 때 법원은 교회의 권징재판에 대해 사법심사의 원칙과 그 범위를 어떻게 설정하며, 교회정관 효력을 어느 범위까지 인정하는지의 여부를 확인하는 일은 중요하다고 본다.

교회의 권징재판에 관한 최초의 대법원 판결은 1978년에 있었다. 총회재판국 결의 부존재확인의 소에서 "대한예수교장로회 총회의 재판국이 목사·장로 등에 대하여 정직·면직 등에 처하는 결의(재판)는 종교단체 내부의 규제에 지나지 아니하고 그것이 교회 개인의 특정의 권리·의무에 관계되는 법률관계를 규율하는 것이 아니므로 그 무효확인을 구하는 법률상의 쟁송사항에 관한 것이라 할 수 없다"고 판시

하였다.[515]

이 판결에서 대법원은 권징의 성격을 규정하기를, "종교단체가 그 교회를 확립하고 단체 및 신앙상의 질서를 유지하기 위하여 교인으로서 비위가 있는 자에게 종교적 방법으로 징계 제재하는 종교단체 내부의 규제"라고 했다. 그러면서 사법심사의 원칙은 직접적으로 원고에게 법률상의 권리 침해가 있을 경우에는 법률상의 쟁송사항으로 판단하여 사법심사 대상으로 삼지만 그렇지 않을 경우 사법심사의 대상이 될 수 없으며, 이 경우 재판의 무효 확인을 구하는 것은 부적법하여 각하판결을 하고 있다.

두 번째 대법원 판례는 1981년에 있었다. 대법원은 종전의 판례에서와 같이 종교단체 권징결의는 "사법심사의 대상이 되지 아니한다"[516]라고 했다.

종교단체 권징결의의 "효력과 집행은 교회 내무의 자율에 맡겨져야 한다"라고 판시하였다. 이때 최초로 교회정관이라는 용어를 사용하고 있다. 권징재판의 효력과 집행을 정관상으로 규정되어 있을 경우 이는 교회 내부의 자율권에 해당되며 사법심사 대상이 아니라는 것이 판례의 입장이다.

대법원은 이러한 교회권징재판의 효력과 집행을 그대로 인정하고 있다. 즉 "총회재판국의 목사직 정직 판결에 불복하여 총회로부터 이탈을 선언하여 독자적인 운영체제를 구축하여 교회 권위와 질서에서 벗어난 목사에 대한 목사직 상실의 효력"이라고 판시함으로써 교회의 권징판결의 효력은 곧 법원의 판결효력을 그대로 인정하고 있는 입장이다. 이때까지만 해도 대법원은 '권징판결'이라는 용어 대신 '권징결의'라는 용어를 사용하고 있다.

---

515) 대법원 1978. 12. 26. 선고 78다1118 판결.
516) 대법원 1981. 9. 22. 선고 81다276 판결.

세 번째의 대법원 판결은 1984년의 것으로 이 판결에서 종전의 '권징결의'라는 용어에서 '권징재판'이라는 용어로 변경하여 사용하고 있는 점이 특징이다. 교회의 권징재판이 사법심사의 대상이 되지 않는다는 측면에서의 판결이었다면, 이 세 번째 판결에서는 종전판례의 사법심사 대상이 아니라는 사실을 확인하면서 구체적으로 사법심사의 대상인 경우에 대해 판단하는 판례이다.

대법원은 이전 판례를 전제하면서 '개인의 특정한 권리의무에 관한 법률관계를 규율하는 것'이 아닐 경우 "그 재판기관 심시에서 한 권징재판 자체는 소위 법률상의 쟁송의 대상이 아니므로 사법심사의 대상이 아니다"라고 판시한다.[517]

그러나 "교회 대표자의 지위에 관하여 소송상 그 대표권을 부인하면서 그 전제로 권징재판의 무효를 다투고 있는 경우에 있어서는 그 유효·무효를 가려 보아야 할 것인데 이때에 있어서도 그 권징재판이 교회헌법에 정한 적법한 재판기관에서 내려진 것이 아니라는 등 특별한 사정이 없는 한 교회헌법 규정에 따라 다툴 수 없는 이른바 확정된 권징재판을 무효라고 단정할 수 없다"고 판시하였다.

즉 권징재판으로 목사가 면직이 되었기에 교회 대표권이 없다고 하여 교회재산권 문제가 발생되었을 때 대법원은 교회 대표자의 지위에 관하여 소송상 그 대표권을 부인하면서 그 전제로 권징재판의 무효를 다투고 있는 경우 그 권징재판의 면직판결은 사법심사 대상으로 보고 있다. 이 경우 권징재판이 교회헌법에 정한 적법한 재판기관에서 내려졌느냐 그렇지 않느냐에 따라 확정된 권징재판의 유효·무효를 판단해야 한다는 입장이다.

---

517) 대법원 1984. 7. 24. 선고 83다카2065 판결. 이와 같은 판결은 1985년, 1995년에도 그대로 인용되었다. 대법원 1985. 9. 10. 선고 84다카1262 판결; 대법원 1995. 3. 24. 선고 94다47193 판결 참조.

만약에 특별한 사정이 없이 교회헌법이 정한 정당한 치리기관에서 판결을 했다면 확정된 권징재판을 법원이 무효라고 할 수 없다는 판결이다. 교회헌법이 규정하고 있는 재판기관에서 재판했느냐를 사법심사 기준으로 삼고 있다. 교회정관과 교단헌법의 규정이 법적 효력이 있음을 확인할 수 있다.

2005년에 와서는 권징재판의 효력 유무와 관련하여 구체적인 권리 또는 법률관계를 둘러싼 분쟁이 존재할 경우 종교교리의 해석에 미치지 아니하는 한 법원으로서는 징계의 당부를 판단해야 한다는 입장의 판결이 있게 되었다. 이는 불교의 주지해임 무효 확인의 소에서[518] 나온 판례로, 2010년에 광성교회 판례에서 인용되고 있는 내용을 보면 "종교단체의 징계 결의는 종교단체 내부의 규제로서 헌법이 보장하고 있는 종교 자유의 영역에 속하는 것이므로 교인 개인의 특정한 권리의무에 관계되는 법률관계를 규율하는 것이 아니라면 원칙적으로 법원으로서는 그 효력의 유무를 판단할 수 없다고 할 것이지만, 그 효력의 유무와 관련하여 구체적인 권리 또는 법률관계를 둘러싼 분쟁이 존재하고 또한 그 청구의 당부를 판단하기에 앞서 위 징계의 당부를 판단할 필요가 있는 경우에는 그 판단의 내용이 종교교리의 해석에 미치지 아니하는 한 법원으로서는 위 징계의 당부를 판단하여야 한다"[519]라고 판시하였다.

또한 대법원의 교회 내 권징재판 건이 아닌 교인의 직무에 관한 행정사건으로서, 공동의회를 통해 교인들의 결의로 시무장로직을 정지하는 결의에 공동의회 결의 무효 확인의 소에서 권징재판과 관련하여 판결하고 있는 내용으로서, "교인으로서 비위가 있는 자에게 종교적인 방법으로 징계·제재하는 종교단체 내부의 규제(권징재판)가 아닌 한 종

---

518) 대판 1992. 12. 8. 92다23872.
519) 대법원 2005. 6. 24. 선고 2005다10388 판결; 대법원 2010. 5. 27. 선고 2009다67658 판결.

교단체 내에서 개인이 누리는 지위에 영향을 미치는 단체법상의 행위라 하여 반드시 사법심사의 대상에서 제외하거나 소의 이익을 부정할 것은 아니다"라고 하면서 "우리 헌법이 종교의 자유를 보장하고 종교와 국가기능을 엄격히 분리하고 있는 법에 비추어 종교단체의 조직과 운영은 그 자율성이 최대한 보장되어야 할 것이므로, 교회 안에서 개인이 누리는 지위에 영향을 미칠 각종 결의나 처분이 당연 무효라고 판단하려면 그저 일반적인 종교단체 아닌 일반단체의 결의나 처분을 무효로 돌릴 정도의 절차상 하자가 있는 것으로는 부족하고 그러한 하자가 매우 중대하여 이를 그대로 둘 경우 현저히 정의 관념에 반하는 경우라야 한다"라고 판시하였다.[520]

4. 재산분쟁에 대한 사법심사의 범위와 정관

1) 재산분쟁에 있어서의 정관의 효력

교회재산의 분쟁에 있어서 정관은 학설과 법리 그리고 대법원 판례로서 그 중요성이 제기되고 있다. 대법원은 교회에 대한 최초의 판례에서 "각 교도들이 공동으로 권리를 가지고 의무를 부담하게 되는 것이나 그 권리가 지분권이 아니므로 이를 단독적으로 처분할 수 없고 그 재산 처분에 있어서는 교회장정·회칙 기타 일반적으로 승인된 규정이 있으면 그에 따라 유효히 알 수 있으되 그것이 없는 경우에는 본법의 원칙에 따라 교도총회의 의결에 의하여야 할 것이다"라고 판시하였다. 여기서 '본법의 원칙'이란 민법을 의미한다.[521]

---

520) 대법원 2006. 2. 10. 선고 2003다63104 판결.
521) 대법원 1970. 2. 10. 선고 67다2892,2893 판결.

교회재산 처분은 교회분쟁 중이거나 그렇지 않고 평온한 상태이거나 한결같이 '교회재산 처분의 법률관계'에 따라 처리해야 한다. 그렇지 않을 경우 나중에 교회재산 처분문제로 교회가 커다란 혼란에 빠진다.[522] 물론 대법원의 변함없는 판례의 원칙은 정관의 규정이 있으면 그 규정대로 할 것이요, 정관규정이 없을 경우 교인총회를 통해서 처리해야 한다는 것이다.

교회 분열 시 "그 재산의 귀속에 관하여 어떤 다른 규정이 있으면 모르되 특별한 정함이 없으면…교도의 총의에 따른 의결방법에 의하여 그 귀속을 정해야 한다"라고 판시하였다.[523]

특별한 경우를 제외하고는 정관은 재산분쟁의 판단과 해결에 구속력이 있으며 법원은 이를 인정하고 있다. 그 정관이 정의 관념에 반하지 않는 한 인정되어 영향력을 갖고 있다고 볼 수 있다. 그러나 정의 관념에 반한 내용이 무엇이냐에 따라 법원의 판단과 종교 내부의 해석 사이에 차이가 있을 수 있다.

법원은 교회 내부의 규정은 특별한 원칙인 종교상의 교리와 신학적인 문제가 개입되어 있다는 사실을 인정해 주어야 한다. 그렇게 되면 상당한 부분 종교 내부의 규정인 정관이 법적 구속력이 있는 방향으로 판단해 줄 경우 교회는 스스로가 정관을 준수하려는 의식을 갖게 될 것이다.

---

522) 교회재산 처분은 그 교회의 정관 기타 규약에 의거하거나 그것이 없는 경우에는 그 교회 소속 교인들에 의한 총회의 결의에 따라야 한다. 교회재산은 지분권 없는 교인들의 공동재산인 바 교회재산에 대한 분쟁이 발생했을 때 법적으로 해결할 수 있는 근거는 재산의 주인들이 결정해야 한다는 원칙이다. 교회재산은 목사의 개인재산이 아니라 교인들의 공동소유 재산이기 때문에 그 교인들이 처리해야 한다. 여기서 재산 분쟁에서 정관이 법적 효력이 있다는 말은 그 정관을 교인들이 제정했기 때문이다. 교회재산의 공동소유자들이 정관을 만들 때 교회재산의 처분과 취득에 관한 규정을 두었다면 그 정관의 규정대로 집행하는 것이 원칙이요, 법이다.
523) 대법원 1970. 2. 14. 선고 68다615 판결.

2) 재산분쟁에 대한 사법심사의 정관 적용범위

교회재산 분쟁에 대한 사법심사는 분쟁 시 재산 관련 규정이 정관에 명시되어 있느냐를 먼저 확인한다. 교회재산 분쟁의 1차적 근거는 정관이다.

그러나 그러한 정관이 없을 경우 2차적 근거는 교인총회 결의이다. 물론 총회 결의가 적법해야 한다. 그러나 현실적으로는 그 적법성에 관한 해석의 차이로 논란이 제기되는 경우가 있다.

우리 민법은 법인 아닌 사단의 법률관계에 관하여 재산의 고유 형태 및 관리 등을 규정하는 제275조 내지 277조를 두고 있을 뿐이므로 사단의 실체·성립, 사원 자격의 득실, 대표의 방법, 총회의 운영, 해산 사유와 같은 그 밖의 법률관계에 관하여는 민법의 법인에 관한 규정 중 법인격을 전제로 하는 조항을 제외한 나머지 조항이 원칙적으로 유추 적용된다.[524]

법인 아닌 사단으로서의 실체를 갖추고 특정 교단 소속 지교회로 편입되어 교단의 헌법·장정을 교회 자신의 규약에 준하는 자치규범으로 받아들여 이에 구속되는 교회라고 하더라도 민법 제71조, 제72조에 비추어 정관이나 교단의 헌법·장정에 따른 규정이 없는 한 총회는 1주일 전에 그 목적사항을 기재한 통지를 발하여 소집하여야 하고, 통지된 목적사항에 관하여서만 결의할 수 있다.[525]

이러한 법리 때문에 교회정관상으로 총회 소집 절차에 관한 규정을 두어야 한다. 정관에 이러한 규정을 둘 경우 이 정관은 민법의 규정보다 앞서는 효력이 있다. 이 같은 정관의 효력을 법적으로 인정받

---

524) 대법원 1992. 10. 9. 선고 92다23087 판결; 대법원 2006. 4. 20. 선고 2004다37775 전원합의체 판결.
525) 대법원 1996. 10. 25. 선고 96다56866 판결; 대법원 2006. 6. 30. 선고 2000다15944 판결; 대법원 2006. 7. 13. 선고 2004다7408 판결.

으려면 정관이 유효하게 작성되었다고 볼 수 있는 증거자료가 있어야 하며, 교회가 필요에 의해 정관을 변경했다면 공동의회 회의록에 정관변경 결의에 관한 내용이 있어야 한다.[526]

정관상으로 교회재산 처분을 당회에 위임하여 처리할 수 있다는 규정이 있을 경우, 교인총회가 특정재산을 명시하여 당회에 위임해 주는 결의를 하지 아니했음에도 불구하고 당회가 총회의 위임이 있었다는 것을 전제로 처분했을 경우 이는 위법이다.[527] "당회에 위임하여 처리할 수 있다"는 규정은 반드시 공동의회가 처분 대상 목록을 당회에 위임하는 결의를 해야 당회가 처리할 수 있다.

종교 내부의 징계재판과 총회결의에 관해 법원의 사법심사에 대한 많은 논의와 법적 문제점들이 제기되고 있음을 보았다. 종교단체의 내부관계 문제로 교인들에게 있어서 민감한 문제인 징계권과 권징재판뿐만 아니라 교회의 다양한 분쟁으로 발생된 문제에 관한 청구를 받은 법원은 정교분리와 종교의 자유의 원칙에 입각해서 어떠한 법리를 적용해서 사법심사를 할 것인지와 만약 적용할 성문법이 미비된 경우 어떤 법을 준용하여 판단할 것인지는 논란의 여지가 생긴다. 이때 민법의 법인론을 보편적으로 준용하여 판단한다면 교회의 자치규범에 의한 자치권과의 법률적 관계에 따라 사법심사의 결과가 다를 수 있다.

권징재판이나 각종 결의에 대한 사법심사는 물론 재산 분쟁에 있어서 사법심사에 정관적용 범위와 한계가 있다. 교회재산에 대한 분쟁이 발생했을 때 법적으로 해결할 수 있는 근거는 재산의 총유권자들이 결성해야 한다는 원칙이다.

교회재산은 교인들의 공동소유 재산이기에 그 교인들이 처리하되 교회정관에 따라야 한다. 정관에 따라 처리한다는 것은 결국 교인들

---

526) 대법원 2009. 2. 12. 선고 2006다23312 판결.
527) 황교안, 앞의 책, 54쪽.

에 의해 처리한다고 볼 수 있다. 그 이유는 그 정관을 교인들이 최종적으로 결정했기 때문이다. 교회재산의 공동소유자들이 정관을 만들 때 교회재산의 처분과 취득에 관한 규정을 두었다면 그 정관의 규정대로 집행하는 것이 원칙이다.

대법원의 판례원칙은 정관의 규정이 있으면 그 규정대로 할 것이요, 정관규정이 없을 경우 교인총회를 통해서 처리해야 한다는 것이 변함없는 판례의 입장이다. 교회분열(분쟁) 시 "그 재산의 귀속에 관하여 어떤 다른 규정이 있으면 모르되 특별한 정함이 없으면, 교도의 총의에 따른 의결방법에 의하여 그 귀속을 정해야 한다"[528)]라는 판결을 현재까지 교회재산 분쟁의 원칙으로 삼고 있다.

5. 교회의 교단탈퇴와 정관 변경

우리 헌법 제20조 제1항은 "모든 국민은 종교의 자유를 가진다"라고 규정하고 모든 국민은 결사의 자유를 기본권으로 보장받고 있다. 단체를 결성할 자유와 그 단체 존속의 자유와 단체에 가입하거나 잔류할 자유가 있는 반면에 소극적으로 단체에 가입하지 아니할 자유와 가입한 단체에서 탈퇴할 자유가 있다. 종교적 집회·결사의 자유를 실현하기 위하여 설립된 종교단체에 대하여는 그 조직과 운영에 관한 자율성이 최대한 보장된다.

사람들이 모여서 교회를 설립할 경우 설립에 참여한 자들이 자율적으로 교회정관을 제정하여 운영한다. 이후에 가입한 교인들은 자신들이 정관 작성에 참여하지 않았더라도 이미 작성된 정관을 따라야 하며, 정관상의 각종 규정들은 정관 제정에 참여한 자들이나 이후에

---

528) 대법원 1970. 2. 14. 선고 68다615 판결.

가입한 모든 교인들이 지켜야 할 의무가 있다.

따라서 정관에 규정된 소속 교단이나 교회의 교리적 입장을 거부할 경우에는 교인으로서 지위를 스스로 포기한 행위라 할 수 있다. 이러한 관점에서 교인들이 교인총회로 교회정관을 변경할 수 있지만 그 변경사항이 교단 소속이나 교리일 경우에는 교회 설립 목적에 반하므로 이는 인정할 수 없으며, 교단변경이나 교리변경을 원할 경우에는 그것이 개인이든 집단이든 스스로 그 교회를 떠나 자신이 원하는 교회로 가입하든지 아니면 새로운 교회를 설립하는 것이 종교의 자유 원리에 부합한다.

여기서는 정관상으로 소속 교단과 교리적 입장을 설립목적으로 명시된 교회에 가입한 교인들이 이 정관에 구속된다는 원칙을 전제로 할 때 소속 교단변경과 교리변경은 정관규정에 반한 것으로, 이를 원할 경우 교인 지위가 상실된다. 이로 보건대 교회가 분쟁 중에 있는 교회 교인들이 오로지 3분의 2 이상의 다수라는 이유로 교단변경과 교리변경을 통하여 교단을 탈퇴하여 종전교회를 차지할 수 있다는 대법원 1993년 1월 19일 선고 91다1226 판결과 대법원 2006년 4월 20일 선고 2004다37775 전원합의체 판결을 검토하여 평가할 뿐만 아니라 교회의 교단변경과 정관변경에 대한 범위와 한계에 관해서 살펴보는 것도 매우 중요하다.

먼저 대법원 2010년 5월 27일 선고 2009다67665·67672(병합) 판결은 일명 광성교회 판결로, 목사의 자격문제와 교단탈퇴가 곧 교회탈퇴인가에 대한 정의를 내린 것이고, 다음으로 대법원 2014년 12월 11일 선고 2013다78990 판결은 총회재판국 판결의 무효 확인을 통해 총회재판이 지교회 정관의 내부적인 절차를 간섭할 수 없음을 분명히 정리해 준 판결이다. 일명 강북교회사건으로 알려져 있으며, 여기서는 정관에 정리된 교인의 소송 당사자 적격성 문제와 목사의 당사자 적격에 관해서 정리했고, 마지막으로 가장 최근의 대법원 판결로 우리의 눈과 귀를 의아하게 만들었던 판결로 대법원 2018년 4월 12일 선고 2017다232013 판결인데, 사랑의교회 담임목사의 목사적격 문제가 있다.

2000년대 들어와서 교회에 관한 판결로 이 4개를 정확하게 이해하고 살펴보는 것의 의미는 향후 우리 교회가 국가법과의 갈등을 중재하거나 조정하는 시금석이 될 수 있고, 또한 교회 내부적으로도 교회헌법과 노회규칙 및 지교회 정관의 내용과 방향성을 정하는 중요한 내용이 있기 때문이다.

여기에 대한 것으로는 사건개요-쟁점사항-판결요지-검토-맺는말의 순서가 될 것이다. 아래 표에서 4개의 판결을 한 장으로 요약한 것을 참고하면 좋을 것 같다.

지금까지 살펴본 교회법에 대한 사법심사의 대상은 주로 민사법적인 문제였다. 일부에서는 목사의 적격성이나 교인의 적격성(당사자) 문제도 거론되었고, 교단탈퇴와 교회탈퇴에 대한 개념에 대해서도 이제는 분명한 법적인 개념정리가 되었다.

좀 더 세분하면 대법원 1993년 1월 19일 선고 91다1226 판결은 소유권에 대한 판결로, 교인들의 소유권의 사용과 그에 따르는 수익권을 명확히 해준 판결로 기존의 교회재판에 있어서의 다수결이었지만 2000년대 들어 교회의 소유권 다툼에 대한 소유권의 변동이 시대적 흐름에 맥을 같이하게 되면서 변하게 되었다.

대법원 2006년 4월 20일 선고 2004다37775 전원합의체 판결은 기존의 교회사용권이 교회분립으로 인해 나타난 의사표시의 정족수에 대한 것으로 바꾼 것으로 나타났다. 이 판결에서 교회의 재산이 총유에 속한다는 개념의 명확함을 밝히면서, 떠난 사람이 교인 정족수의 3분의 2가 된다면 그 다수에 소유권이 귀속된다는 것으로 기존의 대법원 판례를 변경했다. 이에 따라 교회도 다수에 의한 교회 분립을 인정하게 되었고, 소수인 3분의 1은 교회를 새로 개척하는 것과 다수의 교인들에게 귀속하는가에 대해서는 자유의사에 맡기게 된 것이다. 결국 교회는 정통과 순수성을 가진 소수는 기존의 교회에 대한 발언권이 사라지면서 교회의 소유권에 대한 인식이 대폭 변하게 되었고, 교회탈퇴와 교단탈퇴에 대한 판례의 명확성을 고민하게 된다.

이에 대한 판결로는 일명 광성교회(명도청구·건물명도) 판결로 이는 원로목사 측과 신임목사 측 간의 정당성을 확인하는 문제로 시작되었지만 대법원 판례에서는 원로목사의 청구를 인정하면서 동시에 신임목사의 청구도 일부 인정함으로 생기는 문제였다.

이에 따라 교단탈퇴가 곧 교회탈퇴는 아니라는 명확한 개념을 정립해 준 판결로 중요하다. 이어서 나타난 대법원 2014년 12월 11일 선고 2013다78990 판결은 강북교회 판결로 알려졌으며, 이는 총회재판국판결 무효 확인으로서 총회재판의 효력이 지교회 정관을 기속할 수 있느냐의 문제로 나타난다.

이에 대해 법원은 총회재판국 판결의 효력은 정관에 우선하지 못한다는 것을 분명하게 함으로써 지교회의 민주적인 운영과 독립성을 분명하게 해주었고, 이후 각 지교회는 정관의 중요성을 새롭게 인식하는 확실한 계기가 되었다.

그리고 이러한 흐름이 대법원 2018년 4월 12일 선고 2017다232013 판결인 사랑의교회 담임목사위임결의 무효소송에서 다소 애매하게 나타난다. 즉 지교회 정관에 따라 청빙된 목사의 자격 여부가 교단헌법에 의해 부정된 것이다.

이에 따라 여러 가지 비판과 함께 교회 내적인 관습적인 부분을 새롭게 정리할 필요성과 특히 목사의 자격 시비가 국가의 기준에 부합해야 하느냐의 문제까지 검토됨으로써 나타난 갈등을 살펴본다.

이미 1993년 대법원 판결과 2006년 대법원 판결을 상세하게 비교

검토하고 2006년 대법원 전원합의체 판결을 위시한 2010년 대법원 판결, 2014년 대법원 판결, 2018년 대법원 판결을 자세히 살펴보고 종합 정리함으로 앞으로 우리 교회, 우리 교회법이 나아가야 할 방향성을 가늠하고자 한다.

먼저 이러한 판결이 나오게 된 배경으로서의 대법원 판결을 비교 검토한다. 이어서 2006년 대법원 전원합의체 판결 이후 나타난 후속 판례로 대법원 2006년 6월 9일 선고 2003마1321과 서울고등법원 선고 2010나201442 판결을 소개한다.

〈표 4-2〉 대법원 1993. 1. 19. 선고 91다1226 판결과
대법원 2006. 4. 20. 선고 2004다37775 전원합의체 판결 비교

구 분		1993. 1. 19. 선고91다1226	2006. 4. 20. 선고2004다37775
분열 인정 여부	다수 의견	분열 인정	분열 인정
	소수 의견	분열 불인정 (윤관, 김상원 대법관)	① 분열 인정 (박시환 대법관) ② 종전판례 유지 (강신욱 대법관)
재산 귀속	다수 의견	분열 전 교회교인들의 총유	잔류 교인들의 총유가 원칙 2/3 이상 동의 있을 경우 탈퇴 교회 교인들의 총유로 귀속
	소수 의견	① 잔류 교회 교인들의 총유가 원칙 3/4 이상 동의 있을 경우 탈퇴 교회 교인들의 총유로 귀 속(윤관, 김상원 대법관) ② 분열 교회 상호간의 공유 (이회창 대법관)	① 종전 판례 유지 (강신욱 대법관) ② 분열 교회 상호간의 공유 (박시환 대법관)

〈표 4-2〉에서 보는 바와 같이 교회분열과 교회분립 및 교회재산의 귀속문제 및 교단변경에 이르기까지 교회를 구성하고 있는 법적인 지

위에 관하여 전반적인 법리검토와 적용의 사회적 변화를 감안하여 종전의 판례에서 소수설로 있던 개념을 다수설로 변경했음을 볼 수 있다. 이는 그동안 법원이 교회 내 제 문제에 대해서 자율적으로 해결하는 것을 원칙으로 삼았던 60여 년의 태도를 바꾼 것으로 볼 수 있으며, 이를 토대로 교회 내 제반 문제에 대한 전향적인 인식의 흐름을 볼 수 있다.

다음으로는 이 판결의 효과와 향후 우리 교회 내 변화되어야 하는 법리적 기준을 제시한 것으로 두 판례의 구체적 내용을 살펴보아야 할 것으로 보인다.

1) 교단탈퇴와 정관 변경의 법률관계

대법원은 새로운 법리에 의해 판결의 일부를 변경하면서 법인 아닌 사단 구성원의 지위에서만 총유재산의 사용·수익권을 인정하고 행사할 수 있다는 민법의 대원칙을 부정하는 종래의 판결을 변경했다.

대법원 판례의 시초는 해방 후 장로교회 교단의 분열에 따라 소속 지교회의 분열을 초래하는 경우였으며, 당시에는 교인들이 교회나 교단의 분열을 예측할 수 없었던 상태에서 연보·헌금을 통하여 교회 재산 형성에 기여하였다는 점에서 교인들 모두 종전 교회의 터전에서 신앙생활을 할 수 있도록 배려하여야 할 필요성 느껴 분열 시 교회재산 귀속에 관한 법률관계에서 '분열 당시의 교인들의 총유'재산으로 판결을 유지해 오면서 당사자들 사이에서 자율적으로 분쟁이 해결될 여지를 기대해 왔다. 그러나 판례가 오직 교회에 대해여만 분열의 법리를 적용한 결과 법인 아닌 사단의 재산에 관한 기본적인 법리에 반하는 결과를 초래했다.

대법원은 새로운 법리 방향을 통해 "교회가 법인 아닌 사단으로서 존재하는 이상 그 법률관계를 둘러싼 분쟁을 소송적인 방법으로 해결함에 있어서는 법인 아닌 사단에 관한 민법의 일반 이론에 따라 교회의 실체를 파악하고 교회의 재산 귀속에 대하여 판단하여야 한다"라고 했다.

교회는 과거와 다르게 복잡한 "이해관계가 첨예하게 대립됨에 따라 일단 교회재산을 둘러싸고 소송이 제시된 이후에는 법원의 판단과 이에 기초한 집행만이 분쟁을 종식시키는 유일한 수단이 되는 경우가 적지 않다"고 판단한 법원은, 법인 아닌 사단인 교회의 법률관계를 둘러싼 분쟁을 소송적인 방법으로 해결하려고 할 때 그동안 분열에 있어서 교회에만 예외 적용을 하여 분열을 인정했다.

그러나 이제는 법인 아닌 사단에 관한 민법의 일반 이론에 따라 교회의 실체를 파악하여 교회의 재산 귀속을 판단하겠다는 의지는 결국 교회의 분열을 인정하지 않겠다는 것이다. 법인 아닌 사단의 민법 이론을 교회의 분쟁과 재산귀속에 있어서 예외를 두었지만 이제는 예외를 두지 않겠다는 것이다.

예컨대 "본 법인 아닌 사단의 재산관계와 그 재산에 대한 구성원의 권리 및 구성원 탈퇴 특히 집단적인 탈퇴의 효과 등에 관한 법리는 교회에 대하여도 동일하게 적용되어야 한다"는 방향으로 판단하겠다는 것이다.

따라서 "교인들은 교회재산을 총유의 형태로 소유"하면서 "사용·수익 할 것인데 일부 교인들이 교회를 탈회하여 그 교회 교인으로서의 지위를 상실"하게 되면 "탈퇴가 개별적인 것이든 집단적인 것이든 이와 더불어 종전 교회의 총유 재산의 관리처분에 관한 의결에 참가할 수 있는 지위나 그 재산에 대한 사용·수익권을 상실"하고, "종전 교회는 잔존 교인들을 구성원으로 하여 실체의 동일성을 유지하면서 존속하며 종전 교회의 재산은 그 교회에 소속된 잔존 교인들의 총유로 귀속됨이 원칙이다"라고 판시했다.

교회분쟁 시 교회재산의 귀속에 관한 법률적 판단의 대원칙은 이렇다. ① 종전 교회에서 개인이든 집단이든 탈퇴하면 교인의 지위가 상실되며, 총유 재산의 관리처분에 관한 의결에 참여할 수 없고 그 재산에 대한 사용·수익권이 상실된다. 즉 법인 아닌 사단의 총유재산에 대한 민법의 일반이론인 민법 제277조의 원칙[529]을 적용하여 교인의 지위를 상실하면 총유물에 대한 권리 역시 상실된다. 일단 공동체에서 탈퇴하면 지위가 상실되는데 그 탈퇴가 개인적으로 탈퇴하든 집단적으로 탈퇴하든 종전 교회의 총유 재산의 관리처분에 관한 의결에 참가할 수 없고, 또한 종전 교회의 재산에 대한 사용·수익권 역시 상실된다. 교인의 지위가 상실되면 교회에서 교인이 누리는 권리가 차단된다는 뜻이다.

② 지교회 교인들이 소속 교단을 탈퇴하여 종전교회를 떠나 새로운 교회를 설립하면 그 교인들은 종전 교회의 재산에 대한 권리를 주장할 수 없다. 대법원은 "교단에 소속되어 있던 지교회의 교인들의 일부가 소속 교단을 탈퇴하기로 결의한 다음 종전 교회를 나가 별도의 교회를 설립하여 별도의 대표자를 선정하고 나아가 다른 교단에 가입한 경우 그 교회는 종전 교회에서 집단적으로 이탈한 교인들에 의하여 새로이 법인 아닌 사단의 요건을 갖추어 설립된 신설 교회라 할 것이어서 그 교회 소속 교인들은 더 이상 종전 교회의 재산에 대한 권리를 보유할 수 없게 된다"라고 판시했다.

③ 탈퇴한 교인들은 교회재산권을 주장할 수 없는 대신 종전 교회 재산은 "잔존 교인들을 구성원으로 하여 실체의 동일성을 유지하면서 존속"한 "잔존 교인들의 총유로 귀속된다"라고 판례는 말한다. "종

---

[529] 민법 제277조(총유물에 관한 권리의무의 득상): 총유물에 관한 사원의 권리의무는 사원의 지위를 취득상실함으로써 취득상실된다.

전 교회는 잔존 교인들을 구성원으로 하여 실체의 동일성을 유지하면서 존속하며 종전 교회의 재산은 그 교회에 소속된 잔존 교인들의 총유로 귀속됨이 원칙이다"라고 판시한다. 종전의 판례가 새로운 판례에 의해 교회의 전반적인 법적 지위와 분쟁이나 제 문제 해결의 준거로 삼는다는 점에 큰 의미가 있다고 하겠다.

2) 정관 변경과 교단변경의 요건

대법원은 적법한 교단탈퇴로 종전 교회 재산에 대한 권리와 사용·수익권을 갖기 위해서는 교단변경이 적법하게 이루어져야 하며, 그 교단변경은 정관 변경을 수반하기 때문에 정관 변경은 사단법인 정관 변경에 관한 민법 제42조 제1항을[530] 유추·적용하여 교회 규약을 적용하여 교회의 규약 등에 정하여진 적법한 소집절차를 거친 총회에서 의결권을 가진 교인 3분의 2 이상의 결의[531]로 소속 교단을 탈퇴·변경할 수 있고, 이 경우 종전 교회의 실체는 교단을 탈퇴한 교회로서 존속하고, 종전 교회 재산은 그 탈퇴한 교회 소속 교인들의 총유로 귀속된다는 입장이다.

구체적인 판결 내용은 앞서 본 바와 같이 특정 교단에 가입한 지교회가 교단이 정한 헌법을 지교회 자신의 자치규범으로 받아들였다고 인정되는 경우에는 소속 교단의 변경은 실질적으로 지교회 자신의 규약에 해당하는 자치규범을 변경하는 결과를 초래하고, 만약 지교회 자신의 규약을 갖춘 경우에는 교단변경으로 인하여 지교회의 명칭이나 목적 등 지교회의 규약에 포함된 사항의 변경까지 수반하기 때문

---

530) 민법 제42조(사단법인의 정관의 변경) 제1항: 사단법인의 정관은 총사원 3분지 2 이상의 동의가 있는 때에 한하며 이를 변경할 수 있다. 그러나 정수에 관하여 다른 규정이 있는 때에는 그 규정에 의한다.
531) 대법원 2010. 5. 27. 선고 2006다72109 판결.

에 소속 교단에서의 탈퇴 내지 소속 교단의 변경은 사단법인 정관 변경에 준하여 의결권을 가진 교인 3분의 2 이상의 찬성에 의한 결의를 필요로 한다.

(1) 의결권을 가진 교인의 3분의 2에 이르지 못했을 경우

만약 "교단탈퇴 및 변경에 관한 결의(교단변경 결의라 한다)를 하였으나 이에 찬성한 교인이 의결권을 가진 교인의 3분의 2에 이르지 못한다면 종전 교회의 동일성은 여전히 종전 교단에 소속되어 있는 상태로서 유지된다"라고 판시했다. 따라서 "교단변경 결의에 찬성하고 나아가 종전 교회를 집단적으로 탈퇴하거나 다른 교단에 가입한 교인들은 교인으로서의 지위와 더불어 종전 교회 재산에 대한 권리를 상실하였다고 볼 수밖에 없다"고 했다.

이러한 논리는 교인으로서 지위가 상실됨과 동시에 종전 교회의 재산의 권리 역시 상실된다. ① 교단탈퇴를 위해 3분의 2에 미치지 못한 교단변경에 찬성했던 자, ② 종전 교회를 집단적으로 탈퇴한 자, ③ 다른 교단에 가입한 자이다.

(2) 의결권을 가진 교인의 3분의 2 이상 찬성 경우

"교단변경 결의요건을 갖추어 소속 교단에서 탈퇴하거나 다른 교단으로 변경한 경우에 종전 교회의 실체는 이와 같이 교단을 탈퇴한 교회로서 존속하고 종전 교회 재산은 위 탈퇴한 교회 소속 교인들의 총유로 귀속된다"라고 판시했다.

① '법인 아닌 사단의 재산에 관한 관리처분권은 사단'에 속하고, 그 '관리처분권에 관한 의사결정은 총회 결의에 의하여 이루어지는 것'인 바 위와 같이 '교단변경 결의에 찬성하지 아니한 사람이 결과적으로 불리한 지위에 놓이게 된다'고 하더라도 이는 '다수의 구성원으

로 이루어진 사단의 민주적인 의사결정에 의한 결과이므로 민법의 법인 아닌 사단에 관한 기본 법리에 따라 승복'하여야 한다.

② '교단변경 결의가 이루어졌다'고 하더라도 '종전 교회의 동일성이 유지'되고 있으므로 '교단변경 결의에 반대한 교인들'이라 하여도 '특별한 사정이 없는 한 교인으로서의 지위는 여전히 유지'되며, '그 교회구성원인 교인으로서의 지위 상실은 그의 자유의사에 의하여 결정'된다.

③ '교단변경 결의에 의하여 교단에서 탈퇴한 교회'라고 하더라도 '다시 교단변경 결의를 거쳐 교단을 변경'할 수 있다. 따라서 '교단변경 결의에 반대한 교인들로서는 그 교회 소속의 다른 교인들과 협의를 하는 등의 방법을 통하여 자신들의 의견에 동의하는 다수의 교인들을 확보하여 3분의 2 이상의 교단변경 결의 요건을 갖춘 경우에는 종전 교단으로 복귀할 수도' 있다.

④ '교단변경 결의에 관한 새로운 법리가 적용되는 영역은 교회의 운영 내지 재산에 관한 법률관계에 한정'된다. 교인들은 '자신이 신봉하는 교리에 좇아 자유로이 교회를 선택'하거나 또는 '선택하였던 교회를 탈퇴'함으로써 '종교적 자유를 향유'할 수 있다. 뿐만 아니라 '만약 적법하게 교단변경 결의가 이루어진 경우에 이에 반대하는 교인들로서도 자신이 원하는 교단 소속 교회를 찾아감으로써 자신의 종교적 신념을 유지'할 수 있다.

3) 교단변경 결의에 대한 내재적 한계

'다만 교단변경 결의에는 지교회의 종교적 자유와 함께 지교회의 존립목적 유지라는 양 측면에서의 내재적 한계가 존재한다. 따라서 소속 교단의 헌법에서 교단탈퇴의 허부 및 요건에 관하여 위와 달리

정한 경우에도[532] 규정이 지교회의 독립성과 종교적 자유의 본질을 해하는 경우에는 지교회에 대한 구속력을 인정할 수 없다.'

다른 한편 '실질적으로 지교회의 해산 등 교회의 유지와 모순되는 결과를 수반하는 교단변경 결의와 나아가 기독교가 아닌 전혀 다른 종교를 신봉하는 단체로 변경하는 등 교회의 존립목적에 본질적으로 위배되는 교단변경 결의는 정관이나 규약 변경의 한계를 넘어서는 것이므로 허용될 수 없다'고 했다.

본질적으로 교회의 존립목적에 위배된 교단변경 결의는 '정관이나 규약 변경 한계를 넘어서는 것'으로 허용될 수 없다고 판시했다. 이는 기독교가 아닌 다른 종교로 정관과 규약을 변경하는 일은 허용될 수 없다는 판결이다. 판례 변경의 내용 요약과 그 효과는 다음과 같다.

(1) 분열과 교인 전원의 의사에 의한 소속 교단변경을 불인정

먼저 분열과 교인 전원의 의사에 의한 소속 교단변경을 불인정한 종전 판례가 교회의 분열을 인정하고 종전 교회의 재산은 분열 당시 교인들의 총유(또는 합유)에 속한다고 판시한[533] 것과 교회의 소속 교단변경은 교인 전원의 의사에 의하여만 가능하다고 판시[534]한 것과 같은 취지의 판결들은 이 판결의 견해에 연결되는 범위 내에서 변경하기로 했다.

(2) 판례 변경으로 예견된 효과

이상과 같이 대법원이 종전의 견해를 변경함에 따라 얻게 될 결과

---

532) 민법 제42조(사단법인의 정관의 변경) 제1항: 사단법인의 정관은 총사원 3분지 2 이상의 동의가 있는 때에 한하여 이를 변경할 수 있다. 그러나 정수에 관하여 다른 규정이 있는 때에는 그 규정에 의한다.
533) 대법원 1993. 1. 19. 91다1226 전원합의체 판결.
534) 대법원 1978. 10. 10. 78다716 판결.

는 ① 교회의 신앙단체로서의 성격과 사단으로서의 성격을 모두 인정한다. ② 신앙단체로서의 특질에 대하여는 종교의 고유한 영역에 맡기고, 사단으로서의 특질에 대하여는 재산분쟁으로서의 실질을 직시하여 민법의 일반원리에 의하여 규율한다. ③ 이렇게 규율함으로써 사법질서의 통일성을 기할 수 있게 된다.

(3) 교회분쟁을 해결하기 위한 요건

교회분쟁을 해결하기 위한 요건으로, 앞으로 교회 내부에서 교단탈퇴 및 변경을 둘러싸고 분쟁이 발생하는 경우에 교단탈퇴를 의도하는 교인들은 어떻게 해야 하는가의 현실적인 문제에 봉착하게 된다.

이를 극복하기 위한 방법으로 먼저 최소한 결의권자의 3분의 2에 이르는 교인들로부터 지지를 얻어야 하고, 다음으로 적법한 소집절차에 따를 결의를 거쳐야 하며, 반대로 교단탈퇴를 반대하는 교인들은 만약 위의 요건을 갖추어 결의가 이루어진 경우에는 여기에 승복할 것이 요구된다고 판시했다.

이와 같은 판례는 "민주주의 원칙과 민법의 법인 아닌 사단에 관한 일반 법리에 따른 교회 운영이 가능해지고 교회분쟁에 대한 예방적 기능을 수행할 수 있게 된다"라고 판결했다.

(4) 다수의견에 대한 별개의견 · 반대의견

가. 별개의견-1

해산에 관한 의결정족수 준용설 4분의 3 이상 찬성이 필요[535]하며,

---

535) 별개의견-손지열, 박재윤, 김용담, 김지형 대법관: 교단변경 요건에 관하여, 소속 교단의 변경은 신앙공동체라는 관점에서 볼 때 단순히 교회가 사단으로서의 활동목적이나 명칭을 변경하는 수준에 그치는 것이 아니라 교회 존립의 핵심요소인 교리의 내용이나 신앙의 표현인 예배의 양식에 변경을 초래함은 물론 선교와 교회행정에 관한 공동노선과 활동체제에 근본적 변화

다수의견에 동의하지만 교단변경 결의 요건은 의견을 달리한다고 의견을 개진했다.

나. 별개의견-2[536]

교회법적으로 교단변경이나 교회탈퇴는 판례[537]마다 의견을 달리하지만 사소한 교리상의 이견으로 인하여 다수 교인들의 신앙의 터전이 없어지는 불합리한 결과를 가져온다고 보는 의견이 있다.

여기에는 먼저 교회 분열을 허용하는 견해로, 민법이 사단법인의 분열을 특별히 금지하지도 아니하였고 또 사단법인의 분열을 금지하여야 할 특별한 이유도 보이지 않으므로 사단법인의 분열은 허용된다.

다수의견은 다수자에 의한 소수자의 재산권 박탈을 초래하고 교단의 소속 지교회에 대한 지배력을 필요 이상으로 강화하게 되고 이탈되어 나가는 교인의 숫자가 3분의 2 이상을 확보하느냐 여부에 따라 이를 확보한 경우에는 그 확보한 교인 집단에게 교회재산과 운영에 관한 권리 전부를 주게 된다. 결국 다수의견은 사실상 분열되어 별개의 단체로 존재하고 있는 사회적 현상에 대하여 빠르고 적절한 분쟁 해결 방법의 사용을 어렵게 한다.

다음으로 공유설을 채택하는 견해로, 분열된 각 교회에 공유적 형태로 분리하여 포괄 승계되는 것으로 볼 수밖에 없을 것이고(채무는 분

를 일으키는 것으로서 본다. 이는 신앙공동체인 교회의 정체성과 동일성에 중대한 영향을 미치는 것으로 평가하여야 한다는 점 등에 비추어 사단법인의 해산결의에 관한 민법 제78조를 유추 적용함이 옳고, 따라서 교회는 의결권을 가진 교인 4분의 3 이상의 동의를 얻은 경우에 한하여 적법하게 소속교단을 탈퇴하거나 변경할 수 있다고 하였다. 교회에 분쟁이 발생할 때 교회의 본질적인 예배와 교리를 간과하고 사회법적인 관점으로 재단하면 교회라는 특수성을 이해하지 못한 판결로 이해할 수 있음을 알아야 한다.

536) 대법관 박시환 의견: 이 의견은 소수의견이지만 사단법인 법리를 반영하면서 교회의 특수성을 이해한 견해로, 개인적으로 비교적 균형 잡힌 의견이라고 할 수 있다.
537) 대법원 1978. 10. 10. 선고 78다716 판결; 대법원 1993. 1. 19. 선고 91다1226 판결; 대법원 2010. 5. 27. 선고 2009다67665,67672(병합) 판결이 있다.

열된 각 교회가 부진정연대의 관계로 부담하는 것으로 보아야 할 것이다), 각 교회의 공유지분 비율[538]은 분열 당시 분열된 각 교회의 등록된 세례교인의 수에 의하여 결정되는 것이 합리적이다.

그러나 교회의 분열을 교회의 분할로 인정하고 이에 따른 재산의 권리를 인정하는 것에 대한 반론[539]도 있음을 볼 때 교회라는 신앙공동체의 본질에서 볼 때 바람직하다고 볼 수는 없다고 할 수 있다.

세 번째로 다수의견(분열부정설)의 문제점으로는 ① 종전 교회와 대립되는 교인 집단의 숫자가 전체의 반수를 넘어가지만 3분의 2에까지는 이르지 못하는 경우 소수의 교인들로 존속하게 되는 종전 교회가 반수가 넘는 다수 교인들의 재산권을 박탈하고 교회로부터 축출하게 되는 결과가 되어 불합리하다.

② 교인 중 상당수가 교단의 변경을 원하는 경우 교단변경을 원하는 교인의 숫자가 3분의 2를 넘지 못할 때에는 종전 교회의 실체는 종전 교단에 소속되어 있는 상태로서 유지되고 교단변경을 원하는 교인들이 탈퇴할 수 밖에 없는데, 이 경우 교단의 소속 지교회에 대한 지배력이 필요 이상으로 강화되게 되는 부작용이 생긴다.

③ 다수의견은 교단의 변경이 정관 변경에 해당한다는 측면에서 교인 3분의 2 이상의 결의로 교단을 탈퇴 변경할 수 있다는 것이나 교단을 변경하지 않는 교회분쟁이나 아무 교단에도 소속되지 않은 독립교회의 분쟁에 있어서는 설명이 되지 않는다.[540]

---

538) 오시영, "비법인 사단으로서의 교회의 실체에 대한 고찰", 민사법학, 제40호, 2008, 312~313쪽. 공유지분 비율의 내용을 요약하면 ① 나누어진 단체 간 2분의 1씩 공유하자는 견해, ② 세례교인의 수에 따라 결정하자는 견해, ③ 각 교회에 소속된 교인의 수와 교회재산의 형성과정에 각 교인이 기여한 기여도 및 기타 사항을 감안하여 법원이 합목적적으로 정하는 견해 등이다.
539) 김상용, "교회재산의 관리에 관한 현행 법률과 판례의 검토", 법조 6월호, 법조협회, 2010, 4쪽.
540) 2006년 전원합의체 판결이 나온 직후에 나온 대법원 2006. 6. 9. 2003마1321 결정에 의하

④ 교단변경이 이루어진 경우 잔류 교인들의 입장에서 종전 교회로부터 이탈하려는 의지와 행동이 전혀 없었음에도 불구하고 종전 교회가 교단을 탈퇴한 교회로서 동일성을 유지하며 존속하게 됨으로써 자신의 의사와 전혀 무관하게 종전 교회로부터 탈퇴할 수밖에 없게 되므로 실질적으로 탈퇴를 강요하거나 제명을 하는 것에 해당한다.

⑤ 다수의견은 3분의 2 이상의 결의를 하는 방법으로 적법한 소집절차를 거친 총회에서의 결의를 전제로 하고 있는데, 교회가 사실상 분열될 정도로 분쟁이 격심한 상황에서 교회 분열(교단변경)을 의결하기 위한 총회의 소집을 허용해 줄 소집권자는 없을 것이고 그렇게 소집된 총회가 전체 교인들의 총의를 제대로 반영하는 효과적인 분쟁해결 방법으로 작동할 것을 기대하기가 어렵다.

다. 반대의견[541]

우리 사회에 존재하는 법인 아닌 사단은 존립목적과 형태와 구성원 상호 간의 관계 및 결속도 사단 재산의 형성 경위 등에 따라 다종다양하여 단일한 법리로 규율되기 어렵고, 민법에서도 이에 관하여 별도의 규정을 두고 있지 않다.

대법원은 반세기가 넘는 동안 일관하여 교회의 분열개념을 허용하고 분열 전 교인들의 총유권을 인정해 왔는데, 이는 교인들이 신앙노선의 차이에서 별도로 예배주관자를 두고 그의 인도하에 종교활동을 하거나 소속 교단을 달리하는 집단으로 나누어진다.

면, 교단에 소속되지 않은 독립교회에 있어서 교인들의 일부가 종전의 독립교회 형태를 벗어나 특정 교단에 가입하기로 결의한 경우에는 이로 인하여 그 교회의 명칭이나 목적 등 교회 규약으로 정하여졌거나 정하여져야 할 사항의 변경을 초래하게 되므로 사단법인정관변경에 준하여 의결권을 가진 3분의 2 이상이 찬성한 결의에 의하여 종전 교회는 특정 교단에 가입하여 소속된 지교회로서 종속할 수 있다고 판결했다.

541) 대법관 강신욱 의견.

이 경우에는 더 이상 신앙단체로서의 본질적 기초를 같이할 수 없으므로 분열되었다고 평가할 수밖에 없고, 나아가 교회재산은 대체로 소속 교인들의 헌금을 기초로 형성되므로 설령 일부 교인들이 종전 교회를 탈퇴한다고 할지라도 탈퇴한 교인들이 종전 교회 재산 형성에 기여한 이상 그 재산에 대한 총유권자로서의 지위 즉 사용·수익권을 보장해 주어야 한다는 점에서 비롯된 것이다.

종전 판례가 민법상 사단법인에 관한 규정 또는 법인 아닌 사단에 관한 법리와 모순된다고 볼 수 없으며, 오히려 교회 운영의 실제를 반영하고 있는 이상 종전의 확고한 판례를 변경할 필요는 없고, 일단 종전 판례를 유지하고 분열 후 종전 교회의 재산에 관한 권리관계 내지 법률관계를 합리적으로 규율할 수 있는 법리를 찾아내고 발전시켜 나가는 것이 바람직하다.

라. 다수의견에 대한 보충의견[542]

① 별개의견-1에 대한 반박

교단변경은 종전의 교회가 동일성을 유지하면서 존속하되 소속 교단만을 달리한다는 점을 당연한 전제로 하므로 교단변경의 요건으로 사단법인 해산결의요건에 관한 민법 규정을 유추 적용할 수는 없다.

② 별개의견-2에 대한 반박

위 의견이 제시한 공유설은 이론적 근거가 박약할 뿐더러 현실적으로도 분쟁해결기능을 발휘하지 못한다. 소유권의 귀속과 변동은 재산법 질서의 중핵으로 법원은 법률의 규정이나 당사자의 법률행위에 근거하지 아니한 소유권의 변동을 인정할 수 없는 바 종전 교회의 분

---

542) 대법관 김영한(주심대법관) 의견.

열 결과 설립된 교회가 별개의 법인 아닌 사단으로서의 요건을 갖춘 경우에는 종전 교회와는 다른 권리의무의 주체가 되어 새로이 법률관계가 형성되는 것이지, 종전의 교회에게 귀속되었던 권리·의무가 자동적으로 분열되어 나온 교회에게 포괄승계 된다고 볼 근거가 없다(이를 인정하려면 당사자들의 법률행위나 법률의 규정이 필요하다).

그리고 우리 단체법상의 이론으로는 어떤 단체가 소멸하더라도 청산사무의 범위 내에서는 청산 중의 단체로서 존속한다는 것이므로 종전의 단체가 소멸되었다고 볼 수도 없다.

또한 위 의견에 따르면 분열된 두 교회가 각기 교회 건물을 배타적으로 점유하면서 상대방의 점유를 배제하고자 하는 경우 분열 당시 세례교인 중 한 사람이라도 많은 수를 확보한 교회가 과반수 지분권자로서 배타적으로 사용·수익할 수 있게 되고, 두 교회에게 종전교회 재산을 공유케 하는 결과는 분쟁의 해결이 아니라 오히려 새로운 분쟁의 시작이라고 보아야 할 것이다.

(5) 반대의견에 대한 반박

교회재산을 둘러싼 분쟁에서 개별 교인들이 모두 교회 내 재산에 대한 사용수익권을 보장받아야만 종교의 자유가 보장되는 것은 아니고, 소수파로 되는 교인들이라 하더라도 자신들이 신봉하는 교리를 좇아 스스로 교회를 선택하거나 선택하였던 교회에서 탈퇴하여 원하는 교회를 찾아감으로써 종교의 자유를 향유할 수 있다.

(6) 2006년 전원합의체 이후 후속판례

가. 대법원 2006. 6. 9. 선고 2003마1321 판결[543]

---

[543] 예배방해금지 및 출입금지가처분 사건으로 그 내용은 다음과 같다: 교단에 소속되어 있던

독립교회의 분열이 문제된 경우에서 전원합의체 판결에서 채택한 법리와 동일한 법리에 따라 교단변경의 요건을 정하였다. 즉 교단에 소속되지 않은 독립교회에 있어서도 교인들의 일부가 종전의 독립교회 상태를 벗어나 특정 교단에 가입하기로 결의한 경우에는 이로 인하여 그 교회의 명칭이나 목적 등 교회 규약으로 정하여졌거나 정하여져야 할 사항의 변경을 초래하게 된다. 이에 따라 사단법인 정관 변경에 준하여 의결권을 가진 교인 3분의 2 이상이 찬성한 결의에 의하여 종전 교회의 실체는 특정 교단에 가입하여 소속된 지교회로서 존속하고, 종전 교회의 재산은 위 교단 소속 교회 교인들의 총유로 귀속될 것이나, 찬성자가 의결권을 가진 교회의 3분의 2에 이르지 못한다면 종전 교회는 여전히 독립교회로서 유지되므로 교단 가입 결의에 찬성하고 나아가 종전 교회를 집단적으로 탈퇴한 교인들은 교인으로서의 지위와 더불어 종전 교회 재산에 대한 권리를 상실하였다고 볼 수밖에 없다고 판시하였다.

나. 서울고법 선고 2010나20442[544]

> 지교회의 교인들 중 의결권을 가진 교인 3분의 2 이상의 찬성에 의한 결의를 통하여 소속 교단을 탈퇴하기로 결의한 다음 종전 교회를 나가 별도의 교회를 설립하여 별도의 대표자를 선정하고 나아가 다른 교단에 가입한 경우에는 사단법인 정관 변경에 준하여 종전 교회의 실체가 이와 같이 교단을 탈퇴한 교회로서 존속하고 종전 교회 재산은 위 탈퇴한 교회 소속 교인들의 총유로 귀속되는 바(위 전원합의체 판결 참조), 교단에 소속되지 않은 독립교회에 있어서도 교인들의 일부가 종전의 독립교회 상태를 벗어나 특정 교단에 가입하기로 결의한 경우에는 이로 인하여 그 교회의 명칭이나 목적 등 교회규약으로 정하여졌거나 정하여져야 할 사항의 변경을 초래하게 되므로 위와 마찬가지로 사단법인 정관 변경에 준하여 의결권을 가진 교인 3분의 2 이상이 찬성한 결의에 의하여 종전 교회의 실체는 특정 교단에 가입하여 소속된 지교회로서 존속하고 종전 교회 재산은 위 교단 소속 교회 교인들의 총유로 귀속될 것이나, 찬성자가 의결권을 가진 교인의 3분의 2에 이르지 못한다면 종전 교회는 여전히 독립교회로서 유지되므로, 교단 가입 결의에 찬성하고 나아가 종전 교회를 집단적으로 탈퇴한 교인들은 교인으로서의 지위와 더불어 종전 교회 재산에 대한 권리를 상실하였다고 볼 수밖에 없다.

[544] A교회에서 일어난 사건이며 손해배상의 판결로 판결문 중 중요쟁점 중 하나로 다음과 같

위 결정은 종전 교회 교인이 교회를 탈퇴한 측에 대하여 교회 출입 및 설교행위의 금지를 구한 사안에서 앞서 본 대법원[545] 판결을 원용하여 교회재산에 대한 출입·사용의 금지만을 구하는 가처분 신청에 있어서는 신청인(종전 교회 교인) 개인은 신청인 적격이 없고 사용·수익을 방해하는 피신청인의 행위의 금지를 구하는 경우에는 신청인 적격이 있다는 취지로 판시했다.

이와 같이 판례의 경향이 바뀌는 이유는 교회의 본질적인 교리문제보다는 재산권의 문제로 보는 법원의 시각이 우세해지고, 교회 내에서 헌금을 통한 공적인 재산의 축적이 일거에 사라지는 것을 막기 위한 배려로 보는 것이 합리적이라 생각된다. 즉 교단변경 결의에 찬성한 교인들을 교회 탈퇴로 처리하면 교회재산에 대한 권리 상실을 하는 것을 막기 위한 것으로 볼 수 있다. 한쪽에 편향된 판단을 내리게 되면 재산권의 상실로 이어지기 때문에 교회 탈퇴에 보다 더 신중하게 되면 재산권의 불이익이 없기 때문이다. 이 판결 이후부터는 교단탈퇴나 변경으로 인한 불이익이 교인들 간에는 없어지게 된다.

다: (4) 교단탈퇴결의인지 교단탈퇴 및 교회탈퇴결의인지 구별 기준 교단변경에 찬성한 교인들이 종전 교회에서 탈퇴하였다고 평가할 수 있을지 여부는 법률행위 일반의 해석 법리에 따라, 교회를 탈퇴한다는 취지의 의사표시를 하였는지 여부, 종전 교회가 따르던 교리와 예배방법을 버리고 다른 교리와 예배방법을 추종하게 되었는지 여부, 종전 교회와 다른 명칭을 사용하거나 종전 교회의 교리 등을 따르기를 원하는 나머지 교인들을 의도적으로 배제한 채 독립한 조직을 구성하거나 종전 교리를 따르지 않는 새로운 목사를 추대하여 그를 중심으로 예배를 보는 등 종전 교회와 별도의 신앙공동체를 형성하였다고 볼 수 있는지 여부, 스스로 종전 교회와 다른 조직임을 전제로 하는 주장이나 행위 등을 하여 왔는지 여부, 교단변경에 이르게 된 경위, 즉 단순히 종전 교회의 소속 교단만을 변경하는 데 그치겠다는 의사에서 결의에 나아간 것인지 아니면 만약 교단변경의 결의가 유효하게 이루어지지 아니하여 종전 교회의 소속 교단이 그대로 유지된다면 종전 교회에서 탈퇴하겠다는 의사를 갖고서 결의에 나아간 것인지 여부, 교단변경결의가 유효하게 이루어지지 아니하는 경우 교회재산의 사용수익권을 잃는 것을 감수하고서라도 새로운 교회를 설립할 것인지 아니면 사용수익권을 보유하면서 종전 교회에 남을 것인지 사이에서 교인들이 어떠한 선택을 하였다고 볼 것인지 여부 등 여러 사정을 종합적으로 고려하여 판단하여야 할 것이다.

545) 대법원 2005. 9. 15. 선고 2004다4491 전원합의체 판결.

4) 정관 변경을 위한 절차문제

(1) 정관의 중요성

대법원은 2006년 전원합의체 판결을 통해 정관 변경 규정을 적용하는 다수의견의 논리는 자치규범이 없는 경우 특정 교단에 가입하는 것은 헌법을 자치규범으로 수용하는 것이고, 교단의 변경은 자치규범으로 적용되는 헌법이 달라지는 변경을 초래하므로 교단변경을 위한 교인총회의 결의에는 정관 변경 규정을 적용하여야 하고 이를 위한 정관 변경을 위한 결의 정족수는 의결권을 갖고 있는 교인 3분의 2 이상의 찬성으로 가능하다고 했다.

여기서 말하는 '자치규범이 없는 경우'란 곧 정관이 없는 경우를 말한다. 지교회 정관을 갖고 있고 그 정관에 정관 변경에 대한 정족수가 규정되어 있거나 재산 처리 문제가 규정되어 있다면 그 규정대로 처리하면 된다. 교단의 헌법을 지교회 자치규범으로 받아들인다 할지라도 헌법에서 정하고 있는 교회재산에 관한 규정은 선언적으로 상징적인 효력만 있을 뿐 개교회의 재산에 대해서는 법률적 효력을 가질 수 없다.

따라서 개교회의 재산에 관한 유효한 처분을 하기 위해서는 지교회 자체의 정관, 규약, 장정에 따르거나 교인총회의 결의가 필요하다.[546]

여기서 문제가 되는 것은 지교회 정관·규약·장정에 재산처분에 대한 규정으로 교인총회(공동의회)에서 출석회원 과반수나 3분의 2 이상이라고 명시되어 있으면 이대로 처분하면 된다.

그러나 이러한 구체적인 규정이 없다면 판례가 변경된 2006년 대법원 전원합의체는 교인총회에서 전체 의결권을 가진 전체 재적교인 3분

---

546) 황교안, 앞의 책, 37~38쪽; 대법원 1995. 3. 24. 선고 94다47193호 판결 참조.

의 2 이상이 찬성해야 재산을 처리할 수 있다는 취지의 판결이었다.

재산 처분에 관해 지교회 정관에 구체적으로 명시되어 있지 않을 경우 지교회가 자치규범으로 삼고 있는 교단헌법에 따라 절차를 지켰어도[547] 이는 정관의 우선성과 개교회의 정당한 재산권 처분에 위법성의 여지가 있다는 취지이다. 따라서 구체적으로 명시된 지교회 정관은 참으로 중요한 법적 효력이 있다.

문제는 현실적으로 대부분의 교회가 교회재산에 관해 '교인들의 합의에 의해 작성된 교회 장정이나 규약'[548]을 가지고 있지 못한 형편이다. 그러나 교회장정이나 규약이 없는 경우에 교회재산에 관한 법률관계는 민법 제275조 내지 제278조에 의해 처리하되 그 방법은 민법 제42조 1항의 적용을 받는다.[549]

(2) 교단변경 결의의 절차적 요소

가. 민법의 규정: 보존행위를 위한 소송 당사자

총유물의 보존에 있어서는 공유물의 보존에 관한 민법 제265조의 규정이 적용될 수 없고, 특별한 사정이 없는 한 민법 제276조 제1항의 규정에 따라 사원총회의 결의를 거쳐야 하므로[550] 법인 아닌 사단인 교회가 그 총유재산에 대한 보존행위로서 소송을 하는 경우에도 특별한 사정이 없는 한 교인총회의 결의를 거쳐야 한다.

---

547) 설사 교인총회(공동의회)에서 출석회원 과반수나 3분의 2 이상의 찬성으로 재산을 처분한 다는 결의를 했어도 이는 일반적 정의 관념에 반한 것으로 인정한다.
548) 교회정관이 교인들이 합의에 의해서 작성되었다는 것을 객관적으로 증명할 수 없는 경우가 많기 때문에 공동의회 회의록에 당회장과 장로의 서명과 상급치리회인 노회가 매년 1~2회에 걸쳐 당회록 검사를 하여 노회직인과 날인하여 보증해 주는 방법이 있다. 더 정확한 입증자료의 보존을 위해서 정관을 제정하고 공증을 하는 방법도 있다.
549) 대법원 1957. 12. 13. 선고 4289민상182 판결; 대법원 1971. 2. 9. 선고 70다2478 판결 참조.
550) 대법원 1994. 10. 25. 선고 94다28437 판결 참조.

이와 관련하여 "총회의 결의는 민법 또는 정관에 다른 규정이 없으면 사원 과반수의 출석과 출석사원의 의결권의 과반수로써 한다"는 민법 제76조 제1항의 규정은 법인 아닌 사단에 대하여도 유추 적용될 수 있다.[551]

결국 지교회 재산의 관리·보존·처분은 오로지 교회의 규약(정관)과 교인총회에 의해서만 가능하다. 민법 제276조에 "총유물의 관리 및 처분은 사원 총회의 결의에 의한다"라고 규정되어 있고, 소집절차는 민법 제71조에 "총회의 소집은 1주간 전에 그 회의의 목적사항을 기재한 통지를 발하고 기타 정관에 정한 방법에 의하여야 한다"라고 했다.

교인들이 임시총회 소집을 요구할 경우 민법 제70조를 적용할 수 있는데 이 규정에 의하면 ① 사단법인의 이사는 필요하다고 인정한 때에는 임시총회를 소집할 수 있으며, ② 총사원의 5분의 1 이상으로부터 회의의 목적사항을 제시하여 청구한 때에는 이사는 임시총회를 소집하여야 한다. 이 정수는 정관으로 증감할 수 있다. ③ 전항의 청구가 있은 후 2주간 내에 이사가 총회 소집의 절차를 밟지 아니한 때에는 청구한 사원은 법원의 허가[552]를 얻어 이를 소집할 수 있다.

교회가 임시 교인총회를 소집해 주지 아니할 경우 민법은 5분의 1 이상, 즉 20% 이상[553]의 교인들이 회의의 목적을 명시하여 청원했음에도 불구하고 청구 후 2주 이내에 소집해 주지 않을 때는 청구한 사원(교인)은 법원의 허가를 얻어 소집할 수 있다.

이를 비송사건이라고 한다. 교회가 분쟁 시 합법적인 교인총회를 소집할 수 없을 경우 결의해 놓고 절차법에 의한 원인무효 논쟁에 휘말

---

[551] 대법원 2007. 12. 27. 선고 2007다17062 판결.
[552] 비송사건절차법 제34조 제1항; 대법원 1999. 6. 25. 98마478 판결 참조.
[553] 민법 제70조는 청구인 5분의 1이라고 했지만 이 정수는 정관으로 증감할 수 있다고 하고 있으며, 예장합동, 『헌법』, 정치, 제21장 제1조는 교인의 3분의 1 이상, 33%의 청구에 의하여 소집한다고 명시되어 있다.

릴 가능성이 있기 때문에 아예 법원의 허락으로 교인총회를 소집하여 교단탈퇴와 교회재산문제를 처리하는 경우가 있다. 이는 법원의 결정으로 교인총회가 소집되어 결의되었다면 이의를 제시할 수 있는 법적 방법이 없어서 문제를 해결할 수 있는 최종적인 수단이 될 수 있다.

나. 판례: 교회 탈퇴를 위한 정관 변경 준용을 위한 결의정족수

대법원은 정관 변경 규정을 적용하는 다수의견의 논리는, 자치규범이 없는 경우 특정 교단에 가입하는 것은 교단헌법을 자치규범으로 수용하는 것이고 교단의 변경은 자치규범으로 적용되는 교단헌법이 달라지는 변경을 초래하므로, 교단변경을 위한 교인총회의 결의에는 정관변경 규정을 적용하여야 하고 이를 위한 정관 변경을 위한 결의 정족수는 의결권을 갖고 있는 교인 3분의 2 이상의 찬성으로 가능하다.

만약에 분쟁이 발생하여 종전 교회를 탈퇴하기 위해 일반적으로 자기 측 교인들만 모여 대개 만장일치로 탈퇴를 결의한다. 이 경우 정관 변경에 필요한 인원의 찬성 여부와 상관없이 결의하지만 대법원 판결은 민법에서 법인의 정관 변경에 준하여 의결권을 가진 교인 3분의 2 이상의 찬성을 받는다는 것은 불가능에 가깝다. 민법 제42조 제1항 단서는 정관 변경의 정족수에 관하여 정관에 다른 규정이 있는 경우 이에 따른다고 규정하고 있는데 물론 교회 중 교단변경에 관하여 규정하고 있는 경우는 없다.

그러나 교회헌법은 대체로 교인총회(공동의회·사무총회)의 정족수에 관하여 예·결산 승인 등 일반적인 안건에 대하여는 출석인원의 과반수 찬성을 정족수로 하고 있으며, 장로 등 중요 직분자 선출에 있어서는 출석인원의 3분의 2 이상의 찬성, 담임목사 청빙에 대하여는 출석인원 3분의 2 이상의 찬성으로 한다고 규정한다. 교인총회 회원의 자격은 세례교인을 의미한다.

교회를 탈퇴하거나 소속 교단변경은 사단법인 정관 변경에 준하여 의결권을 가진 교인 3분의 2 이상의 찬성에 의한 결의를 요구한다. 이같이 교인총회에서 민법의 규정을 적용한 것은 기존 교단헌법의 교인총회의 의결정족수인 출석인원의 과반수 찬성이나 3분의 2 이상의 찬성보다 가중한 전체 의결권자 3분의 2 이상의 찬성을 요구한 것은 교회 자치규범으로 받아들인 교단의 헌법과 상충된다. 대법원이 교단헌법과 상충된 교인총회의 교단변경을 위한 정관변경의 정족수를 교회 의결권을 갖고 있는 교인 중 3분의 2 이상의 찬성을 요구한 것은 탈퇴와 교단변경을 위한 정관변경을 불가능에 가깝도록 함으로써 교회 분열을 방지해 보겠다는 대법원의 고육책이 아니겠는가 하는 생각이 든다.

더구나 교회들마다 교회분열이나 이탈을 전제하지 않는 교회 합병을 위한 결의나 재산처분을 위한 결의에도 의결권을 가진 교인의 3분의 2 이상의 찬성을 적용해야 하는가 하는 문제가 제기될 수 있다.[554] 예컨대 어떤 교회에서 교단변경이나 재산권 처분을 위해 공동의회에

---

554) 우리나라의 경우 교회세습이 이루어진 대형교회는 세습을 위한 사전준비를 철저하게 준비하고 진행하기 때문에 법적인 하자를 찾기 어렵다. 도덕적으로 비판을 받더라도 세습에 대한 집착을 보이는 것은, 교회마다 다소 다르지만 금권과 기득권을 유지하기 위한 것으로 보인다. 외형적으로 세습이 이루어졌다 하더라도 후에 (세습) 당시의 노회와 총회 인준에서도 다양한 문제가 도출되는 절차적 하자를 빌미로 소송이 진행되는 경우가 보이기도 한다. A교회의 경우는 외형적으로는 하자가 없다고 하지만 현재 노회와 총회재판국 간의 정당성 문제로 재판에 계류 중이다. 지난 9월 10일부터 14일까지 전북 익산 이리신광교회에서 열린 제103회 정기총회에서 재판국원 전체를 바꿀지 아니면 일부만 바꿀지 논의한 끝에 국원 전체를 바꾸기로 했다. 예장통합은 재판국원 교체 결의를 하고 이날 회무를 종료했다. 재판국원은 공천위원회가 뽑는다. 예장통합은 총회 재판국 판결로 논란이 있을 때마다 재판국원을 교체해 온 바 이는 법적 안정성과 법적 신뢰성을 저해한다는 비판이 있음을 감안하면, 향후 총회재판국원의 신분 보장과 기간임기제와 법적 전문성을 고민해야 할 시기에 왔다고 생각한다. 지도부의 명멸에 따라 판결이 불안정한 것은 결코 바람직한 모습은 아니기 때문이다.

상정하여 재적 3분의 2가 아닌 출석인원 3분의 2 이상의 찬성으로 가결시켰는데 일부 교인들이 분열에까지 이르지 않았으나 불복하여 공동의회결의 무효 확인의 소를 제기하면 인용하여야 하는가?

다. 교인총회(공동의회) 소집절차법의 중요성

대의제를 채택한 장로회정체에 있어서 교단헌법은 교인총회를 소집하려면 반드시 당회의 결의, 즉 당회를 거치도록 규정하고 있다. 당회는 목사와 교인들의 대표인 장로로 구성되어 있다.

새로운 판결 역시 교회가 소속된 성결교회 헌법에도[555] 중요한 안건, 즉 담임목사 청빙, 예산결산 등 중요사안에는 모두 당회 또는 직원회의의 결의를 거쳐 교인총회(사무총회)에서 의결하도록 규정하고 있다. 이러한 점으로 미루어 볼 때 교단탈퇴, 교회 분열 등의 교회의 장래를 결정하는 중대한 결의를 위해서는 당회의 결의가 필수적이라 할 것이고, 그것이 흠결된 경우 절차적으로 중대한 하자로 볼 수 있다.

그러나 새로운 법리방향에 의한 판결뿐 아니라 교회분쟁에 관한 다른 사례에 있어서도 판례는 당회의 기능을 대수롭기 않게 보는 듯하다.[556] 새로운 법리방향 판결도 "소속 기독교대한성결교회헌법에 따라 담임목사와 3명의 장로가 참석한 당회에서 소 제기를 결의한 이 사건에서, 원고를 종전 교회로 인정하고 소 제기에 관한 적법한 총회결의를 거친 것으로 보아야 함에도"라고 판시하여, 원고 측의 소 제기에 적법성에 대하여는 당회 결의만으로 그 소유재산 보전을 위한 이 사건 소 제기를 할 수 있는 것으로 해석하면서도 원심이 분열 당시의 교인총회의 결의가 없었음을 이유로 원고의 청구를 배척한 것으로 "교

---

555) 기독교대한성결교, 『헌법』, 제46조.
556) 이완근, "교회분열의 법률관계", 민사법의 실천적 과제, 정환담 교수 환갑기념논문집 399쪽 이하; 최인식, "교회분열 인정 여부 및 재산의 귀속", 부산판례연구회, 2008, 51쪽 이하 참조.

단탈퇴를 결의한 피고 측의 총회가 소정의 절차를 갖추어 소집되었는지 여부 및 교단탈퇴를 결의한 교인이 적법한 결의권자의 3분의 2에 이르는지 여부를 더 심리하여야 한다"라고 판시함으로써, 당회 결의는 '소정의 절차' 중의 하나로만 가볍게 치부한 채 의결권자 3분의 2 이상의 찬성으로 결의한 것인지 여부에 관하여만 관심을 표시함으로써 후일 다른 사건의 경우에 새로운 법리방향 판결을 적용할 때 의결권자 3분의 2 이상의 찬성 여부의 심리에만 치중하도록 하지 않을지 우려된다.[557]

종교 내 교단의 헌법을 지교회 자치규범으로 받아들였다면 교인총회가 당회의 결의에 의해서 소집되었는지에 대한 적법성 여부를 의결권을 갖고 있는 3분의 2 이상의 찬성이 있었는지와 같은 맥락에서 심리하여 판단해야 할 것이다.

그러나 대법원은 이러한 자치규범에 반한 판결, 즉 당회의 소집결의 없이 공동의회 소집결의를 절차적 위법성으로 그것이 무효가 되기 위해서는 그러한 절차상 하자가 있는 것으로는 부족하고 그러한 하자가 매우 중대하여 이를 그대로 둘 경우 현저히 정의 관념에 반하는 경우라야 한다고 판시하기도 있다.[558] 그러나 교단헌법에 의한 관리운영에 따라 소속 장로를 면직판결 하였다면 그 장로는 소속 교회의 대표자로서 대표자격인 시무권이 없다는 판결도 있다.[559]

라. 의결권 3분의 2 이상 찬성 결의의 합법성 입증 책임

의결권을 가진 종전 교회의 교인 중 3분의 2 이상이 소속 교단을 탈퇴하거나 소속 교단을 다른 교단으로 변경하는 데 동의한 경우에는

---

557) 최인식, 앞의 책, 81쪽.
558) 대법원 2006. 2. 10. 선고 2003다63104 판결. 공동의회 무효 확인 판결.
559) 대법원 1972. 11. 14. 선고 72다1330 판결.

종전 교회의 실체는 이와 같이 교단을 탈퇴한 교회로서 존속하고 종전 교회 재산은 위 탈퇴한 교회 소속 교인들의 총유로 귀속된다. 이 때 종전 교회의 교인 중 3분의 2 이상의 동의가 있었는지 여부는 이를 주장하는 측에서 입증하여야 한다.[560]

또한 교인총회가 총회소집 통지 등 소집절차에 있어서 소속 교단 장정에 정하여진 요건을 준수하였다거나 결의권자의 3분의 2 이상이 동의하였다고 인정할 자료를 충분히 객관적으로 제시하지[561] 못하면 패소 판결을 받는다.[562] 이러한 판결의 기준에 맞는 교단탈퇴나 탈퇴를 위한 정관 변경을 위한 결의를 적법하게 하기란 불가능에 가까운 것으로써 이 같은 방식을 통해서 대법원은 재산권 귀속에 대한 분쟁을 해결하려는 의지가 보인다.

6. 소결

법인 아닌 사단의 구성원으로서 사단의 총유인 재산의 관리처분에 관한 의결에 참가할 수 있는 지위나 사단의 재산에 대한 사용·수익권은 사단 구성원의 지위를 전제로 한 것이어서 구성원은 법인 아닌 사단을 탈퇴하는 동시에 그 권리를 상실한다.[563]

---

560) 대법원 2007. 12. 27. 선고 2007다17062 판결.
561) 대법원 2006. 6. 30. 선고 2000다15944 판결.
562) 대법원 2008. 11. 27. 선고 3007다67203 판결: 김제중앙교회의 경우 교단을 탈퇴한 측이 종전 교회의 동일성을 유지하는 교회라고 주장하지만 "종전 교회의 공동의회로서 그 절차상 중대한 하자가 있다"라고 판시했으며, "종전 교회 교인 전원이 참석하였다는 등의 특별한 사정에 대한 입증이 없는 이 사건에 있어서 (절차적) 하자는 치유될 수 없어 (공동의회 결의) 역시 효력이 없다"고 판시했다. 또한 "의결권을 가진 전체 세례교인 1,201명 중 692명만이 찬성하여 3분의 2에 미치지 못하므로 교단탈퇴 결의로서의 효력이 없다"고 판시했다.
563) 민법 제277조.

한편 법인 아닌 사단의 단체성으로 인하여 구성원은 사용·수익권을 가질 뿐 이를 넘어서서 사단재산에 대한 지분권은 인정되지 아니하므로 총유재산의 처분·관리를 물론 보존행위까지도 법인 아닌 사단의 명의로 하여야 한다.[564] 그 절차에 관하여 사단 규약에 특별한 정함(정관·규칙)이 없으면 의사결정기구인 총회 결의를 거쳐야 한다.[565]

총회 결의는 다른 규정이 없는 이상 구성원 과반수의 출석과 출석 구성원의 결의권의 과반수로써[566] 하지만 사단에 따라서 재산 내역이 규약에 특정되어 있거나 그렇지 않더라도 재산의 존재가 규약에 정하여진 사단의 목적 수행 및 사단의 명칭, 소재지와 직접 관련되어 있는 경우에는 그 재산의 처분은 규약의 변경을 수반하기 때문에 사단법인 정관변경에 관한 민법 제42조 제1항을 유추 적용하여 총 구성원의 3분의 2 이상의 동의를 필요로 한다고 해석한다.

교회의 재산 관리에 있어서 교회의 정관이나 규약이 없는 경우는 전체 교인들의 총회의 결의가 요구되며, 총유물의 보존을 위해 교회의 대표자는 교회 소속 전체 교인들의 총회결의에 의한 특별수권 없이도 교단헌법 등의 규정에 따라 상급기관인 노회가 지교회에 임시당회장을 파송했을 경우 교회의 당회장으로서 교회를 대표하여 교회의 소유 부동산에 관한 소송을 제기 수행할 수 있다.[567]

정관 변경은 사원총회(공동의회)의 전권사항이며 정관에서 총회의 결의에 의하지 않고서 변경할 수 있다고 규정하여도 그 규정은 무효이다. 정관의 변경에는 총사원의 3분의 2 이상의 동의가 있어야 한다. 그러나 총사원의 3분의 2 이상이라는 특별 결의의 정수는 정관에 다

---

564) 대법원 2005. 9. 15. 선고 2004다44971 전원합의체 판결.
565) 민법 제276조 제1항.
566) 민법 제75조 제1항.
567) 대법원 1985. 11. 26. 선고 85다카659 판결.

르게 규정할 수 있다.[568]

또한 사단법인의 본질에 반하는 정관변경은 무효이며,[569] 법인의 목적은 법인의 동일성이 유지되는 범위 내에서 그 변경이 가능하다.[570]

정관에 규정된 이상 소속 노회를 변경하려면 적법한 정관변경이 이루어져야 한다. 교회정관에 정관변경에 따른 개회정수(의사정족수)가 명시되지 않았으면 단순히 공동의회에서 '정관의 제정과 개정'을 하고 공동의회 의결정족수는 '출석인원으로 성원되며'라고 규정되어 있을 뿐 구체적으로 정관개정에 대한 의사·의결정속수가 규정되어 있지 않으므로 민법 제42조에 따라 전체 재적교인이 한자리에 3분의 2 이상이 모여 전체 재적교인 3분의 2 이상의 찬성으로 정관을 개정해야 적법한 정관 개정이 될 수 있다.

교회가 법인 아닌 사단으로서 교회정관은 여러 가지 법적인 행위를 할 때 의 중요성을 알게 되고, 사회적 흐름에 따라 변하거나 다양한 지교회의 요구를 수용하는 방향으로 꾸준히 발전되고 또한 새롭게 정리되는 것은 매우 긍정적이다.

교회정관에 정확한 명문규정만 두어도 교회 내 문제를 상당 부문 해소할 수 있다고 믿는다. 지금은 정관이 사법심사의 기준으로 원용되고 있고 법원은 정관의 존재를 요구한다. 그런 반면에 정관이 모든 것을 해결할 수 있을 것이라는 관점도 조심해야 한다.

교회 운영에 있어서 교인들의 참여를 장려하고 목회자나 장로의 일방적 운영을 민주화하는 방향이 교회 개혁의 관점에서 크게 부각되었

---

[568] 민법 제42조(사단법인의 정관변경) 단서조항: ~. 그러나 정수에 관하여 정관에 다른 규정이 있을 때에는 그 규정에 의한다.
[569] 대법원 1992. 9. 22. 선고 92다15048 판결.
[570] 그러나 출석한 대로 개회된 공동의회에서 과반수 찬성, 혹은 3분의 2 이상의 찬성으로 개정한다고 할 경우 이는 무효가 된다. '출석한 대로 개회'는 정의 관념에 반한다고 보고 있다(예컨대 1,000명을 재적으로 한 교회에서 100명이 출석하여 과반수인 50명 찬성으로 정관을 변경하면 이는 정관관념에 반한 결의라 하여 무효가 된다).

다. 즉 명문화된 정관을 통해 목회자와 장로 사이 목사·장로와 교인들 사이, 각 기관과 당회와 공동의회 사이의 권한과 책임을 분명히 함으로써 불필요한 갈등의 소지를 미연에 방지하고 교회공동체의 운영을 합리적이고 효율적으로 제도화시키고 민주화하자는 취지로 많은 사람들의 공감을 얻게 되었다.

문제는 이러한 정관의 제정과 개정에 있어서 상위규범인 교회헌법과 노회규칙에 반하는 교회정관의 내용이 자주 나타나고 있다는 것이다.[571] 일견 교회의 사정에 따라 정관의 규정에 삽입할 수 있을 것 같지만 실제로 이런 정관의 규정은 교회구성원의 권리를 심각하게 훼손할 여지가 있다.

이러한 정관 개정의 시도는 보편적으로 일반상식에 부합하지도 않고 비민주적이라 할 수 있다. 본래 정관 개정의 핵심은 교회개혁과 교회운영의 민주화와 교회의 공공성에 둔다.

정관의 개정을 통해 교회를 열린 공간으로 만들고자 하는 일부 교회에서는 이러한 정관의 중요성을 명문화하면서 교인들 혹은 교회구성원들에게 교육을 바르게 시키고 인지하도록 노력하는 것도 매우 긍정적이다.[572]

본래 이러한 담임목사의 임기제 등은 교단헌법에 비추어 보거나 노회규칙에서는 생각하기 어려운 분야이지만 교회정관이 법적 판단의 중요한 기준으로 부각되었기에 가능한 것이라 여겨진다.

이에 국가법의 관점에서 교회법의 위상을 어떻게 정리할 것인가와

---

[571] 예컨대 담임목사의 권한 강화와 당회가 주관하는 예배와 예배장소를 벗어난 별도의 예배 및 집회를 불법행위로 간주하는 것 등이다. 여기에 십일조 납부 여부로 교인의 자격을 규정한 것과 공동의회 3분의 2 이상의 찬성이 있어야만 회계장부를 열람할 수 있게 하는 것 등이다.

[572] 한 예로 담임목사의 임기제를 명문화하거나 공동의회에서 3분의 2 이상의 재의결 후 연임할 수 있도록 하는 규정이나 당회 외에 목회운영위원회를 따로 구성하여 당회의 기능을 분담함으로써 교회 운영에 평신도의 참여율과 언권을 높이는 효과를 바라보는 것도 긍정적이다.

역으로 교회법에서 국가법을 바라보는 관점의 간극을 어디까지인가의 한계를 정하는 것이 중요한 논점이 된다.

교회는 일반 단체와는 다르게 봐야 하는 필요성과 함께 종교라는 특수성에 비추서서 봐야 하기 때문이다.

앞서 살펴본 2006년 대법원 전원합의체 판결 이후 교회의 분쟁과 분립 시 나타난 총유에 대한 재산권의 관리 문제가 정리되었다고 하지만 그 후속 판례로 나타난 교회 고유권한에 대한 판결에 있어서 상이한 판결이 나와 주목된다. 목사의 자격에 관한 적격성 여부에 관한 판결[573]에서 목사의 형식적 요건과 실질적 요건[574]을 포괄적으로 인정하는 견해를 보이는 것으로, 교단헌법이 부정한 목사의 자격 여부를 지교회 정관[575]에 따라 목사의 청빙이 이루어지고 합법적인 절차를 거쳐 임용된 목사의 존재를 긍정한 것이다.

이에 반해 2018년 4월 12일 위임목사결의 무효소송 대법원 전원합의체 판결[576]은 지교회 정관의 합법적 절차[577]를 거쳐 청빙된 목사의

---

573) 서울북부지방법원 2014카합622; 서울중앙지법 2012. 10. 11. 선고 2011가합131144 판결: 서울고법 2013. 9. 13. 선고2012나94171 판결.
574) 여기서 말하는 형식적 요건은 교회헌법 정치편 제26조에 명시된 목사의 자격에 준하는 서류적 요건을 말하고, 실질적 요건이란 이런 형식적 요건의 경미한 하자가 있었지만 교회 내부의 관례에 따라 목사의 요건을 갖추었음을 인정하고 목사의 직무를 수행한 실질적 행위가 현재까지 이어져 오고 있음을 말한다.
575) 대법원 2011. 10. 27. 선고 2009다32386: 종교단체의 자율적 운영을 최대한 보장하고 국가법은 이에 대한 간섭을 최소한으로 해야 한다는 내용이다. 이는 황우여 박사의 논문에서 나타난 견해와 맥을 같이한다. 본서 각주 106번 '국가의 법과 교회의 재판' 참조.
576) 대법원 판결 요점은 "목사 자격의 심사 및 임직과 관련한 권한은 총회와 노회에 있다"는 교회헌법의 명문에도 불구하고 대법원은 "A목사가 일반편입 과정이든 편목편입 과정이든 총신을 졸업한 후에는 총회가 시행한 강도사고시와 노회의 인허를 거쳐 총회 산하 지교회의 위임목사가 됐다"며, 하지만 교단의 입장은 "총회헌법과 절차에 의해 미국장로교단에서 안수 받은 당사자를 다시 안수하는 것이 오히려 사리에 맞지 않아 보인다. 그리고 어떤 이유에서건 위임목사의 지위에 변동을 구하려면 당사자를 고시하고 인허하고 위임을 결정한 총회와 노회에 청구하여 판단을 받을 사안이지 국가 법원이 개입할 사안은 아니다"라고 말하고 있으며, "국가헌법이 보장한 정교분리의 취지에 부합되며 그동안 법원이 스스로 형성하고 일관되게 견지해 온 판례와도 일치되는 것"이다. 또한 2018년 4월 12일 대법원은 A교회 A

자격을 교회헌법에 나타난 목사의 형식적·절차적 문제를 이유로 그 자격을 박탈한 판결을 예로 들 수 있다. 이는 신의 성실의 원칙에도 반하는 일이다.

지난 2014년 대법원의 판결은 지교회의 정관을 중요하게 보았고, 2018년의 대법원 판결은 지교회 정관보다 교회헌법의 절차적 중요성을 강조하면서 혼란만 초래하였다.

여기에 교회 내부에서는 교회의 전통과 관습을 지나치게 간과한 대법원의 판결에 대해 수긍하지 못하고 이에 대한 반박성명을 내고 있는 것이 현실이다. 이는 한 번 안수 받은 목사는 타 교단으로 이적하여도 특별한 경우를 제외하고는 다시 안수를 받지 않는다는 기독교의 정통신학과 이에 따른 100여 년간 이어져 온 교단의 전통을 전혀 이해하지 못한 판단으로 여겨진다.

목사의 위임목사 자격에 문제가 없다고 한 서울고등법원의 판결에 대해 심리미진과 논리 모순 등을 이유로 원심법원으로 파기 환송했다. 1심과 2심에서는 모두 A목사의 손을 들어 줬다. 그러나 대법원은 "원심판결에는 이 사건 교단헌법을 적용함에 있어 필요한 심리를 다하지 아니하고 논리와 경험의 법칙을 위반한 잘못 또는 이유에 모순이 있어 판결에 영향을 미친 잘못이 있다"며 사건을 되돌려보냈다. 대법원은 A목사가 소속 교단인 대한예수교장로회(예장) 합동 소속 신학대인 총신대학교에 편입한 절차에 주목했다. 대법원은 "원심은 피고 A목사가 이 사건 신학대학원에 목사후보생 자격으로 편입학 시험에 응시한 사실을 인정하면서도, 그 과정이 목사 자격으로 응시할 수 있는 편목과정이라고 성급하게 단정했다"며, "이후 A목사가 편목과정을 졸업하고 강도사고시에 합격했다는 이유만으로 교단헌법 제15장 제13조가 정한 목사 요건을 갖췄음을 전제로 한 피고 노회의 결의가 부당하지 않다고 판단해 원고들의 청구를 배척했다"고 지적했다. 대법원은 A목사의 편입 과정과 관련해 "A목사는 이 사건 교단 경기노회의 '목사후보생' 추천서를 제출해 목사후보생 자격으로 편입학시험에 응시했고, 학적부에는 신학전공의 연구과정에 편입해 졸업했다고 기재돼 있을 뿐 미국 장로교 교단에서 목사 안수를 받은 경력은 전혀 기재돼 있지 않았다"고 명시했다. 또 "목사 안수증을 제출하지 않았을 뿐 아니라 피고 A목사 스스로도 '일반편입 응시자격으로 서류를 제출한 것이 아닌가 생각된다'라고 인정하고 있는 사정을 더하여 보면, 피고 A목사는 미국 장로교 교단의 목사 자격으로 편목과정에 편입한 게 아니라 이 사건 교단의 목사후보생 자격으로 일반편입을 한 것으로 보는 것이 합리적"이라고 판시했다. 이 판결은 매우 중요한 시사성을 띠고 있기 때문에 이 책 제4장 5절 '교회법의 흐름을 바꾼 대법원 판결'에 상술한다.

577) 지교회 정관에 명시된 청빙의 조건과 절차에 따라 당회와 제직회, 그리고 교인 총회인 공동의회에서 결의함으로 이루어진 것을 말한다.

이처럼 교회헌법과 지교회 정관을 통해 규범적으로 이해되던 교회의 활동이 사회법적인 기준으로 서로 다른 판결을 내는 것에 대해서는 매우 우려스러운 일이 될 수 있다.

교회정관에서 나타난 실정법과의 갈등을 심층 분석하는 것도 사실은 교회법의 특수한 범주에서 나타나는 한계를 정리하는 효과가 있다. 교회법-노회규칙-교회정관으로 표현되는 교회 내부의 관계법이 실정법 사이에서 어떤 위상을 가지고 기능하느냐는 별개의 문제로 생각하더라도 교회법이 가지는 실질적 구속력을 어떤 방향으로 해석하는가에 따라 그 결과는 매우 다르게 나타날 것이기 때문이다.

대체적으로 진보적이거나 교회 민주화를 열망하는 교회의 정관 개정의 내용을 보면, 목사의 권한 배분과 집중된 권한의 분산에 초점이 맞추어져 있다.

이러한 일련의 움직임은 결국 교회의 공공성 위기와 그로 인한 교회 내부의 개혁 요구와 연관되는 현상으로 보고 있으며, 정관의 개정이 이런 긍정적인 방향성을 가지는 것이 아니라 그 역으로 나가는 경향이 있음을 극히 경계해야 하는 것이다. 교회정관이라는 이름으로 초법적인 행태를 정당화하려는 시도는 결코 안 된다. 우리는 일반적으로 사회적 통념과 법 기준에 어긋나는 교회정관이라면 수용하기 어려울 것이다.

교회정관이 교회의 변화와 참여를 증진하고 확대하는 기준으로 활용되어야 할 것이며, 이를 가로막는 족쇄로 작용해서는 안 된다. 급격하고 다양하게 변화하는 시대에 참여와 협력을 통해 교회가 다양한 사회의 욕구와 구성원들의 공동의 이해를 위해 전진하는 모습의 수단으로 발전되어야 할 것으로 믿는다.

정밀한 구조와 체계적인 법의 질서를 가지고 있으며 고도의 훈련을 받은 법관들의 관점에서 보면 교회재판과 교회법은 매우 엉성하고 지나치게 신앙적으로 편향되었다고 말할 수 있다. 더 나아가 현행 교회 재판을 담당하는 재판부 구성원의 자질과 재판 과정에서의 신뢰성과 공정성 혹은 합리적인 면은 많은 사람들에게 의문을 가지게 한다.

그러나 교회는 성경과 하나님을 중심으로 모인 공동체이지 법과 재판이 중심은 아니다. 결국 많은 부분에서 법적 미비점은 성경의 원리와 믿음으로 보충하게 되며, 성경과 기독교의 정통성을 정밀하게 살펴보지 못한 채 국가법의 해석적 논리를 가지고 교회법을 재단하려는 시도는 상당히 조심스러워 해야 할 것이다.

제5절

교회법의 흐름을 바꾼 대법원 판결

여기까지는 1993년과 2006년 대법원 판례를 분석해 보면서 교회의 갈등에 따른 문제점을 개괄적으로 살피고 정리해 보았다. 법의 이론적 원리나 이에 따른 제반 학설과 주장을 통해 보면, 교회도 법인격 없는 사단으로서의 법리적 다툼에서 자유로울 수 없지만, 교회라는 조직의 특성을 최대한 존중하는 분위기를 감지할 수 있다.

문제는 이러한 법의 기속을 받는 교회가 내적인 조직의 규범으로서 교회헌법과 노회규칙과 지교회 정관에 대한 명확한[578] 인식의 정의와 의의도 환경과 상황에 따라 다르기 때문이다.

2000년대 들어서 교회는 사회의 흐름과 변화에 적절한 대응을 하면서 기능하고 있는지에 대한 의문은 남아 있다. 특히 교회 내적인 구조의 변화가 거의 선례답습적인 행태에서 벗어나지 못하는 것은 교회만이(또는 종교기관만이) 가지는 보수적인 한계에 기인한다고 할 수 있다. 그렇다고 시류의 흐름에 따라 변화에 민감해야 한다는 것은 아니다.

그 안에서 기능하는 인적 구성과 조직적 구성을 그 시대에 적적

---

578) 표현은 '명확한'이란 용어를 사용했지만 사실 명확하게 경계를 짓는 것은 불가능하다. 왜냐하면 신앙이란 고도의 정신작용이 어떤 사실적 행위로 구체화될 경우 나타나는 간극을 정의한다는 것 자체가 어렵기 때문이다. 그리고 그 경계를 정하는 기준도 개인의 가치관에 따라 다르기 때문이다.

한 형태로 유연하게 대처하는 것은 어느 정도 용인될 수 있을 것이라고 여겨진다. 진리는 변할 수 없지만 그것을 준용하여 삶을 가치 있고 근본정신에 가장 근접하는 방향으로 나아간다는 사실을 얘기하고 싶다.

이제 대법원 판결 4개를 살펴볼 차례가 되었는데, 중복된 감이 있지만 우리 교회법의 흐름을 바꾸었다는 평을 받는 2006년 대법원 전원합의체 판결부터 시작한다.

1. 대법원 2006. 4. 20. 선고 2004다37775 전원합의체 판결(신서교회, 소유권말소등기)

1) 사건개요

甲교회는 甲노회 소속의 지교회이고 담임목사로 재직해 오던 중 당회 구성원인 장로들과 갈등을 빚자 임의로 기획위원회를 조직하여 교회를 운영하였고, 이로 인하여 소속 교단의 징계재판을 받을 지경에 이르자 지지 교인들을 모아 소속 교단을 탈퇴하여 독립교회를 설립하되 명칭을 피고 교회로 하기로 결의하였으나 상급기관인 甲노회는 목사를 면직하고 후임목사를 파송하였다.

그 후 피고 교회는 甲교회 명의로 등기되어 있던 교회 건물 및 대지 등에 관하여 실제로는 피고 교회가 이를 매수한 적이 없음에도 위 교회 당회의 결의서 등 관련 서류를 임의로 작성하여 자신의 명의로 소유권이전등기를 마쳤다.

이에 잔존 교인들은 탈퇴 교인들과의 갈등관계에서[579] 교회의 소유

---

579) 이후 잔존 교인들을 교단탈퇴를 결의한 교인 총회는 총회소집통지 등 소집 절차에 있어서

권에 대한 다툼을 법원에 구하게 된 것이다.

2) 판시사항

> [1] 교인들이 집단적으로 교회를 탈퇴한 경우, 법인 아닌 사단인 교회가 2개로 분열되고 분열되기 전 교회의 재산이 분열된 각 교회의 구성원들에게 각각 총유적으로 귀속되는 형태의 '교회의 분열'을 인정할 것인지 여부(소극) 및 교인들이 교회를 탈퇴하여 그 교회 교인으로서의 지위를 상실한 경우, 종전 교회 재산의 귀속관계(=잔존 교인들의 총유)
> [2] 교회의 소속 교단탈퇴 내지 소속 교단변경을 위한 결의요건(=의결권을 가진 교인 2/3 이상의 찬성) 및 위 결의요건을 갖추어 교회가 소속 교단을 탈퇴하거나 다른 교단으로 변경한 경우, 종전 교회 재산의 귀속관계(=탈퇴한 교회 소속 교인들의 총유)

3) 쟁점

(1) 우리 민법이 사단법인에 있어서 구성원의 탈퇴나 해산은 인정하지만 사단법인의 구성원들이 2개의 법인으로 나뉘어 각각 독립한 법인으로 존속하면서 종전 사단법인에게 귀속되었던 재산을 소유하는 방식의 사단법인의 분열은 인정하지 않는다.[580]

교회가 법인 아닌 사단이기 때문에 그 법률관계를 둘러싼 분쟁을

소속 교단 헌법 등에 정하여진 요건을 준수하였다거나 결의권자의 2/3 이상이 동의하였다고 인정할 자료가 부족함을 강력히 주장하게 되었다.
580) 그 법리는 법인 아닌 사단에 대하여도 동일하게 적용되며, 법인 아닌 사단의 구성원들의 집단적 탈퇴로써 사단이 2개로 분열되고 분열되기 전 사단의 재산이 분열된 각 사단들의 구성원들에게 각각 총유적으로 귀속되는 결과를 초래하는 형태의 법인 아닌 사단의 분열은 허용되지 않는다.

소송적인 방법으로 해결함에 있어서는 법인 아닌 사단에 관한 민법의 일반이론에 따라 교회의 실체를 파악하고 교회의 재산 귀속에 대하여 판단하여야 한다.

따라서 교인들은 교회재산을 총유의 형태로 소유하면서 사용·수익할 것인데, 일부 교인들이 교회를 탈퇴하여 그 교회 교인으로서의 지위를 상실하게 되면 탈퇴가 개별적인 것이든 집단적인 것이든 이와 더불어 종전 교회의 총유 재산의 관리 처분에 관한 의결에 참가할 수 있는 지위나 그 재산에 대한 사용·수익권을 상실하고,[581] 종전 교회는 잔존 교인들을 구성원으로 하여 실체의 동일성을 유지하면서 존속하며 종전 교회의 재산은 그 교회에 소속된 잔존 교인들의 총유로 귀속됨이 원칙이다.

(2) 이러한 다수의견에 대한 별개의견[582]과 반대의견[583] 및 다수의

---

[581] 그리고 교단에 소속되어 있던 지교회의 교인들의 일부가 소속 교단을 탈퇴하기로 결의한 다음 종전 교회를 나가 별도의 교회를 설립하여 별도의 대표자를 선정하고 나아가 다른 교단에 가입한 경우, 그 교회는 종전 교회에서 집단적으로 이탈한 교인들에 의하여 새로이 법인 아닌 사단의 요건을 갖추어 설립된 신설 교회라 할 것이어서, 그 교회 소속 교인들은 더 이상 종전 교회의 재산에 대한 권리를 보유할 수 없게 된다.

[582] [대법관 박시환의 별개의견] 우리 민법이 사단법인의 분열을 특별히 금지하지도 아니하였고 또 사단법인의 분열을 금지하여야 할 특별한 이유도 보이지 않으므로 사단법인의 분열은 우리 민법하에서도 허용되는 것이라고 보아야 한다. 그리고 구성원들의 자발적 의사에 기인하지는 않았으나 다른 어떠한 사정으로 인하여 사단법인이 사실상 분열된 상태가 초래되어 하나의 사단으로 회복될 가능성이 없어진 경우, 그 상태를 그대로 기정사실로 인정하여 사단법인이 분열된 것으로 보아 법률관계를 정리하는 것 또한 굳이 허용되지 않는 것이라고 할 것은 아니다. 교회의 분열을 인정하는 전제하에서 교회분쟁을 설명하는 법리를 구성하는 것이 타당할 것이고, 이와 같이 교회의 분열을 허용하는 경우, 종전 교회에 속한 권리 의무가 분열된 각 교회에 공유적 형태로 분리하여 포괄 승계되는 것으로 볼 수밖에 없을 것이고(채무는 분열된 각 교회가 부진정연대의 관계로 부담하는 것으로 보아야 할 것이다), 각 교회의 공유지분 비율은 분열 당시 분열된 각 교회의 등록된 세례교인의 수에 의하여 결정되는 것이 합리적이라고 할 것이다.

[583] [대법관 강신욱의 반대의견] 종전 판례가 각종의 법인 아닌 사단 중 오직 교회에 대하여만 분열 개념을 허용하고 분열 전 교인들의 총유권을 인정해 온 것은, 교회가 본질적으로 같은 기독교 신앙을 기초로 하는 교인들의 모임인 신앙단체로서 교인들이 신앙노선의 차이에서

견에 관한 보충의견[584)]은 전장에서 상세하게 기술하였다.

(3) 특정 교단에 가입한 지교회가 교단이 정한 헌법을 지교회 자신의 자치규범으로 받아들였다고 인정되는 경우에는 소속 교단의 변경은 실질적으로 지교회 자신의 규약에 해당하는 자치규범을 변경하는 결과를 초래하고, 만약 지교회 자신의 규약을 갖춘 경우에는 교단변경으로 인하여 지교회의 명칭이나 목적 등 지교회의 규약에

별도로 예배주관자를 두고 그의 인도하에 종교활동을 하거나 소속 교단을 달리하는 집단으로 나누어진 경우에는 더 이상 신앙단체로서의 본질적 기초를 같이할 수 없으므로 분열되었다고 평가할 수밖에 없다는 점을 직시하고 나아가 교회재산은 대체로 소속 교인들의 헌금을 기초로 형성되므로 설령 일부 교인들이 종전 교회를 탈퇴한다고 할지라도 탈퇴한 교인들이 종전 교회 재산 형성에 기여한 이상 그 재산에 대한 총유권자로서의 지위, 즉 사용·수익권을 보장해 주어야 한다는 점에서 비롯된 것이므로, 종전 판례가 민법상 사단법인에 관한 규정 또는 법인 아닌 사단에 관한 법리와 모순된다고 볼 수 없으며 오히려 교회 운영의 실제를 반영하고 있는 이상 종전의 확고한 판례를 변경하여야 할 아무런 필요성이 없다. 나아가 다수의견에 따를 경우 소수자의 종교의 자유를 침해하는 문제점이 발생한다. 따라서 일단 종전 판례를 유지하고 분열 후 종전 교회의 재산에 관한 권리관계 내지 법률관계를 합리적으로 규율할 수 있는 법리를 찾아내고 발전시켜 나가는 것이 바람직하다.

584) [다수의견에 대한 대법관 김영란의 보충의견] (가) 종전 판례에 의한 결론이 사실상 교회 내부의 분쟁에 대하여 간섭하지 아니하고 당사자 사이에서 자율적인 해결을 촉구한다는 것이 지나쳐서 실제의 분쟁을 해결함에 있어 분쟁을 해결하는 기능을 방기하여 버렸고, 교회에 한하여 단체법의 기본원리와 다른 여러 이론을 적용할 당위에 대해서도 설득력을 잃게 된 이상 법인 아닌 사단의 일반 이론에 따라 교회의 재산 귀속에 대하여 판단하고 이로써 법률적으로 분쟁을 해결하도록 하여야 한다. (나) 별개의견 중 공유설(대법관 박시환의 별개의견)은 이론적 근거가 박약할 뿐더러 현실적으로도 분쟁 해결 기능을 발휘하지 못한다. 사단이 분열된 사회적 현실을 받아들이더라도 분열된 각 사단에게 부여되는 법률효과로서 재산 관계에 대하여는 종전 사단의 정관 등으로 정하지 않은 이상 민법 제275조 내지 제277조가 적용되어 종전 사단의 재산에 대한 권리는 그 구성원으로서의 지위에 수반하여 득실을 결정하지 않을 수 없으며, 이는 우리 민법이 법인 아닌 사단의 재산 형태로서 총유를 규정한 이상 부득이한 결과이다. (다) 반대의견이 종전 판례가 유지되어야 할 이유로서 소수자의 종교의 자유를 드는 점에 대하여도 찬성하기 어렵다. 소수파로 되는 교인들이라 하더라도 자신들이 신봉하는 교리를 좇아 스스로 교회를 선택하거나 선택하였던 교회에서 탈퇴하여 원하는 교회를 찾아감으로써 종교의 자유를 향유할 수 있는 이상 이를 넘어서서 개개 교인들의 종교의 자유를 내세워 이를 기준으로 교회재산의 귀속을 결정하여야 한다는 것은 구성원의 개성이 매몰되는 단체법 원리를 부인하는 것이다.

포함된 사항의 변경까지 수반하기 때문에, 소속 교단에서의 탈퇴 내지 소속 교단의 변경은 사단법인 정관 변경에 준하여 의결권을 가진 교인 2/3 이상의 찬성에 의한 결의를 필요로 하고, 그 결의요 건을 갖추어 소속 교단을 탈퇴하거나 다른 교단으로 변경한 경우 에 종전 교회의 실체는 이와 같이 교단을 탈퇴한 교회로서 존속하 고 종전 교회 재산은 위 탈퇴한 교회 소속 교인들의 총유로 귀속된 다.

4) 검토

다수에 의한 교회 접수라는 표현을 하면 너무 품위를 떨어뜨리는 것일까? 대법원 판결은 다수의 결의가 곧 정의의 모습으로 외형을 갖추었지만 신앙은 다수에 의한 것이 아니라 개개인의 의사를 존중하는 것이 중요한 전제가 된다. 그러므로 바로 종교를 가질 자유와 신앙을 고수할 권리에 대한 것까지 다수라는 이름으로 사장되어서 안 될 것이다.

이 판결은 교회법의 흐름에서 특히 교인의 재산권에 관한 이해와 다수에 의한 교회분리 혹은 교회 탈퇴의 문제를 다루고 있다.

그리고 교회의 법률적 성질에 관한 법적인 이해와 법인 아닌 사단의 법률관계에 관해서 민법적인 관점과 판례를 인용하고 있다.

교회 분열이나 교회 분리에 관한 이론적 이해 등 포괄적으로 언급하고 있는 관계로 교회법의 흐름을 연구하거나 민사법적인 판결을 연구할 경우 특히 중요한 판례로 인용된다. 이 책에서는 이에 관한 상세한 부분을 이미 분석한 관계로 여기서는 전체적인 흐름을 중점으로 요약했다.

이제는 교회도 신앙의 이름으로 모든 것이 해결된다는 의식에서 벗어나, 좀 더 올바르고 좀 더 정확한 사실관계를 파악하고 그에 따르는 책임과 의무의 관계를 살펴야 할 것이다.

이 판결이 2006년 나온 이후 교회법은 노회규칙과 교회정관의 관계에 더욱 세심한 주의를 기울이게 되었고, 교인의 지위에 관한 사항은 또 다른 문제로[585] 교회법을 두드렸다. 교회를 구성하는 중요 요소로 교리와 예배당과 교인의 3요소는[586] 다른 종교에서도 공통적으로 나타나는 현상이다.

법적인 판결이나 세세한 부분은 내용은 이 책의 정관 부분을 참고하기 바란다.

5) 맺는말

이 판결에서 보여준 대법원의 관점은 총유에 대한 기존의 시각을 새롭게 정리한 것으로 보인다. 기존 교회가 교단헌법에 따라 교리의 정통성과 신앙의 순수성을 지키면 교인들의 대다수가 새로운 교회를 설립하거나 독립교회로 분열해 나가도 교회에 대한 전반적인 소유권을 지키게 된 기존의 대법원 판례(1993년 부산영락교회 판결 참고)를 현실적으로 조정한 것이다.

즉 다수의 교인들이 적법한 절차에 따라 찬성교인 2/3 이상의 교인 총의를 모아서 교회를 신설하거나 독립교회로 나가게 되면 기존 1/3이거나 그 이하의 경우는 새로운 교회로 신앙을 찾아가거나 다수의 교인들이 설립한 곳으로 귀속되어야 하는 문제가 생기는데 이러한 행위가 종교의 자유를 침해한다고 보지 않았다.[587] 신앙의 자유를 찾아가

---

[585] 이에 대한 것으로는 강북교회의 판결과 사랑의교회 판결 내용에 언급된 '교인의 적격성'에 관한 사항을 보면 좋다.
[586] 가령 불교의 3보(寶)는 불법(佛法), 사찰(寺刹), 승려(僧侶) 등을 말한다.
[587] 이에 대해서는 각자의 관점에 따라 다양한 의견이 개진되고 있다. 이 판결의 반대의견이나

는 결정권은 각자의 판단에 맡기고 여기서는 재산권의 소유에 대한 문제를 다수에게 귀속시킴으로써 교회 분란이나 교회 분열에 대한 분명한 기준을 제시한 것에 큰 의미가 있다고 하겠다.

이후 교회 분열이나 교회 분리에 있어서 교인들의 적법한 지위에 대한 인식이 높아지고 교인들이 소속된 교회의 재산의 사용과 수익권에 관한 권리의무의 관계가 새롭게 설정된 것은 현실에 맞는 판결이라 환영할 수 있다.

2. 대법원 2010. 5. 27. 선고 2009다67665·67672 (병합) 판결(광성교회, 명도청구·건물명도)

1) 사건개요[588]

2005년 광성교회[589]는 원로목사 A목사와 그를 따르는 교인들과(이하 '원로목사 측'이라 함) 새로 담임목사로 부임한 B목사(이하 '신임목사 측'이라 함) 및 그를 따르는 교인들의 갈등인데, 교단이 B목사를 징계하자 그를 따르는 교인이 주축이 되어 공동의회를 열고 소속 노회를 탈퇴하기로 결의하였지만 추후 소송과정에서 교인총회 소집절차의 하자로 인해 교인총회 결의가 무효라는 판결을 받았다.[590]

별개의견에서도 소수의 신앙적 선택이 총유에 관한 권리의무관계를 개진한 의견을 참조하면 좋을 것이다.
588) 이 부분에 관한 내용의 상당 부분은 「교회와 법」 창간호, "교단탈퇴 결의에 찬성한 교인들의 지위", 한국교회법학회(사), 이정용 박사님의 글에서 빌려왔다.
589) 서울 송파구 올림픽로 625.
590) 원로목사 측 교회와 교인들이 신임목사 측 교인들을 상대로 한 예배 및 사용방해금지 가처분, 출입금지 가처분 등 신청사건(서울 고등법원 2007. 1. 23. 자 2005라989, 2005라999(병합), 2005라1000(병합)결정) 및 신임목사 측 교회 및 교인들이 원로목사 측 교회와 교인들을

이에 교단의 잔류를 주장한 원로목사 측은 신임목사 측에 광성교회 건물에서의 퇴거를 주장하면서 소를 제기한 것으로, 법원은 1심[591]과 2심[592]에서 원로목사 측 주장을 인정하였지만 대법원에서는 일부만 인정하였다.

즉 대법원은 신임목사 측 목사에 대해서 면직 처분을 받았기에 광성교회의 부동산과 차량을 사용할 권한을 상실하였다고 보았지만 신임목사 측과 일반 교인들은 여러 정황을 감안할 때 교회 탈퇴를 한 것으로 볼 수 없고 또 새로 교회를 설립하였다고 볼 수가 없기에 실체 있는 교회가 아닌 경우 이들을 상대로 소를 제기한다는 것은 부적법하다는 판단이었다.[593] 즉 교단탈퇴(변경)를 하였다고 하여 교회 탈퇴를 의미하는 것은 아니란 의미다.

결국 교회재산에 대한 지배권은 법적으로는 모두 원로목사 측이 가져가게 되었지만 신임목사 측 교인들이 종전 교단에 속한 광성교회의 교인이라는 판단을 받게 된 것이고, 그에 따라 계속 교회건물을 출입할 수 있는 권리를 인정받게 된 것인지라 원로목사 측에게는 위와 같은 대법원 판결이 큰 부담으로 작용하게 된다. 위와 같은 대법원 판결이 내려진 후 교인지위 확인과 관련한 청구사건 2건에 대하여 1심 법원에서 신임목사 측의 손을 들어 주는 판단을 내리게 되고, 이는 결국 대법원까지 그 취지가 유지된다. 이에 근거하여 신임목사 측은 광성교회 교회건물과 예배실 사용에 있어서 유리한 입장에 서게 된다.

상대로 한 예배 및 출입 금지 등 가처분 신청사건(서울고등법원 2005라988 및 이 사건에 대한 대법원 2007. 6. 29.자2007마224결정 참고)
591) 서울동부지법 2008. 7. 31. 선고 2007가합3474, 2008가합618(병합) 판결.
592) 서울고등법원 2009. 8. 5. 선고 2008나76695,76701(병합) 판결.
593) 대법원 2010. 5. 27. 선고 2009다 67665, 67672(병합)판결, 광성교회 판결이다.

2) 판시사항

(1) 교회 분열과 교회 탈퇴

광성교회에서 있었던 교단탈퇴(변경) 결의 및 그와 관련된 다툼은 대부분의 교회분쟁에서도 원인과 양상에 약간씩의 차이만 있을 뿐 동일하게 발생하는 일반적인[594] 문제라고 말할 수 있다.

문제는 이러한 교회의 분쟁에 대한 법적 평가가 교회 분열인가 교회 탈퇴인가에 대해서이다. 이런 문제는 주로 교단탈퇴(변경)결의가 부결된 경우에 상대 측에 의해서 발생한다.

교인이 교회를 탈퇴하게 되면 그는 교회의 구성원으로서의 지위를 상실하게 되고 동시에 교회의 구성원으로 누려야 할 권리를 잃게 된다. 가장 큰 문제는 교회재산권에 대한 권리의무의 소멸로 인한 총유권의 변동[595]이라고 말할 수 있다.

이와 관련하여 대법원 2006년 전원합의체 판결 이후 교회 분열을 인정하지 않음으로써 교인들이 교단탈퇴(변경) 결의에 찬성하였다는 사실로 인하여 교회 분열이 있었는지 여부가 다투어지는 것이 아니라 그 교인들이 교회를 탈퇴했는지 여부가 문제가 된다. 2006년 대법원 전원합의체 판결은 교단탈퇴(변경) 결의에 찬성한 교인들은 곧 교회 탈퇴라는 것으로 판단하게 하는 오해의 소지가 다분히 내재했지만 2010년 광성교회 판결에서는 교단탈퇴(변경) 결의 찬성이 곧 교회 탈퇴로 봐야 하는 것은 아니라는 판단이다.

---

594) 즉 하나의 교회에 어떤 이유로든 다툼이 발생하여 교회가 둘로 나뉘고 그 두 집단 가운데 어느 한쪽의 목사가 종래 소속 교단으로부터 권징을 받게 되면, 그에 반발하여 그 목사와 추종교인들은 교단탈퇴(변경)를 결의하면서 별도의 모임을 갖는 것이 대부분의 교회분쟁에 나타나는 전형적인 모습이다.

595) 교회분열일 경우 교회재산 전반에 대하여 총유권자로서 권리가 인정되지만 교회탈퇴일 경우에는 교회재산에 대한 권리가 소멸된다. 이와 함께 예배당 출입을 비롯하여 교회구성원으로서의 권리의무에 대한 의결표시도 소멸되는 것을 말한다.

이 사례에서 보듯이 교단탈퇴(변경) 결의에 나타난 의미를 살피고 법원의 태도와 이어지는 교인의 법적인 지위에 관해 서술한다.

3) 쟁점

(1) 교인의 교단탈퇴(변경) 결의 찬성의 경우

교인들이 교단을 탈퇴하거나 변경하겠다고 결의하는 것을 법적인 관점에서는 어떤 판단을 내리는가 생각해 볼 필요가 있다. 대법원의 판례를 정리하면, 기존의 신앙을 함께하던 구성원과는 신앙적 관계를 정리하고 새롭게 신앙을 가지겠다는 집단적 의사표현으로 생각할 수 있다.

2006년 대법원 전원합의체 판결 전에 교회 분열에 대해 판단한 대법원의 판결[596]을 보면 교회는 본질적으로 동일한 신앙을 기초로 한 교인들의 신앙공동체이므로 교회가 2개로 분열(사회적 의미의 분열)된 것에 관해서는 구체적인 실체[597]를 중심으로 판단하였다.

이와 동시에 교회의 다툼에서 교단변경이 없으면 교회의 분열이 아닌 교회의 내부적인 분쟁으로 보았고, 2006년 대법원 전원합의체 판결에서의 반대의견을[598] 참고할 필요가 있다.

2010년 광성교회 판결에서도 교회 탈퇴 여부를 판단할 때의 고려사

---

596) 대법원 1993. 1. 19. 선고91다1226 판결 참고.
597) 신앙노선을 달리하는 2개의 집단으로 나뉘어 "그 신앙공동체로서의 기초가 상실되는 정도에 이르렀거나 다른 사유에 기한 분쟁이라 하더라도 최소한 일부 교인들이 집단을 이루어 소속 교단을 변경하기로 하는 결의를 하고 다른 교단에 가입"하여야 교회분열로 볼 수 있다고 하였다.
598) 강신욱 대법관의 의견으로 "어느 지교회가 자유로이 선택한 어느 특정 교파에 속하고 있는 한 그 교파의 교리 내지 의식 등 그 규약에 따라야 함은 두말할 나위도 없다"고 하면서 교단변경에 찬성한 교인들의 행위를 "탈퇴 내지는 타파 가입"이라고 하며 교리를 따르지 않는 행위라고 평가하고 신앙노선의 갈등과 차이로 인하여 더 이상 신앙단체로서의 본질적 기초를 같이할 수 없으므로 분열되었다고 평가할 수밖에 없다고 한 의견은 2018년의 시점에서는 매우 현실적인 관점에서 합리적인 의견이라 할 수 있다.

항 중 '종전 교회의 교리와 예배방법을 버리고 다른 교리와 예배방법을 추종하는지 여부'도 검토해야 한다고 하였다. 이는 '신앙노선을 달리하는 것'과 동일한 의미로 볼 수가 있다.

(2) 교단탈퇴(변경) 결의 무효와 신앙노선 변경 의사의 관계

2010년 광성교회 판결은 "교단변경 결의가 절차적 하자로 무효라고 판명된 이상 단체법적 법리에 따라 기존 교회 자체의 조직변경행위는 물론 그에 따른 일련의 후속조치(그 결의에 기한 다른 교단에의 가입행위)도 모두 무효로 되므로 교단변경 결의에 찬성한 교인들이라 하여도 특별한 사정이 없는 한 종전 교회의 교인으로서 지위는 여전히 유지된다고 보아야 한다"고 하였다.

그러나 대법원 2006년 전원합의체 판결에서는 교회 분열을 긍정했던 것으로 교단탈퇴 속에 함의된 교인들의 의사를 판단하는 것은 아니었다.

(3) 교단탈퇴와 교회 탈퇴가 별개의 개념이라고 보는 법원의 입장

이와 같은 대법원의 입장은 서로 간에 모순되거나 상충되는 판결로 볼 수 있는 기존의 판례[599]를 볼 수 있기 때문이다.

즉 '교단탈퇴와 교회 탈퇴는 구분되는 별개의 개념'이라고 한 것과 교단탈퇴가 곧 교회 탈퇴는 아니라고 하는 입장은, 신앙노선은 달라도 동일한 교회 내에 함께 있을 수 있다는 것을 전제로 한 것이다.

이처럼 '교단탈퇴와 교회 탈퇴의 개념을 구분하는 것'이 광성교회 판결이 가지는 중요한 의미라고 할 수 있다.

---

599) 대법원 1978. 10. 10. 선고 78다716 판결; 대법원 1990. 12. 21. 선고 90다카22056 판결; 대법원 1993. 1. 19. 선고 91다1226 전원합의체 판결; 대법원 2010. 5. 27. 선고 2009다67665,67672(병합) 판결 참고.

(4) 신앙노선의 차이가 교회공동체에 주는 의미

교단탈퇴(변경) 결의가 신앙공동체로서 기반이 되는 신앙의 공동적 추구에 심각하게 저촉된다고 할 경우에는 어떤 영향을 주는가에 대한 연구[600]로는, 교단탈퇴가 곧 교회 탈퇴로 주장했지만 이는 교리상이 이유로 교인의 신앙적 기반인 교회에서 예기치 않은 구성원으로서의 권리 박탈이라는 불합리성을 지적한 의견도[601] 있다.

기독교 교단은 1960년대 이후 현재까지 분열을 거듭하여 현재 수많은 교단이 존재하고 교리상 본질적이고 근본적인 차이 없이 방법론적인 차이에 불과한 경우도 많다는 것이 대법원의 판단이다.

4) 검토

교인들이 교단탈퇴(변경) 결의에 찬성한 사실에 대한 법원 평가의 변화[602]는 크게 ① 교회 탈퇴를 부정하는 견해, ② 교회 탈퇴로 보는 견해, ③ 교회 분열로 보는 견해, ④ 교회 분열 부정, 교회 탈퇴로 보는 견해 등으로 볼 수 있다.

교회 탈퇴를 부정하는 견해로는 1978년 조치원교회[603] 사건을 꼽을 수 있는데, 이는 교단의 정책에 호응하지 않고 교단이 파송한 목사의 지위를 부정하면서 별도의 예배를 보고 이어서 교단탈퇴로 이어졌다.

---

600) 소재열 박사, "교회정관에 관한 민사법적 연구-교회분쟁 해결을 중심으로", 조선대학교 박사학위논문(2013), 154쪽에 "교회법으로, 정관상으로 아니면 교인 총의 결의로 지교회가 교단에 소속되어 있을 경우 그 교단을 탈퇴한 것은 곧 교회를 탈퇴한 것으로 간주한다"라고 하였다.
601) 2006년 대법원 전원합의체 판결의 박시환 대법관의 별개의견.
602) 교회탈퇴에 관한 판례의 변화와 관련하여 김진현, "교회분열 시의 재산귀속에 관한 연구", 서울대 박사학위논문, 서울대학교대학원(1988), 58쪽; 이정용, "교단탈퇴 결의에 찬성한 교인들의 지위", 교회와 법, 창간호, 한국교회법학회(사), 2014, 92쪽 참고.
603) 대법원 1978. 1. 31. 선고 77다2303 판결.

이에 대한 소송에서 대법원은, 교단탈퇴는 교회 탈퇴와는 무관하므로 교회의 재산권에 대한 권리를 인정해 준 판결이다.

다음으로 교회 탈퇴로 본 판결은 풍기교회[604] 사건으로, 교단 측이 교회의 청원을 불승인함으로 재적 세례교인 45명 중 37명이 공동의회 결의를 통해 교단탈퇴 결의를 했다. 이에 대한 대법원의 판단은 종교의 자유를 언급하며 교단탈퇴 의결을 합법적으로 인정하였고, 그 후 1980년의 충정교회[605] 사건도 같은 맥락으로 인정하였다.

그리고 교회 분열로 본 사례는 1985년 성실교회[606] 사건으로, 대법원의 판결은 교단변경은 교인 전원의 총의에 의하여야 한다는 것을 전제로 하지만 교회의 구성원 일부가 대립과 갈등으로 점철되어 일부가 타 교단에 가입하는 등의 실질적이고 구체적인 행위가 존재할 경우 교회 분열로 인정했다.

이 판결 이후 구례중앙교회,[607] 천안 제일감리교회,[608] 부산영악교회[609]까지 교단탈퇴와 교회 탈퇴는 구분되는 개념으로, 교단탈퇴(변경)의 결의가 있으면 교회 분열로 판단하였다.

교회 분열을 부정하고 교회 탈퇴로 판단한 예로는 2006년 대법원 전원합의체 판결[610]인데, 여기서 민법상의 정관 변경 요건을 반영하여 교단변경의 효력 인정 요건을 전체 교인의 3분의 2 찬성을 기준으로 제시했고, 이 기준을 충족하지 못하면 교회 탈퇴로 판단하였다. 이 판례 이후 제기되는 대부분의 교회분쟁 사건들은 교회 탈퇴로 처리되었다.

---

[604] 대법원 1978. 10. 10. 선고 78다716 판결.
[605] 대법원 1981. 9. 22. 선고 81다276 판결.
[606] 대법원 1985. 2. 8. 선고 84다카730 판결.
[607] 대법원 1985. 9. 10. 자84다카1262 결정.
[608] 대법원 1990. 12. 21. 선고 90다카22056 판결.
[609] 대법원 1993. 1. 19. 선고 91다1226 판결.
[610] 신서교회 사건인데 이 판결에 관해서는 이미 상세하게 다루었다.

그 후 2010년 광성교회 판결이 나오기 이전까지 교단탈퇴(변경) 결의에 대한 구체적인 심리를 통해 2007년부터 신중한 판례가 나오기 시작하였다. 즉 교단탈퇴가 교회 탈퇴와는 개념적으로 구분이 가능하다고[611] 하면서 교단탈퇴에 대한 관점이 변한다. 이는 교단탈퇴의 구체적인 사실관계를[612] 들여다보는 것으로 교회 탈퇴에 준하는 것인지에 대한 세밀함이라 할 수 있으며, 이제는 교회 탈퇴를 신중하게 판단하는 경향으로 볼 수 있다.

5) 맺는말

(1) 판례의 변화

교단탈퇴(변경) 결의에 대한 법적인 평가는 교회 탈퇴로 보는 긍정과 부정의 입장과 교회분열로 보는 긍정의 입장의 취하다가, 다시 교회분열을 부정하고 교회 탈퇴만을 인정한 후 그런 교회 탈퇴도 다시 엄격하게 해석하는 경향을 보인다. 교회 분열을 긍정해 오던 법원의 입장에서는 분쟁의 발생 시 주도권을 가지는 핵심요소로 예배당의 확보가 관건으로 부상하면서 서로간의 권리 주장이 첨예하게 대립되는 결과로 보인다.

이후 2006년 대법원 전원합의체 판결 이후부터는 다수를 점한 그룹이 종전 교회의 모든 권리를 확보하면서 분명한 결과를 예측하게 되었다.

이후 2010년 광성교회 판결부터는 분쟁 당사자 간의 구분이 모호해지고 교인들의 교회 탈퇴에 대한 법원의 판결에 따라 양측 교인들 모두 같은 건물(특히 예배당)을 출입할 수 있게 된다. 이러한 상황이 발생

---

[611] 대구지방법원 2007. 6. 8. 자2007카합108 결정; 순복음 대구교회 판결.
[612] 서울고법 2011. 5. 19. 선고 2010나20442 판결.

하게 된 것은 2006년 대법원 전원합의체 판결에서 대법원이 교회분쟁을 민법적 관점에서 재해석하게 된 것과 교회분쟁에서의 이념과 교리 등 가치의 수호보다는 재산권에 비중을 두는 경향이 대다수를 이루기 때문이며, 법원도 이 점에 대해 주목하기 시작한 것이다.

이처럼 판례의 경향이 바뀌어 온 이유는 교인들이 그동안 함께 모은 헌금과 기타 노력을 통해 이루어 놓은 재산과 그 교회재산에 대한 사용수익권을 보호하기 위한 것으로 볼 수 있다. 교단변경 결의에 찬성했던 교인들을 교회 탈퇴로 처리하게 되면 이들은 교회재산에 대한 권리를 잃게 되지만 교회 분열을 긍정하는 입장에서는 갈라진 교인들은 교회재산을 총유하는 것으로 교회재산권의 권리를 보호하게 되는 것이다. 이러한 판결로 인해 교회분열로 인한 문제점들이 누차 지적되자 대법원은 2006년 대법원 전원합의체 판결로 기존의 입장을 바꾸게 된다.[613] 이에 따르면 교인들 중 어느 일방만이 교회재산에 대한 권리를 가지게 되는 반면에 다른 일방은 일괄적으로 재산권을 잃게 된다. 이런 이유로 교회 탈퇴를 신중하게 해석하여 재산권을 잃는 일이 없도록 다시 배려하게 된다. 결과적으로 2010년 광성교회 판결 이후로는 교단탈퇴(변경) 결의 자체만으로는 더 이상 교인들이 교회를 탈퇴[614]했

---

[613] 여기서는 1993년 대법원 판결로 보호받던 견해가 소수설로 남고 2006년의 대법원 판결은 종전의 소수설이 다수결로 바뀌는 것이다. 본서에서는 이에 관해서 자세히 설명했다.
[614] 참고로 교인의 지위 문제가 부각되었는데, 교회를 탈퇴한 것인지 여부는 결국 교인으로서의 지위를 계속 보유하는지 여부의 문제이다. 교회를 탈퇴하였으면 교인의 지위를 상실하게 되고 그 결과는 교회재산(특히 예배당)을 사용 수익할 수 있는 권리의 상실로 이어지게 되기 때문에 교인들 개인의 입장에서도 이는 중요한 의미를 가진다. 뿐만 아니라 2006년 전합체 판결에서 "교인의 2/3 이상"의 숫자로 교단을 변경할 수 있다는 판결을 내놓으면서 교회분쟁은 분쟁집단 간의 숫자싸움 양상을 띠게 되었다. 교단탈퇴 측은 "2/3 이상"이라는 숫자를 확보하기 위해, 교단잔류 측은 그 숫자가 채워지지 않도록 하기 위해 싸움을 벌이게 된 것이다. 결국 "교인의 2/3 이상"이라는 숫자에 산입될 수 있는 "교인의 지위"는 민감한 사안일 수밖에 없다. 비법인 사단의 구성원의 지위에 대해서는 정관에 따라야 하고 실제로 그에 해당하는 교단헌법에서는 교인 지위 득실에 대해 위와 같이 정하고 있음에도 불구하고 대법원이 2010년 광성교회 판결에서 제시한 교회탈퇴 판단 시의 고려사항들 가운데에는 교회의 규약이나 교단헌법 등은 명시되어 있

다고 보기 어려워졌다.

3. 대법원 2014. 12. 11. 선고 2013다78990 판결[615]
(강북제일교회, 총회재판국판결 무효 확인)

1) 사실관계

(1) 청빙 결의 무효확인(제1차)

강북제일교회(이하 甲교회라 한다)는 2005년 7월 17일 당회 및 공동의회 결의를 거쳐 A목사를 위임목사로 청빙하기로 결의하고 소속 평양노회에 승인 요청을 하였고, 평양노회는 2005년 10월 17일 청빙을 승인하는 결의를 하였다. 이에 따라 A목사는 甲교회의 위임목사로 취임하여 재직하였다.

그런데 甲교회 B집사는 2011년 6월 20일 평양노회장을 상대로 A목사의 미국시민권을 문제 삼아 예장통합(乙교단) 재판국에 A목사에 대한 위임목사 청빙 무효확인 소송을 제기하였다. 乙교단의 제69회, 제87회 총회 및 총회헌법 해석사례에 의하면 외국 시민권자는 목회를 할 수 없고 교회 당회장도 될 수 없기 때문이다.

이에 乙교단 재판국은 미국시민권자인 A목사를 위임목사로 청빙한 甲교회의 당회와 공동의회 결의 및 평양노회의 청빙승인 결의는 乙교

지 않다. 특별히 이 판례에서 나타난 사안을 보면 교회에서 교인의 지위는 매우 중요한 요소로 부각되면서 현재 진행 중이거나 예상할 수 있는 교회분쟁에 있어서는 가장 중요한 요소로 작용할 가능성이 높음을 감안할 때 교회 내에서의 교인관리와 그에 따르는 책임과 의무를 분명히 해야 할 필요가 있다.

615) 이 판결의 주요부분은 서헌제, "교회재판과 국가재판-강북제일교회사건을 중심으로-", 교회와 법, 창간호, 한국교회법학회, 2014, 20~29쪽을 참고하였다.

단의 제69회, 87회 총회결의에 반하여 무효라는 판결(제1차 청빙승인결의 무효 판결)을 선고하였다.[616]

이에 A목사는 위 판결에 대해 총회특별재심청원을[617] 하였으나 제96회 총회 회의에서 3분의 2 이상의 찬성을 얻지 못하여 부결되었다.[618]

(2) 임시당회장 파송 결의 무효확인

평양노회는 甲교회 당회장 결원이 발생하였음을 이유로 C목사를 임시당회장으로 파송하였으나 甲교회 내부에서는 교인들 간의 의견이 충돌하면서 심각한 갈등과 파행을 겪게 되었다. 이에 甲교회 D장로 등이 평양노회장을 상대로 乙교단 재판국에 임시당회장 파송결의 무효확인 소송을 제기하였으나 총회재판국은 이를 각하하였다.[619]

이에 D장로는 乙교단 산한 헌법위원회에 ① 치리회원이 아닌 집사가 행정소송을 제기할 원고 적격이 있는 여부와 ② 재판 없이 목사를 권징할 수 있는 여부에 대한 헌법해석 질의를 하여 치리회만 소를 제기할 수 있고 재판 없이 권징할 수 없다는 회신을 받았다.[620]

甲교회는 평양노회 및 C목사를 상대로 법원에 '임시당회장 파송결의 무효확인'의 소를 제기하여 "제1차 청빙승인 결의의 무효판결에는 교단헌법이 현행 실정법을 차용하여 마련한 교회 내의 기본적인 소송

---

616) 예총재판국 사건 제95-37호 2011년 8월 1일, 총회재판국은 2011년 10월 18일자 결정으로 위 판결문에 있는 행정쟁송의 종류를 '결의 무효 확인의 소에서 '무효 등 확인의 소로 정정하였다.
617) 헌법, 제133조, 134조.
618) 총회재판국은 "제1차 청빙승인결의 무효판결은 권징이 아니고 행정쟁송사건이므로 재심청원의 대상이 아니고, 재심청원을 받아들인다면 총회재판국 판결의 존엄성과 공정성이 훼손될 것"이라는 이유로 위 청원은 기각되어야 한다는 취지의 답변을 총회에 제출하였다.
619) 예총재판국 사건 제95-45호 2011년 9월 16일.
620) 2011년 9월 16일자 예총헌법위원회 헌법해석질의에 대한 회신.

절차뿐 아니라 치리권의 행사 및 그 시정의 주체를 엄격하게 제한한 장로교의 본질이나 각 치리회 간의 자율성을 보장한 조직규범에 위반한 중대한 절차상 하자가 있다"는 이유로 C목사의 임시당회장 파송결의는 무효이고, 甲교회의 임시당회장으로서의 지위가 부존재함을 확인하는 판결을 하였다.[621]

(3) 목사 안수 결의 무효 확인

甲교회의 E장로는 총회재판국에 평양노회장을 상대로 A목사가 목사 안수에 필요한 2년 이상의 전임전도사 경력이 없다는 이유로 '목사 안수 결의 무효확인' 소송을 제기하였다.

이에 총회재판국은 교단헌법 제2편(정치) 제26조의 1규정에 의하면 목사 안수를 받기 위해서는 2년간의 전임전도사로서 경험을 갖추어야 하는데 A목사는 미국 교회에서 타 교단의 신분으로 찬양대를 지휘하는 사역만 하고 전도사 시무를 하지 않았음을 이유로 A목사에 대한 평양노회의 목사 안수 결의(제138회기, 1993. 4. 21)를 무효로 한다는 판결을 하였다.[622]

이후 평양노회장은 총회재판국에 위 판결에 대한 재심을 청구하였으나 총회재판국은 행정쟁송은 재심사유가 아니라는 이유로 각하하였다.[623]

(4) 청빙승인 결의 무효확인(제2차)

甲교회 E장로는 총회재판국에 평양노회를 상대로 A목사의 미국시민권과 전임 전도사 경력 2년이 흠결되었음을 이유로 '위임목사 청빙

---

[621] 서울중앙지법 2011. 11. 23. 선고 2011가합83665 판결.
[622] 예총재판국 사건 제96-6호 2011년 12월 8일.
[623] 예총재판국 사건 제96-33호 2012년 2월 6일.

승인 결의 무효확인' 소송을 제기하였고, 총회재판국은 이를 받아들여 평양노회의 A목사의 甲교회 청빙승인 결의가 무효라는 판결(제2차 승인결의 무효판결)을 하였다.[624]

(5) 법원에 소송제기

이에 甲교회는 乙교단총회를 상대로 총회재판국의 ① 2011년 8월 1일자 판결(제1차 청빙승인결의 무효판결), ② 2011년 12월 8일자 A목사 안수 결의 무효확인 판결 ③ 2011년 12월 23일자 판결(제2차 청빙승인 결의 무효판결)이 무효임과 ④ A목사가 甲교회 대표자(위임목사, 담임목사, 당회장)임을 확인해 달라는 소송을 서울중앙지법에 제기하였다. 이에 제1심 법원은 甲교회의 주장을 받아들여 乙교단 총회재판국의 판결이 무효임과 A목사가 甲교회의 대표자(위임목사, 담임목사, 당회장)임을 확인하는 원고승소 판결을 하였다.[625] 이에 乙측이 항소하였으나 서울고등법원은 제1심 판결과 거의 유사한 이유로 乙의 항소를 기각하였다.[626]

2) 쟁점

원심과 항소심 판결은 甲교회의 청구취지인 ① 2011년 8월 1일자 판결(제1차 청빙승인 결의 무효 판결), ② 2011년 12월 8일자 A목사 안수 결의 무효확인 판결, ③ 2011년 12월 23일자 판결(제2차 청빙승인 결의 무효판결)의 무효 부분에 대하여 판단하고 있다.

그러나 이 사안을 쟁점별로 구분해 보면, ① 제1차 청빙승인결의 무효판결의 제소자인 B집사의 당사자 적격 문제, ② A목사의 전도사 2년

---

[624] 예총재판국 사건 제96-21호 2011년 12월 23일.
[625] 서울중앙지법 2012. 10. 11. 선고 2011가합131144 판결.
[626] 서울고법 2013. 9. 13. 선고 2012나94171 판결.

간 경력 문제, ③ A목사의 미국시민권 문제로 나누어 볼 수 있다. 이를 중심으로 판결의 내용을 간추려 본다.

한편 항소심 판결은 A목사의 위임목사로서의 지위는 종교단체 내부의 결정일 뿐이고, 위임목사의 자격 요건은 교리상의 문제라는 乙측의 주장에 대해 종교의 자유와 사법심사의 대상에 대한 판단을 하고 있다.

(1) 종교의 자유와 사법심사의 대상

이 사건의 각 무효판결은 교단헌법 제3편 권징부분에 규정은 있지만 이 규정에 의하더라도 권징재판[627]과는 구별되는 행정소송의 일종이고, 그 목적도 헌법 또는 규정을 위반한 치리회의 효력을 다투기 위한 것이다.

교단헌법에 의하면 목사는 그리스도의 말씀으로 교인들을 깨우치는 교사로서의 역할을 담당하는 성직자이기는 하나 교단헌법에서 정한 목사의 자격이 교리 및 신앙의 해석과 직접적인 관련성이 있다고 볼 수 없고, 특히 이 사건에 있어서 제1, 2차 청빙승인 결의 무효판결의 이유가 된 A의 미국시민권 보유는 교리 및 신앙의 해석과 관련이 있다고 보기 어렵다.

甲교회가 침해되었다고 주장하는 권리는 교인의 기본 자치조직인 지교회가 자율적으로 설교와 치리권을 담당할 담임목사를 초빙할 자유인 바 이러한 지교회의 행위는 같은 교단의 상급단체로부터 보호받아야 할 권리인 점과 담임목사는 교회 내부의 치리권 뿐 아니라 교회의 대표자로서 교회 소유 재산의 관리처분권까지 가지는 점에 비추어

---

[627] 권징재판의 목적은 교회(단)헌법 또는 규정을 위반한 것을 교정하는 것에 있으며 또한 범죄를 미연에 방지하고 교회의 신성과 질서를 유지하며 범죄자의 회개를 촉구하여 올바른 신앙생활을 하게 한다.

보면, 이는 대한민국헌법이 보장하는 지교회 및 지교회 구성원의 종교활동의 자유, 결사의 자유, 재산권행사의 자유에 해당하므로 사법심사의 대상이 된다고 할 수 있다.

(2) B집사의 당사자 적격 문제

제1차 청빙승인 결의 무효 판결의 대상인 평양노회 청빙승인결의는 교단헌법 제2편 제29조 1항이 정한 '치리회(노회)의 결의'에 해당하므로 교단헌법 제2편 제73조, 제3편 제164조 1항에 따라 치리회인 평양노회 회원인 '노회 소속 목사와 당회에서 파송한 총대장로'가 위 결의절차 또는 내용 등이 중대하고 명백하게 헌법 또는 규정에 위반됨을 이유로 그 차상급 치리회인 총회의 재판국에 제기할 수 있는 안건이다. 그런데 위 소를 제기한 B집사는 甲교회의 '안수집사'에 불과하여 평양노회의 회원이 아님이 명백하므로 차상급 치리회의 재판국에 소를 제기하여 당해 치리회 결의의 효력을 다툴 수 있는 교회법상의 지위에 있지 아니하여 당사자 적격이 없다.

그러므로 위 무효판결에는 교단헌법이 현행 실정법을 차용하여 마련한 교회 내의 기본적인 소송절차, 치리권의 행사 및 그 시정의 주체를 엄격하게 제한한 장로교의 본질이나 각 치리회 간의 자율성을 보장한 조직규범에 위배되는 중대한 절차상의 하자와 실체적으로도 재량권을 현저히 일탈·남용한 하자로 인해 정의 관념에 반하는 중대하고도 명백한 하자가 있는 판결로서 무효라고 할 것이다.

(3) A목사의 전도사 경력

乙교단의 헌법 규정과 헌법위원회의 해석에 의하면 그 소속이 당회에 있고 노회의 지도를 받는 자가 전임전도사 사역을 2년 이상 시무하면 목사의 자격을 구비하게 되는 것이고, 위 요건의 구비 여부에 대한 실질적인 판단권은 목사후보생이 속해 있는 당회장에 있으며, 전임 전도사 사역을 대한민국에 있는 乙교단 소속 지교회에서 하여야 한다고 한정하고 있지 않다.

A목사 안수 당시 시무교회 당회장이 위와 같은 경력 2년을 인정하여 목사 안수 및 부목사로의 청빙을 요청하였으므로 A목사는 2년 이상 전임전도사 경력을 갖춘 자에 해당한다.

그럼에도 불구하고 총회재판국은 A목사가 乙교단 소속 지교회에서 전임전도사 사역을 하지 않았다는 이유로 18년간 동안 목사로서의 지위 및 6년 동안 甲교회 위임목사로서의 지위를 원천적으로 무효로 하였는 바 이는 ① 전임전도사 사역으로 인정할지 여부는 지교회 당회장에 맡겨져 있고 시무 교회가 이를 인정하였으며, ② 사역 여부는 교리에 관한 판단이 아니라 사실관계의 확정 및 법해석의 문제이며, ③ 18년간의 목회사역에도 불구하고 별도의 비위사실에 따른 징계절차 없이 총회재판국이 지교회 및 노회재판국의 판단을 다시 번복하는 것은 지교회의 독립성이나 종교적 자유의 본질을 침해하고, ④ 목사로서의 지위를 박탈하는 것은 국민의 직업권에 대한 침해라고 할 것인데 총회재판국이 목사 안수 결의를 무효로 볼 것인지에 대한 재량권을 현저히 일탈·남용하여 목사의 지위를 박탈하는 것까지 허용된다고 볼 수는 없으며, ⑤ 목사 개인에 대한 면직(책벌) 절차가 아닌 노회가 한 안수 결의의 무효소송(행정소송)으로 목사의 자격을 박탈시키는 경우 목사 개인이 당사자 본인이 되지 아니하므로 충분히 변론권 및 방어권을 보장하지 못하며 목사 안수 후 18년이나 경과하여 목회경험에 관한 검증이 충분히 이루어졌음에도 2년간 전도사 경험이 흠결되었음을 이유로 목사의 자격을 소급하여 무효화시키는 것은 신뢰의 원칙에 크게 반하는 점에 비추어 보면 안수 결의 무효판결은 장로교의 조직규범에 위배되는 중대한 절차상의 하자가 있을 뿐만 아니라 실체적으로도 재량권을 현저히 일탈, 남용한 하자가 있다고 할 것이므로 현저히 정의 관념에 반하는 중대하고도 명백한 하자가 있는 판결로서 무효라고 할 것이다.

(4) A목사의 미국시민권 문제

교단헌법 제3편 제6조, 제163조, 164조의 규정에 의하면 乙교단은 치리회의 결의 및 교회의 단체법적 안정성을 위하여 헌법 또는 헌법시행규정에 위반된 치리회 결의의 하자만을 결의 무효 확인의 소 또는 결의 취소의 소의 원인으로 삼아 결의의 효력을 다툴 수 있도록 그 사유를 제한하고, 그중에서도 제소기간의 제한이 없는 결의 무효 확인의 소의 경우에는 결의를 무효화하는 것을 엄격히 하여 헌법 또는 헌법시행규정을 중대하고도 명백하게 위반한 경우에 한정한 것이라고 볼 수 있다.

3) 검토

(1) 종교의 자유와 사법심사의 대상

가. 권징재판과 행정소송

법원의 판결은 교회재판 중 권징재판과 행정소송을 일응 구분해서 이 사례는 A목사의 교회 내에서의 지위에 관한 문제에 불과하므로 그에 관한 선례인 대법원 2006년 2월 10일 선고 2003다63104 판결[628]을

---

628) 대법원 2006. 2. 10. 선고 2003다63104 판결: 공동의회 무효 확인 - (1) 교인으로서 비위가 있는 자에게 종교적인 방법으로 징계·제재하는 종교단체 내부의 규제(권징재판)가 아닌 한 종교단체 내에서 개인이 누리는 지위에 영향을 미치는 단체법상의 행위라 하여 반드시 사법심사의 대상에서 제외하거나 소의 이익을 부정할 것은 아니다. 따라서 이와 같은 취지에서 피고의 본 안전 항변을 물리친 원심의 조치는 옳다. (2) 그러나 다른 한편, 우리 헌법이 종교의 자

인용하여 '정의 관념에 반하는 중대하고도 명백한 하자가 있는' 경우에는 사법권이 개입할 수 있다고 본다. 위에서 본 바와 같이 종래 대법원이 권징재판의 경우에는 국가 사법권의 개입을 허용하고 있지 않음에 비해 교회 내에서의 교인의 지위에 관한 결정에 대해서는 일정한 요건하에서 개입을 허용하고 있다.

그런데 이 사례와 같은 행정재판은 종래 대법원에서 말하고 있는 '권징재판'이 아니고 '단순한 교인지위에 관한 결정'에 불과하다는 법원의 판단은 교회법[629]에 관한 오해에서 나온 것이 아닌가 한다.

이 판결이 선례로 삼은 대법원 2006년 2월 10일 선고 2003다63104 판결은 '공동의회에서 행해진 장로 신임투표의 효력' 여부를 다투는 소송으로서 이 사례와 같이 독립된 교단재판국이 교회법에 정해진 재판 절차를 거친 결정과는 구분이 되어야 할 것이다.

유를 보장하고 종교와 국가기능을 엄격히 분리하고 있는 점에 비추어 종교단체의 조직과 운영은 그 자율성이 최대한 보장되어야 할 것이므로, 교회 안에서 개인이 누리는 지위에 영향을 미칠 각종 결의나 처분이 당연 무효라고 판단하려면, 그저 일반적인 종교단체 아닌 일반단체의 결의나 처분을 무효로 돌릴 정도의 절차상 하자가 있는 것으로는 부족하고, 그러한 하자가 매우 중대하여 이를 그대로 둘 경우 현저히 정의 관념에 반하는 경우라야 할 것이다.

629) 우선 총회헌법 권징 제1조는 "권징은 예수 그리스도께서 교회에 주신 권한을 행사하며 그 법도를 시행하는 것으로써 각 치리회가 헌법과 헌법이 위임한 제 규정 등을 위반하여 범죄한 교인과 직원 및 각 치리회를 권고하고 징계하는 것이다"라고 하여 좁은 의미의 권징재판(책벌절차)과 행정재판을 구분하고 있지 않다. 즉 교인 개인에 대한 징계가 책벌절차임에 비해 치리회에 대한 징계가 행정소송절차로서 그 대상이 개인인가 아니면 치리회인가의 차별이 있을 뿐이며 위 두 절차가 모두 총회헌법 제2조가 규정하는 "하나님의 영광과 권위를 위하여 범죄를 미연에 방지하고 교회의 신성과 질서를 유지하고 범죄자의 회개를 촉구하여 올바른 신앙생활을 하게 함을 그 목적으로 한다"는 점에서는 차이가 없다. 더 나아가 좁은 의미의 권징재판(책벌절차)과 행정소송은 모두 교단 내 독립한 재판기관에 의한 소송절차를 거치고 상소가 허용되며 이해관계 당사자의 소송참가가 허용되는 점에서 큰 차이가 없다. 위에서 설명한 대로 종래 대법원이 권징재판과 교인지위에 관한 결정에 대해 서로 다른 기준을 적용한 것은 권징재판(결의)이 일반적인 교회 내의 의사결정과는 달리 재판의 형식을 취하고 또 3심 제도를 취하여 그 적법성과 타당성이 더 보장되고 있다는 차이를 감안한 때문이지 그 대상이 개인에 대한 징계인가 아니면 치리회인가에 따른 차이가 아니다.

나. 목사의 지위와 교리문제

위 판결이 교단헌법에서 정한 목사의 자격[630]이 교리 및 신앙의 해석과 직접적인 관련성이 없다고 판시한[631] 부분도 교회법을 오해한 부분으로 볼 수 있다.

법원이 지적한 바와 같이 A목사의 미국시민권 보유 여부는 그 자체로는 교리 및 신앙해석과 직접 관련이 없는 문제라고 할 수 있다. 그러나 A목사가 미국 시민권자는 乙교단의 목사로 시무할 수 없음을 잘 알고 시민권 포기를 약속한 후 담임목사가 되었지만 6년이 지나도록 약속을 지키지 않고 있다가 교인들이 이를 문제 삼아 총회재판국에 제소하자 그때에야 시민권을 포기하였다. 이는 형식적 의미의 목사 자격에는 충족하지만 실질적 의미의 목사 자격 요건인 신앙의 진실성과 도덕적 관점에서 비난받을 만하다.

목사는 자기의 언행에 하자가 없도록 최선을 다해야 하며 윤리적인 관점에서의 수양도 지속되어야 할 것이다. 이런 맥락으로 총회재판국의 판결은 교회 내적인 부분에서는 공감을 갖기에 충분하다고 생각한다.

다. 지교회의 담임목사 청빙권 침해

법원이 교단재판국의 결정으로 담임목사를 초빙할 지교회의 자유를 침해하였으므로 사법심사의 대상이 된다고 한 부분도 오해의 여지

---

[630] 총회헌법에 의하면 목사는 하나님의 말씀으로 교훈하며 성례를 거행하고 교인을 축복하며 장로와 협력하여 치리권을 행사함을 그 직무로 하며(제25조), 목사는 신앙이 진실하고 행위가 복음에 적합하며 가정을 잘 다스리고 타인의 존경을 받는 자(딤전 3:1~7)로서 (실질적 요건) ① 무흠한 세례교인(입교인)으로 7년을 경과한 자, ② 30세 이상 된 자로서 총회 직영 신학대학원을 졸업한 후 2년 이상 교역 경험을 가진 자, ③ 총회 목사고시에 합격한 자(형식적 자격)라고 규정하고 있다(제26조).

[631] 목사의 자격을 갖추었는가의 판단은 성경이 요구하고 있는 '신앙의 진실성'과 '복음의 적합성'이 그 핵심이며, 이는 교리 내지는 신앙의 해석에 직결된다고 할 수 있고, 지교회의 목사청빙 요청에 의해 노회가 청빙승인결의를 할 때 이루어지게 된다. 따라서 목사의 자격에 관한 총회헌법의 규정이 교리와 신앙의 해석과 직결되지 않는다는 법원의 판단은 시정되어야 할 것이다.

가 있다.

즉 위임목사의 청빙이 지교회 자유에 속한다는 법원의 판단은 목사의 청빙과 위임에 관한 교회법에 대한 오해[632]에서 나온 것이라고 볼 수 있다.

총회헌법에 의하면 지교회의 위임목사(담임목사·당회장)는 기본적으로 노회 소속이며 노회의 위임(파송)을 받아 지교회에 시무하게 된다. 이 점이 평신도 대표인 장로가 지교회 소속 교인으로서 지교회의 파송을 받아 노회나 총회의 구성원이 되는 것과는 구별되는 것이다.

이에 따라 위임목사의 사임이나 해임 등도 당해 지교회 교인들에게 있는 것이 아니라 목사를 파송한 교단(노회)에 전속되어 있음을 보아도 알 수 있다.[633]

따라서 甲교회 담임목사인 A목사의 위임을 결의한 치리회(평양노회) 결의가 총회헌법의 규정에 위반하여 무효인 여부를 판단할 권한은 총회재판국에게 있고, 그 재판권 행사로 인해 A목사의 위임 결의가 무효로 처리되었다면, 이를 가리켜 교단이 지교회와 그 구성원의 종교활동의 자유를 침해하였다고 보는 것은 이러한 목사의 지위에 관한 교회법의 이해가 부족한 것이라 할 것이다.

라. 지교회의 재산관리처분권 침해

위 판결은 지교회 담임목사는 교회의 대표자로서 교회 소유재산의 관리처분권이 있고 따라서 총회재판국이 지교회 목사를 (사실상) 해임함으로써 지교회 및 지교회 구성원의 재산권 행사의 자유를 침해하

---

[632] 총회헌법에 의하면, "위임목사는 지교회의 청빙으로 노회의 위임을 받은 목사"로 정의하고 있으며(제27조 1항), 위임목사의 청빙은 당회의 결의와 공동의회의 출석회원 3분의 2 이상의 찬성을 얻어야 하며(제28조 2항), 청빙서를 접수한 노회는 노회의 결의로 청빙을 승인하도록 되어 있다(제29조 1항).
[633] 총회헌법 제35조, 목사의 사임 및 사직.

였다고 판단하고 있다. 그러나 이는 담임목사의 교회대표권에 관한 법리를 오해한 결과라고 본다.

교회는 비법인 사단으로서 그 대표(담임목사)에 관해서도 민법상 법인에 관한 규정이 준용되어 담임목사가 교회를 대표하여 재판상 재판 외의 모든 행위를 할 수 있다(민법 제34조).

그러나 교회의 재산은 교인들의 헌금을 통해 조성된 것으로서 교인들의 총유에 속하며(민법 제275조), 그 처분은 교회의 규약이나 정관에 달리 규정한 바가 없으면 교인들의 총회, 즉 공동의회 결의에 의한다(민법 제276조).

따라서 판례는 공동의회 결의가 없는 교회 대표자(담임목사)의 교회 재산 처분은 무효이며, 이는 비록 거래 상대방이 그러한 사실을 알지 못하였다든가 알지 못한 데 대해 과실이 없는 경우에도 마찬가지라고 본다.[634]

따라서 A목사의 甲교회 담임목사의 지위와 甲교회 교인들의 재산권 행사는 별개의 문제이다.

마. 지교회 독립성 침해

위 판결은 총회재판국(교단)이 부당한 판결로 지교회의 독립성을 침해하고 있다고 판시하고 있다. 그런데 지교회와 총회(교단)의 관계 설정은 그 교단과의 관계를 살펴봐야 한다. 즉 감독정체를 취하는 로마가톨릭은 아예 지교회라는 개념 자체가 없으며,[635] 감리교단의 경우에는 지교회에 대한 교단의 통제나 감독은 매우 크기 때문이다.

이에 비해 회중정체를 취하는 침례회의 경우에는 지교회 중심주의를 취하고 있는 관계로 교단의 간섭이 상대적으로 약하다. 또한 대의

---

(634) 대법원 2009. 2. 12. 선고 2006다23312 판결.
(635) 대법원 1966. 9. 20. 선고 63다30 판결.

정체를 취하는 장로교의 경우 교단의 파송을 받는 목사와 지교회를 대표하는 장로가 동수로서 치리회를 구성하는 차이가 있다.

따라서 법원이 지교회의 자유를 말하려면 우선 乙교단이 취하고 있는 교회의 정체[636]에 대한 이해가 선행되지 않으면 안 된다. 즉 지교회의 자율성을 어디까지 인정할 것인가는 그 교단이 취하는 교리와 신앙적 신념의 문제로 귀착될 수밖에 없다.

지교회 교인들의 헌금으로 조성된 교회재산은 지교회 재산의 교단 귀속을 규정하는 교단헌법 규정에도 불구하고 지교회 교인들의 총유 재산으로 인정한 것이 대표적이다. 이는 물권인 부동산 소유권의 귀속 등 국가의 강행법규를 적용할 법률적 분쟁에 있어서는 이와 저촉되는 교회헌법상의 규정이[637)638] 적용될 여지가 없다.

더구나 교회재산 귀속문제와 상관없는 목사의 지위에 관한 분쟁에서 법원이 乙교단이 취하고 있는 교회정체에 대한 깊이 있는 검토 없이 지교회의 독립성을 침해하였다고 판단하는 것은 다툼의 소지를 교회법과 국가법 사이의 갈등[639]으로 남는다.

또한 이 사례는 甲교회 교인들이 일치하여 지지하는 A목사의 지위를 교단이 부당하게 침해한 것이 아니고 甲교회 내의 교인들 간에 A목사의 담임목사 지위에 관한 분쟁이 발생하여 그 일부가 총회재판국에 제소한 사건으로, 총회재판국의 판결이 甲교회 전체 교인들의 신앙

---

636) 즉 감독정체를 취하는 교단의 경우에는 교리상 지교회의 자유가 부인되거나 아니면 매우 미약할 수밖에 없으며, 이를 가리켜 지교회의 자율성을 침해하였다거나 지교회 교인들의 종교의 자유를 침해한다고 말할 수가 없고, 이에 간섭하면 도리어 헌법상 정교분리원칙에 반한다는 저항을 받을 수 있다.
637) 교회법은 민법에 관한 재산권 규정이 없기에 국가법에 의존하지만 강력한 중앙집권적 정체를 취하고 있는 가톨릭교회는 물론이고 구세군교회의 재산은 지교회가 아닌 교단에 귀속된다고 판시한 바 있다(대법원 1986. 7. 8. 선고 85다카2648 판결).
638) 대법원 1991. 12. 13. 선고 91다29446 판결.
639) 이 문제에 관해서는 대법원 2018년 판결 사랑의교회 담임목사위임결의 무효소송과 같은 형태로 나타났다.

의 자유를 억압한 듯이 표현하는 것은 문제가 있다.

4) 맺는말

甲교회의 판례를 통하여 교회법과 국가법 사이의 차이점을 살펴보았다. 대법원 판례는 국가 사법권이 교회분쟁에 개입하는 경우를 크게 교회 분열과 관련된 재산권 귀속 여부와 교회 내 교인지위에 관한 문제 및 권징재판과 관련된 것으로 구분하여, 재산권 귀속여부는 적극적으로 개입하며,[640] 다음으로 교인지위 분쟁에 대해서는 원칙적으로 개입을 자제하여 왔다.

하지만 교회법적 정당성을 재단할 적법한 권한은 가진 치리회가 없는 등 교회 내에서의 자율적 문제 해결이 사실상 불가능한 경우에 최소한으로 개입하되 개입은 교회 결정을 무효로 돌릴 정도의 절차상 하자가 있는 것만으로는 부족하고, 그러한 하자가 매우 중대하여 이를 그대로 둘 경우 현저히 정의 관념에 반하는 경우에 한정하며,[641] 권징재판에 대해서는 선결문제로 되는 경우 이외에는 개입하지 않는다는 원칙을 고수하여 왔다.[642]

이처럼 국가법원이 재산 분쟁이 아닌 목사의 지위에 관한 교회재판에 개입하지 않는다는 원칙은 비단 우리나라뿐 아니라 미국 연방대법원의 판례에서도 확립된 원칙이다.

즉 미국 정교분리의 지도적 판결인 Watson v. Jones 사건에서[643] 미국 연방대법원은 교회재산에 관해서는 재판 대상으로 삼고 있지만 "교회의 권징 결정에 대해서 국가법원이 문제를 제기하거나 개정할 수

---

[640] 대법원 2006. 4. 20. 선고 2004다37775 전원합의체 판결(소유권 말소등기).
[641] 대법원 2006. 2. 10. 선고 2003다63104 판결(공동의회결의 무효 확인).
[642] 대법원 2011. 5. 13. 선고 2010다84956 판결(징계제명결의 무효 확인).
[643] Watson v. Jones, 80. U.S, 679, 1871 WL(U.S Ky.), p. 31.

없으며, 출교가 정당하게 이루어졌든 부정당하게 이루어졌든 이를 결정할 수 없다"는 입장을 취하였고 이후의 여러 판결에서도 이러한 선례를 그대로 따르고 있다.

그런데 이번 甲교회 판결은 교회법적 정당성을 판단하는 총회재판국에서 내린 甲교회 담임목사의 자격과 지위에 관한 판결에 개입하고 있다(이 부분에 대해서는 사랑의교회 판결에서 다시 다룬다).

교회재판이라고 하여 치외법권은 아니지만 그것이 교리나 신앙에 관한 문제와 결부되어 있거나 실정법상 현저히 정의 관념에 반하거나 선량한 사회질서에 반할 경우에는 사법권이 개입하여 이를 시정할 수 있다.

이런 맥락에서 A목사의 목사로서의 자격 구비 여부가 핵심쟁점인 이 사건에서 국가법원은 그 형식적 구비요건인 전임교역 이행 여부, 미국 시민권자인 여부에 중점을 두었지만 총회재판국이 형식적 자격구비 여부와 함께 A목사는 2년간의 단독 사역 대신 미국 유학으로 대치했으며 이에 대한 증빙을 하지 못함과 함께 미국시민권자 포기 약속을 6년간 이행하지 않았음을 중요하게 본 이유는 목사의 자질 중 실질적인 요건인 도덕성과 윤리적인 문제를 제기한 것으로 이해할 수 있다.

4. 대법원 2018. 4. 12. 선고 2017다232013
(사랑의교회, 담임목사위임결의 무효 확인)

1) 사건의 개요

(1) 당사자
대한예수교장로회(합동) 교단('교단') 내에는 교회의 평화와 질서를 유지하고 행정과 권징 등의 권한을 행사하는 치리회(治理會)로서 당회·노회·총회를 두고 있다. 이 사건의 피고인 동서울노회(乙노회)는 이 교단 소속 노회 중 하나로서 소속 지교회와 산하 기관을 총괄하는 조직이고 대한예수교장로회 사랑의교회(A교회)는 乙노회 소속 지교회이다. 피고 오정현 목사(이하 乙목사)는 A교회의 위임목사(당회장목사)이다. 원고(甲)는 乙노회 및 A교회 소속 신도들이다.

(2) 청빙 및 위임 결의

A교회는 2003년 5월 4일 乙목사를 A교회의 위임목사(당회장·담임목사)로 청빙 결의를 하고 2003년 9월 17일 乙노회에 乙목사에 대한 위임목사 청빙을 승인하여 줄 것을 청원(請願)하였다.

乙노회는 2003년 10월 개최된 제64회 정기노회에서 A교회의 乙목사에 대한 위임목사 청빙 청원을 승인하여 결의하였다('결의').

(3) 교단헌법 규정

이 사건과 관련된 교단헌법('교단헌법') 규정은 다음과 같다.

> 정치편
> 제15장 목사 선교사 선거 및 임직
>   제1조 목사 자격
>   목사는 총신대학교 신학대학원 졸업 후 총회에서 시행하는 강도사고시에 합격되어 1개년 이상 교역에 종사하고 노회고시에 합격되고 청빙을 받은 자라야 한다.
>   제13조 다른 교파 교역자
>   다른 교파에서 교역하던 목사가 본 장로교회에 속한 오회에 가입하고자 하면 반드시 본 장로회신학교에서 2년 이상 수업한 후 총회 강도사고시에 합격하여야 한다. 한국 이외 다른 지방에서 임직한 장로파 목사도 같은 예(例)로 취급한다.

(4) 소송제기

원고 甲은 乙목사가 교단헌법 정치편 제15장 제13조 후단 중 '한국 이외 다른 지방에서 임직한 장로파 목사일 것'과 '같은 예로 취급한다'는 규정에 따라 준용되는 같은 조 전단 중 '본 장로회 신학교에서 2년 이상 수업할 것' 요건을 갖추지 못하였음에도 불구하고 乙노회가 자격이 없는 乙목사를 A교회의 대표자인 위임목사로 위임한 결의는 당연 무효이고, 그에 따라 乙목사는 A교회 위임목사로서의 직무를 집행하여서는 아니 된다는 취지로 '① 乙노회 2003년 10월 피고 乙목사를 위임목사(당회장 담임목사)로 위임한 결의는 무효임을 확인한다와 ② 乙목사는 사랑의교회 위임목사(당회장 담임목사)로서의 직무를 집행하여서는 아니된다'라는 소송을 서울중앙지방법원에 제기하였다.

2) 쟁점

(1) 사법심사에 대상 여부 – 피고 측 주장

이 사건 결의는 청빙 받은 목사와 乙노회 사이의 관계로 신도들에 대하여는 아무런 연관성이 없으므로 甲이 乙노회에 대하여 이 결의의 무효 확인을 구할 법률상 이익이 없다. 또한 이 소는 乙목사의 목사 자격의 심사로 이는 교리의 해석과 밀접하게 연관되어 있어 대한민국헌법 제20조의 종교의 자유 및 정교분리의 원칙상 종교단체 내부에서 심사할 사항일 뿐 사법심사의 대상이 아니다.

또 원고 甲은 A교회의 신도로 활동하다가 현재 A교회를 사실상 탈퇴하여 A교회와 별도의 단체를 구성하여 종교활동을 하고 있으므로 더 이상 A교회의 신도가 아니어서 乙목사의 A교회 대표자 지위에 관한 이 결의 효력의 확인을 구할 당사자 적격이 없다.

(2) 미국 장로교 목사 자격 여부 – 원고 측 주장

乙목사는 1985년 1월 22일 미국 개혁교회 교단(CRC: Christian Reformed Church) 속 캘리포니아 남부노회(California South Classis)에서 미국 개혁교회 교단 헌법 제43조에 기한 평신도 임시 설교 인허만을 받았을 뿐 강도사 자격을 취득한 사실이 없다. 그럼에도 미국 장로교 교단(PCA: Presbyterian Church in America) 소속 한인 서남노회(Korean Southwest Classis)는 1986년 10월 14일 乙목사가 미국 개혁교회 교단의 강도사 자격을 취득한 것으로 오인하여 乙목사에 대한 목사 안수를 승인하였다. 따라서 미국 장로교 교단 한인서남노회의 乙목사에 대한 목사 안수는 그 요건인 乙목사의 강도사 자격이 불비된 상태에서 이루어진 것으로서 무효이므로 乙목사는 미국 장로교 교단 목사가 아니다.

(3) 합동교단 목사 자격 여부 – 원고 측 주장

乙목사는 2002년 3월 총신대학교 신학대학원 3학년에 편입하여 2003년 2월 졸업하여 1년간 수업하였을 뿐 총신대학교 신학대학원에서 2년 이상 수업한 사실이 없고, 乙목사는 입학요강에 반하여 총신대학교 신학대학원 편입학시험 당일 출석하지 않은 채 미국에서 팩시밀리로 시험을 치렀고, 부산고등학교를 졸업한 사실이 없음에도 부산고등학교를 졸업한 것으로 학력을 허위 기재하였으므로, 위 신학대학원의 乙목사에 대한 편입학 허가 자체가 무효이다.

3) 판결요지

(1) 서울중앙지법원 판결(2015가합15042) 요지

가. 사법심사 대상 여부에 대하여

이 소는 乙노회가 乙목사를 A교회의 대표자인 위임목사로 위임한 결의의 효력을 다툼으로 乙목사가 A교회의 적법한 대표자인지 여부를 확인하고자 하는 것인데, 이는 결국 A교회 소속 신도들의 총유재산의 관리처분권과 관련한 대표자 지위에 관한 분쟁으로서 甲의 구체적인 권리 또는 법률관계를 둘러싼 분쟁에 해당한다.

이 교단 헌법상 신도들이 그 소속 乙노회의 결의에 대하여 불복하는 경우 상급 치리회인 총회에 乙노회 결의를 시정하여 줄 것을 요청하는 소원을 제기할 수 있는 규정이 존재하기는 하나 甲은 자신의 권리 구제절차를 선택할 자유가 있고 교단헌법상 위 소원절차를 필요적 전치절차로 규정하고 있지도 않으므로 甲이 교단헌법에 따라 총회의 판단을 받은 바 없이 곧바로 이 소를 제기하였더라도 그 자체로 부적법한 것은 아니다.

나. 사법심사 기준에 대하여

종교단체의 성직자 임명은 예배 및 종교활동을 주재하고 신도들을 이끌어갈 종교적 지도자의 자격을 갖춘 사람을 그 내부의 종교적 기준에 따라 선택하는 행위로서, 그 성질상 종교단체 내부의 자율권에 관한 사항에 해당하고 종교적 신념이나 정체성과도 밀접하게 관련되어 있으므로 종교단체는 성직자 임명에 관하여 폭넓은 재량권을 가진다. 이러한 재량권에는 그 성직자의 임명 자격에 관한 내부 기준을 설정하는 것은 물론이고 그 설정된 자격 기준의 해석 및 충족 여부를 판단하는 권한이 포함되며 이러한 종교단체의 자율권에 기초한 재량권의 행사는 국가 사법기관인 법원으로서도 존중하여야 한다.

따라서 법원이 종교단체의 대표자 지위의 존부를 심사한다는 명목으로 성직자 임명행위의 옳고 그름을 처음부터 전면적으로 재심사한 후 종교단체의 성직자 임명 자격 기준에 관한 해석 및 충족 여부에 관한 판단이 법원의 일의적인 판단과 다르다는 사정만으로 그 임명 행위의 효력을 부정하는 것은 타당하다고 할 수 없고, 법원의 사법심사 결과 그 재량권의 행사가 현저히 합리성을 결여하거나 자의적이어서 그 재량권의 행사를 그대로 용인하거나 방치할 경우 현저히 정의관념에 반하는 부당한 결과를 초래하는 등의 특별한 사정이 인정되는 경우에 한하여 그 성직자 임명 행위의 효력을 부정할 수 있다고 봄이 상당하다.

다. 미국 장로교 목사 자격에 대하여

미국 장로교 교단 한인서남노회는 성직자 임명에 관한 재량에 따라 乙목사가 미국 장로교 교단 소속 목사가 될 자격을 갖추었다고 판단하여 乙목사에 대하여 목사 안수를 한 것이고, 미국 장로교 교단 한인서남노회의 乙목사에 대한 목사 안수는 미국 장로교 교단 총회 위원회의 검토를 거쳐 원안대로 승인된 사항이며, 그 후 현재에 이르기까지 미국 장로교 교단에서 乙목사에 대한 목사 안수를 취소하거나 무효 선언을 한 바도 없다.

라. 합동교단 목사 자격에 대하여

미국 장로교 교단 목사인 乙목사의 경우에는 교단헌법 정치편 제15장 제13조 후단이 적용되는데, 위 규정은 '한국 이외 다른 지방에서 임직한 장로파 목사도 같은 예(例)로 취급한다고'고 규정하고 있어 같은 조 전단의 2년 이상 수업하여야 한다는 취지가 아니라 2년 이상의 수업으로 달성할 수 있는 수준과 대등한 수준의 수업과정을 거칠 것을 요구하는 취지로 해석될 수도 있다. 또한 이 교단은 총회 결의로써 약 2주간의 단기편목 특별교육과정을 실시하여 위 단기교육과정을 수료한 사람에 대하여 강도사고시에 응시할 자격을 부여하기도 하였다.

나아가 총신대학교 신학대학원 교무위원회는 2001년 10월 19일 乙목사에게 편입학 시험 당일 미국에서 응시하도록 허가하는 결의를 하였고 그 직후 개최된 교수회에서 교무위원회의 위 결의에 관하여 별다른 이의가 없었던 것으로 보인다.

乙목사는 이에 근거하여 편입학 시험에 응시한 이상 여기에 총신대학교 신학대학원의 乙목사에 대한 편입학 허가를 당연 무효로 할 만한 중대한 하자가 있다고 보기 어렵다.

이와 같이 乙노회는 乙목사가 교단헌법 정치편 제15장 제13조 후단에 규정된 요건을 갖추었다고 판단하여 강도사 인허를 승인하고 이 결의로서 乙목사를 A교회의 위임목사로 위임한 것은 상당한 합리성이 있고 이를 가리켜 그 재량권의 행사가 현저히 합리성을 결여하거나 자의적이어서 그 재량권의 행사를 그대로 용인 방치할 경우 현저히 정의 관념에 반하는 부당한 결과를 초래하는 경우에 해당한다고 볼 수 없다.

(2) 서울고등법원 판결(2016나2013077)요지

가. 미국 장로교 목사 자격에 대하여

종교단체인 교단은 그 교리의 내용 등 해당 교단의 고유한 특성과 교단 내에서의 종교적 질서를 유지하는 것을 존립 목적으로 하게 된다. 교단은 존립 목적을 위하여 필요한 경우 교단헌법을 제정하고 개정하며 해석하고, 행정쟁송 등 교단 내의 각종 분쟁을 처리하며 목사 등 교역자의 자격 요건을 정하며 소속 지교회를 지휘 감독하는 등의 기능을 수행한다(대법원 2014. 12. 11. 선고 2013다78990 판결, 강북교회 판결 참조).

교단의 신념이나 정체성에 따라 성경의 말씀을 전하면서 종교활동을 주재하고 신도를 이끌어 가는 가장 중요한 역할을 수행하는 사람이 바로 목사이고, 그 목사의 임명 여부 그와 관련된 교단헌법 해석은 종교단체인 교단 내부의 자율권에 관한 사항이자 대한민국 헌법 제20조 제1항에서 보장하는 종교의 자유의 핵심적인 영역에 해당한다.

미국 장로교 교단 소속 한인서남노회의 乙목사에 대한 목사 안수 결의와 관련하여, 위 노회에서 미국 장로교 교단헌법에 따라 乙목사에게 목사 안수를 받을 자격이 있는지 여부를 심사하는 것은 위 노회의 자율권에 해당하는 사항이라고 할 것인데 위 노회뿐만 아니라 미국 장로교 교단 총회도 계속하여 위 노회의 1986년 10월 14일 乙목사에 대한 목사 안수 결의가 유효하다고 판단하고 있다.

나. 합동교단 목사 자격에 대하여

먼저 2년 이상 수업연한 준수 여부는 교단헌법 정치편 제15장 제13조에 "본 장로회신학교에서 2년 이상 수업한 후 총회 강도사고시에 합격하여야 한다. 한국 이외 다른 지방에서 임직한 장로파 목사도 같은 예로 취급한다"라고 되어 있으나 이를 반드시 2년 이상 신학대학원 과정을 수업하여야 한다는 의미로 해석하여야 하는 것이 아니라 2년 이상의 수업으로 달성할 수 있는 수준과 대등한 수준의 수업과정을 거칠 것을 요구하는 취지로도 해석할 수 있다.[644]

다음으로 목사후보생으로서 지원한 점에 대하여 경기노회의 입장은, 교단헌법 정치편 제4장 제1조에 따라 소속 목사 임명권한을 가지고 있는 경기노회에서는 乙목사가 미국 남가주 사랑의교회[645] 담임목사라는 사실을 알고 있으면서도 乙목사가 1982년 2월 9일자 경기노회에서 실시한 목사후보생 고시에 합격하였다는 이유로 노회추천서를

---

[644] 실제로도 교단 총회 결의에 따라 신학대학원 내에 약 2주간(1학기)의 단기편목 특별과정까지 개설되어 2009년부터 2015년까지 1,124명이 단기편목 특별과정을 마쳤다.
[645] 미국 장로교 교단 소속 한인서남노회.

발급하였다.

세 번째로 교단총회의 입장은 "타 교파 목사가 본 총회에 가입코자 할 때에는 편목과정을 밟게 되는데 이 편목과정은 노회 추천으로 학교에 등록하여 정해진 수업을 이수하고 총회가 시행하는 강도사고시에 응시하여 합격하면 총회는 강도사 인허증을 노회에 발급하고 노회가 강도사로 인허하는 과정을 마치면 종료된다. 따라서 노회 추천 시[646] 타 교파 담임목사 시무를 요인하고 추천했다면 가능한 일이다."

목사의 임직은 노회의 권한이기에 노회는 타 교단 목사가 본 교단에 가입하고자 할 경우 가입 허락을 하고 추천하여 총회가 운영하는 신학원의 졸업을 확인하는 등 모든 과정과 절차를 확인한 후 목사로 임직하는 관계로 목사 후보생 신분도 노회가 부여하는 것으로 노회의 권한이다. 그러므로 총신대학교 신학대학원에서 목사후보생인지 아닌지 결정할 수 없다.[647]

(3) 대법원 판결(2017다232013) 요지

가. 편입/편목에 대하여

총신대학 신학대학원을 졸업하거나 이 교단에서 목사 안수를 받지 아니한 乙목사가 이 교단의 목사가 되기 위해서는 이 교단 소속 노회로부터 목사후보생 추천서를 받아 목사후보생으로서 이 신학대학원에 일반 편입하여 졸업한 후 강도사고시 합격 1년 이상 교역하고 목사고시 합격을 거쳐 목사 안수를 받는 방법과 이미 미국 장로교 교단

---

[646] "편목과정 지원 시 노회 추천은 반드시 장차 목회를 하려는 지교회가 속한 노회의 추천을 받아야 하는 것이 아니라 본 교단 소속 노회이면 모두 무방하다", "총신대학교 편목과정은 본 교단의 목사로 인정받기 위한 과정 중 하나이다. 그러므로 본 교단의 목사가 되기 전이라는 의미에서 목사후보생이라고 보는 것은 문제없다."
[647] 을가 59호증의 1, 2 참고.

한인서남노회에서 목사 안수를 받은 목사로서 그 목사안수증을 제출하고 이 신학대학원의 편목과정에 편입하여 졸업한 후 강도사고시에 합격하는 방법 중 한 가지를 선택할 수 있다.

이 신학대학원의 어느 과정을 졸업하느냐에 따라 졸업 후 목사가 되기 위해 거쳐야 하는 절차가 다르므로 乙목사가 이 교단의 목사 자격이 있는지 여부를 판단하기 위해서는 먼저 일반편입을 한 것인지 편목편입을 한 것인지를 분명하게 밝히고 해당 편입과정을 전제로 그 입학 허가와 과정 이수, 졸업 등 절차적 문제와 후속 과정을 제대로 거쳤는지를 살펴야 한다.

나. 판단-편입 과정의 이수

乙목사가 2002학년도 총신대학교 신학대학원 연구과정에 편입하면서 동 신학대학원이 마련한 일반편입과 편목편입 중 일반편입을 한 것으로 보는 것이 합리적이다.

乙목사가 목사후보생 자격으로 일반편입을 하였다면 연구과정을 졸업한 후 강도사고시에 합격하고 강도사 인허를 받았더라도 아직 교단 소속 노회의 목사고시에 합격하여 목사를 받지 아니하였으므로 교단헌법 15장 1조에서 정한 목사 요건을 갖추었다고 볼 수 없으며 또한 다른 교단 목사 자격으로 편목과정에 편입한 것이 아니라면 乙목사는 여전히 미국 장로교 교단의 교목사일 뿐 교단헌법 15장 13조에서 정한 이 교단의 목사가 될 수 없다.

4) 검토

(1) 사법심사의 대상인가?

가. 국가법의 불개입원칙과 예외

헌법상 정교분리원칙과 "법은 제단에 들어올 수 없다"는 법언에 비추어 보면, 법원은 교리문제라든가 예배와 같은 종교예식·권징재판과 교인들의 교회 내 지위(장로·안수집사·권사 등)와 같이 교회의 고유한 사항에 대해서는 간섭할 수 없고 따라서 이러한 소송이 제기되더라도 각하 또는 기각하는 것이 원칙이다.

다만 ① 교회 내 분쟁이나[648] ② 교회의 결정이라도[649] ③ 권징재판의 내용이나 결과[650] 또는 ④ 교회 내에서 자율적 문제 해결이 사실상 불가능한 경우[651]에는 예외적으로 법원이 재판을 할 수 있다고 본다.

이에 대한 관련 판례로는 교회분쟁에 대한 사법심사의 한계와 기준에 대해서는 이미 검토한 바 있지만 다음의 세 가지 판례를 참고하면 좋을 것 같다. 먼저 대법원 2006년 2월 10일 선고 2003다63104 판결[652]과 다음으로 대법원 2011년 10월 27일 선고 2009다32386 판결[653]이 있고, 세 번째로 대법원 2014년 12월 11일 선고 2013다78990 판

---

[648] 직접 국민으로서의 권리의무의 선결문제가 되는 경우(예를 들어 교단의 부당한 권징재판으로 해임된 지교회의 담임목사가 교회를 대표해서 교회재산을 양도한 경우에는 권징재판의 적법 여부를 먼저 가리는 것이 그 재산양도 행위가 유효한지를 결정하는 행위 등).

[649] 중대한 절차적 하자로 인하여 정의 관념에 반하는 경우(예를 들어 권징재판에 의하지 않고 반대파 장로나 집사를 담임목사가 임의로 해임하는 경우인데 교회분쟁이나 분열을 겪는 교회에서 나타나는 보편적인 행위로, 반대의견을 주장하는 장로와 집사의 직분을 정지시키거나 박탈하는 경우 및 나아가 출교까지 시켰다).

[650] 사회질서에 비추어 도저히 용인할 수 없는 경우(예를 들어 재판국원에 뇌물을 주거나 교단헌법 규정에 명백히 위반되는 재판을 한 경우).

[651] 예를 들어 교회가 분열되어 서로 교회재산을 차지하려는 것과 분쟁이 장기화되는 경우.

[652] 교회의 목사와 장로에 대한 신임투표를 위한 공동의회의 소집절차에 당회의 사전 결의를 거치지 아니한 하자가 있으나 그 하자가 정의 관념에 비추어 도저히 수긍할 수 없을 정도의 중대한 하자가 아니라고 본 사례.

[653] 장로 선출을 둘러싼 분쟁 및 담임목사에 대한 이단 고발 등으로 갈등이 심화되어 교회가 정기당회에서 교단 임시헌법에 근거하여 교인을 교적에서 제적하는 결의를 한 사안에서 제적결의 및 효력 등에 관한 사항은 사법심사의 대상이 아니라고 한 사례.

결[654]이다.

나. 담임목사의 대표자 지위와 사법심사

이에 대해서 먼저 제1심 법원은 이 소송이 사법심사의 대상이 아니라는 乙의 주장에 대해서 "이 소는 A교회 소속 신도들 총유재산의 관리처분권과 관련한 대표자 지위에 관한 분쟁으로서 甲의 구체적인 권리 또는 법률관계를 둘러싼 분쟁에 해당한다"라고 하여 배척하였다.

그러나 乙목사가 총유재산 처분권과 관련한 대표자의 지위에 있으므로 당연히 乙목사의 담임목사 자격에 관한 분쟁이 총유재산권의 처분가능성을 염두에 둔 부분은 동의하기가 어렵다.

다음으로 담임목사의 지위와 대표권 제한에 관하여서 담임목사는 교회의 대표자로 대부분의 교회정관에는 "위임목사는 본교회의 청빙으로 노회의 위임을 받은 목사로 교회를 대표한다"라는 규정을 두고 있으며 정관에 이러한 규정이 없더라도 판례는 일관해서 담임목사는 비법이 사단인 교회의 대표자[655]로 본다.

따라서 乙목사가 A교회의 담임목사인 여부에 관한 분쟁은 그가 A교회의 대표자 지위에 있기 때문에 당연히 사법심사의 대상이라는 논리는 모순된다. 이러한 견해를 받아들이면 담임목사의 지위와 자격에

---

654) 교단총회재판국이 2년간 전도사 사역을 하지 않았고 미국 시민권자라는 이유로 교단 소속 지교회 담임목사의 청빙승인결의를 무효라고 판결함에 따라 목사직을 상실한 사안에서 법원은 교단과 지교회 사이의 목사자격인정여부에 대한 분쟁에 개입할 수 없다고 한 사례(위의 강북교회 판결 참고).

655) 대표자는 사단을 대표해서 재판상, 재판 외의 모든 행위를 할 수 있으며(민법 제32조, 이 규정은 비법인 사단인 교회에도 준용된다. 그러나 담임목사의 대표권은 교회재산의 관리·처분에는 미치지 아니한다. 이는 교인들의 헌금으로 이루어진 재산은 특별한 사정이 없는 한 그 교회 소속 교인들의 총유에 속하며 그 재산의 처분은 정관 기타 규약에 특별한 규정이 없는 경우에는 그 교회 소속 교인들로 구성된 총회의 결의에 따라야 하기 때문이다. 판례는 공동의회 결의 없는 교회재산 처분에 대해서는 민법 제126조의 표현대리에 관한 규정도 적용되지 않는다고 한다(대법원 2002.2.8. 선고 2001다57679 판결; 2003. 7. 11. 선고 2001다73626 판결).

관한 분쟁은 당연히 사법심사의 대상이 되어야 하는데 이는 정교분리 원칙에서 어긋난다. 담임목사의 지위가 다른 소송이나 법률분쟁의 선결문제가 되는 경우에 한하여 사법심사의 대상이 된다는 제한적 의미로 보는 것이 합리적이다.

다. 자율적 분쟁 해결의 가능성과 사법심사

이 사례에서 甲은 乙목사의 자격에 관한 乙노회의 결정의 효력을 다툴 수 있는 교단헌법상의 절차가 있음에도 불구하고 바로 국가법원에 결의무효의 소를 제기한 것에 대해 제1심 법원은 원고 甲의 주장을 수용하였다.[656]

그런 반면에 교회(단)헌법이나 교회정관에서는 교회분쟁을 국가법원에 제소하는 행위를 극히 꺼리고[657][658] 있다. 이러한 국가법원 소 제

---

[656] 이 교단헌법상 신도들이 그 소속 乙노회의 결의에 대하여 불복하는 경우 상급 치리회인 총회에 乙노회 결의를 시정하여 줄 것을 요청하는 소원을 제기할 수 있는 규정이 존재하기는 하나 甲은 자신의 권리구제절차를 선택할 자유가 있고 교단헌법상 위 소원절차를 필요적 전치절차로 규정하고 있지도 않으므로 甲이 교단헌법에 따라 총회의 판단을 받은 바 없이 곧바로 이 소를 제기하였더라도 그 자체로 부적법한 것은 아니다라고 하여 이 소송이 사법심사의 대상이 아니라는 乙의 주장을 배척하고 있다.
[657] 고린도전서 6장 참고. 한 예로 감리교 교리와 장정 제7편 제3조 15호는 '교회재판을 받기 전에 교인 간 법정소송을 제기하거나 교인의 처벌을 목적으로 국가기관에 진정과 민원 등을 제기하였을 때'를 범과의 한 종류로 열거하고 있다.
[658] 1) 대법원 2003다63104 판결은 "교회 내부의 분쟁에 관한 사법적 관여의 자제는 종교단체의 자율적 운영의 보장이라는 헌법적 고려를 바탕에 깔고 있는데 이 사건의 경우처럼 교회 내부의 반목이 극심한 데다가 교단분열로 인하여 소속 교단부터가 불분명한 경우 처분이나 결의의 교회법적 정당성을 재단할 적법한 권한을 가진 노회 기타 상급 치리회를 확정할 수 없어 교회 내에서의 자율적 문제 해결이 사실상 불가능한 점 등에 비추어 보면 교인으로서 비위가 있는 자에게 종교적인 방법으로 징계·제재하는 종교단체 내부의 규제(권징재판)가 아닌 한 종교단체 내에서 개인이 누리는 지위에 영향을 미치는 단체법상의 행위라 하여 반드시 사법심사의 대상에서 제외하거나 소의 이익을 부정할 것은 아니다"라고 하여 자율적 분쟁해결이 불가능한 경우에 한하여 예외를 두고 있다. 2) 대법원 2009다32386 판결도 "기독교대한성결교회 임시헌법에 의하면 교리에 불복하거나 불법한 자를 심판하는 치리회로서 당회, 지방회 심판위원회, 총회 심판위원회가 최종 심판한다. 그렇다면 이 제적결의의 교회법적 정당성을 재단할 적법한 권한을 가진 상급 치리회가 존재하여 교단 내에서 자율적 문제 해결이 가능하다고 할 것이다"라

기는 하나님의 영광을 가리는 것으로 금지하고 있다.

교회구성원으로서 그 교회 내에서 해결할 수 있는 내부적 법체계를 무시하고 '일단' 국가법에 제소하는 무분별한 행위는 자제되어야 할 것이고 이러한 행위는 곧 교단과 노회 및 교회정관이 합의하고 있는 질서를 훼손하는 행위로 볼 수 있다.

헌법에는 소원전치주의에 관한 명시적 규정이 없다고 하더라도 그 상위에 있는 성경법이나 우리 헌법상 정교분리의 원칙과 확립된 판례법상 교단 내 자율적 분쟁 해결 절차를 거치지 않은 청구는 기각해야 마땅하다고 본다.[659]

다음으로 핵심 쟁점이 되는 것은 목사의 자격은 누가 심사하는가에 대한 문제이다. 이미 목사의 자격[660]에 대해서는 서술한 바가 있고 목사의 지위[661]는 내적으로는 교회법으로 정확하게 규정되어 있으며 외적으로는 국가법으로 지교회의 담임목사는 비법인 사단인 교회의 대표자로서 대외적인 대표권과 대내적인 업무집행권이 보장되어 있다.

이와 같이 지교회 담임목사의 지위와 권한이 집중된 관계로 담임목사의 선임(청빙)에는 지교회 공동의회의 특별결의에 의한 청빙과 소속 노회의 위임결의라는 두 가지 단계를 엄격하게 거치도록 되어 있다. 청빙결의와 위임결의에서는 앞에서 본 목사의 실질적 자격과 형식적 자격을 갖추었는지를 심사하게 된다. 실질적으로 교회분쟁의 많은

고 하여 청구를 기각하였다.
659) (사)한국교회법학회 제1회 발표회, "사랑의교회 담임목사의 목사 자격", 주제발표, 2018. 6. 18. 11쪽 인용.
660) 기독교의 성직자를 흔히 '목사' 또는 '목회자'라고 부르는데 교단헌법 제4장과 제15장에 목사의 자격에 관한 규정을 각각 두고 있으며 제4장은 목사의 실질적 자격, 제15장은 형식적 자격에 관한 규정이라고 할 수 있다. 헌법 제15장(목사·선교사 선거 및 임직)에서는 앞에서 본 바와 같이 제1조 목사 자격, 제13조 다른 교파 교역자에 관한 규정을 두고 있다.
661) 목사의 기본적 지위와 권한은 말씀 선포, 성례 거행, 축복, 치리권 행사에 있으며 지교회의 담임목사(위임목사)는 지교회의 치리기관인 당회의 회장이 되며 최고 의사결정기관인 공동의회(사원총회)의 의장, 제직회의 회장이 된다.

부분이 지교회 담임목사의 선임을 둘러싸고 일어나는데, 보편적으로 목사의 자격에 관한 분쟁이 사법심사의 대상이 되는가에 관하여 법원의 입장은 서로 긍정과 부정으로 엇갈린다.

사법심사의 대상이 아니라는 입장은[662] 강북교회의 판결의 예를 들수가 있고, 사법심사의 대상이라는 입장[663]은 각주를 참고하면 좋겠다.

이처럼 목사직의 중요성에 비추어 목사는 교단의 신념이나 정체성에 따라야 하고 설교를 통하여 성경의 깊은 진리를 재해석하면서 교회 및 제반 종교활동의 전반적인 책임을 가지고 있으며, 목사의 임명 여부와 그와 관련된 교단헌법 해석은 종교단체인 교단 내부의 자율권에 관한 사항뿐만이 아니라 종교의 자유를 실천하는 관문으로서 중요한 위치에 있다.

따라서 乙목사가 교단의 목사로서의 자격이 있는가에 대한 판단은

---

[662] 대법원 2014. 12. 11. 선고 2013다78990 판결: 총회 판결에 의하여 침해되었다고 주장하는 교회 자신의 이익은 설교와 예배인도 등을 담당할 위임목사를 자율적으로 청빙할 수 있는 이익이다. 그런데 위와 같은 이익은 교회의 종교적 자율권과 관계된 사항일 뿐 그것 자체는 교회의 일반 국민으로서의 권리의무나 법률관계와 관련이 있는 사항이라고 보기 어렵다. 그러므로 종교단체의 내부관계에 관하여 사법심사를 할 수 있는 예외적인 사유가 이 사건에는 존재하지 아니한다. 따라서 교단과 교회 사이에 종교적 자율권이 충돌하는 이 사건에서는 비록 총회 판결로 인하여 위임목사 청빙과 관련된 교회의 종교적 자율권이 제한받게 되었다고 하더라도 교단의 종교적 자율권 보장을 위하여 총회 판결은 사법심사의 대상이 되지 않는다.

[663] 서울고등법원 2015. 12. 18. 선고 2015나2019610 판결: 총회 판결은 교단헌법의 규정에 의하더라도 권징재판과는 구별되는 행정소송의 일종이고 그 목적도 헌법 또는 규정에 위반한 치리회의 결의의 효력을 다투기 위한 것으로서 범죄를 미연에 방지하고 교회의 신성과 질서를 유지하며 범죄자의 회개를 촉구하여 올바른 신앙생활을 하게 함을 목적으로 하는 권징재판과는 다르므로 이를 권징재판이라 볼 수는 없다. 한편 총회 판결은 단순히 성직자로서의 목사의 신분과 보직에 관한 것이 아니라 교회의 대표자로서 교회재산의 관리처분과 관련한 대표권을 가지고 있던 자에 대하여 그 목사나 대표자로서의 지위를 부인하는 것이므로 이는 목사의 국민으로서의 권리의무나 법률관계에 직접인 영향을 미치는 단체법상 행위에 해당한다. 또한 총회재판국의 판결은 교단 내의 최종적인 판단이므로 더 이상 자율적인 문제 해결을 기대할 수도 없다 할 것이어서 교회의 대표자 지위를 둘러싸고 여러 해 동안 있어 온 법적 사회적 갈등과 분쟁의 해결을 위해서는 목사의 대표자 지위에 관한 총회 판결의 당부를 판단할 필요가 있다고 보여진다. 따라서 총회 판결은 사법심사의 대상이 되고 그로 인하여 교회의 대표자 및 목사로서의 지위가 부인된 직접당사자로서는 여전히 총회 판결의 효력을 다툴 법률상 이익도 있다.

청빙 결의를 하는 A교회와 이를 승인하는 乙노회에 있고, 국가법원은 원칙적으로 여기에 개입할 수 없다.

이러한 맥락적 이해를 전제로 乙목사에 대한 A교회의 청빙 결의와 乙노회의 위임 결의에 그러한 '현저히 정의 관념에 반하는 사유'에 대한 것으로 결의절차상·결의방법상 하자가 있는가를 살펴야 한다.

그런데 A교회의 乙목사에 대한 청빙은 A교회에서 절대적인 영향력을 가진 원로목사에 의해 결정되었고, 정상적인 회의 소집과 결의가 이루어졌고, 또 乙노회의 위임 결의도 정상적으로 이루어졌다. 따라서 乙목사의 목사 선임에 관한 결의를 무효로 할 만큼의 하자를 발견할 수가 없다.

대법원 판결의 가장 중요한 관점으로 나타난 편목과 편입에 관한 문제이다.

한국교회에는 장로교, 감리교, 침례교, 성결교, 순복음교회 등 많은 교파가 있고, 또 같은 교파 내에서도 신학적인 견해와 해석에 따라 여러 교단으로 분리되어[664] 있는데 이는 목사의 양성기관인 신학교가 서로 다르다는 것을 의미한다.

보편적으로 교단에서 정하는 목사의 자격과 선임 절차는 거의 유사하며 또 각 교단이 취하고 있는 교리상의 차이도 그다지 크지 않다. 따라서 다른 교단에서 목사 안수를 받은 사람이 타 교단으로 이적하여 그 교단의 목사 자격을 취득하는 과정은 신규로 목사가 되는 과정과는 다르며, 보통 이를 교단에서는 편목과정[665]이라고 한다.

---

[664] 예를 들면 장로교 내에서도 예장(합동), 예장(통합), 예장(개혁), 예장(고신), 기장 등 여러 교단으로 분리되어 있다.
[665] 합동교단헌법 제15장 제1조는 신규목사 선임이고 제13조는 이른바 편입/편목에 관한 규정이다. 제15장 제1조에 따른 신규목사가 되기 위해서는 과정을 이수한 후 목사고시를 거쳐 목사 안수를 받아야 하지만 제15장 제13조에 따른 편목과정의 경우에는 기존 목사에 대한 선임이기 때문에 과정 이수 후 강도사 인허만 받으면 되고 따로 목사고시나 목사 안수를 받을 필요가 없다는 차이가 있다. 편입은 입학정원에 자퇴, 제적 등 사유로 궐원이 생기는 경우에 보충하기 위

편목과정은 교단총회 직영신학교가 교단총회의 위탁에 의해 하는 교육이며, 따라서 과정이수자의 목사 자격 인정 여부는 교단총회 또는 노회의 전권사항이다. 신학교에서는 편목과정 강의를 따로 개설하지 않고 정규과정에 개설되는 강의에 참여해서 필요한 학점을 이수하도록 하고 있다.[666]

이러한 실제 운영에 있어서의 현실적인 차이를 간과하거나 무시한 채 대법원은 일반편입은 제15장 제1조에, 편목은 제15장 제13조에 적용하여 각각 목사 자격 취득요건을 서로 다르다고 보았다.[667]

이러한 대법원의 판단은 乙목사가 지원한 '연구과정'과 '편목과정'이 따로 구분되어 있다는 것을 전제하는데, 이는 신학교육제도에 대한 오해에서 나온 것으로 판단된다.[668]

대법원 판단에 따르면 乙목사가 제15장 제1조에서 말하는 신규목사 과정으로서의 일반편입을 하면 이미 목사 안수를 받고 목사 자격을 가지고 있는 사람이 다시 목사 안수를 받아야 한다는 것을 의미하는데, 이는 교회의 오랜 전통과 제도 및 교리에 비추어 허용될 수 없는 일이다. 결과적으로 교회법의 전통과 관습적인 부분을 국가법원의 관점으로[669] 맞추어 해석한 것으로 사료된다.

해 학생을 선발하는 제도이다. 그런데 신학교에서는 일반 대학에서 말하는 '편입'에 이른바 '편목'을 포함시켜 운영하는 것이 일반적이며 그 용어 사용도 엄격하게 구분하고 있지 않다.

666) 교단헌법 제15장 제13조에 '2년 이상의 수학'이라는 의미는 반드시 2년 이상 신학교에 다녀야 한다는 의미보다는 2년에 상응하는 학점을 취득하도록 요구하는 것이다. 그런데 이미 목사 자격이 있는 사람들에게는 2년간 수학이라는 게 매우 번거롭고 많은 시간이 요하므로 대부분 신학교에서는 편목을 위한 2주 내지 4주 정도의 단기특별과정을 개설해서 운영한다.

667) 대법원은 미국 장로교 목사인 乙목사가 한국 예장합동 교단의 목사로 되기 위한 조건으로 교단 직영신학교인 총신대에서 편목과정을 이수해야 하는데 乙목사가 제15장 제1조에서 말하는 신규 목사 과정(일반편입)을 이수하였고 제15장 제13조의 편목과정을 이수하지 않았으므로 제15장 제1조에 의거 다시 목사 안수를 받아야 한다고 판단하였다.

668) 乙목사가 2002년도 총신대에 지원한 과정은 그 입학요강에도 나와 있다시피 '연구과정'이고 이와 따로 편목과정이 개설되어 있지는 않다. 그리고 일반편입 또는 편목편입은 단지 응시자격에 불과하므로 그에 따라 목사 자격 취득절차가 달라지는 것은 아니다.

669) 대법원은 乙목사가 일반편입 하였기 때문에 신규 목사와 동일하게 목사고시와 안수를 받아

5) 맺는말

사랑의교회 담임목사의 자격에 관한 대법원 판결을 보면서 목회자 중심주의를 취하는 기독교에서 목회자는(목사와 담임목사) 교회의 핵심이며 그 자격에 관한 전권은 교회의 고유 영역이다.

이러한 의미에서 국가법원의 개입은 최소한도에 그치고 교회의 결정을 최대한 존중하는 것이 보편적인 인식이다. 하지만 이번 대법원 판결은 이러한 헌법상의 원칙을 간과하고 절차상의 문제를 빌미로 논란의 여지가 많은 판결을 했다.

대법원은 편입과 편목의 구분을 전제로 乙목사가 예장합동 교단의 총신대학교에 편목이 아닌 일반편입생 다시 말하면 신규목사 과정을 밟았고, 따라서 과정 이수 후에 다시 목사고시와 안수를 받아야 한다고 판단하므로 교회의 전통과 믿음에도 크게 어긋나는 것이다.

이후 기독교계에서는 이와 같은 대법원 판결에 많은 의문과 함께 교회법 내에 존재하는 절차적인 부분과 목회자 양성에 관한 다양한 관습적인 예를 들어 반박성명을 내게 되었다. 또 다른 관점으로는 국가법원의 판단에 반박과 의문만 제기할 것이 아니라 교회법 내에서도 이런 논란의 소지를 불식시키기 위해서 좀 더 전문적인 연구와 함께 지속적인 연구를 통해 헌법적 조문을 현대적으로 해석하고 내용을 충실하게 다듬어야 하는 과제를 안겨줌으로 교회법의 미래에 대한 전망을 새롭게 정리할 기회가 될 것을 기대해 본다.

야 한다고 판단하고 있는데, 이는 변론주의와 석명권의 한계를 벗어난 부당한 판단으로 오인될 수 있는 것으로는 乙목사의 일반편입 문제는 소송 당사자 중 누구도 주장한 바가 없고 또 하급심에서도 언급한 바 없이 대법원 판결에서 등장한 논리로, 이러한 대법원 판단은 매우 이례적인 판단으로 여겨진다.

5. 소결

이상과 같이 교회법의 흐름을 대변하거나 중대한 기로의 대법원 판결을 살펴보았다. 앞서 검토한 대법원 판례의 흐름을 보면 이미 교회 내에서 언급되었던 교회(단)헌법-노회규칙-지교회 정관과의 상관관계에 대한 세심함을 부분적으로 정리하면서 새로운 시대에 맞는 교회법을 정비하라는 신호로 해석될 수도 있다.

이제는 하나님의 법이라는 전제로 모든 것을 억지로 맞추는 의식에서 하나님의 법과 실정법 사이의 간극을 최대한 줄이고 현실에 맞는 헌법적 체계를 가지는 것이 중요한 화두로 떠올랐다. 이미 국가법은 지난 70여 년간 교회법의 내부적인 문제를 꾸준히 판결로 말하고 있었지만 이에 대한 반응은 늘 좋은 것이 좋은 것이라는 의식으로 대응해 온 느낌을 지울 수 없다.

이제는 교회를 구성하는 사람들의 생각도 다양화되고 환경과 각자의 처지에 따라 법을 수용하는 범위가 달라졌음을 알고 교회법도 변해야 한다. 물론 성경의 진리는 변할 수 없지만 이를 삶에 옮기는 사람들의 행태에 대한 다양성을 존중하면서 법의 해석에 유연함을 더하자는 것이다.

다시 한 번 대법원의 판례를 요약정리하면서 우리 교회법의 흐름을 크게 각인시켰던 주제를 상기하면서 더 나은 교회의 미래를 상상해 본다.

먼저 대법원 1993년 1월 19일 선고 91다1226 판결은 부산영락교회에서 일어난 소유권 확인 소송인데, 이 판결까지는 국가법이 가능하면 교회의 내적인 부분을 간섭하는 것을 극히 자제해 왔고 그러한 방향으로 판결을 하는 경향이 대부분이었다. 그것은 종교의 자유와 신앙 선택의 자유에 대한 헌법적 가치가 근저를 이루었고 또한 종교의 영역이란 특수한 분야에 대한 국가법의 개입에 따른 다양한 부작용을 염려한 영향이 크다고 볼 수 있다.

다음으로 볼 수 있는 것이 1997년 말에 발생한 사회적 큰 변동인 IMF로 대변되는 것으로, 이때부터 교회의 지속적인 성장은 구체적인 침체기 혹은 정체기에 들어가면서 기존 교회가 지녔던 부채에 대한 상환능력의 저하로 인한 교회의 내부적 갈등이 재산권의 소유로 인한 주도권 다툼으로 비화된 경우이다. 즉 사회경제기반의 대대적인 변화에 따라 교인의 양적 감소와 함께 교회의 헌금이 심각하게 줄었고 당시까지 성장일변도의 교회 운영에 따른 교회 증·개축으로 인한 재정적 압박이 크게 나타났고 교회운영자금에 대한 금융기관의 의존도가 심화되었던 것으로 나타났다.

즉 교회의 운영에 있어서 현실적인 대안을 찾는 실속적인 관점으로는 교회 규모를 줄이고 금융권의 영향력을 줄여서 교회구성원들이 부담을 줄이고 사회변혁에 적응하며 살길을 모색하는 것과 그대로 믿음으로 나아가면서 신앙의 내적인 면을 강조하는 것 사이에서 나타나는 갈등이다.

결국 한쪽이 주도권을 가지려는 경향을 강하게 추진하면서 나타나면서 결국은 불가피하게 신앙의 정통성과 교리에 대한 해석이 자의적으로 이루어지면서 자연스럽게 개혁파와 보수파로 갈리게 된다. 이 와중에 교회예배당을 누가 선점하느냐에 따라 주도권을 가지는 묘한 양상이 이루어지면서 나타난 것이 한 지붕 두 가족으로, 예배를 같은 장소에서 각각 보는 분열이 자주 발생하면서 소유권에 대한 정통성을 법원에 호소하게 되었다.

결국 교회 내부적인 분쟁이 법원의 심사를 의지하는 반(反)성경적인 현상이 나타나면서 법원도 어쩔 수 없이 이에 대한 명확한 판단이 필요하게 된다. 그것이 바로 신서교회에서 일어난 사건으로 대법원

2006년 4월 20일 선고 2004다37775 전원합의체 소유권말소등기 판결이다.

　여기서는 교인들이 모아온 교회재산은 총유의 개념으로 설명하면서 교인 개개인의 사용수익권은 인정하지만 그것을 처분할 경우에는 교인 전체의 총의(공동의회)가 모여야 한다는 점을 명확하게 하였다. 그리고 기존의 교리와 신앙신조 및 정통성을 주장한 경우라도 대다수의 교인들이 새로이 교회를 설립하거나 탈퇴하면 종전의 교회소유권이 다수의 의견으로 옮겨진다는 중요한 판결을 하였다.

　즉 세례교인 전체의 3분의 2가 찬성한 곳으로 무게중심이 옮겨진다는 중요한 판결로의 위치는 갖지만 이후부터는 교단이나 교회의 탈퇴에 대한 이해가 다소 모호하게 된 점이 유감스럽다. 즉 교단의 탈퇴가 곧 교회 탈퇴라는 것과 동일시되는 판결의 개념에서 이제는 교단탈퇴와 교회 탈퇴는 별개의 개념으로 인식하면서 교단을 탈퇴한 교회의 구성원에 대한 재산권의 보호에 주목하게 된 것이다.

　이는 지교회가 교단을 탈퇴하면서 나타나는 문제 중 가장 민감한 것이 교회재산의 귀속문제이기 때문이고, 교단이 지교회의 운영에 절대적인 개입을 허용하는 것은 지교회의 독립적이고 민주적인 운영에 반하는 것이 되기 때문이다. 이러한 문제가 잠복하면서 나타난 것이 광성교회에서 일어난 사건으로 대법원 2010년 5월 27일 선고 2009다67665·67672(병합) 명도청구·건물명도 판결이다. 여기서는 원로목사 측과 신임목사 간의 주도권 분쟁에서 교회예배당의 사용권에 대한 정통성을 주장했지만 법원은 원로목사의 주장을 인정하면서 동시에 일부 신임목사의 주장도 인정함으로써 나타난 갈등이다. 즉 교단탈퇴에 대한 교인 총회에 대한 가결이 절차적 하자로 인해 무효가 되면서 나타난 것으로 결국 교인들의 교회재산권 권리 침해에 대한 판결로 볼 수 있다.

이전 2006년 전원합의체에서 나타난 총유의 개념과 교회의 사용권의 권리의무에 대해서는 3분의 2 이상의 다수에 의한 것이라는 주장과 함께 이번에는 교단탈퇴와 교회 탈퇴라는 교회헌법의 해석적 문제와 실질적인 문제에 직면하게 된 것이다. 법원은 이에 따라 교회와 교단의 관계를 분명히 하되 지교회의 재산권보호에 중점을 둔 판결을 내렸다.

그 이후 강북제일교회에서 일어난 사건으로 대법원 2014년 12월 11일 선고 2013다78990 총회재판국판결 무효확인은 지교회 정관에 의해 합법적이고 정당한 절차에 따라 청빙된 목사의 자격 여부에 관한 것으로, 총회재판국에서 지교회 목사의 여러 가지 도덕적인 흠결과 목사 안수의 절차적인 흠결(목사의 형식적 자격)을 들어 목사를 면직한 것을 법원은 신뢰보호와 직업 선택의 자유 및 지교회의 독립적이고 자주적이면서 민주적인 운영의 결정에 간섭할 수 없다는 사실을 분명히 해준 것으로 평가된다. 그리고 목사의 적격성 문제와 교인의 지위에 관한 사항에 관한 법적인 판단을 지적했지만 이에 대한 법적 인식의 미비로 인해 다시 한 번 이에 대한 법원의 지적을 받게 된 점은 교회의 지도적 위치에 있는 목사·장로·권사·안수집사 등 넓게는 교인들 모두 반성해야 할 사안으로 보인다.

총회재판국의 판결이 교회 내부적으로 지휘를 받아야 하는 지교회와의 특수관계를 간과한 법원의 판결로 이어지면서 교회법 즉 교회(단)헌법-노회규칙-지교회 정관의 관계에 새로운 정립을 생각하게 되었다.

이제는 교단도 지교회의 정관과 그에 따르는 제반 법조항과 시행령에 대한 조문을 손질할 필요를 강하게 느끼겠지만, 문제가 발생하면 그대로 덮거나 흔히 하는 말로 '은혜스럽게 혹은 덕스럽게 혹은 좋은 것이 좋은 것이다'라는 의식에서 '올바른 것이 좋은 것이다'라는 의식으로의 전환이 시급하다고 할 것이다.

물론 이러한 문제의식을 가지고 지속적으로 연구하고 고치려는 자세는 있어 왔지만 현재까지의 교회의 지도적이고 주류권이라 할 수 있는 목사와 장로의 법적 인식은 사회적 흐름을 따라가기에는 간극이 있어 보인다.

그리고 최근에 사랑의교회에서 나타난 대법원 2018년 4월 12일 선고 2017다232013 담임목사위임 결의 무효확인 소송에서는 지교회 정관에 따라 흠결 없이 청빙된 목사의 자격 여부가 교회(단)헌법에 의해 부정된 것으로 교회 내적인 부담이[670] 큰 것으로 여겨진다.

즉 여기서의 쟁점은 목사의 자격 중 편목과정과 그에 따르는 절차적 미비와 의문에 관한 것인데, 목사의 자격이 국가의 법적인 판단에 의해서 정해질 수 있느냐는 매우 심각한 문제를 함의하고 있다. 따라서 이 판결에 의하면 목사의 자격이 과연 사법심사의 대상이 되느냐에 대한 것이 쟁점이 된다. 이제는 교단헌법에서 나타난 절차적인 미비에 대한 검토와 함께 헌법적인 조문의 현실적인 개정이나 제정을 통해 보완해야 할 것으로 생각한다.

지금까지 살펴본 4개의 대법원 판결은 결과적으로 교회(단)헌법-노회규칙-지교회 정관의 상관관계 속에 나타난 미비점을 골고루 지적하면서 내린 판결임을 알 수 있다. 아래 표는 이상과 같은 대법원 판결을 사건개요-쟁점사항-판결요지-검토-맺는말의 순으로 전체적으로 비교검토하면서 교회법이 앞으로 어떤 방향을 가지고 나아가야 할 것인지를 정리했다.

이제는 교회법이 멀리 있는 것이 아니라 우리의 생활 속에 밀접하게 다가왔음을 인식하고 그에 맞는 수준의 법적인 인식과 의지를 가

---

[670] 각 교단에서 이에 대한 성명서를 낸 내용은 교회법의 전통과 교회 내부적으로 내려온 관습적인 면을 간과한 것으로 대법원의 판결을 비판했다(2018. 4. 17. 중앙일보 외 다수의 언론매체).

지고 사회적인 흐름에 저촉되지 않도록 해야 할 것이다.

현재는 세상이 교회를 안타까운 시선으로 바라보면서 비난하며 신뢰가 극도로 저하되어 있다. 이제는 교회가 세상을 향해 기도하고 걱정하면서 공동체의 미래를 긍정적으로 이끌어 가는 최상의 조직체로 거듭나기를 갈망하며, 더 나아가 삶 속에서 이러한 책임과 의무가 있음을 교회를 구성하는 모든 구성원이 깨닫고 더욱 정진하는 모습을 기대하고 싶다.

〈주목되는 대법원 판례의 주요내용 비교〉

대법원 2006. 4. 20. 선고2004다37775 판결 [건물명도 소유권 말소등기]	대법원 2010. 5. 27. 선고2009다 67665·67672 (병합)판결 [명도청구·건물명도]	대법원 2014. 12. 11. 선고2013다78990 판결 [총회재판국판결 무효확인]	대법원 2018. 4. 12. 선고2017다232013 판결 [담임목사위임 결의 무효확인]
1. 사건개요 교인 탈퇴 시 총유재산권의 귀속문제(다수결의 경우).	1. 사건개요 신임목사가 교단 탈퇴를 공동의회에서 의결했지만 절차상의 하자로 인해 공동의회결의가 무효화됨으로 명도소송을 제기함.	1. 사건개요 가. 교단의 내부관계에 관한 사항이 법원의 사법심사 대상이 되는가에 대한 법원의 판단은 대상이 되지 않는다고 판단함. 나. 총회재판국이 지교회에서 적법하게 청빙되고 노회의 승인을 얻은 목사의 지위와 목사 안수 결의 무효에 대한 효력다툼.	1. 사건개요 사랑의교회 위임목사(당회장·담임목사)로 위임한 결의를 무효임을 확인하는 것과 직무에 다한 정지를 요지로 제소함.
2. 쟁점사항 탈퇴한 교인이 2/3이상인 경우 총 유재산의 사용수익권에 관한 다툼.	2. 쟁점사항 가. 교단탈퇴(변경) 찬성이 곧 교회 탈퇴를 의미하는 것인가? 나. 누가 교회건물(예배당) 사용권이 있는가?	2. 쟁점사항 가. 교단의 목사 안수요건 중 2년 이상의 전도전임 사역기간 합산과 미국시민권자가 교단의 위임목사 자격에 하자가 있음을 들어 목사 안수의 무효를 2회에 걸쳐 판결함.	2. 쟁점사항 가. 사법심사의 대상으로서 당사자 적격여부 나. 미국 장로교 목사자격 여부와 합동교단 장로교 목사 자격 요건.

대법원 2006. 4. 20. 선고 2004다37775 판결 [건물명도 소유권 말소등기]	대법원 2010. 5. 27. 선고 2009다 67665·67672 (병합)판결 [명도청구·건물명도]	대법원 2014. 12. 11. 선고 2013다78990 판결 [총회재판국판결 무효확인]	대법원 2018. 4. 12. 선고 2017다232013 판결 [담임목사위임 결의 무효확인]
	다. 교회 분열로 인한 교회재산권 침해의 가능성. 라. 교인의 지위에 관한 법원의 해석.	나. 종교단체 내부의 자율권을 최대한 보장하는 취지로 총회재판은 법률적 실익이 없으므로 사법심사의 대상이 아니다.	
3. 판결요지 1) 교회 분열 시 총유권은 2/3 이상의 다수에 따른 교회에 귀속된다. [다수의견] 가. 실체의 동일성 유지·존속하면 종전 교회의 재산은 그 교회에 소속된 잔존 교인의 총유로 귀속된다. 나. 탈퇴한 교인이 세운 교회는 신설 교회이다.	3. 판결요지 가. 교단탈퇴(변경)와 교회 분열-인정한 사례(1985 성실교회 판결부터 1993년 부산영락교회 판결까지). 나. 교단탈퇴(변경)의 개념 정리함.	3. 판결요지 가. 위임목사의 청빙은 지교회의 자율권에 속한다. 나. 총회의 위임목사 무효판결로 인하여 지교회의 종교적 자율권이 어느 정도 침해(간섭)되는 것은 어쩔 수 없는 일이지만 그것으로 인하여 총회의 무효판결의 효력에 관한 사안을 사법심사의 대상으로 보기는 어렵다.	3. 판결요지 가. 사법심사여부에 관해서 제1심과 제2심은 목사의 자격에 관하여 적격성을 인정하였지만 대법원에서는 편입에 관한 절차적 문제의 중요함을 강조하고, 교단헌법 15장 13조에서 정한 교단의 목사 자격에 하자가 있다고 판시하였다.

대법원 2006. 4. 20. 선고2004다37775 판결 [건물명도 소유권 말소등기]	대법원 2010. 5. 27. 선고2009다 67665·67672 (병합)판결 [명도청구·건물명도]	대법원 2014. 12. 11. 선고2013다78990 판결 [총회재판국판결 무효확인]	대법원 2018. 4. 12. 선고2017다232013 판결 [담임목사위임 결의 무효확인]
다. 탈퇴 교인이 2/3이상, 적법절차를 갖추고 교단을 탈퇴하거나 교단변경의 경우 종전 교회의 실체는 인정하되 교회 재산은 탈퇴 교회 소속 교인의 총유로 귀속된다. 라. 종교 자유의 선택은 별개.	다. 교회 분열 아닌 교회 탈퇴로 판단.		
4. 검토 1) 박시환의 공유지분 의견 개진. 2) 강신욱의 반대의견-교회 분열 인정, 소수자의 종교 자유 침해 가능성. 3) 다수 의견에 관한 김영란의 보충의견-법인 아닌 사단의 일반이론을 따름.	4. 검토 1) 교회 탈퇴와 교회분열은 다르다. 교회를 탈퇴하게 되면 교인의 보호되어야 할 재산권(총유)이 침해된다. 나. 단체법상의 교회지위를 언급함.	4. 검토 교단 내부의 법적인 관계를 바르게 이해하고 이에 따르는 책임과 의무에 관한 이해가 선결되어야 할 것이다(교단헌법-노회규칙-지교회 정관).	4. 검토 사법심사의 대상으로 적법한가? 가. 교회 내 분쟁이 국민의 권리의무 관계에 영향을 미칠 경우와 중대한 절차위반으로 인한 권리의 무의 침해 및 교회 내 권징재판의 결정이 정의관념에 현저히 저해하는 경우, 교회 내 자율적 해결이 사실상 불가능할 경우 개입이 가능하다고 한다.

대법원 2006. 4. 20. 선고2004다37775 판결 [건물명도 소유권 말소등기]	대법원 2010. 5. 27. 선고2009다 67665·67672 (병합)판결 [명도청구·건물명도]	대법원 2014. 12. 11. 선고2013다78990 판결 [총회재판국판결 무효확인]	대법원 2018. 4. 12. 선고2017다232013 판결 [담임목사위임 결의 무효확인]
[다수의견] 1) 교회헌법 내 정관 작성, 정관 변경에 2/3가 의결 찬성하면 총유로 귀속(민법 제41조 제1항 유추적용). 2) 적법절차를 거친 3/4 이상의 동의가 있는 경우 교단탈퇴(변경) 가능(민법제78조유추적용).	다. 교인의 지위 문제가 부각됨-교인의 지위에 관한 법원의 해석 중요. 라. 지교회 독립성을 보존하는 것이 중요하다.		나. 담임목사의 사법적 심사는 특별한 경우를 제외하고는 최소한에 그쳐야 한다. 다. 대법원에서 본 편목과정에 대한 신학교육제도에 대한 검토 미비와 목사자격에 대한 판단도 문제를 함의하고 있다.
핵심용어: 총유, 교회분열, 소수자의 종교자유선택, 2/3 다수의결 요건.	핵심용어: 교단탈퇴(변경), 교회탈퇴, 교회분열,교인의 지위, 총유.	핵심용어: 지교회의 자율권, 교단과 지교회 간의 종교적 자율권. 교단 내 질서유지. 총회판결, 교인의 당사자 적격.	핵심용어: 편목/편입의 구분과 운영, 목사의 자격, 담임목사의 대표권과 사법심사.

교회법개론
the Church Law
System of Korean
Protestant

제5장
결론

　교회헌법의 중요성에 대해 교회 내부의 관계에서뿐만 아니라 교회를 바라보는 외부사회에서도 비상한 관심을 가지고 있다. 이는 교회의 사회적 역할과 기대가 커지면서 그 내부의 규율에 대한 관심도 같이 커지는 데 있다고 하겠다. 이 책 제3장 제3절, 제5절의 소결과 제4장 제5절의 소결에 저자의 소견이 언급된 것을 참고하면 좋다.
　최근에 사회적 주목을 받은 목사의 세습 문제가 여러 가지 파장을 일으켰고, 한편으로는 목사의 자격에 대한 절차적 문제에 대한 대법원 판결이 교회헌법과 지교회 정관에 대한 법리해석의 차이로 인해 새로운 주목을 받았다. 또한 여성목사의 안수문제와 교회 내 다양한 계층의 차별과 차이로 인한 갈등은 여전히 진행 중이다.
　이러한 흐름에 적응하고 합리적인 대안을 만들어 교회구성원들에게 새로운 희망과 발전적 청사진을 제시해야 하는 부담을 가지게 된다.
　언제나 교회는 이러한 문제에 대해 능동적으로 대처하기에는 미흡한 면이 있지만 전통적으로 내려온 교회 본연의 소명에 입각한 노력은 지속되어 왔음을 상기할 필요가 있다.
　특히 교회의 내부적 관계에 있는 교회헌법-노회규칙-교회정관의 상관관계에 많은 관심을 가지고 의견을 내고 있으며, 개신교 각 주요 교단에서도 이에 부응하여 유연하게 대처하려는 움직임이 있다.

교회헌법으로 구조와 내용이 비교적 모범적 체계를 가진 장로교단과 자유로운 신앙의 틀을 허용하는 침례교의 헌법정신과 같이 교단의 특색을 살리는 것도 필요하고, 교리를 중심으로 시행령과 시행세칙을 통해 운영하는 교단 등 교단의 상황에 맞는 다양한 방법을 강구하면서 현실 속에 최적화하려는 노력이 나름대로 지속되고 있다.

앞으로 이러한 법적인 정신을 가지고 교회와 그에 따른 유관기관을 운영하는 것이 필요하고, 다양한 계층의 다양한 요구를 최대한 수용하려면 일정한 기준으로서의 법적인 제도와 체계를 가지는 것이 무엇보다도 중요하다.

이러한 사회적 흐름에 부응하여 교회도 법적인 정신을 가지고 교회의 운영을 합리적으로 관리하는 기술적인 필요성을 인식하게 되었다.

또 다른 한편으로 교회문화를 잘 이해하고 교회법적인 전문성을 가진 교회 내 전문기관이 교회법의 조문을 연구하고 필요에 따라 공청회와 헌의주제를 지속적으로 수집하여 교회법의 완성도를 높이려는 노력도 중요하며 필요하다.

이러한 필요에 따라 교회헌법을 연구하는 전문기관의 상설화와 전문인력의 제도적 육성 및 이들에 대한 안정적 지원을 통해 교회 내 법규 연구에 신뢰성과 법적 안정성을 높여야 한다.

이 책을 통해 강조한 교회헌법과 노회규칙이 법적 체계정당성 등 중요한 몇 가지 원리에 맞게 합리적이고 체계적인 규정이 될 수 있도록 이제는 심도 있게 논의하여 제정해야 할 시기가 왔다고 생각한다.

특히 노회규칙이 제 기능을 하지 못하고 형식적 조문으로 인하여 구속력이 약하고 유명무실하게 된 현실에서 교회정관과 교회헌법 간의 가교 역할을 못하는 것은 매우 아쉬운 점이라 할 수 있다.

교회헌법에 나타난 조문의 불일치나 중복된 내용과 함께 현실적이지 못하고 지나치게 추상적인 조문이나 어휘의 정리도 시급해 보인다.

특히 사법적인 기준으로 삼는 교회정관은 제정할 때부터 입법적인 원리를 원용하는 세심한 배려와 함께 교회법의 전통적인 관습을 고려하여 체계적인 규범을 가지고 접근해야 할 것이다.

교회헌법과 노회규칙 간의 일관성 있는 질서 유지와 함께 교회정관이 작성된다면, 지금처럼 무분별한 제정으로 인해 교회의 위상을 떨어뜨리고 신뢰를 저하시키는 모습은 줄어들 것이다.

오히려 민주적이고 독립적으로 운영되어야 하는 지교회의 모습이 퇴행하는 경향을 보이는 것은 교회정관이 상위규범에 준하는 것이 아니라 현실을 지나치게 의식하고 시류에 편승하여 그때그때의 상황에 따라 제정과 개정을 하고 교회헌법의 규범적인 틀을 간과하기 때문에 전체적인 방향성을 상실한 것에서 그 원인을 찾을 수 있다.

민주적이고 독립적인 교회 운영이란 이름으로 지교회의 실정에 맞도록 제정·개정된 교회정관이 오히려 교회헌법의 범위를 벗어나는 경향도 보이고 있기 때문이다.

이러한 정관의 제정이 나타나게 되는 근저에는 교회 내부적인 법적 관계를 사회법적인 기준으로 재단하려는 판결이 나오고 있으며, 교회정관만을 실질적인 사법심사 대상으로 인정하는 법원의 판결이 있기 때문이다.

교회 내부적인 법적 관계를 통해 충분히 해결 가능한 것을 무분별하게 사회법정의 장으로 끌고 가는 태도 역시 시정되어야 한다. 교회 내부의 절차적인 관례를 간과하고 지나치게 실정법의 기준을 적용하는 법원의 판결도 매우 우려스러운 일이다.

교회 내부적 관계로서의 법률관계는 사법심사의 대상이 아니고 참고사항으로만 인정하는 판례의 태도를 문제 삼기보다는 교회헌법의 제정부터 법적인 흠결을 최소화하고 현대적 용어로 바꾸어 법적인 접근성이 용이하도록 만드는 것이 선결되어야 한다.

다음으로는 교회법의 필요성을 공감하는 구성원의 인식이 높아짐을 감안하여 올바른 교회법을 함께 만들어가는 노력이 필요하다. 이제는 교회헌법이 교회구성원들에게 실질적인 도움을 주는 길잡이로서의 역할이 매우 중요하다. 교회의 내부관계로서 수직적인 관계에 있는 교회헌법-노회규칙-교회정관으로 연결되는 체계를 체계법적으로 연결시키면서 입법을 한다면 보다 세련되고 현대적인 감각에 맞는 어법과 체계를 갖춘 헌법조문이 제정될 것으로 확신한다.

교회헌법은 누구에게나 신앙생활을 통해 미래에 대한 자신의 삶을 가치 있게 만들고자 하는 방향성을 가지고 신앙적인 방향성을 분명하게 제시해 주는 것이 중요하다.

이에 따라 노회규칙과 교회정관은 현실적 상황을 분명하고 세밀하게 구체적으로 규정함으로써 법적인 모호성을 최소화해야 한다.

법은 이제 우리 삶에 깊숙이 들어와 있기에 법의 적용을 받는 사람은 누구나 법적인 정신 속에 상호 호혜적인 삶을 위해 공동의 노력을 해야 할 것이다.

부록
교회정관 예시(A, B, C형)

*** 정관의 작성과 활용에 앞서 ***

정관은 일정한 형식이나 맞는 틀은 사실상 없지만 법인이나 법인격 없는 사단의 조직 원리를 일정 부분 원용하게 된다. 여기에 예시된 정관은 각 지교회가 가지는 다양한 환경과 구성원들의 다양한 요구에 완전히 충족할 수는 없지만 그에 준하는 방향으로 정리했음을 밝힌다.

늘 좋은 정관은 어디에 있는가를 찾아다니면서 인터넷에서 소개되거나 몇몇의 노고로 만들어진 정관도 흠잡을 수는 없다.

따라서 정관에 명시되어야 할 실질적인 내용과 형식적인 내용을 면밀하게 살펴서 유사시 대비할 수 있는 정관이 중요하고 필요하다.

여기서 예시된 정관은 편의상 A, B, C형으로 구분했다(본문 각주 24 참고).

> A형 교회: 미자립교회, 일반적으로 150명 이하의 교회
> B형 교회: 자립교회~중소형교회, 일반적으로 151~500명 내외의 교회
> C형 교회: 중대형교회(500명~1000명 내외, 그 이상 대형교회
> - 정관은 표준양식을 통해서 각 지교회가 형편에 맞게 취사선택을 하고 원용하면서 작성하면 어느 것이나 훌륭하게 사용될 수 있다. 특별히 A, B, C형이라 구분했지만 이는 실질적으로 실익은 없고 다만 당회를 중심으로 한 교회규모를 가늠하는 척도로 사용될 수 있음을 감안한 구분이다.

* 인원수의 구분은 큰 의미를 두는 것은 실익이 없지만 편의상 구분했다.

자립교회와 미자립교회의 구분은 당회의 구성 여부에 따른 것이고, 보통 장로 1인 선출 시 필요한 세례교인 30명을 기준으로 보면 장로 2인이면 60명, 그리고 그 배우자와 함께 계수하면 120명이 나온다. 그리고 기타 인원을 최소한도로 정리한 것으로 보통 150명 정도면 목회자 1인의 사례비와 교회의 경상비와 기타 제반경비를 충당할 수 있는 헌금이 나온다는 것을 전제로 했다. 다만 교회 사정에 따라 달라질 수 있다.

*** 정관에 대한 이해를 돕기 위해 ***

정관은 지교회의 중요한 활동을 가늠하는 척도로 원용되고 있으며, 앞으로 정관의 중요성은 법적인 의미에서 더욱 커질 것이다.

지금도 정관에 관하여 충분히 중요한 인식을 가지고 있지만 일부에

서는 정관에 대한 관점이 다른 것은 신앙으로 뭉쳐진 교회에 세속법적인 정관이 꼭 필요한가에 대한 인식의 차이가 있기 때문이다. 이는 신학교에서 법에 관한 이해를 제대로 가르치지 못한 것으로 해석될 수 있다. 향후 신학 교육 과정에서 일반교양 선택이나 교양필수 과정으로서 헌법과 민법 및 국제법을 교육[671]하기를 기대한다.

지교회가 민주적이면서 독립적인 운영을 하기 위한 법적 준거로서 정관 제정 때부터 심도 있는 고심을 해야 할 것이다.

또한 정관은 교회 내부적인 실체법으로서와 비법인 사단으로서의 고유한 특성이 반영되어야 할 것이고, 여기에 각 지교회가 가지는 고유성과 독특성을 충분히 감안하여 만들어져야 한다.

변화하는 시대의 흐름도 감안해야 하지만 무엇보다도 교회를 구성하는 구성원의 다양한 의견을 최대한 공유하면서 나아가야 하는 특성을 고려하여 조화롭게 다듬는 것이 중요하다.

여기에 소개된 정관은 큰 제목을 중심으로 정리하고, 그 아래에 조항으로서 갖추어야 하는 세세한 내용을 제목만 소개한다. 그 이유는 세세하게 정리한 정관을 예시하는 것이 어떤 면에서는 불편함을 초래할 수 있기 때문이다.

정관을 만들 때 제목을 통해 전체적인 그림을 그리고 그에 따라 세부적인 칸을 채우는 것은 교회 규모에 따라 내용이 다르게 나타나기 때문이다.

예를 들어 정관 앞에 전문이 필요해서 첨가하는 경우와 그렇지 않은 경우를 보면 구분이 쉽다. 보통 전문은 교회구성원들의 신앙과 교

---

[671] 헌법은 법의 일반적인 이해를 통해 왜 법이 우리 삶에 필요한가에 대해서 종합적으로 인식 할 필요가 있으며, 민법은 교회재산을 다루는 것으로 더욱 중요한 함의가 있다. 그리고 국제법은 선교의 영역으로 타 문화권에 갈 경우에 현지의 법적인 관습과 이해를 선지식으로 다듬어 놓지 않으면 독선적인 선교라는 오명 속에 배타적인 모습으로 비추어질 가능성이 높기 때문이다. 특히 이슬람권에 대한 전략적인 선교에 있어서 더 필요한 분야라고 여겨진다.

리에 대한 일반원리를 신앙고백 형식으로 담고 있으며, 정관이 제정된 방향성과 그에 따르는 제반 요소를 함의하고 있다.

다음으로 제1장 총칙에서 제1조 명칭, 제2조 위치, 제3조 목적 등을 수록한다. 이처럼 전체적인 설계에 지엽적이면서 실질적인 부분을 포함하면서 교회 규모에 따라서 혹은 교회의 방향성에 따라서 기본적인 내용은 첨가하거나 삭제하면 된다.

이와 같은 방식으로 정관을 작성하면 완벽하지는 않지만 무난한 정관을 작성할 수 있을 것이다. 그리고 정관은 살아 움직이는 특징이 있기 때문에 상황에 따라 적당한 시기에 적법한 절차에 따라 개정을 하면 된다.

보통 정관은 교단헌법이 정한 규정을 준용하고 기타 교회(단)헌법에 명시되지 않은 교회운영에 필요한 주요 사항을 정관에 명시하여 준수한다.

정관의 제정은 "0000년 0월 00일에 당회에서 결의하여 0000년 0월 00일에 제직회의 결의를 받아 0000년 0월 00일에 공동의회의 결의로 채택되었다"라는 선언이 이루어지고 문서에 서명함으로 효력을 발생한다.

보통 정관의 구성과 작성 순서를 보면 다음과 같다.

제1장 총칙
제2장 교인
제3장 교회의 직원
제4장 목사 및 교역자
제5장 장로
제6장 집사·권사
제7장 당회
제8장 회의
제9장 기관
제10장 장, 자치단체 및 자치회
제11장 재정
제12장 자산(재산관리)
제13장 계약
제14장 보칙
제15장 정관의 개정
제16장 부칙
*** 기타

정관 예시 1.

제1장 총칙
제1조 명칭 ; 교단 소속 교회명
제2조 위치(소재지) ; 교회의 주소, 혹은 주민등록기준지
제3조 목적과 비전

*** 교회 규모에 따라서 이 부분에 ① 소속과 신앙 지도에 관한 일반적인 조문을 둘 수 있으며 교회 활동에 대한 ② 범위와 ③ 교회조직에 따른 필요를 제4조 ○○○, 혹은 제1항, 2항으로 부가할 수도 있다.

제2장 교인

제4조 교인의 자격 ; 원입교인(정교인, 세례교인), 준교인(학습교인), 입교인, 유아세례교인 등의 자격에 관한 사항

제5조 신급 구분 ; 원입교인, 학습교인, 유아세례교인, 세례교인(입교인) 등 향후 교회의 운영참여권을 명시한다.

제6조 권리 ; 세례교인 된 정교인은 성찬참여권, 공동의회 회원권 등

제7조 의무 ; 공적 예배 출석 및 교회의 제반 활동의 참여 등

*** 교인으로서 정관의 효력에 관한 조항과 교회재산권의 사용수익에 관한 보장 및 교인의 권리 및 제한사항을 둘 수도 있다.

제3장 교회의 직원

제8조 교회의 직원 ; 항존직, 임시직, 유급직원 등

*** 교회직원의 인사규정을 두는데 보통 인사권, 인사범위, 임기, 부교역자, 국내외 선교사 및 사무직원 등이다. 다음 항목의 제4장 목사 및 부교역자와 중복되는 느낌이지만 이는 상황에 따라 조정하면 무난하고, 용어에 따른 것과 내용에 관한 큰 마찰은 없다.

제4장 목사 및 교역자

제9조 목사의 자격 ; 교단이 정하는 바 형식적 자격과 실질적 자격 여부

제10조 목사의 직무 ; 교회의 대표자로서 전 업무를 총괄 책임자
    1) 위임목사, 협동목사, 부목사를 둘 수 있다.
    2) 당연직으로서 당회장, 공동의회 의장, 제직회 회장, 교회학

교 교장 등이 된다.
　　　3) 담임목사의 청빙 절차 명시
제11조 전도사 ; 조건, 임명 절차 명시

*** 이 장에 교역자의 ① 시무기간, ② 예우, ③ 은급비, ④ 퇴직금의 항목을 두는 경우도 있다.

제5장 장로
제12조 장로의 직무
제13조 장로의 자격
제14조 장로의 선택
제15조 장로의 종류 - 원로, 은퇴, 시무, 휴무, 무임

*** 여기에 ① 선거제도와 ② 임직에 관한 사항을 독립적으로 두는 경우도 있다. 여기에 포함되는 것으로는 ③ 선거원칙과 ④ 선거운동, ⑤ 공고, ⑥ 선거사무, ⑦ 선거 공보, ⑧ 임직자 교육 과정과 임기 등을 말하는데 보통 공직자 선거의 예를 준용하는 경우이다.

제6장 집사(안수, 장립), 권사
제16조 집사의 직무
제17조 집사의 자격
제18조 권사의 직무
제19조 권사의 자격
제20조 집사·권사의 선택
제21조 장로·집사·권사의 임직
제22조 서리집사의 임명

제23조 직분자의 정년
제24조 이명교인의 관리- 서리집사, 항존직, 기타
제25조 항존직의 투표 절차
제26조 협동직과 명예직

제7장 당회
제27조 당회의 구성
제28조 당회의 직무 명시
제29조 당회장 및 서기
제30조 당회의 소집
제31조 당회의 성수 및 의결

*** 당회는 교회기관의 중요성을 감안하여 교회의 규모와 사정에 따라 필수요소 외에 ① 운영위원회와 ② 지도기관 및 ③ 예결산위원회를 두고 ④ 회의록과 ⑤ 교인명부를 비치한다.

제8장 회의
제32조 공동의회 - 참석자격, 의사정족수, 의결정족수, 결의사항 등
제33조 제직회, 제직회의의 조직 및 운영
제34조 특별위원회, 사업위원회 - 교회 특성에 맞게 취사선택이 가능하다. 예결산위원회나 국내외선교위원회, 장학위원회 등이 포함될 수 있다.

*** 공동의회는 매우 중요하기 때문에 항을 바꾸어 독립적으로 만들 수도 있고 규모가 큰 교회는 공동의회를 독립적인 항목으로 둔다. 여기에 포함되는 항목으로는 공동의회의 ① 성격, ② 조직, ③ 회원,

④ 소집요건, ⑤ 의결사항, ⑥ 의사·의결정족수 회의록, ⑦ 재정장부 열람과 ⑧ 의장의 직권과 권한에 관한 조목이 포함된다.

제9장 기관

제35조 부서 - 예배부, 선교부, 봉사부, 구제부, 재정부, 시설관리부, 사회부, 중고등부, 청년대학부 등 연령에 따른 각 남녀 선교회 등이 포함된다.

제36조 교회학교 - 영아부, 유치부, 초등부, 중고등부, 대학부, 새신자 양육부 등

제37조 찬양대(부) ; 찬양대 임무에 따라 주일대예배, 특별예배 담당

제38조 찬양대 조직 ; 대장, 지휘자, 반주자, 성가대원 임면

제39조 찬양단 및 중창단 조직 ; 교회 규모와 형편에 맞게 선택한다.

*** 교회 규모에 따라 ① 교구와 ② 구역, ③ 전도회와 ④ 사무국 및 ⑤ 기타 필요에 따른 기구를 둔다.

제10장 장, 자치단체 및 자치회

제40조 자치단체 ; 중고등학생회, 대학청년부, 남녀 전도회

제41조 자치회 ; 장로회, 권사회, 안수집사회 등

제42조 기관과 단체의 준수사항과 절차 명시

제43조 각 기관 단체의 임원 임기와 선임에 관한 사항

*** 공동의회 포함 요건을 참고 제①항부터 제⑧항까지 참고

제11장 재정

제44조 재정 - 헌금 외 기타 수입 종류 명시
제45조 관리 - 교회명 금융기관 예치, 기타
제46조 예산결산의 수립과 의결/감사
제47조 회계보고 및 회계처리
제48조 감사

*** 감사에는 ① 정기감사와 ② 비정기감사를 포함하며 ③ 감사결과의 통보와 경우에 따라 규모에 따라 ④ 외부감사에 관한 규정을 둔다.

*** 재정이 매우 특성상 복잡한 과정을 가지고 있는 것은 투명성과 신뢰성을 기초로 하기 때문이다. ① 회계연도와 사용범위, 예산의 ② 전용과 원칙 및 ③ 회계학적인 구분이 요구되고 ④ 재정지출과 기장, ⑤ 관리와 증빙서류와 ⑥ 보관의무에 관한 사항이 있다. 상기한 제①항부터 제⑥은 항목을 세분하는 경우도 있고 함께 조문을 만드는 경우도 있다.

제12장 자산
제49조 취득과 처분(총유의 개념이해)
제50조 시설물의 이용
제51조 강단의 사용
제52조 비품의 사용 및 관리보관

*** 교회재산은 총유의 원리에 따라 교회재산권 행사권자를 지정하는 항목을 둔다.

제13장 계약

제53조 계약방법 - 계약금액의 한계명시, 수의계약과 공개입찰 등

제14장 보칙
제54조 공고방법

제55조 서류의 보존

제56조 서류의 공개와 열람

제57조 정관규정의 보충 - 교단헌법, 노회규칙 준용, 관습법 등

제15장 정관의 개정

제58조 정관개정안의 발의

제59조 정관개정위원회

제60조 정관개정안의 공고 및 의견수렴

제61조 정관개정안의 의결

제16장 부칙

제62조 정관과 교단헌법의 충돌 시 교단헌법과 시행조례 우선 명시 선택

제63조 당회와 공동의회 통과 즉시 효력 발생, 기존 정관에 우선 적용, 서명 및 결의일자 확정과 함께 사본 1부는 노회에서 보관하도록 조치

정관 예시 2.

개혁교회 정관(○○교회)
전문

제1장 총칙(제1-3조)
제1조 명칭

제2조 위치
제3조 목적과 비전

제2장 교회정치의 원리(제4조-8조)
제4조 근거
제5조 고백문서
제6조 야임의 자유
제7조 교회의 자유와 주권
제8조 교회정치의 원리

제3장 교인(제9조-11조)
제9조 자격
제10조 책임과 의무
제11조 권리

제4장 직분과 사역(제12조-18조)
제12조 편성
제13조 목사
제14조 장로
제15조 집사
제16조 운영위원
제17조 사무직원
제18조 감사

제5장 회의(제19조-25조)
제19조 회의의 종류와 활동

제20조 장로회
제21조 집사회
제22조 당회
제23조 제직회
제24조 공동의회(사무총회, 회중회의)
제25조 회의 성립과 의사·의결정족수

제6장 재정(제26조-31조)
제26조 원칙
제27조 예결산
제28조 재정지출
제29조 재산의 관리
제30조 전임사역자의 보수
제31조 회계연도

제7장 권징(제32조-35조)
제32조 권징의 원칙
제33조 권징의 절차
제34조 권징의 종류
제35조 권징의 시벌과 해벌

제8장 부칙(제36조-40조)
제36조 개정
제37조 시행세칙
제38조 교리와 예배모범
제39조 효력

제40조 경과조치

기타

이 항목에서는 정관의 규정에 중복되는 경우도 보인다. 규모가 작은 경우에 이런 항목이 꼭 필요한가에 대한 의구심을 가질 수 있지만 교회의 조직상 필요요소를 전부 담기란 사실상 어렵다. 그럼에도 불구하고 이런 항목을 나열하는 이유는 정관의 보충적 성격으로 이해하면 좋을 것 같다.

이에 관한 구체적인 세칙과 규칙에 관한 사항으로는

1) 각종 선거규칙
2) 회계규칙
3) 재정 집행에 관한 규칙
4) 유급직원 급여 지급에 관한 규칙
5) 퇴직금에 관한 규칙
6) 장로 및 항존직 은퇴에 관한 규칙
7) 차량 운행에 관한 규칙 등 교회의 상황에 맞도록 조정하면 될 것이다.

*** 교회정관의 세부목록을 제목만 명기한 이유는, 내용을 일률적으로 정하기가 어렵고 제목과 취지를 통해 전반적인 이해를 하는 것이 중요하게 때문이다.

우리 인생의 주인이시고 내 삶의 중심이신 예수 그리스도를 통해 이 땅에 그의 나라가 가득할 때까지 전심전력으로 정진하는 신앙의 모습을 기대하면서 모든 영광을 하나님께 돌린다. 아멘.

| 참고문헌 |

강돈구, 『어느 종교학자가 본 한국의 종교교단-제1장』, 박문사, 2017.
강영호, 『법률용어사전』, 청림출판, 2008.
강위조·서정민, 『한국기독교와 정치』, 한국기독교역사연구소, 2005.
강인철, 『한국기독교회와 국가·시민사회 1945~1969』, 한국기독교역사연구소, 2003.
_____, 『종교권력과 한국 천주교회』, 한신대학교 출판부, 2008.
_____, 『종교와 군대』, 현실문화, 2017.
강준만, 『한국현대사 산책- 1980년대편: 광주학살과 서울올림픽1』, 인물과 사상사, 2003.
거버, 『북유럽신화』, 책읽는귀족, 2017.
곽안련, 『장로교회 사전휘집』, 조선야소교서회, 1918.
곽윤직, 『민법총칙』, 박영사, 2007.
곽윤직·김재형, 『민법총칙』, 박영사, 2012.
구병삭, 『헌법학 I』, 박영사, 1983.
_____, 『현대 일본국 헌법론』, 법문사, 1983.
김기선, 『한국민법총칙』, 법문사, 1991.
김문달, 『국제법 강의』, 법문사, 1982.
김유향·정희철, 『기본강의 헌법』, (주)윌비스, 2015.
김진호, 『권력과 교회』, 창비, 2018.
김철수, 『신헌법학개론』, 박영사, 1980.
_____, 『헌법학신론(21개정판)』, 박영사, 2013.
_____, 『헌법학신론(17개정판)』, 박영사, 2017.
김학성, 『헌법학개론』, 피앤씨미디어, 2012.
_____, 『헌법학원론』, 피앤씨미디어, 2017.

달레, 『한국천주교회사』, 분도출판사, 1980.

도미니크 크로산, 『역사적 예수』, 김준우 역, 한국기독교연구소, 2012.

마커스 보그, 『기독교의 심장』, 한국기독교연구소, 2009, 37쪽

문광삼, 『한국 헌법학』, 삼영사, 2009.

브리이언 타이어니·시드니 페인터, 『서양중세사』, 집문당, 2009.

박광서, 『법제사대의』, 일우사, 1962.

박규태, 『일본 신사의 역사와 신앙』, 역락출판사, 2017.

박병진, 『교회의 정치통람』, 성광문화사, 1988.

박찬운, 『인권법』, 한울, 2011.

박형룡, 『교의신학-교회론』, 은성문화사, 1976.

백중현, 『대통령과 종교』, 인물과사상사, 2012.

백현기, 『교회의 분쟁에 관한 민사법 연구』, 법문사, 2017.

서요한, 『중세교회사』, 그리심, 2009.

성낙인, 『헌법학』, 법문사, 2015.

서헌제, 『교회재판과 국가재판』, 쿰란출판사, 2014.

소재열, 『합리적인 당회 운영』, 말씀사역, 2002.

_____, 『헌법-정치법 해설』, 브엘북스, 2017.

손병호, 『교회헌법학 원론』, 도서출판 유앙겔리온, 1994.

_____, 『장로교회의 역사』, 도서출판 유앙겔리온, 2000.

스티븐슨, 『조직신학개론』, 허긴 역, 요단출판사, 1979.

아리스토텔레스, 『윤리학』, 유원기 역, 사계절, 2009.

아네트 즈골, 『세계의 신화』, 수막새출판, 2010.

양건, 『헌법의 이름으로』, 사계절, 2018.

_____, 『국가와 종교의 관계에 대한 법적 고찰-현대공법학의 제 문제』, 박영사,

1983.

앨리슨 위어, 『헨리8세와 여인들』, 루비박스출판사, 2007.

에드워드 기번, 『로마제국 쇠망사』, 민음사, 2010.

에디스 해밀턴, 『그리스·로마신화』, 서미식 역, 현대지성, 2017.

오스턴 래리, 『현대정치학』, 을유문화사, 2002.

웨인 오토, 『기독교 목회학』, 생명의말씀사, 1990.

울만, 『서양 중세 정치사상』, 숭실대학교출판부, 2000.

윤선자, 『이야기 프랑스사』, 청아출판, 2006.

이상규, 『해방 전·후 한국장로교회의 역사와 신학』, 한국기독교역사연구소, 2015.

이영준, 『민법총칙』, 박영사, 1987.

이은영, 『민법총칙』, 박영사, 2009.

이종윤, 『중공의 상황과 기독교』, 범지사, 1983.

이종일, 『꼭 알아야 할 교회법률 100가지』, 기독신보사, 1996.

이준일, 『인권법』, 홍문사, 2015.

이태제, 『법과 종교』, 홍익사, 1983.

장영수, 『헌법학』, 홍문사, 2015.

장주영, 『미국수정헌법 제1조와 표현의 자유의 자유판결』, 육법사, 2015.

정재영, 『교회 안 나가는 그리스도인』, IVP, 2015.

차병직·윤재왕·윤지영, 『지금, 다시 헌법』, 로고폴리스, 2016.

최종고, 『국가와 종교』, 현대사상사, 1983.

최형묵·백찬홍·김진우, 『무례한 자들의 크리스마스』, 평사리, 2007.

크레이그 밴 갤더, 『교회의 본질』, CLC, 2015.

토마스 불핀치, 『그리스·로마신화』, 한영환 역, 범우사, 2017.

한국기독교역사학회, 『한국기독교의 역사Ⅲ』, 한국기독교역사연구소, 2012.

한국어편찬회, 『동아 새국어사전』, 동아출판사, 2010.

한동일, 『법으로 읽는 유럽사』, 글항아리, 2018.

한수웅, 『헌법학』, 법문사, 2015.

해롤드 버만, 『법과 혁명(하)』, 김철 역, 리걸플러스, 2016.

허명섭, 『해방 이후 한국교회의 재형성 1945~1960』, 서울신대출판부, 2009.

홍완식, 『법과 사회』, 법문사, 2016.

황교안, 『기독교인이 알아야 할 법률상식』, 만나출판사, 1994.

_____, 『교회가 알아야 할 법 이야기』, 요단, 2012.

황순구, 『행동운기』, 청록출판, 1970.

황우여, 『국가와 교회』, 육법사, 1982.

_____, 21세기정치학대사전편찬위원회, 『21세기 정치학대사전』, 한국사연구사, 2010.

_____, 『헌법』, 장로교(합동), 대한예수교장로회총회, 2015.

_____, 장로교(통합), 한국장로교출판사, 2012.

_____, 성결교, 기독교대한성결교회출판부, 2015.

_____, 감리교, 기독교대한감리교출판부, 2016.

_____, 하나님의성회, 영산출판사, 2014.

_____, 침례교, 사무치리회절차법, 침례신학대출판부, 2014.

강혁신, "구분소유권의 소유권성 변질론", 민사법학, 제40호, 2008.

계회열, "헌법원리로서의 권력분립의 원리", 고려대학교 법학연구원, 고려법학, 2002.

권영성, "양심의 자유와 집총거부권", 고시계, 1977.

_____, "종교의 자유에 관한 헌법적 고찰-공법의 제문제", 문홍주 박사 회갑논문집, 1978.

김상용, "교회재산의 관리에 관한 현행 법률과 판례의 검토", 법조 6월호, 법조협회, 2010.

김진현, "교회분열 시 재산귀속 문제에 관한 연구", 서울대학교 박사학위 논문, 1988.

김효전, "한국 헌법에 있어서 종교의 자유", 고시계, 1978.12.

나달숙, "양심의 자유와 양심적 병역거부에 관한 연구", 이화여자대학교 박사학위 논문, 2005.

나종일, "영국혁명에 있어서의 종교와 정치", 역사학보, 제82집, 1980.

문광삼, "일본의 의원내각제 연구", 입법연구, Vol. 44, No, 1, 부산대학교 법학연구소, 2003.

박홍우, "미국 헌법사의 국교설립금지의 원칙", 헌법논총, 13집, 2003.

배광식, "장로교 정치원리와 치리제도 형성에 관한 역사적 연구", 계명대학교 박사학위논문, 2005.

서헌제, "교회재판의 현황과 문제점", 교회와 법, (사)한국교회법학회 제2권 제1호, 2015.

소재열, "장로회 정치에 있어서 합리적인 당회 운영에 관한 연구", Reformed Theological Seminary, 박사학위 논문, 2002.

안은찬, "한국교회의 교회정관에 대한 실천신학적 과제", 복음과 실천신학, 제41권, 2016.

오시영, "비법인사단으로서의 교회의 실체에 대한 고찰", 민사법학, 제40호, 2008.

우기택, "기본법과 체계정당성에 관한 연구", 법제논단, 2016.

윤진숙, "종교의 자유의 의미와 한계에 관한 고찰", 연세대학교 법학연구원, 법학연구, 20권 2호, 2010.

이석민, "국가와 종교의 관계에 관한 연구-중립성 개념을 중심으로", 서울대학교

   박사학위논문, 2014.

이춘란, "'Thomas Jefferson-Notes on the state of Virginia'에 관한 고찰", 역사학보, 제79집, 역사학회, 1978.9.

정연주, "양심적 병역거부", 헌법학연구, 한국헌법학회, 제18권 제3호 제35집 제2호, 2006.

정재곤, "교회정관의 법적 의의", 교회와 법, (사)한국교회법학회, 2015.

최대권, "기본권의 제한 및 한계에 관한 연구", 서울대학교법학연구원, 1981.

최인식, "교회분열의 인정 여부 및 재산의 귀속", 부산판례연구회, 2002.

추일엽·서헌제, "목회자의 법적 지위", 교회와 법, 창간호, (사)한국교회법학회, 2014.

한동일, "개신교계 교회법전 편찬을 위한 방향 모색", 교회와 법, 제2권 제1호, (사)한국교회법학회, 2015.

한배호·김규택, "1952~1962 장·차관·고위공무원·대사·장성·의회지도자 298명에 대한 조사", 한국기독교역사연구소, 2003.

한상범, "정교분리의 원칙", 고시계, 1970.

_____, "종교의 자유와 그 문제점", 고시계, 1971.

한수웅, "헌법 제19조의 양심의 자유", 헌법논총, 11집, 2002.

헤겔, "법철학-세 가지 권력", 서울대학교 철학사상연구소, 2004.

홍완식, "체계정당성의 원리에 관한 연구", 토지공법연구, 제29권, 한국토지 공법학회, 2005.

황우여, "국가의 법과 교회의 재판", 사법논집, 제13집, 1982.

황환교, "종교적 자유권 관한 연구", 건국대학교 법학박사논문, 1986.

강홍종·고정애, "사학 반대, 수위 높이는 교계", 중앙일보, 2005. 12. 15.

김성태, "교회와 국가의 관계", 사목 83호, 1982.

김영배, "종교인은 과세의 십자가를 질 것인가", 한겨레21, 2007.7.18.

백철, "인권의 마지노선, 차별금지법은 먼 나라 이야기", 경향신문, 2013.4.27.
서한석, "제2차 바티칸 공의회 문헌- 교회헌장", 가톨릭평화신문, 2008.
송지희, "골수기독인, 법무부장관 내정자, 종교편향 우려", 법보신문, 2013. 2. 13.
이대웅, "이회창 대표, 조용기 목사. 대한민국 좌지우지하나", 크리스챤투데이,
　　　 2011. 2. 28.
이용필, "보수개신교 공세에 차별금지법안 철회", 뉴스앤조이, 2013. 4. 20.
황희경, "조용기 목사, 수쿠크법 추진하면 대통령하야운동", 연합뉴스, 2011. 12. 15.
_____, "국가안보 당면과제, 국가지도자협 세계교회 메시지", 경향신문, 1975. 7. 26.
_____, "국회 성탄절 축하파티", 동아일보, 1953. 12. 25.
_____, "기도로 시작된 대통령", 기독신보, 1952. 8. 18.
_____, "많이 만들어내자! 성탄 예물과 크리스마스 카드", 동아일보, 1953. 11. 12.
_____, "방송문화와 대중", 동아일보, 1957. 9. 27.
_____, "변모된 일본 신사 절간 터들", 기독공보, 1956. 9. 24.
Gordon W. Allport, *The Individual and his Religion*, The Macmallian. Co.,
　　　 1962.
H. S. Commager, *Document of American History*, N.Y.: Appleton-century-
　　　 Crofts, Inc., 1948, 15th. ed.
J. B. Bury, *A History of Freedom of thought*, 바오로출판사, 2005.
Leuba, *A Psychological Study of Religion*, N.Y.: Macmillan, 1912.
Walsh, J., C. Haydon and S. Taylor(eds.), *The Church of England* c.1678-c.1833:
　　　 From Toleration to Tractarianism, Cambridge University Press, 1993.
W. W. Sweet, *The story of Religion in America*, New York: Harper and
　　　 Brothers, 1930.

저자 신동만

법학박사(헌법, 교회법)
건국대학교 일반대학원 법학과 졸업
건국대학교 행정대학원 사회복지학과 졸업
치유상담학 석사(M.T.C)
사회복지사 1급, 독서지도사 1급
청소년지도사, 평생교육사
현) 선우장로교회 담임목사

저서
《복음의 길을 엿보다》 2012년
《복음의 길을 걷다》 2014년
《복음의 길을 찾다》 2016년
《교회법개론》 2018년

The Church Law System of Korean Protestant
교회법개론

1판 1쇄 인쇄 _ 2018년 11월 21일
1판 1쇄 발행 _ 2018년 12월 5일

지은이 _ 신동만
펴낸이 _ 이형규
펴낸곳 _ 쿰란출판사

주소 _ 서울특별시 종로구 이화장길 6
편집부 _ 745-1007, 745-1301~2, 747-1212, 743-1300
영업부 _ 747-1004, FAX 745-8490
본사평생전화번호 _ 0502-756-1004
홈페이지 _ http://www.qumran.co.kr
E-mail _ qrbooks@gmail.com / qrbooks@daum.net
한글인터넷주소 _ 쿰란, 쿰란출판사
등록 _ 제1-670호(1988.2.27)
책임교열 _ 박은아 · 이화정

ⓒ 신동만 2018   ISBN 979-11-6143-210-6   93230

책값은 뒤표지에 있습니다.
이 출판물은 저작권법에 의해 보호를 받는 저작물이므로 무단 복제할 수 없습니다.
파본(破本)은 구입처에서 교환해 드립니다.